Dedicado a meus pais,
Carlos e Ida

LUCIANO ALVES

Fazendo Música no Computador

4ª edição, revista e atualizada

MIDI, MP3, gravação digital e notação musical
Produção musical para CD, DVD, multimídia e Internet
Conversão de LP e fita para CD
Dispositivos móveis nas produções atuais

Nº Cat.: 428-M

Irmãos Vitale S.A. Indústria e Comércio
www.vitale.com.br
Rua França Pinto, 42 Vila Mariana São Paulo SP
CEP: 04016-000 Tel.: 11 5081-9499 Fax: 11 5574-7388

CRÉDITOS

Produção geral e editoração eletrônica
Luciano Alves

Revisão técnica
Sólon do Valle

Gráficos
Ana Maria Santos Peixoto

Capa
Eduardo Wahrhaftig

Revisão de texto
Marcos Roque

Coordenação editorial
Denise Borges e Roberto Votta

Produção executiva
Fernando Vitale

Lista de equipamentos: www.lucianoalves.com.br
Tutoriais em vídeo: www.youtube.com/user/a2008cb

CIP-BRASIL. CATALOGAÇÃO NA FONTE
SINDICATO NACIONAL DOS EDITORES DE LIVROS - RJ.

P492f
4. ed.

Pereira, Luciano Alves, 1956-
Fazendo música no computador / Luciano Alves Pereira. - 4. ed. - São Paulo : Irmãos Vitale, 2014.
308 p. : il. ; 24 cm.

Inclui bibliografia e índice
Prefácio, Introdução, Sumário, Nota biográfica
ISBN 978-85-7407-427-6

1. Processamento de som pro computador. 2. Som- Registro e reprodução. 3. Música por computador. I. Título.

14-13663 CDD: 006.5
CDU: 004.935

02/07/2014 09/07/2014

Sumário

Capítulo 4

Capítulo 5

Capítulo 6

Capítulo 7

Capítulo 8

Capítulo 9

Capítulo 10

Capítulo 11

Capítulo 12

Prefácio

Conheço Luciano Alves há muitos anos. Não que sejamos velhos, apenas nos conhecemos ainda quase garotos. Fui apresentado a Luciano na época em que ele procurava um guitarrista para completar a formação de uma banda. Eu tocava um pouco de guitarra e era o bastante. A *performance* de Luciano nos teclados dispensava totalmente a presença de outro solista.

Logo descobrimos que, além da música, tínhamos outro gosto em comum: a eletrônica. Sim, ele era técnico formado, bom no ferro de solda, e eu estudava engenharia eletrônica, apaixonado por áudio, como sou até hoje. Eletrônica, áudio e música: a receita certa para uma amizade. A banda, com minha participação, não durou mais do que algumas apresentações em teatros apinhados de gente. A amizade e minha admiração por este – como diriam os americanos – *keyboard hero* duram até hoje e não mostram sinais de se exaurir.

Daquele conjunto, que se chamava A Célula, até a maior banda brasileira de todos os tempos, Os Mutantes, foi um caminho natural para Luciano. Caminho que se prolongou até atingir o *status* de mestre de que atualmente desfruta.

Este livro mostra bem minhas razões para ser um fã desse músico: ele consegue transpor, com a mesma facilidade em ambos os sentidos, a ponte entre a música e a tecnologia. Essas duas áreas, cada vez mais, vêm se fundindo, se multiplicando e formando um espaço de muitas dimensões, com limites nada previsíveis. Digo mesmo que, na atualidade, não há como ser puramente técnico ou apenas músico. Há de se cruzar a todo o momento a linha difusa que separa os dois campos, mas isso não é aventura para qualquer um. É preciso o duplo domínio para não tropeçar em terreno desconhecido. Luciano Alves, excelente em informática e genial na música, sabe falar sem sotaque as duas línguas. Ou, melhor que isso, está criando uma nova e mais completa língua, resultante da fusão de ambas.

Com um vocabulário claro, Luciano viaja desde os mais simples e antigos dispositivos de criação musical até as mais sofisticadas ferramentas da atualidade. Seja o leitor um músico erudito, um garoto apaixonado por música, um operador de som, um DJ ou um mestre de áudio, encontrará enorme proveito na leitura deste livro.

Sólon do Valle
Editor técnico
Revista *Música & Tecnologia*

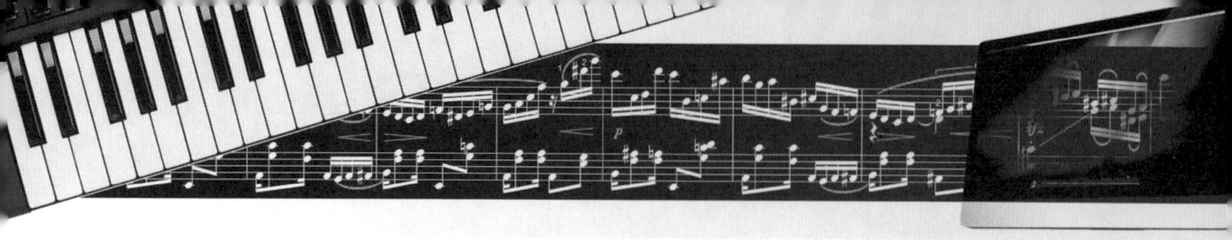

O Autor

Luciano Alves é pianista, tecladista, compositor, arranjador e professor de piano e de informática na música, com vasta experiência em música popular brasileira e internacional, nas áreas da música acústica e eletrônica.

Possui sete CDs lançados em diversos países: *Luciano Alves plays Chopin*, *Luciano Alves Interpreta Ernesto Nazareth*, *Mosaico*, *Brazil Today*, *Só o que a gente gosta*, *Baobá* e *Quartzo*, totalizando mais de 70 músicas para baixar do iTunes, Amazon, Rhapsody etc.

Nas áreas da didática musical e da tecnologia dos computadores foram publicados cinco livros de sua autoria: *Teoria Musical – Lições Essenciais*, *Dicionário de Acordes para Piano e Teclados*, *Escalas para Improvisação*, *Exercícios para Piano e Teclado* e *Fazendo Música no Computador*.

Iniciou estudos de piano clássico aos sete anos de idade. Aos onze, estudou órgão de tubos. Aos doze, já com projeto de se tornar tecladista, ganhou seu primeiro instrumento (um órgão Farfisa), com o qual passou a se apresentar profissionalmente com conjuntos em bailes e a participar de festivais estudantis de música. Aos dezesseis, realizou a direção musical, os arranjos e tocou em diversas peças teatrais. Munido de seu primeiro *setup* de teclados (piano acústico Brasil, órgão Farfisa, piano eletrônico RMI e *mixer* de quatro canais projetado por Sólon do Valle), integrou diversos conjuntos de música popular. Nessa época, teve os primeiros contatos com o sintetizador Mini Moog, o que o incentivou a estudar eletrônica e a participar de cursos de eletroacústica e de computação.

Formou-se em técnico de eletrônica e, logo em seguida, ingressou no Conservatório Brasileiro de Música (Rio de Janeiro), onde estudou piano clássico com o professor Miguel Proença. Simultaneamente, participou do Curso Preparatório para a Orquestra Sinfônica Brasileira. Aos dezessete, passou a compor e a experimentar a fusão da música brasileira com a clássica e o rock.

Em 1975, o baixista e guitarrista Paul de Castro, que acabara de ingressar no conjunto Os Mutantes, o indicou para ser o novo tecladista do grupo. Gravou o LP *Mutantes ao Vivo*, no MAM (Rio de Janeiro), e excursionou por vários estados brasileiros. Seu *setup* era constituído pelo piano Brasil, com captador projetado por Claudio Cezar Dias Batista; piano elétrico Fender Rhodes; sintetizadores analógicos Mini Moog e Mini Korg; Hohner Strings; órgão Hammond, com caixa Leslie; e *mixer* de seis canais CCDB.

Em 1977, Os Mutantes apresentaram-se em Milão (Itália), ocasião em que Luciano decidiu deixar o grupo devido às divergências sobre repertório. Permaneceu em Milão durante um ano, onde iniciou pesquisa sobre arranjo e participou de gravações com artistas italianos. De volta ao Brasil, em 1978, foi solicitado a prosseguir com Os Mutantes por mais uma temporada de três meses.

Em seguida, foi convidado pelo guitarrista Pepeu Gomes a integrar sua banda e, a partir de então, vem atuando como arranjador, tecladista e parceiro em seus discos e shows.

Desde 1980, tem participado como tecladista e/ou arranjador em discos gravados por Moraes Moreira, Caetano Veloso, Evandro Mesquita, Alcione, Erasmo Carlos, Lulu Santos, Kleiton e Kledir, entre outros.

Em 1983, foi diretor musical e tecladista do espetáculo *Coração Brasileiro*, de Elba Ramalho, realizado no Rio de Janeiro, São Paulo, Lisboa e Tel Aviv.

Em 1985, tocou no Rock in Rio I em seis apresentações, acompanhando diversos artistas brasileiros. Seu *setup* foi constituído por oito teclados de variadas modalidades, incluindo o OBXA (Oberheim), Prophet V (Sequential Circuits), Moog Liberation e Moog Source (Moog).

No ano seguinte, utilizando teclados analógicos e digitais polifônicos, apresentou-se com a Orquestra Sinfônica Brasileira e Orquestra do Teatro Municipal do Rio de Janeiro na praça da Apoteose (Rio de Janeiro), onde foi o solista da *Nona Sinfonia,* de Beethoven, sob a regência do maestro Isaac Karabtchevsky.

Ainda em 1985, visitou os Estados Unidos para aperfeiçoamento técnico no uso de computador, sequenciador e programação de sintetizadores e *samplers.* Pioneiro no uso da informática na música no Brasil, nesse mesmo ano, usou pela primeira vez o computador Apple IIe em apresentação solo no parque Laje (Rio de Janeiro). Em julho, com Pepeu Gomes, apresentou-se no XIX Festival de Montreux (Suíça), pela terceira vez.

De volta ao Brasil, foi solista do *Bolero*, de Ravel, no concerto realizado pela Orquestra Sinfônica Brasileira, na Quinta da Boa Vista (Rio de Janeiro), por ocasião da comemoração do Ano Internacional da Juventude.

Nas áreas de publicidade e televisão, produziu, compôs e gravou diversos jingles e trilhas sonoras, tais como o tema de abertura do *Vídeo Show* 1990 (TV Globo), *Fronteiras do Desconhecido*, *Domingo Forte* e *Escrava Anastácia* (TV Manchete), entre outros. Criou e executou a trilha sonora do média-metragem em vídeo *Alucinação Arte Abstrata*, de Ricardo Nauemberg (TV Globo), que mereceu o prêmio Leonardo Da Vinci 1989, em Milão (Itália).

Desde 1986, tem realizado apresentações individuais ou com sua banda. Em 1989, lançou seu primeiro disco solo *Quartzo*, no qual utilizou, amplamente, novas técnicas de composição, arranjo, execução e gravação através do uso intensivo de computadores aliado à participação de vários músicos convidados. Em julho desse ano, integrou o ciclo de estudos "História do Jazz", realizado no Museu Histórico do Rio de Janeiro, Niterói (RJ), proferindo conferência sobre o tema "Eletrônica no Jazz".

Em 1991, apresentou-se, juntamente com o percussionista Marcelo Salazar, no Club Montmartre, em Copenhague, e no Teatro Æsken, em Aurrus (Dinamarca). Realizou show solo em várias cidades dinamarquesas, divulgando os ritmos brasileiros e seu disco *Quartzo*. Nessa ocasião, foi convidado para ministrar cursos de informática e música brasileira no Musikladen (Odense) e Musikvidenskabeligt Institut (Aurrus).

Entre 1991 e 1999, ministrou vários cursos e *workshops* de informática na música, destacando-se os realizados na PUC, Feira de Informática SUCESU e no Teatro Municipal de Niterói (Rio de Janeiro). Possui vários artigos e análises publicados sobre esse assunto nas revistas *Música & Tecnologia*, *Byte Brasil* e no Caderno de Informática do jornal *O Globo*.

Em 1992, fundou sua produtora de livros de música e partituras pelo processo de editoração eletrônica, já tendo realizado mais de setenta produções tais como: *songbooks* de Elis Regina, Roberto Menescal, Alceu Valença, Os Mutantes, Barão Vermelho, Raul Seixas; métodos de Rui Motta, Carlos Lyra e Adriano Giffoni; coletâneas e partituras de Camargo Guarnieri, Francisco Mignone, Guerra-Peixe, Radamés Gnattali, Tom Jobim, entre outros.

Em 1993, gravou o CD instrumental *Baobá*, no qual explora as origens rítmicas da música brasileira aliadas à linguagem jazzística. Com esse CD, foi finalista do VII Prêmio Sharp de Música. Pioneiro na utilização de novas tecnologias, implantou em 1995 seu site na Internet (www.lucianoalves.com.br).

Em 1996, lançou o CD *Mosaico*, no qual executa exclusivamente o piano acústico. Esse CD foi lançado nos Estados Unidos, posteriormente, pela gravadora Mancub Records. Nesse mesmo ano, foi lançada a 2ª edição do seu primeiro livro *Dicionário de Acordes para Piano e Teclados* (Editora Irmãos Vitale). Em 1998, foi lançado mundialmente pela Sonoton Records, o CD *Brazil Today - Luciano Alves*, contendo 50 trilhas sonoras de autoria própria, com temática brasileira, mesclando instrumentos eletrônicos e acústicos. No mesmo ano, foi publicado o seu segundo método de música: *Escalas para Improvisação* (Irmãos Vitale Editores).

A partir de 1999, voltou a se dedicar ao estudo de piano clássico e às apresentações solo nas quais executa, ao piano acústico, músicas de seus CDs e obras de Villa-Lobos, C. Guarnieri, E. Nazareth, F. Mignone, F. Chopin, L. von Beethoven e C. Debussy, entre outros. Em 2001, participou do Festival Chorando no Rio, executando ao piano seu choro *Pipocando - Homenagem a Nazareth* na Sala Cecília Meireles (Rio de Janeiro).

Em 2003, fundou o CTMLA - Centro de Tecnologia Musical Luciano Alves (www.ctmla.com.br), escola de música e tecnologia, onde ministra aulas de piano, teoria musical, improvisação, *home studio*, produção de CD e notação musical. Em 2004 foram introduzidos no CTMLA cursos de iniciação musical e de diversos instrumentos, além de aulas pela Internet, através do processo de *e-learning*.

Em 2005 foram publicados seus livros *Teoria Musical - Lições Essenciais* e

Exercícios para Piano e Teclados (Editora Irmãos Vitale), e em 2009 foi lançado seu quarto CD, integralmente executado ao piano seguindo as partituras originais: *Luciano Alves interpreta Ernesto Nazareth* (gravadora Biscoito Fino).

A partir de 2010 Luciano passou a se apresentar em duo com a cantora Bettina Graziani, interpretando *standards* de jazz, blues e MPB, com arranjos inéditos. Esse encontro gerou o CD *Só o que a gente gosta* (gravadora Fina Flor), lançado em 2011.

Em 2013 foi lançado o CD *Luciano Alves Plays Chopin,* no qual interpreta 12 peças (balada 1, prelúdios, estudos e valsas) de Frédéric Chopin. O CD foi gravado em setembro de 2013, em Nova York, utilizando um piano Steinway D Centennial e está sendo distribuído no iTunes, Amazon etc.

Paralelamente às apresentações acústicas, tem fornecido consultoria e ministrado *workshops* sobre computadores, teclados, MIDI e gravação digital enquanto mantém suas atividades na área de composição, produção e gravação de trilhas sonoras e CDs, participações em discos de diversos artistas e produção de livros e métodos de música.

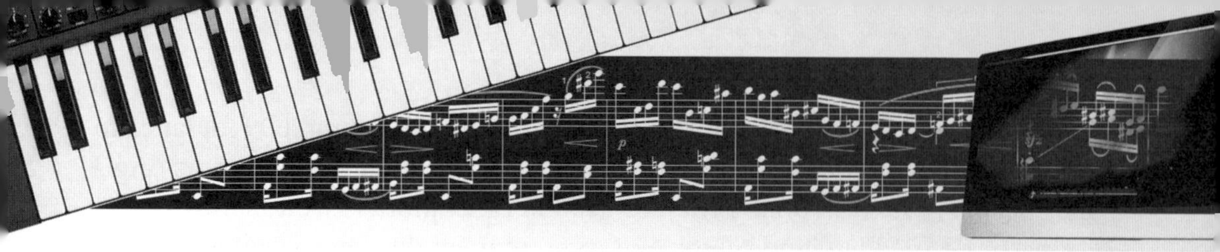

Introdução

Desde a década de 1980 muito se tem ouvido falar a respeito da utilização da tecnologia dos computadores aplicada à música. Contudo, informações precisas sobre o assunto ainda são escassas no Brasil. Por isso, resolvi me dedicar a fazer este livro, reflexo de minhas pesquisas, experiências e *performances* com instrumentos e equipamentos eletrônicos desde o final da década de 1960 (quando microprocessador na música era apenas um sonho).

Muitos textos aqui incluídos foram extraídos das apostilas que preparei para os cursos que venho ministrando no CTMLA – Centro de Tecnologia Musical Luciano Alves assim como das matérias e análises que escrevi para diversas revistas e jornais especializados.

Este livro pode ser utilizado por iniciantes que pretendem entrar no mercado da música digital ou por aqueles que já conhecem a matéria, mas desejam se aprimorar: músicos, produtores, compositores, arranjadores, maestros, sonoplastas, técnicos de gravação, *sound designers*, professores de música, editores de livros de música, copistas, engenheiros de som, produtores de multimídia, DJs, *web designers* etc.

Os assuntos são apresentados progressivamente, calcados no propósito de fazer música com o auxílio de equipamentos eletrônicos e informatizados. Através do enfoque musical, os leitores poderão se familiarizar com a linguagem da informática na música e desfrutar dos recursos dos instrumentos MIDI, sequenciamento, gravação digital, *plug-ins*, aplicativos etc. Constantemente são apresentadas dicas que proporcionam um melhor aproveitamento do assunto em questão. Portanto, recomendo a leitura de todo o livro (incluindo os tópicos que não aparentem ser de interesse imediato), em virtude de que muitas informações valiosas podem ser encontradas nas entrelinhas dos textos relacionados à tecnologia abordada.

Como já se sabe, é perfeitamente possível um músico ou produtor trabalhar de forma eficiente sem conhecimento técnico de informática ou de áudio. Nunca foi necessário conhecer detalhadamente o funcionamento de um gravador para se registrar um improviso inspirado. Contudo, como desde a década de 1970, há uma tendência dos músicos se tornarem cada vez mais autossuficientes, concluí que incluir algumas informações técnicas relevantes seria de grande valia.

Novos campos de atuação foram criados com a introdução da informática na música. Este livro, iniciado, organizado e finalizado no computador é um exemplo. Durante dois anos trabalhei assiduamente neste projeto que, pelos processos convencionais, teria demandado, no mínimo, o dobro do tempo. As revisões técnicas e sugestões de Sólon do Valle (a quem agradeço imensamente) foram integralmente realizadas por *e-mail*, o que agilizou todo o processo de conclusão.

Há duas décadas, os músicos não poderiam imaginar que seriam solicitados para trabalhar em multimídia, DVD, Internet, moldagem sonora ou produção de *ringtones*. A própria tecnologia dos computadores desencadeou e contribuiu para o surgimento de novos estilos musicais. Novas categorias de profissionais da música surgiram. Em alguns casos, os envolvidos nem sequer tocam um instrumento ou têm conhecimento do que é uma clave de Sol. A tecnologia atual permite: registrar notas uma a uma; emendar trechos gravados; utilizar *loops* sequenciados ou gravados; reafinar a voz automaticamente de forma que, em curto espaço de tempo, a música esteja toda montada. Tanto as técnicas mecanizadas quanto as tradicionais, utilizadas na produção computadorizada dos variados estilos musicais, encontram-se detalhadas no Capítulo 6 – Produção Musical no Computador .

A dificuldade dos novos usuários não é somente a de aprender como conectar e utilizar os aparelhos disponíveis, mas o que adquirir. Por esse motivo, menciono diversos equipamentos importantes, incluindo os *vintage* (de safras antigas), como ponto de partida para o leitor pesquisar o que há no mercado e fazer suas escolhas baseadas em conhecimento. Já que esta publicação não é um catálogo, os nomes dos fabricantes, das marcas e dos modelos não são profundamente detalhados até porque, rapidamente, os dados ficariam defasados em relação aos novos meios, exigências e metas intrínsecas ao universo da informática na música. Contudo, a lista contendo o detalhamento dos equipamentos de palco e de estúdio pode ser pesquisada no buscador do site lucianoalves.com.br escrevendo-se “Equipamentos para Produção Musical”.

Nesta 4ª edição, textos, imagens e gráficos foram atualizados de forma a incluir novas tecnologias assim como tendências futuras. Maior ênfase foi dada aos *plug-ins* de instrumentos virtuais, corretores de afinação, protocolo mLAN, MADI, teclados *masters* (mestres) com botões controladores, *plug-ins* de efeitos, DVD-A, mixagem 5.1, gravação com *mixer* virtual, simuladores de pré-amplificador etc. O conteúdo do CD-ROM disponibilizado na 3ª edição, contendo músicas, tutoriais em vídeo, *loops* e áudios de referência foi integralmente transferido para o site lucianoalves.com.br e para o Youtube.

A implantação da tecnologia dos *chips* (circuitos integrados baseados em silício) e de MIDI (*Musical Instrument Digital Interface*) promoveu mudanças significativas na forma de criar, arranjar, orquestrar, produzir, gravar e distribuir música. Essas foram as alavancas da reformulação dos estúdios e do próprio conceito de produção musical. Artistas e músicos tornam-se, cada vez mais, autossuficientes.

Com o barateamento dos equipamentos tornou-se possível a utilização massiva de MIDI e a gravação digital em pequenos estúdios caseiros. Novos meios para a comercialização da própria música surgem constantemente. Atualmente é possível fazer, por conta própria, a masterização e a duplicação de CDs ou disponibilizar as faixas em MP3 para venda através da Internet ou do *download card* (cartão para baixar músicas). Outras formas e formatos surgirão. Os próprios arquivos de música em alta resolução poderão, futuramente, ser distribuídos sem compressão. Nesses processos, inevitavelmente, a tecnologia dos computadores sempre estará envolvida.

Na área da música ao vivo, salvo as apresentações camerísticas ou intimistas estritamente acústicas (sem amplificação), a informática está presente desde a captação dos instrumentos até a amplificação do som.

Música no computador não é mais simplesmente um sonho para o futuro. É presente e irreversível.

Luciano Alves

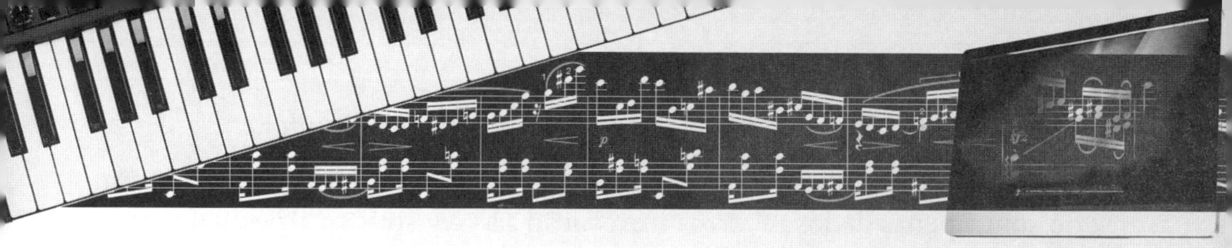

Convenções Adotadas

Com o desenvolvimento dos teclados, equipamentos, computadores e softwares musicais muitos termos foram criados pelos engenheiros e fabricantes. Músicos e produtores até então acostumados a lidar apenas com a nomenclatura musical, precisaram se adaptar rapidamente aos novos termos técnicos em inglês e conceitos que, comumente, geram muitas dúvidas. Para facilitar o entendimento dos assuntos e dos recursos disponíveis, padronizei algumas terminologias importantes, existentes no universo da música digital:

Software significa aplicativo para computador. Neste livro, o termo programa não é utilizado para computador.

Tone ou **programa** é um simples som programado e produzido por um teclado ou módulo.

Patch representa um som de teclado ou de módulo, composto por vários *tones*.

***Voices* ou vozes** designa o número de notas que um instrumento é capaz de tocar simultaneamente. Trata-se da polifonia de vozes. Alguns fabricantes de teclados adotaram o termo *voice* para programa (o que pode confundir o usuário).

Controladores são dispositivos mecânicos ou funções de MIDI usados para dar entrada de mensagens de *Control Changes*, também denominadas de *Continuous Controllers*. Logo, controlador não é um teclado que comanda outros equipamentos MIDI. Alguns exemplos de controladores mecânicos são: pedal de *sustain* (prolongamento), alavancas ou rodas para modificar *modulation* (modulação, vibrato). Esses dispositivos fazem uso das funções também denominadas *Controllers*, como por exemplo: Controlador 01, que modifica o grau de modulação, e Controlador 07, que atua no volume geral do instrumento.

Transmissor é qualquer instrumento ou aparelho que transmite dados de MIDI (mesmo que somente *tones*, *patches* e *System Exclusive*).

Master é o termo utilizado para teclado mestre ou gravador guia que comanda diversos *slaves* (escravos) de uma cadeia de instrumentos MIDI ou de equipamentos de gravação, respectivamente.

Canal é relacionado ao Canal de MIDI nos sequenciadores e demais aparelhos que transmitem e recebem mensagens de MIDI. Eventualmente, também é associado aos gravadores (canal esquerdo e direito; gravador multicanal etc.).

Track é relacionado à pista de um sequenciador ou de um gravador.

Sequenciamento é o registro de mensagens de MIDI em um sequenciador. Em vez do som, apenas dados relativos à execução são registrados. Apesar dos softwares sequenciadores disponibilizarem um único ícone para sequenciamento e gravação, com a terminologia de *Record* ou *Rec* (gravar), sequenciamento não é gravação de áudio.

Gravação é o registro do áudio de uma fonte sonora para um gravador digital ou analógico.

PC passou a ser utilizado, equivocadamente, para os computadores IBM-compatíveis (clones). PC significa *Personal Computer* (computador pessoal de pequeno porte). Logo, independente da plataforma, todos os computadores de pequeno porte são PCs. Contudo, como se passou a adotar essas iniciais para designar apenas os computadores compatíveis com os da IBM, relutantemente, decidi seguir essa forma.

Configuração é aqui adotada no nível de software e hardware. Por exemplo, configuração dos parâmetros de um software (cores, disposição de menus, tamanho de janelas, dispositivos que podem ser acessados) ou de um hardware (portas de comunicação, memória, HD, interface de MIDI/Áudio etc.). A palavra configuração não é utilizada para instrumentos.

Setup refere-se ao agrupamento de instrumentos de teclados, módulos e equipamentos de estúdio.

Aparelho ou equipamento é utilizado para designar qualquer peça ou agrupamento de peças de uma forma generalizada e inclui: módulos, teclados, sintetizadores, placas MIDI, módulos GM (*General MIDI*), caixas *stand-alone* (caixas separadas), gravadores, *mixers* etc.

Módulo refere-se a qualquer peça nas medidas de *rack* (gabinete no qual se monta aparelhos) ou do tipo *stand-alone*. É constantemente relacionado aos instrumentos de MIDI que não possuem teclado próprio, como os *sample-players* (tocadores de amostras) ou a efeitos diversos de *rack*, como reverberadores, compressores, equalizadores etc.

Workstation ou **estação de trabalho** é um instrumento que possui teclado próprio, sequenciador e dispositivo de gravação.

DAW (*Digital Audio Workstation* – estação de trabalho de áudio digital). É um sistema baseado em computador (ou dedicado) que proporciona sequenciamento MIDI, gravação de áudio, edição, mixagem e masterização.

Efeito é usado para denominar simulação de ambiência, reflexão ou repetição sonora: *reverb* (reverberação), *echo* (eco) etc.

FXs é a sigla adotada para os efeitos musicais (cascata de notas, sons espaciais, vento de sintetizador etc.) assim como os sons de sonoplastia (passos, batida de porta, freada de carro etc.). Pronuncia-se "eféx".

MIDI Volume refere-se ao *Continuos Controller 07* (Controlador de MIDI 07) que provoca a variação do nível de audibilidade enquanto um instrumento está sendo tocado manualmente ou pelo computador. Em MIDI, volume não é *velocity*.

Velocity está diretamente ligado ao conceito de dinâmica e intensidade de execução (forte ou fraca) e só atua no momento em que uma nota é percutida (ou largada, no caso dos teclados que possuem recurso de *Note Off Velocity*). Logo, *velocity* não é volume geral.

Porta de comunicação abrange as modalidades serial, paralela, USB, Firewire, Thunderbolt e novos tipos que venham a ser adotados para troca de dados entre o computador e seus periféricos.

Superior é o termo utilizado para indicar versões futuras do software ou do equipamento que está sendo abordado. Inevitavelmente, a numeração das versões dos softwares aqui citados foi omitida para que não ficasse rapidamente defasada. Pode-se pesquisar sobre as versões dos aplicativos e dos equipamentos através da Internet, acessando-se o site do fabricante.

Sample (amostra) era usado, exclusivamente, na terminologia dos *samplers* (teclados e módulos que gravam digitalmente qualquer fonte sonora). Agora, utiliza-se o mesmo termo em gravação digital de áudio para identificar um único evento capturado em uma determinada *sample rate* (taxa de amostragem).

Tempo (em inglês) é utilizado tanto para andamento quanto para tempo cronológico da música (o que é correto, já que são intrinsecamente relativos). Para exprimir a velocidade (batimentos por minuto) adotei a palavra andamento.

Os termos em inglês incidentes neste livro encontram-se traduzidos tanto no decorrer do texto (na primeira vez em que aparecem) quanto no dicionário de Termos Estrangeiros (pág. 290).

Os nomes dos fabricantes dos equipamentos mencionados aparecem somente na primeira vez em que o aparelho é citado. Quando determinado equipamento reincide no texto, o nome do fabricante é suprimido.

CAPÍTULO 1

O Computador

O computador é uma ferramenta indispensável, independentemente da atividade que se vai exercer no universo da música digital (composição, arranjo, orquestração, sequenciamento, gravação, notação, moldagem sonora etc.). Desde a criação do computador pessoal, nota-se uma verdadeira revolução na forma como se desenvolvem as atividades profissionais das várias áreas existentes.

A música foi uma das primeiras atividades a merecer a atenção dos programadores. Já em 1984 foram lançados os primeiros softwares para sequenciar música diretamente para o computador como, por exemplo, o Master Tracks (Passaport). Embora precários (só sequenciavam em quatro pistas, ainda que dispusessem de 16 canais de MIDI), esses aplicativos desempenhavam eficazmente a função a que se propunham e, principalmente, abriam novas perspectivas para músicos e produtores.

Diversas plataformas e modelos de computador passaram a fazer parte dos miniestúdios que, na época, eram controlados somente por tecladistas. Alguns dos microcomputadores disponíveis para música eram: Atari ST, Falcon030, Apple II, Comodore Amiga, IBM e seus clones, e o NeXT baseado em UNIX. No Atari ST e no Falcon030, a interface de MIDI já fazia parte da própria estrutura do computador. Era o início da informática na música.

Atualmente, as plataformas mais utilizadas são a Apple (Apple Computer Corp.) e o PC (IBM-compatíveis), e a música no computador engloba uma série de atividades ligadas à tecnologia de *Random-Access Memory* (acesso randômico à memória), que permite a busca instantânea das informações arquivadas na memória ou no *hard disk* (disco rígido) do computador:

- **Sequenciamento** – registro de dados musicais transmitidos a partir de um instrumento musical dotado de MIDI/USB.
- **Gravação digital** – gravação digital de áudio proveniente de qualquer

fonte sonora (microfone, instrumento, CD, gravador de fita, toca-discos etc.).

- **Processamento de efeitos** – aplicação de efeitos de áudio através de *apps* (aplicativos) e *plug-ins* que podem ser instalados em computadores *desktop*, *laptops*, *notebooks*, *ultrabooks*, *tablets*, *smartphones* e *mobiles* em geral.
- **Acesso a instrumentos virtuais** – execução de sintetizadores, baterias e *samplers* virtuais (de computador) a partir de instrumentos dotados de MIDI ou USB.
- **Transferência de áudio** – troca de áudio digital entre diversas mídias.
- **Edição de áudio e aplicação de efeitos** – o áudio digital é manipulado através do uso de algoritmos que afetam as características do material sonoro.
- **Notação musical** – criação de partituras, escaneamento de notação impressa, conversão de sequenciamento em partitura e vice-versa.
- **Arquivamento, organização e edição de programas** – troca de programas entre a memória dos instrumentos e o computador, modificação dos parâmetros com interface amigável e envio do programa editado de volta para o instrumento por intermédio de softwares *Librarian/Patch Editors* (catalogadores e editores de programas e *patches*).
- **Edição de *samples*** (amostras) – importação de programas dos *samplers*, edição e exportação utilizando *MIDI Sample Dump* (descarregamento de *samples* via MIDI).
- **Composição interativa** – geração e processamento de informações musicais que são modificadas automaticamente de forma aleatória ou segundo regras definidas pelo usuário.
- **Educação musical** – treino do ouvido musical, aulas de teoria, criação e testes de escalas e acordes etc.
- **Multimídia** – criação de apresentações do tipo show de slides, livros eletrônicos musicados (*e-Books*), CD-ROMs e videoclipes por intermédio de aplicativos específicos que sincronizam música em MIDI ou em áudio (WAV, AIFF, MP3 etc.).
- **Internet** – sonorização de *homepages* e *blogs* com músicas, locuções e efeitos sonoros.
- **Filme e vídeo** – criação e sequenciamento de lista de eventos musicais e de efeitos para sincronizar com máquinas projetoras de filme, vídeo analógico de fita ou DVD.
- **Mixagem** – de música para qualquer finalidade, incluindo de trilhas sonoras codificadas para Surround.

- **Shows** – programação da base ou de *click-track* (metrônomo); mudança automática dos programas dos teclados, dos efeitos e da bateria eletrônica; sincronização de iluminação com eventos musicais etc.
- **Sincronização** – de diversos equipamentos (sequenciadores, gravadores externos etc.) por intermédio dos *time codes*.
- **Em estúdio de gravação** – sequenciamento, controle de todo equipamento MIDI (teclados, módulos, baterias eletrônicas etc.), programação e execução de *synths* virtuais, masterização, automação de mixagem e de todo o equipamento disponível.

Já que essa tecnologia se desenvolve numa velocidade surpreendente e suas aplicações são muito diversas, torna-se impossível recomendar uma determinada marca ou modelo de computador até porque, paralelo ao avanço dessa indústria, há o progresso dos sistemas operacionais e dos softwares. Constantemente são lançados aplicativos tão poderosos para uma determinada plataforma que, por si sós, justificam a aquisição de certo modelo de computador. Contudo, isso não é definitivo, em virtude de que novos tipos de hardwares (dispositivos de armazenagem, portas de comunicação etc.) podem passar a ser adotados, inicialmente, por outra plataforma e, automaticamente, os produtores de software se voltam para a nova demanda. Por isso, os computadores, hardwares e softwares aqui mencionados são, apenas, referências para auxiliar o leitor.

Músicos, produtores e usuários, em geral, são a fonte de energia desse mercado significativamente competitivo. Com o aumento da demanda, o custo dos equipamentos de informática, afortunadamente, diminuiu. Pode-se considerar que, em função do progresso dos dispositivos (placas-mãe, memória, *modems*, interfaces de áudio, CD-ROMs, DVDs, *hard disks*, *cache*, monitores etc.), o computador pessoal, atualmente, é mais barato do que na época em que surgiu.

Mas isso não significa que haja uma economia real, já que o próprio equipamento precisa ser atualizado constantemente. Há sempre novos recursos e tecnologias sendo lançados e, consequentemente, se o usuário não acompanha a evolução, perde espaço no mercado de trabalho. Estamos na era do USB (*Universal Synchronous Bus*), do Firewire e do HDMI, que promovem mudanças significativas na forma como os periféricos se conectam ao computador. Finalmente, as conexões estão sendo mais padronizadas, simplificando a instalação dos hardwares. Novos modelos de periféricos, com maior rendimento e eficácia, surgem periodicamente. Mais velocidade, mais agilidade, maior facilidade de operação e mais despesa.

No geral, as perspectivas de retorno do investimento são animadoras, visto que é possível recuperar os gastos efetuados na aquisição de um equipamento de informática para um estúdio de pequeno ou médio porte, produzindo-se alguns jingles, trilhas para televisão ou CDs. É muito interessante observar que novas propostas de trabalho surgem sempre que se efetua a compra ou a atualização de um equipamento. Alguns clientes podem não entender de equalização ou de notas musicais, mas sabem perfeitamente quais profissionais e estúdios estão bem equipados.

Muitos consultores de música informatizada utilizam o mesmo conceito como ponto de partida para quem vai adquirir um computador: "Primeiramente, é necessário definir a finalidade à qual o computador se destina...".

Entretanto, essa ideia restringe essa poderosa ferramenta a uma máquina dedicada. Mais corretamente, deve-se partir do planejamento de alguns objetivos básicos e estar preparado para grandes mudanças. Geralmente, os músicos e produtores só possuem recursos para adquirir um único computador. Logo, este deverá exercer o maior número possível de funções. Adquirir um computador configurado só para gravação, por exemplo, é privilégio das empresas que dispõem de maiores possibilidades financeiras.

Atualmente, é necessário usufruir ao máximo de toda a versatilidade proporcionada pela informática, no sentido de driblar as possíveis saturações dos campos de trabalho disponíveis.

Cabe aos músicos, produtores e demais profissionais da música criar novas alternativas e transitar com maior agilidade entre as diversas atividades inerentes à música. E o computador é a ferramenta que possibilita essa independência e que fornece novas alternativas para se alcançar o sucesso profissional.

O computador tem algumas propriedades muito interessantes: surpreender o usuário, expandir seus horizontes e modificar radicalmente sua forma de vida. Em 1984, passei a usar a informática simplesmente para sequenciar instrumentos eletrônicos para gravações e para apresentações solo. Em poucos anos, minhas atividades baseadas no computador expandiram-se consideravelmente: composição, arranjo e orquestração; criação de trilhas para televisão e cinema; gravação; mixagem automatizada; masterização; geração de CD de música e de CD-ROM; impressão de rótulos e encartes para CDs demo (demonstração); produção musical para multimídia; produção de *songbooks* e métodos de música; arquivamento de *patches* dos teclados e módulos; comunicação via Internet; divulgação; criação e manutenção do site; controle de mala direta para cursos e shows; e, inclusive, escrever livros e editorar artigos e análises. Logo, é recomendável certa maleabilidade para detectar novos horizontes.

Os parâmetros para a escolha do computador podem ser sintetizados em: provável atividade principal *versus* recurso financeiro. Uma regra é básica: deve-se sempre adquirir um equipamento atual, já que em, aproximadamente, dois anos estará obsoleto. Velocidade de processamento é um fator extremamente importante para gravar áudio e utilizar, conjuntamente, os sintetizadores e *samplers* virtuais (que transformam o microcomputador em um instrumento musical). Já o sequenciamento MIDI não demanda tanto da CPU – *Central Processing Unit* (unidade central de processamento) do computador.

Existe muita controvérsia a respeito da funcionalidade dos computadores PC (IBM-compatíveis) para finalidades musicais, principalmente no tocante à gravação de áudio e à masterização. Os computadores Apple sempre foram os preferidos dos músicos não somente por proporcionarem facilidade na instalação dos periféricos, mas também porque os primeiros e mais poderosos softwares para música foram desenvolvidos para essa plataforma. A Apple implementou o ambiente gráfico muito antes do lançamento do Windows (Microsoft) para PC e, desde muito cedo, disponibilizou, internamente, processador dedicado para gravar/tocar vídeo e áudio digital.

Com a adoção da tecnologia *plug-and-play* (conecte e use), ambas as plataformas passaram a aceitar os mais variados hardwares com a mesma facilidade. Basta conectar placas e periféricos nos *slots* internos ou nas portas de comunicação, respectivamente, e o próprio sistema operacional cuida da finalização da instalação. Atualmente, os dois tipos proporcionam muita estabilidade de funcionamento e são repletos de aplicativos para música. Alguns fabricantes de software que haviam projetado seus produtos exclusivamente para Mac, rapidamente passaram a disponibilizá-los também para PC. Pode-se, inclusive, notar que *updates* (atualizações) de alguns softwares musicais são disponibilizados mais assiduamente para PC.

Ao escolher o computador, deve-se levar em consideração seu custo e a possibilidade de se fazer *updates* de hardware com facilidade. Macs custam, aproximadamente, o dobro dos PCs. Após um período de familiarização, trocar placas ou mesmo a CPU no PC torna-se uma rotina simples, além de que esta é a plataforma mais procurada para atividades diversas, fazendo com que o usuário nunca se sinta isolado.

Configurando o computador para música

Para desfrutar das diversas possibilidades da informática na música, é necessário projetar a configuração do computador que será utilizado para sequenciar MIDI, gravar áudio, mixar, masterizar CDs, imprimir partituras, enviar arquivos via *modem* etc.

Aqui são descritos os componentes básicos que fazem parte da estrutura do computador. A relação e o detalhamento do funcionamento dos hardwares e periféricos extras, necessários para essas atividades, encontram-se nos tópicos Interfaces de MIDI/Áudio (pág. 91), Computadores (pág. 106) e DAW em Computador (pág. 132).

Independentemente da plataforma, as *motherboards* (placas-mãe) possuem diversos componentes em comum: CPU (unidade central de processamento); *slots* de memória (soquetes onde são inseridos os cartões contendo os *chips* de memória); *slots* de expansão (conectores para inserir placas diversas, tais como as de comunicação de MIDI, instrumentos MIDI, *sampler* do tipo hardware, digitalizadora de áudio, aceleradora de vídeo, *modem*, rede de comunicação etc.).

Muitas placas-mãe disponíveis para os diversos tipos de computador (*notebook*, *laptop*, *desktop* e torre) já incorporam os elementos necessários para multimídia (instrumentos MIDI e áudio), assim como os componentes para conexão de rede, *modem*, vídeo etc., dispensando a inserção de placas extras. No caso específico do vídeo, a própria CPU passa a compartilhar suas atividades de processamento com a geração de sinal a ser enviado para o monitor e, dependendo do potencial do processador, esse compartilhamento pode comprometer o rendimento geral da máquina.

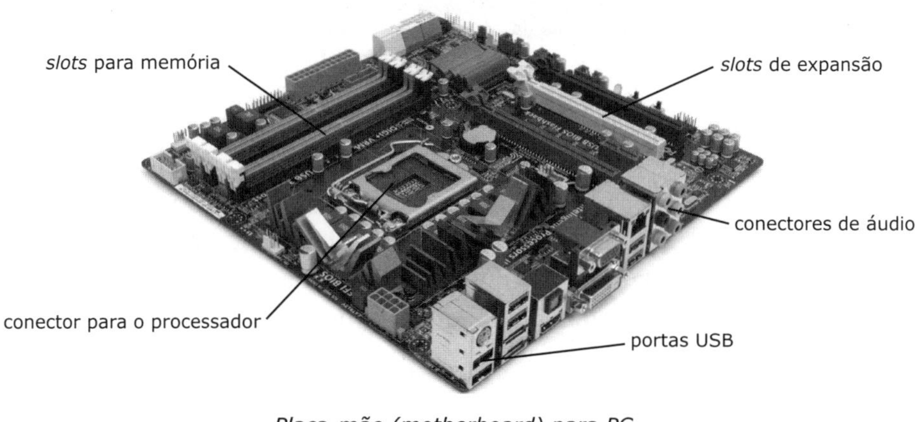

Placa-mãe (motherboard) para PC

Os componentes de áudio embutidos na placa-mãe prestam-se, apenas, para aplicações de multimídia. No PC, fazem uso de *drivers* MME (*Multimedia Extension*) ou WDM (*Windows Driver Model*) que produzem atraso (*latency*) acima de 20ms (milissegundos). Esse atraso é causado pela própria eletrônica envolvida desde o momento em que se executa uma nota no instrumento, até o som ser ouvido através do alto-falante, após ser processado pela interface e pelo software de áudio. Por isso é necessário utilizar o *driver* ASIO (*Audio Streaming Input/Output*) ou o simulador ASIO4ALL. No Mac não há atraso, já que o mesmo utiliza a infraestrutura de áudio digital Core Audio.

Para instalar internamente uma placa MIDI/Áudio em um PC *desktop*, basta abrir o gabinete; encaixá-la em um *slot* da tecnologia da placa, fechar o gabinete e ligar o computador. Enquanto o sistema operacional está carregando aparece na tela uma mensagem indicando que um novo hardware foi detectado. Geralmente, o próprio sistema operacional possui o *driver* necessário para o funcionamento do hardware adicionado. Caso contrário é preciso inserir o CD de instalação do periférico para que o *driver* seja "capturado" ou baixá-lo do site do fabricante através da Internet. Já nos computadores da Apple, normalmente, são utilizadas as portas de comunicação para adicionar periféricos.

Muitas interfaces para música são fabricadas em modelos de *rack* ou de caixas separadas, podendo ser conectadas nas portas Firewire, Thunderbolt ou USB do painel traseiro ou lateral do computador. Esses tipos de periféricos são, atualmente, os preferidos por possibilitarem instalação imediata e segura. Mesmo as interfaces com oito entradas e oito saídas são muito pequenas e leves, portanto, podem ser transportadas e conectadas em qualquer computador para *performances* ao vivo, gravações e produções musicais em geral.

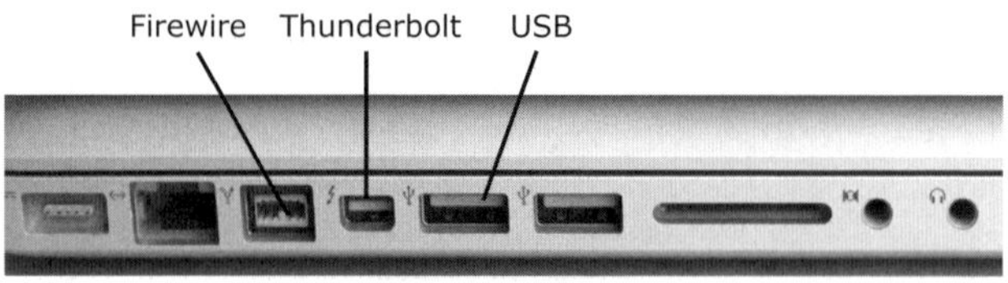

Portas de comunicação

Deve-se sempre optar pelas configurações de computador que contenham placa-mãe, processador, sistema operacional e softwares musicais de 64bits já que as DAWs (*Digital Audio Workstations* – estações de gravação de áudio digital) proporcionam maior rendimento nessa plataforma. Antes de adquirir interfaces de MIDI/Áudio para qualquer computador é necessário pesquisar se há *drivers* disponíveis para o sistema operacional que este utilizará.

PC

Os computadores PC são amplamente configuráveis. É possível adquirir os componentes (teclado, mouse, monitor, placa-mãe, placa de vídeo, memória, HD etc.) de diferentes fabricantes e montá-los por conta própria, sendo recomendável um técnico para executar esse trabalho. Essa é, justamente, a filosofia que gerou o computador IBM: configuração, manufatura e expansibilidade, agregando componentes produzidos por terceiros.

Encontram-se, ainda, diversos PCs montados por empresas que se solidificaram no mercado devido à confiabilidade e à estabilidade dos componentes utilizados. Nos PCs de marca, a montagem é feita com peças aprovadas e testadas para um determinado modelo. Nesse caso, a manutenção é realizada pelo representante autorizado. Além disso, a garantia oferecida pelo fabricante, geralmente, inclui visitas no local do usuário.

A maioria das placas-mãe é dotada de componente específico para gravação de áudio, mas só deve ser utilizado para aplicações básicas de multimídia. Para atividades de produção de CD ou de DVD é necessário optar por hardwares internos ou externos que ofereçam maior fidelidade. Os instrumentos MIDI que eram disponibilizados em *Wavetable* (PCM), através de um *chip* instalado na placa-mãe, foram substituídos por *samples* fornecidos pelo próprio sistema operacional.

Os componentes necessários para se trabalhar com música no computador são: placa-mãe com *slots* de expansão (no caso de *desktop*); memória RAM em abundância; dois HDs internos de capacidade e de velocidade máximas (um para sistema operacional/dados e o outro para gravação de áudio); um HD externo USB para *backups* (cópias de segurança); um gravador de CD/DVD para fazer CDs ou DVDs de música e de dados; placa interna ou interface *stand-alone* de MIDI/Áudio (preferencialmente contendo quatro ou mais entradas e saídas de áudio), além de entrada e saída digital; placa de vídeo com o máximo de memória; monitor de 21" ou superior para visualizar várias pistas dos aplicativos sequenciadores e formas de onda do áudio gravado; placa de rede; portas USB, Firewire ou superior para conectar interfaces externas; uma impressora para imprimir partituras.

No caso do *desktop*, a opção deve sempre ser pelos gabinetes com dimensões que possibilitem a expansão do número de componentes (HDs e *drivers* de CD). A instalação de periféricos e softwares é segura e eficaz, proporcionando o uso quase imediato. Há muitos anos tornou-se desnecessário configurar os parâmetros de IRQ, DMA e COM. Se a interface de MIDI/Áudio for externa do tipo USB, por exemplo, pode ser conectada diretamente a uma das portas USB e será rapidamente reconhecida. Pode-se optar, também, por uma interface interna a ser conectada em um *slot* PCIe (*PCI Express*), o qual está substituindo o PCI. Caso a interface seja Firewire é necessário instalar um conversor PCI para Firewire, já que os PCs *desktop* normalmente não disponibilizam Firewire. A tecnologia Thunderbolt, integrada nos Macs há anos, está sendo adotada nos PCs também. Dessa forma, as interfaces de MIDI/Áudio externas dessa tecnologia podem ser, agora, conectadas no PC.

Nos *notebooks*, o periférico de MIDI/Áudio deve ser ligado na porta USB, já que esse tipo de computador não possui espaço físico interno suficiente para abrigar placas. É, também, possível utilizar a porta Firewire (quando disponível) embora esta, eventualmente, apresente problemas de compatibilidade com as interfaces de áudio Firewire.

O sistema operacional mais recomendado para o PC é o Windows e as DAWs mais utilizadas são: Sonar (Cakewalk) e Cubase (Steinberg). O tocador oficial de mídias do PC é o Media Player, o qual executa, inclusive, os instrumentos virtuais disponibilizados pelo Windows.

Mac

Os diversos modelos de Mac possuem arquitetura predefinida de fábrica. Os componentes (CPU, monitor, HD, placa de vídeo, teclado e mouse) fazem parte de um determinado modelo fabricado exclusivamente pela Apple. No iMac, por exemplo, o próprio monitor abriga todos os componentes. Nos computadores Apple, a manutenção deve ser realizada por representantes autorizados já que qualquer modificação por conta própria acarreta em perda da garantia.

Os Macs *desktop, notebook* e torre cilíndrica mais recentes são repletos de portas USB, Firewire e Thunderbolt, permitindo que hardwares fabricados por terceiros sejam acoplados. Alguns modelos abandonaram a porta Firewire em favor da Thunderbolt a qual proporciona taxa de transferência de 20Gb/s e permite acoplar diversos tipos de dispositivos. As interfaces de MIDI/Áudio e de sincronização assim como vídeos, HDs, interface de captura de vídeo etc., podem ser conectadas nas portas externas de comunicação.

Para dispor de um sistema de gravação de áudio de muitos canais são necessários dispositivos de gravação para HD de máxima velocidade. No caso de se optar por HDs externos, os mesmos devem ser conectados na porta USB, eSATA, Firewire ou Thunderbolt já que a tecnologia SCSI tornou-se obsoleta para áudio.

A partir do final da década de 1980, a Apple passou a dedicar-se mais intensamente à pesquisa de um protocolo de transferência de dados que pudesse ser mais eficaz do que o SCSI. O resultado foi o lançamento do padrão Firewire, o qual proporciona transferência serial de alta velocidade. A partir de 1990, o Firewire foi oficializado pelo *Institute of Electrical and Eletronics Engineers* como IEEE-1394 e passou a ser adotado por diversos fabricantes de interfaces, de softwares e de equipamentos de áudio e vídeo. Com a implantação do Firewire e do Thunderbolt, o SCSI passou a ser a tecnologia predileta apenas para aplicação em servidores.

Para se trabalhar massivamente com gravação, os modelos *desktop* (monitor com componentes embutidos) são preferíveis por disponibilizarem um HD interno SATA, além do SSD (*Solid State Drive*). Um dispositivo pode ser destinado para o sistema operacional/softwares e o outro para gravação e reprodução instantânea de áudio. Os *backups* podem ser feitos em qualquer tipo de HD externo (USB, Firewire, eSATA, Thunderbolt).

Os *notebooks* podem utilizar tanto o HD interno quanto um externo para gravar áudio. Há muita controvérsia a respeito da eficiência dos HDs externos para gravação e reprodução massiva de áudio. Muitos usuários utilizam essa forma sem nenhum problema em seus *notebooks* ou *desktops*, tanto para gravações em *home studio* quanto em shows. A eficiência do HD externo depende do número de canais e da taxa de resolução adotada para a gravação. Muitos testes devem ser realizados utilizando, primeiramente, poucos canais e a resolução de, no máximo, 16bit/44.1kHz. Gradativamente, aumenta-se o número de canais e a taxa de resolução até o limite máximo e observa-se como a DAW está reagindo.

O sistema operacional oficial do Mac (Apple) é o OS X. Macs também aceitam instalação do Windows conjuntamente, através de *dual boot* (inicialização dupla). Os DAWs mais recomendados são: ProTools (Avid) e Logic Pro (Apple). O tocador interno de mídias do Mac é o QuickTime, o qual executa, também, os instrumentos virtuais disponibilizados pelo OS X.

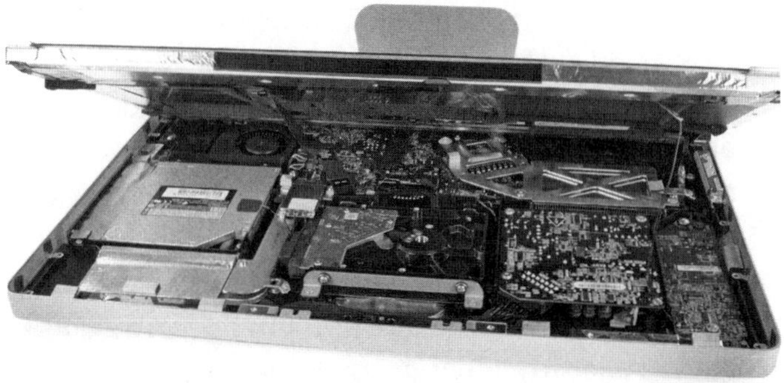

iMac contendo CPU conjugada com o monitor de LED

Dispositivos móveis

Tablets, *smartphones* e *palmtops* também podem ser utilizados como gravadores, sequenciadores, instrumentos musicais, superfícies de controle e efeitos de áudio virtuais bastando, para tal, instalar *Apps* (aplicativos) específicos dos respectivos sistemas operacionais iOS, Android, Bleckberry e Windows Phone, entre outros.

Alguns aplicativos transformam o dispositivo em uma estação modular de produção musical. Vários *apps* podem ser interconectados (sequenciador, *synth* virtual, *sample-player*, *mixer*, efeitos etc.) criando, assim, um ambiente de trabalho eficiente. O microfone e o componente de gravação embutidos nesses dispositivos móveis prestam-se, apenas, para registrar áudio guia, já que não proporcionam qualidade suficiente para aplicações profissionais. Para melhorar a qualidade da gravação é necessário acoplar microfones externos de boa qualidade ao conector de comunicação (disponível nesses aparelhos) ou conectar interfaces digitalizadoras de áudio USB que possuam bons conversores de A/D. O iPad e o iPhone, por exemplo, possibilitam gravação de qualidade razoável por intermédio de interfaces *stand-alone* utilizando-se, como intermediário, o conector Camera Kit (Apple). No caso do iPad, a solução ideal é o acoplamento do conversor I/O Dock (Alesis). Para comandar os instrumentos MIDI virtuais é necessário acoplar um teclado USB ou MIDI/USB.

É possível, ainda, acoplar mais de um instrumento na entrada câmera *kit*. Contudo, é necessário acoplá-los a um *hub* de USB com alimentação própria.

> Uma boa opção para utilizar os dispositivos móveis como processador de efeitos para qualquer instrumento é através de adaptadores que se encaixam diretamente no *jack* de fone de ouvido (que também é a entrada de linha em diversos dispositivos). Já que a saída de fone fica indisponível, os adaptadores disponibilizam um *jack* para monitorar o som já processado. Exemplos dessa modalidade são: o iRig (IK Multimedia) que utiliza o conversor de A/D do dispositivo móvel e o Jam (Apogee) que possui conversor de A/D próprio. Por outro lado, é também possível utilizar adaptadores que se acoplam à entrada de dados (*Dock* de 30 pinos). Dessa forma, o *jack* de fone fica disponível. Além do I/O Dock (já citado) há o Guitar Jack (Sonoma Wire Works).

As vantagens desses dispositivos são: navegação através de *touch screen* (toque na tela), Wi-Fi embutido para controlar softwares de *desktops* remotos em tempo real (atuando como superfície de controle), transportabilidade etc. *Tablets* com monitor de 9,7" ou mais podem ser utilizados para leitura de partituras em PDF ou e-Pub e as páginas podem ser viradas automaticamente enquanto o músico executa seu instrumento. Possibilitam gravar e filmar (com qualidade reduzida) shows e ensaios para avaliação da *performance* ou para postar em redes sociais e no Youtube. As desvantagens são: monitor pequeno, pouco tempo de duração da bateria, aplicativos de música com poucos recursos, conversores internos de A/D de baixa qualidade, pouco espaço de armazenamento interno, conectores pequenos e frágeis etc. Para produções musicais profissionais, esse equipamento não substitui, em hipótese alguma, o computador *desktop* ou *notebook*.

Guitarra e microfone conectados ao tablet iPad

CAPÍTULO 2

Transmissores e Receptores

A transmissão e a recepção de dados de MIDI podem ser realizadas por diversos instrumentos ou periféricos, tais como: teclados, módulos, baterias eletrônicas, guitarra MIDI/USB, *wind sax, pads* de bateria, computador, *mixers*, placas com instrumentos MIDI e *workstations*, entre outros. Os diversos esquemas de conexões desses aparelhos encontram-se no Capítulo 3 – MIDI (pág. 68).

Denomina-se transmissor todo aparelho que envia mensagens de MIDI através de um cabo que esteja conectado na sua saída de MIDI ou de USB/MIDI. Receptor é aquele que recebe essas mensagens através da sua entrada de MIDI ou de USB/MIDI. Alguns aparelhos possuem apenas conectores do tipo DIN para transferência de mensagens como, por exemplo, os teclados *vintage*. Logo, para ligá-lo a outro aparelho que possua apenas conectores USB como, por exemplo, um computador ou teclado mais atual, é necessário utilizar um cabo conversor USB/MIDI.

Um transmissor pode funcionar, simultaneamente, como um receptor se ao seu conector de *MIDI In* (entrada de MIDI) estiverem chegando mensagens do *MIDI Out* (saída de MIDI) do outro aparelho.

A forma mais utilizada para transmitir mensagens MIDI para um computador (dotado de interface MIDI ou USB/MIDI e de software sequenciador) é por intermédio do teclado musical. Posteriormente, todas as informações sequenciadas no computador são enviadas de volta para o receptor, que as executa automaticamente. Em um *setup* com um teclado e um computador, ambos são transmissores e receptores (estando com seus *MIDI Ins* e *Outs* interconectados).

Os aparelhos sem teclado próprio (módulos) são comumente classificados como receptores (por não possuírem teclas ou botões para transmitir mensagens de notas). Mas se um determinado módulo possui *MIDI Out*, ele é também um transmissor, já que, no mínimo, envia mensagens do tipo *System Exclusive* (mensagem exclusiva de sistema) e *Reset* (reiniciar). Aparelhos exclusivamente receptores são aqueles que só têm *MIDI In* (aparelhos antigos, específicos para efeitos). Por outro lado há também o caso de instrumentos acústicos que exercem apenas a função de transmissores como o violão, ao qual pode ser acoplado um captador especial para transmitir mensagens de MIDI. Assim, torna-se um transmissor. Como não há ainda nenhum tipo de dispositivo mecânico que possa tanger as cordas do violão automaticamente, este não pode ser um receptor.

Teclados

Os teclados (sintetizadores, pianos digitais, *samplers* etc.) são os transmissores e receptores mais comuns para dar entrada e para responder às informações de MIDI.

Todas as informações pertinentes a uma execução (*note on*, *note off*, *pitch bend*, *aftertouch*, pedal de *sustain*, dinâmica etc.) são enviadas através do conector de *MIDI Out* ou USB do instrumento para o computador e para a cadeia de instrumentos que estiverem acoplados via MIDI.

Em estúdios de gravação caseiros, os teclados *master* com botões controladores (sem sons internos) são os mais utilizados. Já que não possuem sons próprios, são apenas transmissores. Atualmente, muitos dispõem de porta USB, além de MIDI.

Diversos teclados possuem em sua memória interna uma gama ilimitada de sons, incluindo simulações e amostragens de instrumentos acústicos (gerados por tecnologia analógica ou digital). Devido à variedade, o tecladista passou a ser executante dos mais diversos tipos de instrumentos. Contudo, não basta apenas tocar o teclado com um programa de um determinado instrumento e esperar que a sonoridade seja a ideal. Um programa de trombone, por exemplo, não pode soar bem se for executado no teclado com técnica de piano.

Outro equívoco comum é executar um determinado instrumento na altura (alcance) de outro. Quando o limite natural de um instrumento é ultrapassado, automaticamente soa falso. Para utilizar um teclado transmissor corretamente, consulte o diagrama **Relação do Piano com os demais Instrumentos** (pág. 35). Dependendo do software sequenciador, as notas de MIDI podem aparecer com diferença de até duas oitavas no visor do *Piano Roll*.

Os teclados produzem seus sons por intermédio de várias tecnologias (analógica, FM, *sampler* etc.) e a escolha de um ou outro modelo depende do gosto pessoal e da necessidade de acrescentar determinadas sonoridades ao *setup*. Mas, independentemente da qualidade sonora, deve-se observar como o teclado do instrumento reage à execução manual na função de transmissor e de que forma seus programas internos interpretam uma execução remota.

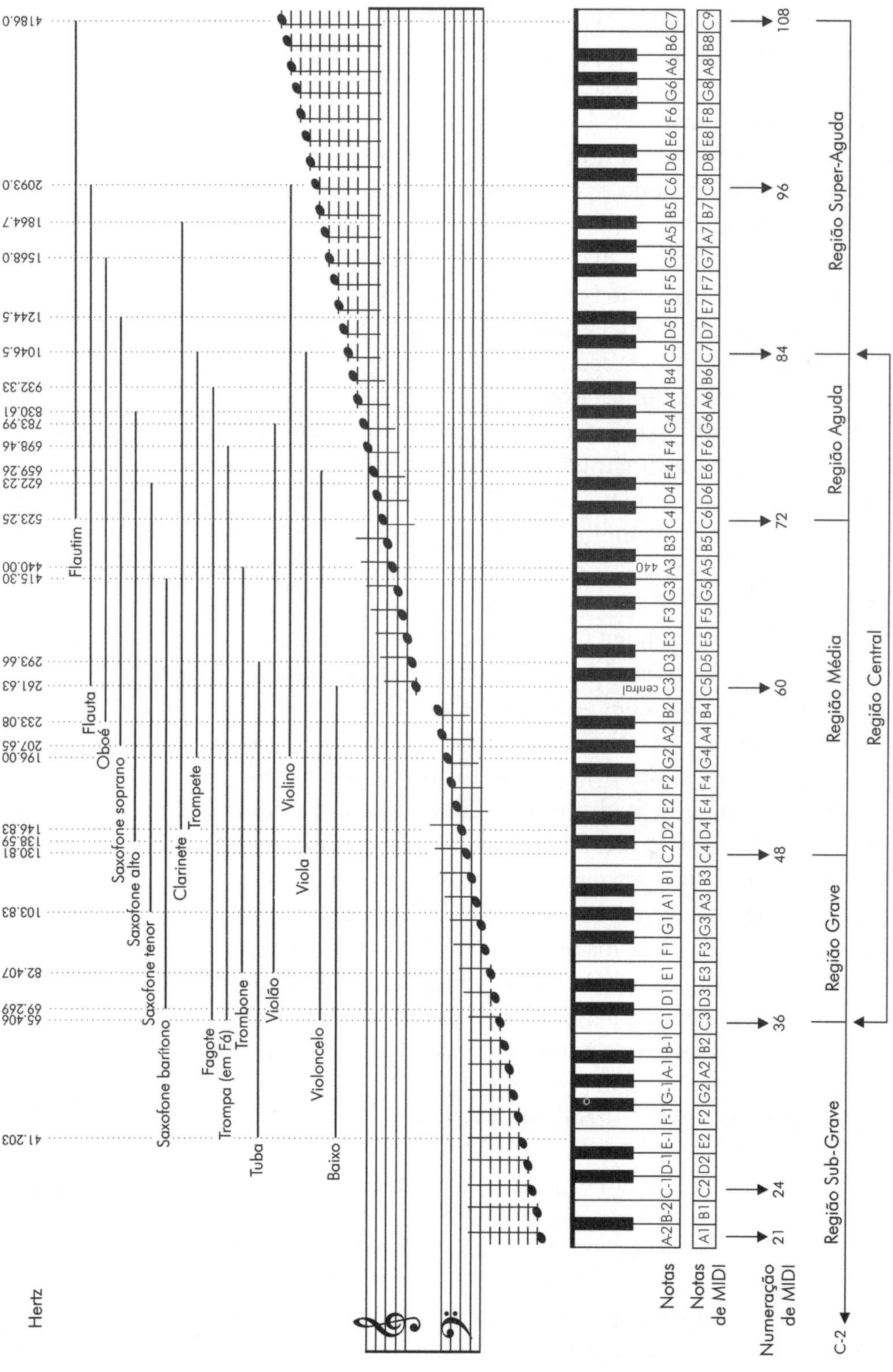

Relação do piano com os demais instrumentos

Em um teclado do tipo *touch sensitive* (sensível ao toque), cada tecla possui internamente um sensor que analisa o tempo (*velocity*) que esta levou para ser deslocada da posição parada até a posição totalmente abaixada. Esse tempo é o que determina a intensidade da dinâmica. Logo, uma execução *fortissimo* não é alcançada tocando-se com mais força, mas com mais velocidade. Essa relação é válida, inclusive, quando se executa o piano acústico.

Em MIDI, a medida de *velocity* varia entre 0 e 127. Uma execução *pianissimo* corresponde ao *velocity* 20, aproximadamente. O *forte* é igual a 90. Mas alguns sintetizadores antigos não interpretam todos os níveis de *velocity.* Os que não são *touch sensitive* nem sequer entendem essa informação. Tais teclados eram projetados para transmitir e reconhecer um *velocity* fixo de 64, independentemente das diferenças de dinâmica executadas.

Os teclados produzidos até 1988, aproximadamente, possuíam graduações de curvas de reposta de dinâmica (curvas de *velocity*) muito limitadas e despadronizadas. O programa de piano do DX7 (Yamaha) executado a partir de um teclado JX8P (Roland), por exemplo, soava demasiadamente agressivo, pois os envelopes do DX7 respondiam de acordo com a graduação de *velocity* do teclado do JX8P. Essa foi uma fase em que a tendência era de se sequenciar através do mesmo teclado que iria responder. Constantemente era necessário refazer o cabeamento de MIDI para que cada teclado pudesse transmitir para o computador, pois não havia ainda muitas opções de *MIDI Mergers* (fusores de MIDI) ou *MIDI Patchers* (endereçadores de MIDI) disponíveis. Outro inconveniente era a necessidade de o tecladista ter de se deslocar para tocar os diversos teclados.

Não há ainda uma padronização em relação à sensitividade, mas na década de 1990 os teclados passaram a fornecer regulagem de curva de dinâmica em vários níveis para minimizar as diferenças. E com a introdução dos módulos sem teclado e dos sintetizadores virtuais, o conceito de *setup* mudou drasticamente. Em vez de se utilizar vários teclados como transmissores e receptores (*masters* e *slaves*), passou-se a usar apenas dois transmissores: um sem som interno, com teclas de piano, conectado a módulos ou *samplers* com programas de piano, pianos eletrônicos, percussões de notas definidas (marimbas, xilofone etc.) e outro com teclas de plástico leve, que possibilita ação mais rápida, conectado ao computador e endereçado para instrumentos virtuais.

Antes de adquirir um teclado é necessário testar suas propriedades de *touch sensitive* e suas curvas de dinâmica. Conecte-o via MIDI a vários módulos e teclados, e analise como os programas internos dos *slaves* respondem.

Outro fator importante que interfere nas nuanças de execução é o sensor que se encontra embaixo das teclas para captar a pressão exercida pelos dedos após a tecla alcançar a posição abaixada. Nesse ponto é que entra o *aftertouch* (força de execução após o toque). Se houver um único sensor de pressão para todas as teclas (*channel pressure*) a resposta à interpretação será mais sacrificada do que se tiver um sensor individual (*key pressure* ou *poly aftertouch*). A maioria dos teclados atuais é fabricada baseada em *key pressure* e permitem, ainda, graduar o alcance de transmissão e de resposta desse recurso.

Em várias publicações e em manuais de instrumentos MIDI antigos, o termo *touch sensitive* é utilizado no lugar de *aftertouch*, em referência ao recurso de *channel pressure* (sensitividade mono) apenas. Na sensitividade mono, mesmo executando-se um acorde em que cada nota é pressionada com força diferente, a força aplicada após o toque será relativa a uma das notas apenas, o que prejudica a expressividade do músico. Atualmente, no meio musical, chama-se mais corretamente, "teclados com *aftertouch*" aqueles que possibilitam ambos os tipos: *channel pressure* e *key pressure*.

O instrumento deve, também, oferecer a possibilidade de desligar a conexão entre seu som interno e seu teclado. Sua função de *local control* (controle local) deve ser facilmente acessível para o caso de utilizar-se o instrumento como transmissor de dados para o computador. Colocando-se o *local control* (também denominado *MIDI echo*) na posição *Off* (desligado), evita-se que o som do instrumento seja duplicado quando está conectado a um sequenciador. Essa duplicação ocorre porque os geradores internos do instrumento respondem ao toque do executante enquanto, simultaneamente, reproduzem o que está sendo enviado através do sequenciador, daí o termo *MIDI echo*. Em um *setup* de estúdio MIDI, o teclado transmissor que possuir instrumentos internos deve ficar com o *local control* sempre desligado para que não ocorram duplicações indesejáveis.

A seguir, é apresentado um resumo dos diversos teclados e tecnologias disponíveis. Mesmo os teclados *vintage* do final das décadas de 1960 e 1970 (era pré-MIDI) encontram-se descritos, já que, a partir de 1985, tornou-se possível adaptar conversores que os transformam em instrumentos capazes de se comunicar via MIDI.

Analógicos

A criação do sintetizador analógico marca o início de uma nova era em termos de sonoridade de teclados e da própria música popular. Foi o que introduziu o conceito de geração e de moldagem do som, permitindo a expansão do universo sonoro e da criatividade musical. Terminologias que até então eram adotadas apenas por técnicos passaram a participar da linguagem cotidiana dos tecladistas: formas de onda, ruído branco, oscilador, filtro etc. A seguir, são descritos alguns desses itens que, uma vez compreendidos, servirão de base para programação de praticamente todas as categorias de teclados que surgiram em consequência dessa nova tecnologia.

Em meados da década de 1960 progrediam as experiências com sintetizadores modulares de grande porte que utilizavam circuitos controlados por voltagem, desenvolvidos pela Moog Music Inc., ARP e Buchla, entre outros. No final dessa década, foram lançados os primeiros sintetizadores monofônicos analógicos comercializáveis, tais como o Mini Moog Model D e o ARP 2600. O Mini Moog foi um marco da nova tendência sonora das produções musicais e deu início ao conceito do tecladista como programador, embora o instrumento ainda não possuísse microprocessador como seus sucessores Moog Source, PolyMoog e Mini Moog Voyager.

Nesses instrumentos, o som é produzido por intermédio do VCO - *Voltage Controlled Oscilator* (oscilador controlado por voltagem). A principal característica do som produzido pela tecnologia analógica é a "robustez" proporcionada pela soma dos vários osciladores (geralmente três). Apesar dos primeiros sintetizadores analógicos serem monofônicos (uma voz por cada nota) e não serem *touch sensitive*, já apresentavam muitas novidades em termos de expressividade: pela primeira vez foram introduzidos controladores de *pitch bend* e de *modulation*. O terceiro oscilador pode ser utilizado em baixa frequência (LFO - *Low Frequency Oscilator*), proporcionando efeitos como vibrato, trêmulo e sonoridades exóticas, como *ring modulation*. O *loudness* (nível de audibilidade) é controlado por voltagem através do circuito de VCA (*Voltage Controlled Amplifier*) e a filtragem do som, pelo VCF (*Voltage Controlled Filter*) que proporciona variações do espectro tímbrico de uma determinada forma de onda.

As características do tempo de execução das notas são controladas pelos EGs (*Envelope Generators*) que, em quatro etapas, regulam o tempo de *attack*, *decay*, *sustain* e *release* (ADSR).

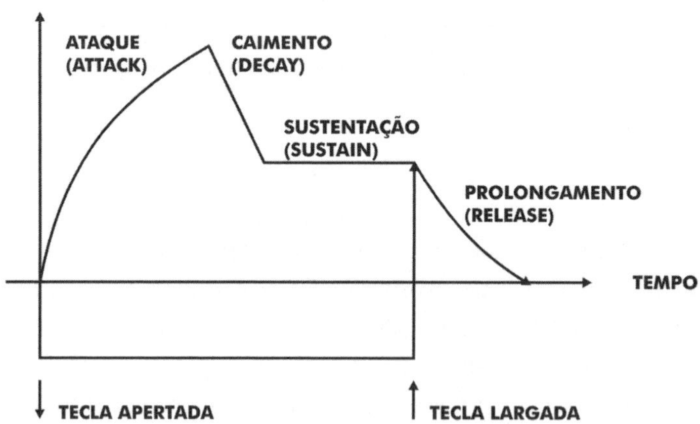

Envelope generator

Os geradores produzem som em quatro formas de ondas básicas:

- ***Sine*** (senoidal) – forma de onda produzida, por exemplo, pelo diapasão, que tem som "aveludado".
- ***Triangular*** (triangular) – estrutura de harmônicos bem diferente dos sons acústicos. Som tipo eletrônico.
- ***Square*** (quadrada) – tem expansão súbita da crista da onda. Encontrada em instrumentos como o clarinete. Som abafado e "anasalado".
- ***Sawtooth*** (dente de serra) – com ponta acirrada. Produz sons brilhantes, ricos em harmônicos como o *brass* (naipe de sopros).

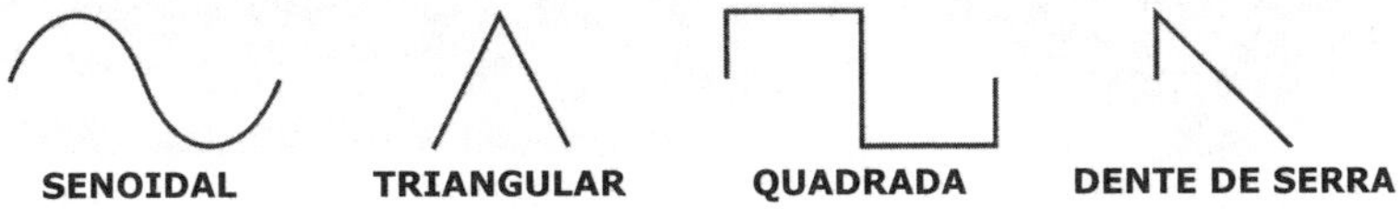

Formas de onda

Outros circuitos importantes dos sintetizadores analógicos produzem:

- ***Ressonance*** (ressonância) – acentuação de uma determinada faixa de harmônicos fazendo com que algumas frequências sobressaiam mais. A ressonância ajuda a determinar a característica do timbre de um instrumento.
- ***Feedback*** (realimentação) – é uma acentuação da ressonância. Quando graduada em excesso, produz o interessante efeito de *ringing*.
- ***Loudness*** (audibilidade) – amplitude ou nível de audibilidade de um som medido em decibéis (dB).
- ***Envelope*** (envelope) – determina de que modo a amplitude muda durante a execução de uma nota. Por exemplo: o envelope do órgão possui propagação constante e direta, terminando subitamente. Já o envelope do piano começa subitamente e cai gradativamente, produzindo o desenho de uma rampa.
- ***Noise generator*** (gerador de ruídos branco e rosa) – proporciona efeitos sonoros como vento e bomba.

O Mini Moog modelo D sobreviveu como o sintetizador analógico monofônico mais vendido até 1981. Com o advento de MIDI (1983), e devido à proliferação dos sintetizadores polifônicos, ocorreu uma desvalorização significativa dos instrumentos monofônicos sem MIDI.

Muitos conversores de *control voltage/trigger* para MIDI foram desenvolvidos para tornar esses instrumentos acessíveis via MIDI. O inconveniente desses dispositivos é que não são capazes de converter corretamente mensagens de *pitch bend*, *modulation* e *program change*. Por outro lado, encontram-se no mercado Mini Moogs D, com circuito MIDI adaptado internamente, que trabalham de forma mais segura e, em 2003 foi lançado o Moog Voyager com MIDI e memória interna. Atualmente, os vários modelos de Moog voltaram a ser muito valorizados, principalmente para aplicações em música eletrônica.

Mini Moog

TMSS

Os primeiros sintetizadores analógicos

O Mini Moog é o instrumentos mais indicados para o entendimento e o aprendizado de programação de timbres. É interessante observar que os teclados, módulos e instrumentos virtuais atuais utilizam os princípios básicos encontrados nos sintetizadores analógicos monofônicos, tais como envelopes, filtragem e modulação.

Analógico/Digitais

No princípio da década de 1980 foram lançados os sintetizadores analógicos polifônicos, controlados por microprocessador, como o Oberheim SEM (Oberheim), Memory Moog (Moog Music Inc.) e Prophet V (Sequential Circuits), os quais passaram a utilizar a tecnologia dos *chips*, que permite a memorização de operações, além de proporcionar redução de peso e de tamanho do aparelho.

Instrumentos dessa categoria possuem sons "encorpados", "quentes" e muito "robustos". São, ainda hoje, os ideais para a função de acompanhamentos harmônicos (*pads* ou "camas"), efeitos polifônicos com portamento e solos penetrantes. Já que esses instrumentos são muito raros, pode-se optar pelos seus correspondentes virtuais.

A melhor sonoridade para acompanhamentos de acordes longos ("camas") é alcançada misturando um instrumento do tipo analógico (com programa de *analog brass*) e um digital (*sampler* com *strings* ou *brass pad*). Devem ser utilizadas as saídas estéreo de ambos para que o resultado seja mais envolvente. De fato, esse esquema que engrandece consideravelmente a base da música vem sendo utilizado com sucesso na música *pop* há três décadas.

Paralelamente ao avanço da tecnologia dos computadores, os teclados passaram a utilizar microprocessadores embutidos. A própria Moog Music Inc. acompanhou o progresso, lançando o Moog Source. Esse teclado utilizava os mesmos circuitos geradores de som que seu antecessor Mini Moog, com a vantagem de disponibilizar 16 bancos de memória para guardar programas e processar arpejamento e sequenciamento mono (ainda muito limitados). Nessa época, os instrumentos analógico/digitais não possuíam MIDI e comunicavam-se apenas entre produtos da mesma marca, por intermédio de protocolos próprios de cada fabricante.

Um dos primeiros sintetizadores dessa tecnologia foi o SEM 4 Voice (*Synthesizer Expander Module*) da Oberheim. Todos os modelos subsequentes foram evoluções deste, que proporcionava apenas quatro vozes de polifonia e que, posteriormente, passou a ter um microprocessador para guardar 16 programas feitos pelo usuário.

Em seguida, surgiu o OBXA (Oberheim). Esse sintetizador alcançou muito sucesso, pois já apresentava oito vozes, 32 programas memorizáveis e dividia o teclado em duas sessões com sons distintos. O próximo foi o Matrix 6, com todas as características do OBXA e disponibilizando a tão esperada conectividade via MIDI. Assim, dois programas internos passaram a ser acessíveis remotamente em dois canais diferentes. Nascia, assim, a filosofia de instrumento multitimbral, embora somente em duas partes.

A categoria analógico/digital gera o som a partir de circuitos analógicos podendo ser, nos estágios subsequentes, processado digitalmente. Assim, é possível editá-lo e arquivá-lo em diversos bancos da memória interna do instrumento ou em outros dispositivos, como cartuchos, *pendrive* ou *hard disk*. Os teclados analógico/digitais que fazem uso da tecnologia dos *chips*, lançados a partir de 1983, possuem MIDI. Muitos teclados atuais anunciados como analógicos são, mais precisamente, analógico/digitais já que possuem MIDI e bancos de memória. As características de formação do som são as mesmas encontradas no Mini Moog (VCO, VCA, VCF e ADSR) com a vantagem de ter um microprocessador cuidando da estabilidade dos osciladores. As constantes desafinações entre os osciladores (problema comum do Mini Moog) foram finalmente erradicadas. Um único instrumento pode conter internamente até oito sintetizadores para proporcionar sons "poderosos" de forma polifônica.

Modeled e *virtual analogs*

As tecnologias de modelagem analógica e virtual analógica proporcionam sons do estilo analógico, embora sejam processados digitalmente por *Subtractive Synthesis* (síntese subtrativa). Por isso, esse tipo de geração é também denominado *virtual analog* e não deve ser confundido com a tecnologia *sample-player*, na qual se encontram muitos sons de sintetizadores analógicos produzidos por *samples* em PCM - *Pulse Code Modulation* (padrão de gravação de áudio dos *samplers* e computadores).

Um simples programa de *modeled* ou *virtual analog* pode usar até oito algoritmos de FM ou de *ring-modulation*, produzindo sons "poderosos". O painel dos instrumentos dessa tecnologia é repleto de botões como nos analógicos e alguns analógico/digitais, permitindo a variação da sonoridade em tempo real. Essas tecnologias, além de produzirem sons "cheios", oferecem ainda todos os recursos dos instrumentos complexos da atualidade: capacidade multitimbral, efeitos internos, várias saídas de áudio, transferência via *Sys-Ex*, divisão do teclado em diversas zonas em modo *split* (dividido) ou *layer* (sobreposto) a exemplo do Nord Lead (Clavia).

O sintetizador Nord Lead 4

FM

A geração de som tipo FM - *Frequency Modulation* (modulação de frequência) consiste na produção de uma onda senoidal puramente digital que modula outra com as mesmas características. A moduladora recebe a designação de *modulator* e a modulada passa a ser a *carrier* (portadora). Nesse processo, é criada a frequência modulada, ou seja, o próprio som da tecnologia FM.

A amplitude de modulação aplicada formará os diferentes timbres (como em um VCF). Cada oscilador (*wave oscilator*) tem seu próprio gerador de envelope digital (*digital envelope generator*). Esses dois elementos combinados formam os operadores (*operators*).

A sonoridade típica dos instrumentos FM é inconfundível, pois seus programas são muito "cristalinos", podendo ser "encorpados" à medida que se acrescentam mais operadores.

O primeiro instrumento FM foi o DX7 (Yamaha) que já apresentava seis operadores. Quando a saída de um operador é conectada à entrada de outro, ocorre a modulação e assim são gerados vários harmônicos com espectros de frequência definidos, equivalentes às ondas básicas e suas variações. A modulação sempre ocorre na combinação de duas ondas senoidais.

Diferentes conexões dos osciladores formam os vários tipos de algoritmos, como se fossem *patches* dos sintetizadores modulares. O DX7 possui 32 algoritmos. Os operadores *carriers* e *modulators* são previamente arranjados de forma a mudar drasticamente as características de cada som. Incrementando-se o nível de saída dos *modulators*, obtém-se um som mais brilhante. Quando a saída de um operador é aplicada de volta à sua entrada, é produzido o efeito de *feedback*, presente em todos os algoritmos, podendo ser amplificado ou não. O gerador de envelope (EG) do DX7 é subdividido em quatro níveis e proporções, ou seja, pode-se moldar em quatro etapas as características do ADSR (*attack*, *decay*, *sustain*, *release*) de cada operador.

O DX7 tornou-se um grande sucesso de vendas na década de 1980. Seu programa de piano eletrônico FM é até hoje muito utilizado em gravações. É importante observar que todos os *sample-players* atuais oferecem esse som característico no banco de pianos.

LA

A tecnologia LA – *Linear Arithmetic* (aritmética linear) produz um tipo de síntese analógica subtrativa (*analog subtractive synthesis*), na qual são utilizados até quatro elementos para a produção de um som, proporcionando programas peculiares com características "quentes" e percussivas.

Esse tipo de tecnologia foi introduzida pela Roland no teclado D50, que combina amostras de aproximadamente 200 milissegundos de 100 sons sampleados com sons sintetizados do mesmo tipo de oscilador encontrado no sintetizador JX8P (Roland).

Os *samples* fixos (não editáveis) são originários de instrumentos acústicos ou eletrônicos, podendo ser de quatro tipos: *attack*, *looped*, *loop-the-loop* e *spectrum*.

Os quatro elementos sonoros do D50 são denominados "parciais". Duas parciais combinadas formam um *tone*, que pode ser distribuído no teclado em modo *splited* ou *layered*. A parcial pode ser de som sampleado ou sintetizado, conforme a estrutura selecionada.

Dois *tones*, em *split* ou em *layer*, formam um *patch*. Em modo *layer*, o instrumento tem oito vozes, e em modo *split* pode ser multitimbral endereçando-se cada lado do teclado para um canal de MIDI diferente. Esse instrumento possui 64 *patches* programáveis internamente e mais 64 em cartuchos RAM. O filtro ressonante (TVF) tem o envelope de cinco etapas e possui, ainda, três LFOs, um TVA e um ADSR de *loudness*.

Alguns *samples* possuem somente a estrutura harmônica sem a frequência fundamental e não são *multisamples*, isto é, apenas um *take* (tomada, exemplar) é utilizado para toda a região do teclado. Possuem, também, efeitos digitais internos endereçáveis para os *tones*.

Samplers

Teclados, módulos, placas e softwares que registram digitalmente qualquer informação sonora aplicada na entrada de gravação do instrumento ou da placa digitalizadora do computador.

Os *samplers* traduzem o sinal analógico em digital através do conversor de AD (analógico para digital). Os sons são gravados (sampleados) diretamente para a memória RAM – *Random-Access Memory* (acesso randômico à memória temporária) e arquivados em *hard disks*, CD-ROMs, *pendrives* etc.

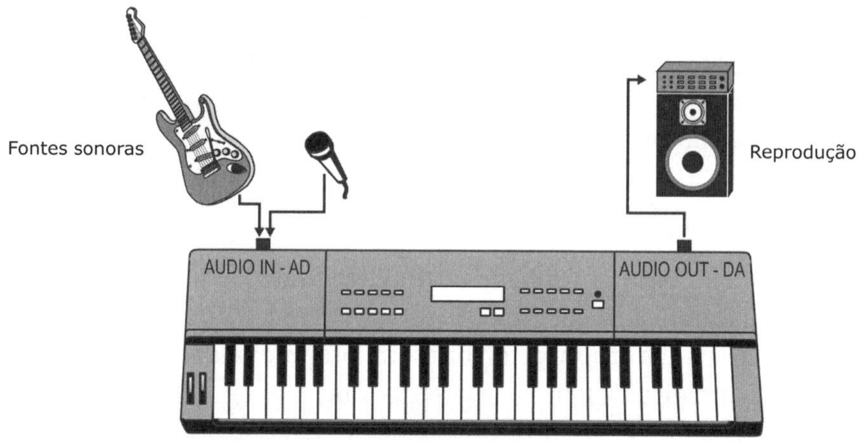

Gravação e reprodução no sampler de teclado

Na maioria dos modelos de teclado ou de módulo até o ano de 2005, o espaço da memória e do dispositivo para arquivamento era muito limitado, o que permitia capturar, apenas, pequenas amostras com duração de poucos segundos (0,8 a 3,6). Em seguida, aplicava-se o recurso do *looping* (repetição) no som sampleado para que este pudesse soar durante todo o tempo em que uma tecla estivesse sendo pressionada. Com a subsequente ampliação da memória e do espaço de arquivamento dos instrumentos e dos computadores tornou-se desnecessário o uso do *looping* dentro de um *sample*.

As amostras capturadas pelo conversor de AD ficam residentes na memória em forma de dígitos e são depois convertidas para o formato analógico (DA) de forma que se torne som audível novamente. Logo, o som do *sampler* não é gerado por circuitos analógicos ou por qualquer modalidade de síntese. O *sampler* simplesmente reproduz gravações feitas pelo usuário ou adquiridas de terceiros.

Durante a segunda metade da década de 1980, o *top* de linha dos *samplers* foi o Synclavier (New England Digital). Esse instrumento desencadeou uma nova filosofia de gravação em estúdio. Músicos e produtores passaram a gravar execuções de instrumentos acústicos, eletrônicos ou, ainda, vocais, diretamente no Synclavier para posterior edição antes de enviar o resultado para um gravador ou mídia de mixagem.

Sua considerável quantidade de memória fazia com que os *samples* dispensassem o uso de *looping*.

O Synclavier da década de 1980

Nos *samplers*, a faixa de frequência de áudio (*audio-frequency bandwidth*) dos sons é determinada pela *sample rate* (taxa de sampleamento), que indica o número de vezes por segundo que o som é sampleado. Se uma fonte sonora for gravada com *sample rate* de 48kHz, teoricamente, é possível captar bandas de frequência de até 24kHz, proporcionando, assim, ótima fidelidade de reprodução de agudos. Outro fator importante relacionado à fidelidade é o número de bits *per sample* (bits por amostra) em que um determinado *sampler* é capaz de gravar. Gravação com resolução em 8bits provoca uma variação de dinâmica da forma de onda que a subdivide em 256 fragmentos, o que é insuficiente para se obter boa fidelidade. Atualmente, os *samplers* em formato de instrumento digitalizam áudio, geralmente, na taxa de 16bit/44.1kHz e produzem amostragens muito próximas do som original, a exemplo do Fantom (Roland) e do Motif (Yamaha).

O tempo de cada amostragem é um fator primordial. Quanto maior o *sample*, mais memória interna e espaço de HD ocupará. Alguns *samplers* de teclado possuem quantidade de memória fixa na ordem de 8MB. Os mais avançados podem ser expandidos imensamente, inserindo-se *chips* de memória de computador e *pendrive*. Esses instrumentos possuem filtros e envelopes para que os *samples* sejam editados.

Alguns modelos possuem saída para vídeo externo enquanto os mais modernos já incluem *display* VGA para a visualização de todas as funções, o que facilita a edição do *samples* e *multi-samples*. Por outro lado, os *samples* de qualquer *sampler* podem ser transferidos para um computador através do cabo de MIDI ou USB usando o *System Exclusive – Sys-Ex* no qual foi implementado o *Sample Dump Standard* (padrão de descarregamento de amostragens). A edição de *samples* no computador é mais fácil do que no próprio instrumento.

Com a chegada dos *samplers* e dos *sample-players*, um número infindável de fabricantes e de estúdios profissionais passou a vender sons em CDs (*Compact Disks*), CD-ROMs (*Compact Disc-Read Only Memory*) ou via *download* para que o usuário não perdesse tempo programando. Trata-se dos CDs *sample libraries* (bibliotecas de sons sampleados), que disponibilizam milhares de sons (baterias, pianos, instrumentos diversos, FXs, melodias cantadas, trechos de música etc.) em dois formatos:

- **Biblioteca de *samples* em CD** – é fornecida em CDs de música que podem ser inseridos em qualquer tocador de CD. A saída de áudio do tocador é endereçada para a entrada de gravação do *sampler*. Grava-se do CD para o *sampler* como em um sampleamento de qualquer fonte sonora. Esse formato foi, gradativamente, substituído pelo seguinte.
- **Biblioteca de *samples* em CD-R ou *download*** – coleções de *samples* que podem ser transferidos para os instrumentos a partir de um tocador de CD-R (interno ou externo). Os tocadores de CD-R podem ser acoplados à porta SCSI do *sampler* (quando disponível) ou, mais comumente, já vêm instalados internamente nos *samplers* no formato SATA ou IDE. Os *samples* estão arquivados em formato de dados com todas as características pré-programadas (ADSR, *looping*, filtragem etc.) e, geralmente, não precisam ser editados. Outra forma de carregar uma biblioteca de sons de CD-R para um *sampler* de teclado é colocando o CD-R diretamente no tocador do computador e depois transferir os dados via *sample dump*. Por outro lado, pode-se fazer *download* de *samples* para os *samplers* e *sample-players* virtuais de computador ou até de teclado através dos sites de diversos fabricantes.

O próprio computador também está incluído na categoria *sampler*. Basta que este possua uma interface digitalizadora de áudio instalada, além de um software para gravar. Assim, qualquer computador passa a ser um *sampler*, pois digitalizar uma fonte sonora aplicada na entrada de áudio já é o próprio procedimento de sampleamento. Através de software específico, os *samples* registrados podem ser executados a partir de um teclado musical ou por um software de sequenciamento.

O primeiro *sampler* virtual (via software) a ser lançado foi o GigaSampler / GigaStudio (Tascam). Ambos permitiam gravar qualquer fonte para o computador e proporcionavam infindáveis possibilidades de edição e de distribuição dos *samples* para as notas do teclado.

Sample-players

Os *sample-players* (tocadores de amostras) são uma variação dos *samplers*. Não permitem gravar, mas já possuem centenas de sons arquivados em ROM – *Read-Only Memory* (memória não gravável) podendo, inclusive, acessar dispositivos de armazenamento (cartuchos, *pendrives*, HDs etc.). Um exemplo simples de *sample-player* é a bateria eletrônica que utiliza sons em PCM.

Alguns instrumentos, módulos de *rack* e caixas *stand-alone* de multimídia incluem a tecnologia *sample-player* como geradora de som. Até as placas-mãe atuais possuem circuito com instrumentos MIDI sampleados para responder às músicas produzidas em MIDI dos jogos de computador.

Nesses dispositivos, os *samples* originais não podem ser editados diretamente. Parâmetros como envelope, *velocity* e *modulation* podem ser acessados por intermédio dos controladores, inclusive enquanto se executa um teclado. Assim, o ADSR e os LFOs, por exemplo, passam a modificar as características dos programas. Inclusive, *patches* formados por dois *samples* podem responder ao *velocity* de forma que um ou outro entre em ação de acordo com a intensidade da execução.

Devido à fidelidade da reprodução e à versatilidade, os *samplers* e *sample-players* tornaram-se peças indispensáveis em um *setup* de produção musical. No caso dos instrumentos físicos é necessário optar por modelos que possuam memória expansível, mínimo de 128 vozes de polifonia e oito saídas de áudio para serem endereçadas separadamente para um *mixer* físico ou virtual.

Atualmente, a maioria dos softwares de produção musical disponibilizam diversos instrumentos da categoria *sample-players* virtuais que utilizam o HD do computador para armazenamento dos samples em WAV ou AIFF.

VS

Vector Synthesis (síntese vetorial) é uma tecnologia baseada em sons PCM (*Pulse Code Modulation*) e desenvolvida com a finalidade de possibilitar maior interação entre as formas de onda disponíveis do instrumento. Foi apresentada inicialmente no instrumento PPG Wave (Waldorf), sendo depois adotada e desenvolvida também pela Korg, no modelo WaveStation. A geração do som acontece a partir dos 365 *samples* e 32 *wave sequences* (sequências de formas de onda) guardados em ROM. As formas de onda são de dois tipos: *attack transients* e *single cicle looped waves.*

Apesar de não utilizar a técnica de *multisample* (vários *samples* em um *patch*), permite mixar *sample attack transients*, *wave sequences* e *static waveforms*, obtendo-se sons complexos e "robustos".

Os instrumentos VS são muito peculiares, pois apresentam um *joystick* que, ao ser movimentado, acessa as diferentes formas de onda. Essas variações podem ser sequenciadas internamente como parte de cada *patch* no processo denominado *wave sequencing*. Além disso, os *loops* podem tocar para frente e para trás com quantas repetições se desejar e com afinações modificadas. Conforme o *wave sequencer* toca, o som do *patch* varia de timbre, sendo que o tempo de troca entre os *waves* pode ser sincronizado via MIDI *clocks*. Como resultado, ao se executar um acorde, a sonoridade varia drasticamente, correspondendo à varredura registrada das formas de ondas. Pode-se, por exemplo, sequenciar uma onda de flauta seguida de transiente de bateria ou de guitarra. Isso adiciona um sentido de movimento próprio ao som, o que o torna muito exótico e próprio para passagens de efeito e de climas futuristas.

SA

Structure Adaptive Synthesis (estrutura de síntese adaptativa) é uma tecnologia digital desenvolvida pela Roland para reproduzir com acuidade sons percussivos como piano, vibrafone e cravo.

Muitos pianistas de música popular preferem essa tecnologia para imitar o piano acústico, em vez da *sample-player*. Os pianos da série RD (Roland) de 88 teclas, além de atuarem como teclados *master* muito versáteis, proporcionam sons com muita presença (*punch*) sendo recomendáveis, principalmente, para shows com banda.

Pianos digitais

São teclados de 88 notas produzidos para simular o piano acústico. Alguns modelos que possuem móvel tipo *spinet* (menor piano de armário), ou até de cauda reduzida, são muito procurados para uso caseiro como substituto do piano acústico.

Por outro lado há também os portáteis, com dimensões e peso muito reduzidos, embora conservem as 88 teclas. Estes são, também, muito usados por pianistas de música popular que tocam em bandas, quando não é possível dispor de um piano real no local da apresentação. Esse tipo de instrumento MIDI é produzido em diversas tecnologias (*sample-player*, AWM – *Advanced Wave Memory*, SA etc.).

A maioria desses instrumentos não possui martelos ou cordas e alguns simulam o peso do teclado do piano real através da tecnologia GH – *Graded Hammer Action* (ação graduada dos martelos), na qual as teclas da região grave são um pouco mais pesadas do que as da região aguda, como apresentado em diversos modelos da Yamaha e da Roland.

Nesses pianos, o som é produzido eletronicamente e ouvido através de alto-falantes embutidos no próprio instrumento, assim como em amplificadores externos ou fone de ouvido.

Além da simulação do som do piano, oferecem programas de cravo, órgão, pianos elétricos e bateria eletrônica. Alguns modelos possuem, ainda, um sequenciador interno com todos os instrumentos GM (*General MIDI*) e outros disponibilizam MIDI e USB para que possam ser utilizados como transmissores e receptores, e estabelecer comunicação com um microcomputador externo.

Apesar dos inúmeros recursos sofisticados, geralmente oferecem número de vozes limitado. Quando se executa peças clássicas no piano acústico utilizando pedal de *sustain*, muitas vozes polifônicas são consumidas. No caso do piano digital, se a polifonia for limitada a 32 vozes, automaticamente algumas notas são eliminadas (geralmente as primeiras de uma série em técnica de *legato* com pedal de *sustain*). Logo, é necessário optar por modelos que ofereçam em torno de 128 vozes de polifonia. O pedal de *sustain* deve, obrigatoriamente, responder à técnica de meio pedal (*half pedal*), ou seja, é necessário que atue em diferentes graduações em vez de somente ligado-desligado (*on-off*).

Mesmo o modelo mais avançado de piano digital não é capaz de reproduzir a qualidade tímbrica do acústico. Em relação ao peso de tecla e à ação da mecânica, muitos evoluíram a ponto de utilizarem, inclusive, mecânica similar à do acústico, incluindo até marteleira. Apesar desses avanços, esses instrumentos não satisfazem pianistas, nem ouvintes mais exigentes e, consequentemente, não se aplicam no aprendizado e na interpretação da música clássica.

Piano digital Clavinova

Pianos acústicos MIDI

São pianos acústicos aos quais são acoplados mecanismos sensores nas teclas e nos martelos, de forma que se tornem transmissores e receptores de MIDI. Dessa forma, estudantes e concertistas podem escutar seus sequenciamentos e aprimorar a interpretação das peças. Esse é o único sistema recomendável para música clássica.

Outra aplicação é quando se deseja gravar um CD com piano acústico, mas a produção não dispõe de recursos financeiros suficientes para alugar um piano de cauda para muitas sessões de gravação. A fim de solucionar esse problema, no estúdio caseiro sequenciam-se as músicas para o computador usando-se um teclado com características de piano e salvam-se as sequências para *pendrive* ou CDR no formato *MIDIFile*. Em seguida, aluga-se um piano acústico MIDI por somente uma sessão de gravação. Insere-se o *pendrive* no computador que comanda o instrumento ou no próprio sistema de sequenciamento disponível em alguns modelos; regulam-se as diferenças de curvas de dinâmica e coloca-se o sequenciador para tocar. Estando os microfones conectados a um *mixer* e a qualquer sistema de gravação, toda a execução automática do piano é captada e gravada.

Para transformar o piano em instrumento MIDI é necessário instalar um *kit* específico como o KS20 (Gulbransen). Essa interface permite que o pianista controle sintetizadores remotos ou sequencie para computador a partir do piano acústico. É possível, ainda, instalar no próprio instrumento um sistema de sequenciamento dedicado, como o PianoDisc (Yamaha).

Outra modalidade de piano acústico MIDI está presente nos pianos acústico/digitais fabricados pela Yamaha e Kaway. São pianos acústicos reais que possuem, também, geradores de som de piano digitais. Para comutar entre um e o outro modo, um dispositivo mecânico interrompe a percussividade dos martelos nas cordas, eliminando o som acústico, e as teclas passam a acionar apenas a parte eletrônica interna. Além de MIDI, possuem sequenciador e podem controlar outros teclados ou módulos.

Um dos complexos desenvolvidos para piano acústico que tem alcançado muito êxito é o sistema SE, adotado desde 1985 pela Bösendorfer Klavierfabrik de Viena. Ao piano Bösendorfer podem ser adaptados sensores ópticos que "veem" quando o martelo percute a corda, enquanto o outro, aplicado sob a tecla, registra o momento em que esta foi pressionada. As informações colhidas pelos sensores são endereçadas ao *control box* (caixa de controle separada) que abriga a CPU e a interface MIDI. Essa unidade é conectada a um microcomputador e assim os dados relativos à execução de uma música são sequenciados e arquivados, possibilitando editar notas, durações, andamentos e nuanças de expressão.

Multitimbrais

Multitimbral não é uma tecnologia de geração de som, mas uma característica especial dos instrumentos mais modernos, que consiste em receber e transmitir informações em vários canais de MIDI simultaneamente. Dependendo do instrumento, esses canais podem ser endereçados individualmente, ou em grupos, para as saídas de áudio.

Os instrumentos multitimbrais são indispensáveis, principalmente, quando se deseja trabalhar com sequenciamento de orquestrações complexas, em que o computador toca muitas vozes em vários canais de MIDI simultaneamente.

O número de vozes dos instrumentos físicos multitimbrais varia entre 32 e 128, mas é necessário observar que essa quantidade é relativa à forma como são construídos os *patches* de programas. O número real de vozes é medido executando-se notas no teclado com o som de um simples *tone*. Se um determinado *patch* é construído utilizando dois *tones* diferentes, automaticamente duas vozes são consumidas por uma nota. Nesse caso, um instrumento de 32 vozes só responderá a 16.

O usuário deve ter total conhecimento dos programas do seu instrumento multitimbral, pois alguns utilizam até oito vozes para produzir sonoridades "cheias". Nesse caso, cada nota tocada consumirá oito vozes do instrumento.

Alguns instrumentos funcionam com alocação dinâmica de vozes e dão preferência para as últimas notas executadas. Assim, se o número dessas for maior que o número disponível, eles deixarão de tocar as primeiras.

Paralelamente à possibilidade de receber em vários canais, normalmente, podem também transmitir de forma multitimbral a partir de *patches* programados para enviar em canais separados de acordo com as divisões de zonas do teclado. Esse recurso, quando bem administrado, permite que sejam alcançadas sonoridades muito complexas. Sua utilização ideal é em apresentações ao vivo, já que todos os sons podem ser dobrados ou triplicados, sempre subjugados aos limites das divisões estabelecidas no teclado *master*.

Muitos *synths* e *sample-players* virtuais são multitimbrais e essa propriedade deve ser explorada já que proporciona muita economia de memória e de processamento do computador. Em vez de instalar várias instâncias de um determinado instrumento é aconselhável instalar apenas uma e utilizar seus 16 canais de MIDI.

Baterias eletrônicas

São periféricos transmissores e receptores que possuem, exclusivamente, sons analógicos ou sampleados de bateria e de percussão, muitos dos quais têm sequenciador incorporado (com recursos limitados).

A bateria eletrônica foi um dos primeiros aparelhos a incluir a tecnologia *sampler* utilizando memória ROM. Os sons das peças são gravações digitais provenientes da bateria real. Alguns modelos mais sofisticados funcionam como um instrumento multitimbral, em que cada som ou grupo de sons pode ser endereçado para saídas de áudio independentes. Normalmente, possuem 99 bancos na memória para arquivamento de *patterns* (trechos de alguns compassos) os quais, dispostos em diferentes ordenações, formam os *songs* (composições de bateria), que, por sua vez, variam entre 20 e 99.

As baterias eletrônicas com sons sampleados em 16bits oferecem maior fidelidade, sendo que as mais antigas, de 12bits, ou mesmo as analógicas, ainda são muito aplicadas em música eletrônica. Na verdade, existe uma tendência de retorno à utilização de baterias da era pré-MIDI, como a TR 606, 808 e 909 (Roland).

Quando houver necessidade de usar sons típicos de baterias *vintage*, mas não houver disponibilidade do instrumento, pode-se optar pelas correspondentes virtuais, como a bateria ReBirth (Steinberg). Pode-se, também, fazer *download* de uma infinidade de *kits* de bateria para os *samplers* virtuais (veja Instrumentos MIDI Virtuais na pág. 61).

As baterias eletrônicas possuem entre 20 e 100 programas de peças, podendo acessar, ainda, outros disponíveis em dispositivos ROM, RAM e cartões SD fornecidos pelo próprio fabricante. Esses sons são endereçáveis aos *pads* (botões nos quais são tocadas as peças) que variam entre 8 e 16. Muitas baterias eletrônicas possuem *pads velocity sensitives* (botões com sensibilidade de toque), evitando a necessidade de se dar entrada das peças via teclado musical. Cada programa ou *patch* pode ter uma disposição de endereçamentos de *pads*, saídas, afinações, prolongamentos, volumes e sensitividades diferentes. Os *patches* de *kits* de bateria variam entre: rock, jazz, *techno*, *gatered drums*, *acoustic*, *pop* etc.

Um dos aspectos mais relevantes na escolha da bateria eletrônica é o número de saídas individuais que possui. Pouco adianta disponibilizar 1000 peças diferentes se elas só podem ser endereçadas para a saída estéreo de áudio. As baterias eletrônicas, normalmente, não possuem processamento interno de equalização, logo, é necessário que suas peças sejam endereçadas para saídas de áudio individuais para que sejam, posteriormente, conectadas a canais separados do *mixer*, onde serão equalizadas e receberão efeitos como o *reverb* e *gate*. Apesar de alguns modelos possuírem sons sampleados com muita qualidade, provavelmente estes necessitem de equalização extra para melhor adequação aos arranjos.

Nas baterias eletrônicas virtuais ou físicas, cada peça corresponde a um *MIDI note number* (número de nota de MIDI), sendo que esses números podem variar dependendo do fabricante, o que gera incompatibilidade quando se quer trocar de uma marca para outra. Mas como os MIDI *note numbers* são configuráveis, sempre é possível ajustar as peças para responder a uma sequência que havia sido registrada com números designados para outra marca. A partir da implantação de *General MIDI*, as baterias eletrônicas passaram a adotar uma numeração padronizada, como mostra a figura a seguir. As notas das peças da bateria e das percussões também podem ser pesquisadas no item Mapa de Notas da Percussão GM (pág. 101).

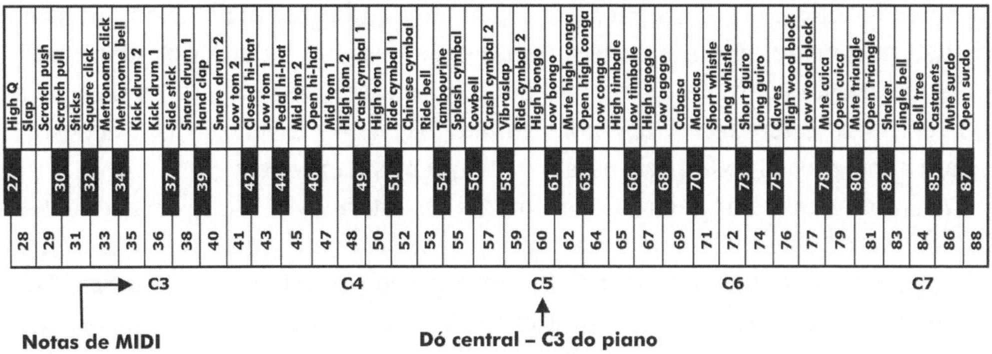

Notas de MIDI da bateria eletrônica

As baterias eletrônicas podem ser utilizadas de três formas:

- ***Master*** – os *songs* conduzem outros sequenciadores em sincronismo, enviando sinal de *MIDI Sync* (sincronização tipo MIDI) pela sua saída de MIDI para controlar o tempo dos sequenciadores da cadeia. Aqui, a bateria é o *master* do tempo.
- ***Songs* em *slave*** – os *songs* podem ser executados a partir de um sequenciador. Nesse caso, a bateria é um *slave* que espera para "ver" *MIDI Sync*, FSK, MTC ou SMPTE gerados pelo sequenciador *master* para começar a tocar (veja Sincronização e *Time Codes* na pág. 241).
- **Instrumento *slave*** – a bateria dispensa o sequenciamento interno de *patterns*, passando a funcionar como mais um instrumento MIDI capaz de responder aos *MIDI note numbers* sequenciados no computador. Essa é a forma mais indicada para o uso da bateria em um *setup* que possui computador.

Com o avanço dos *samplers* e dos *sample-players* que possuem sequenciador embutido (*workstations*) e que podem, ainda, ser comandados por sequenciador externo, houve uma queda na fabricação de baterias eletrônicas. Uma das vantagens das *workstations* é que, além de bateria, podem executar outros instrumentos também. Por isso, alguns fabricantes passaram a investir mais na qualidade e na variedade das peças de bateria do que na seção de sequenciador interno e, assim, surgiram os modelos de bateria de *rack*.

Pads de bateria

Pads de bateria ou *MIDI drum pads* são transmissores de percussão projetados especificamente para dar entrada de dados relativos às peças de bateria e de percussão, tocando-se com baquetas (ou com os dedos) em áreas retangulares de borracha que simulam as características da pele da bateria. A curva de *velocity* dos *pads* pode ser regulada para que sejam alcançados resultados bem próximos da bateria acústica. Como existem muito mais peças de bateria do que *pads* disponíveis nesses aparelhos, cada *pad* pode ser endereçado para diferentes peças, ou seja, para diferentes *MIDI note numbers*, criando diversas disposições que sejam confortáveis e versáteis para o instrumentista executar.

Além de *pads* retangulares, existem *kits* de bateria MIDI que se assemelham às baterias de estudo. Uma das vantagens desse sistema é que o baterista executa o instrumento na mesma disposição em que sempre esteve acostumado. Além disso, o bumbo é tocado com o pé através de pedal, como na bateria acústica.

Algumas das funções importantes que podem ser programadas nos *pads* ou *kits* são: canal de transmissão, prolongamento das notas, sensitividade e, em determinados casos, *aftertouch*. Em alguns modelos mais avançados, pode-se programar um *pad* para executar até dois sons que atuam dependendo da intensidade ou do local onde se percute. Esse é um recurso primordial para se conseguir nuanças características da bateria já que, dependendo da força aplicada ou do local em que se toca na pele de uma bateria acústica, as características tímbricas mudam drasticamente. São aparelhos versáteis, pois um dos *pads* pode ser destinado, por exemplo, para enviar mensagens de troca de programa, o que faz com que os endereçamentos dos *pads* alcancem diferentes peças.

> Os *pads* são os transmissores ideais para entrar bateria em um sequenciador já que o baterista executa com técnica similar à que está acostumado (em vez de tocar com os dedos em um teclado ou em botões de bateria eletrônica). Inclusive existem no mercado diversos *MIDIFiles* de *loops* de bateria que foram executados por bateristas profissionais utilizando *pads*. Os próprios softwares de DAW costumam disponibilizar *grooves* em MIDI juntamente com as suas baterias virtuais.

Pads da bateria MIDI TD-9 (Roland)

A própria bateria acústica pode funcionar como um *kit* e gerar mensagens de MIDI. Para tal, é necessário aplicar nas suas peças pequenos captadores de contato que atuam como conversores de *trigger* para MIDI. Ao percutir na pele do instrumento é gerado um pulso (*trigger*) que é traduzido para um *MIDI note on* que, por sua vez, é direcionado para um determinado *note number*. As variações de intensidade são transformadas em mensagens de *velocity* correspondentes que produzem mudanças de dinâmica no aparelho receptor.

Esse sistema de produzir mensagens MIDI é muito utilizado, tanto em estúdios quanto em shows, pois permite que, a partir da execução na bateria acústica, os sons digitais de um *sampler* com um *patch* de bateria sejam disparados. Dessa forma é possível ter duas baterias distintas cujas peças podem ser graduadas em volume, processadas por efeitos e equalizadas separadamente no *mixer*.

Guitarras

Encontram-se diversas guitarras MIDI/USB construídas em formatos exóticos que produzem mensagens a partir de sensores aplicados em cada traste. Algumas possuem seis cordas com a mesma espessura e outras as dispensam por completo, como ocorre, por exemplo, na Ztar (Starr Labs). Nesses dois casos, o que capta a execução são os sensores aplicados no braço do instrumento. Outra modalidade de guitarra MIDI é a guitarra comum, à qual se acopla um conversor que atua a partir de um dispositivo especial disposto próximo aos captadores.

Na conversão de guitarra ou de violão para MIDI verifica-se sempre um atraso entre a execução e a resposta das notas. Além disso, notas indesejáveis podem soar aleatoriamente quando se esbarra em uma corda e, quando sua vibração está diminuindo, a afinação no receptor pode oscilar.

A maneira mais utilizada é a aplicação de um conversor de *Pitch-to-MIDI* em guitarras comuns, o que dispensa o aprendizado de novas técnicas de execução e exige apenas uma adaptação de *performance* para minimizar os atrasos. Deve-se também ter constante cuidado para que as cordas estejam sempre perfeitamente afinadas, pois, caso contrário, os efeitos obtidos serão indesejados. O conversor do tipo GK1 (Roland), por exemplo, analisa a frequência de vibração de determinada nota executada e converte-a em mensagem de *note on* com afinação relativa à frequência detectada. Nuanças de execução como *bend* e vibrato também são interpretadas e direcionadas ao módulo receptor.

A guitarra transmite informações no modo *MIDI Mono*, no qual cada corda é enviada por um canal de MIDI separado. Se o músico desejar utilizá-la para disparar módulos e teclados extras, estes devem ter características multitimbrais. As seis cordas são transmitidas a partir de um canal básico. Logo, se o canal básico for o 1, o módulo receptor estará ocupado até o 6.

Outros instrumentos de cordas que utilizam tecnologia similar à da guitarra MIDI são o violino e o baixo, aos quais, também, podem ser acoplados conversores *Pitch-to-MIDI* e, consequentemente, passam a exigir os mesmos cuidados durante a interpretação de forma a evitar que notas aleatórias soem e que esbarrões na execução acabem disparando mensagens indesejadas.

Wind transmitters

Os transmissores de sopro são, geralmente, construídos com formato de saxofone ou de trompete e geram mensagens de MIDI executando-se, basicamente, com a mesma técnica do correspondente acústico. O *velocity*, volume e *channel pressure* são comandados a partir da diferença de pressão aplicada no bocal. Existem duas modalidades de transmissores de sopro:

- **Acústico adaptado** – adapta-se um bocal e sensores ao instrumento acústico. Esses sensores são fabricados especificamente para converter os movimentos de sopro e de dedilhado em mensagens de MIDI que são reconhecidas pelo módulo receptor. Outra forma de adaptação é através de um microfone ligado a um conversor de *Pitch-to-MIDI*.
- **Instrumento de sopro MIDI** – instrumentos peculiares fabricados com recursos de MIDI acoplados. Basicamente, imitam a disposição de botões do acústico e oferecem recursos implementados, exclusivamente, nesses instrumentos para funções como oitava e *bend*. O modelo mais usado é o Wind Sax WX-11 (Yamaha), que possui um módulo próprio ao qual pode ser conectado qualquer outro aparelho MIDI.

Basicamente, a técnica de execução é a mesma que se usa para instrumentos acústicos, sendo que alguns cuidados devem ser tomados para uma *performance* precisa, principalmente nas mudanças entre notas, oitavas e nas nuanças de dinâmica.

Conversores *Pitch-to-MIDI*

São dispositivos dotados de captadores que convertem qualquer fonte sonora em mensagens de MIDI de forma similar ao caso do conversor de guitarra para MIDI. Podem ser aplicados em qualquer instrumento, da bateria ao violino.

Alguns modelos de microfone MIDI, atualmente, possuem conversores embutidos desse gênero. Eles convertem a voz ou qualquer fonte sonora em mensagens de MIDI. Muitos testes devem ser feitos antes de adquirir tal equipamento, pois nem todos oferecem possibilidades de instruir corretamente de que forma as *performances* captadas serão convertidas em mensagens de MIDI. Encontram-se, ainda, alguns softwares que se propõem a transformar conteúdo musical (inclusive polifônico) em MIDI, mas o resultado ainda é insatisfatório. Um dos problemas desses conversores é que o som acústico carregado de harmônicos, um *glissando* de voz ou um aumento brusco de volume pode fazer com que mensagens indesejáveis sejam disparadas.

Teclado do computador e mouse

Certamente não se pode menosprezar a eficácia do teclado do computador ou do mouse como tlransmissores de dados, embora sejam consideravelmente antimusicais, pois não podem capturar e transmitir nuanças de dinâmica. Nenhum músico os usará para sequenciar uma execução de piano, por exemplo, mas, em ocasiões em que não há um instrumento musical disponível, esses periféricos podem ser providenciais, pois permitem que se dê entrada de notas para um sequenciador ou aplicativo de notação musical.

O teclado do computador e o mouse são muito utilizados pelos copistas de partituras informatizados. Estes, gradativamente, abandonaram a caneta e passaram a usar softwares de notação musical, que proporcionam mais agilidade de escrita, além de possibilitar edições complexas de forma instantânea: cópia de frases, transposição, aplicação de ornamentos, reordenação de instrumentos em uma grade de maestro etc. Todos os softwares de notação apresentam menus com figuras rítmicas e sinais de expressão para serem escolhidos e aplicados na pauta por intermédio do mouse.

Mesmo para sequenciamento, em casos peculiares como na música eletrônica, pode-se perfeitamente entrar notas com o mouse no *piano roll*, pois o padrão sonoro característico do baixo e da bateria desses estilos musicais possui sempre a mesma intensidade.

Alguns aplicativos de sequenciamento possuem um teclado que abre em uma janela separada. São os chamados Teclados Virtuais (que não devem ser confundidos com Instrumentos MIDI Virtuais), os quais possibilitam que o usuário clique com o mouse nas notas enquanto o sequenciador está no modo de *Rec*.

Módulos

São aparelhos MIDI que não possuem teclado, botões ou *pads* para transmitir mensagens de notas. Podem ser no formato de *rack* ou de caixas separadas. Por serem de tamanhos reduzidos, os módulos possuem *displays* de funções muito precários, o que dificulta a edição e a programação. Para se chegar à função de envelope, por exemplo, é necessário clicar em um botão de edição e várias vezes em outro que faça a varredura dos diversos recursos até se chegar à "página" desejada. Para facilitar a navegação e edição dos parâmetros em um ambiente mais prático, são usados aplicativos editores de programas (*patch editor/libririans*). Primeiramente, baixa-se um ou mais programas do módulo para o computador e, após reprogramá-los, basta enviá-los de volta para o módulo via *Sys-Ex*.

Módulos de instrumentos

A implementação de MIDI nos instrumentos eletrônicos possibilitou que estes se comunicassem entre si, dispensando o uso de muitos instrumentos com teclado próprio. Assim, a partir de um ou dois teclados *masters*, uma cadeia inteira de aparelhos pode ser comandada.

Um módulo sem teclado responde a tudo que é executado remotamente em um teclado *master* - basta que a saída de MIDI do *master* esteja conectada à entrada de MIDI do módulo, que passa a ser o *slave* (escravo). Da mesma forma, o computador pode enviar mensagens de MIDI para diversos aparelhos, mesmo que não possuam teclas. Essa ideia começou a tomar forma a partir de 1986, e logo foram lançados diversos módulos provenientes dos respectivos modelos com teclado. Um dos módulos de *rack* que alcançou muito sucesso foi o *sample -player* Proteus 1XR (E-mu) com *samples* de 16bits e 6 saídas independentes de áudio. Atualmente, alguns dos módulos mais empregados em shows e em estúdios são: Fantom-XR (Roland), Mini Moog Voyager Rack (Moog), Triton Rack (Korg) e Nord Rack 2X (Clavia).

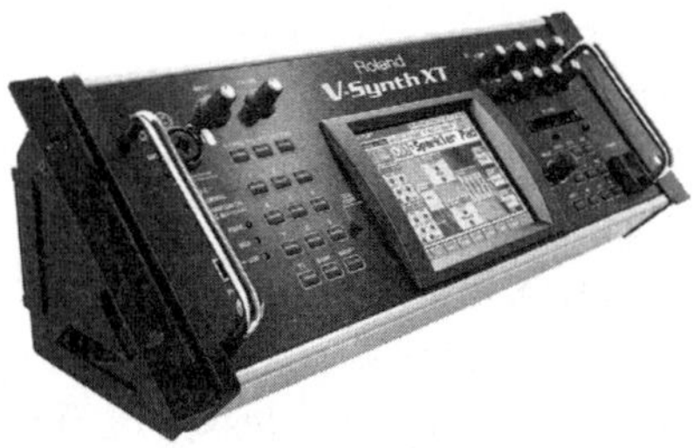

Módulo V-Synth rack (Roland)

Antes de adquirir um módulo de instrumento que tenha um correspondente de teclado é necessário investigar os recursos que o mesmo disponibiliza. Geralmente, a versão de *rack* é uma cópia exata da versão de teclado. Contudo, alguns modelos apresentam menos funções, de forma que seu custo seja reduzido. As diferenças mais comuns são relacionadas ao número de saídas de áudio, qualidade dos conectores, diminuição da memória RAM, efeitos internos limitados e arquitetura de distribuição de vozes reduzida.

Outro formato de módulo é o do tipo caixa separada (*stand-alone*) que adota o padrão GM, GM2 ou XG-MIDI, com sons sampleados em 16bit/44.1kHz. O primeiro representante dessa categoria foi o SC-55 (Roland) seguido pelo MU-80 (Yamaha) e foram usados como receptores para multimídia na época em que não havia muitas placas internas com instrumentos MIDI sampleados e nenhum instrumento MIDI virtual.

Tais aparelhos foram providenciais em apresentações multimídia, pois traziam uma melhora considerável em termos de qualidade de timbres se comparados ao que, na época de seu lançamento, era o padrão de som de computador:

a tecnologia FM das placas Sound Blaster (Creative Labs) que sacrificava consideravelmente os arranjos sequenciados.

Por possuírem peso e tamanho muito reduzidos, eram as ferramentas ideais para realizar apresentações multimídia em qualquer computador. Atualmente, como muitos computadores têm na placa-mãe instrumentos sampleados em 16bit/44.1kHz de qualidade razoável, essas caixas *stand-alone* praticamente caíram em desuso. Alguns dos modelos *stand-alone* GM que se integram com os sistemas operacionais atuais são: MU 2000 XG MIDI/USB (Yamaha), Mobile Studio Canvas (Roland) e V-Machine (SonicProjects).

Antes de realizar uma apresentação multimídia (baseada em arquivos MIDI) no computador de um cliente, é necessário informar-se a respeito do gerador de instrumentos MIDI que está instalado no computador para que sua demonstração não seja comprometida. Caso os *samples* sejam de baixa qualidade, leve seu módulo, *synth* virtual GM ou mesmo seu *notebook* com bons instrumentos virtuais e um sistema de amplificação que possa causar impacto.

Módulos de efeitos

Muitos módulos de efeitos de *rack* disponibilizam entrada de MIDI (atuando, consequentemente, como receptores) e, em alguns casos, possuem, ainda, *MIDI Out* e *MIDI Thru*. Isso possibilita que, através de um teclado transmissor ou de um sequenciador, seus programas internos (*reverb*, *delay*, *echo* etc.), sejam trocados remotamente, de acordo com as partes da música.

Esse recurso foi muito utilizado enquanto as baterias eletrônicas e os teclados não possuíam efeitos internos ou, ainda, quando os *sample-players* não incluíam sons já gravados com os respectivos efeitos. Na falta de um *sample* de caixa de bateria com efeito *gate*, por exemplo, a saída era aplicar o efeito de um módulo externo. Se na parte B da música, a caixa necessitasse de um *reverb* tipo *hall* (salão), o próprio sequenciador enviava uma mensagem de troca de programa para o aparelho de *rack*, que automaticamente atualizava o efeito.

Atualmente, os efeitos de *rack* mais sofisticados fazem uso de diversas mensagens de MIDI, tais como *MIDI notes* e *controllers* (controladores de MIDI) para modificar seus parâmetros internos em tempo real via *Sys-Ex*. Assim, mensagens como *note on* ou *channel pressure* ativam determinados parâmetros como o tempo de duração do *reverb* ou o número de repetições do *delay*. Essa propriedade abre um novo caminho em termos de interpretação já que a integração da fonte sonora com seu respectivo efeito pode variar em tempo real.

Por outro lado, a introdução dos *notebooks*, *ultrabooks*, *tablets* e *smartphones* na produção musical revolucionou o conceito de aplicação de efeitos. Atualmente existem diversos *plug-ins* e aplicativos de efeitos virtuais para esses dispositivos. Qualquer fonte sonora pode ser conectada em suas entradas de áudio e processadas pelos *apps* instalados. A qualidade final não pode ser comparada à dos módulos de efeito de *rack,* mas indubitavelmente, proporcionam vários benefícios: praticidade, portabilidade e facilidade de instalação (principalmente em apresentações ao vivo).

Placas com instrumentos MIDI

Entre as tecnologias de geração de som já descritas, duas foram incorporadas nas placas (a serem inseridas em um dos *slots* do computador) ou nas próprias placas-mãe: a FM e a PCM. Assim, o computador passou a executar músicas em MIDI através de *chips* que continham instrumentos FM ou sampleados em PCM. Os sons dos instrumentos FM foram, gradativamente, substituídos pelos instrumentos mais reais em PCM.

Um computador que possui instrumentos MIDI (embutido na placa MIDI ou na *motherboard*) funciona como um receptor que responde às mensagens de MIDI geradas a partir de um teclado musical, de um teclado de computador ou de músicas previamente sequenciadas.

Até o início da década de 1990, a tecnologia FM foi o padrão de geração de instrumentos MIDI para aplicações de multimídia. O *chip* utilizado nas placas da Creative Labs, por exemplo, era o OPL3 (Yamaha) e os videogames utilizavam essa tecnologia para tocar música. Daí o termo "som de videogame" para as sequências tocadas por placas FM. Por melhor que fosse, o arranjo musical (via MIDI) sempre soava como "caixa de música". Essa degradação não pode ser atribuída à tecnologia FM em si, até porque o teclado DX7 que a utiliza possui sons bem complexos e "profissionais". O problema básico é que, para minimizar o custo das placas, foram impostas diversas reduções como: somente quatro operadores, número de vozes limitado a 21 e apenas um *kit* de bateria. Em seguida, a Creative substituiu a geração de som FM por PCM a partir do lançamento da Sound Blaster AWE enquanto a Roland lançava a placa RAP10, ambas contendo *samples* de 16bit/44.1kHz.

Atualmente, os instrumentos MIDI do computador são virtuais, gravados em PCM e fornecidos juntamente com o próprio sistema operacional. Os arquivos de áudio correspondentes aos instrumentos ficam arquivados no HD.

Quando o computador toca uma música MIDI, os instrumentos PCM respondem às mensagens de MIDI contidas na sequência. O som desses instrumentos torna-se audível através do componente de áudio embutido em todas as placas-mãe, o qual é conectado às caixas de som através dos conectores *Left* (esquerdo) e *Right* (direito) do computador. Portanto, o computador pode ser considerado um instrumento da categoria *sample-player*.

Caso o usuário deseje utilizar sons de instrumentos MIDI com qualidade superior aos fornecidos juntamente com o sistema operacional, deverá buscar bancos de *SoudFonts* na Internet ou baixar softwares *sample-players* para multimídia como o Virtual Midi Synth (Cool Soft).

Em plena era do áudio de alta resolução (WAV e AIF) ou mesmo do MP3, os arquivos MIDI ainda são amplamente utilizados por serem muito compactos e, principalmente, por possibilitarem a mixagem do volume dos instrumentos em tempo real. Além disso, é possível mudar o andamento e a afinação da música instantaneamente (mesmo enquanto toca). Portanto, para aplicações interativas como, por exemplo, karaokê, jogos musicais, bases prontas e projetos multimídia em CD-ROM, os *MIDIFiles* ainda são os ideais.

Além disso, MIDI é uma plataforma muito utilizada nas pré-produções musicais profissionais (CD, DVD, música para cinema, jingles etc.). A diferença é que nesse caso, os projetos produzidos em MIDI são passados (*bounced*) para áudio utilizando-se instrumentos virtuais ou físicos de máxima qualidade, em vez de se utilizar os sons fornecidos pelos *sample-players* básicos dos sistemas operacionais.

Instrumentos MIDI virtuais

Trata-se de uma tecnologia de instrumentos que vem promovendo grandes mudanças no conceito de gravação, de apresentação ao vivo e dos *setups*. Originalmente, os instrumentos de teclado possuíam proporções consideráveis (cravo, pianoforte, órgão e piano). Passaram por vários processos de redução de tamanho até se chegar aos pianos elétricos e eletrônicos. Com o advento de MIDI, as teclas foram eliminadas: tornou-se possível executar módulos de *rack* a partir de um único teclado *master*. Posteriormente, a utilização do computador para multimídia demandou mais redução de dimensões e, assim, surgiram pequenas caixas separadas e as placas contendo instrumentos MIDI. Agora, os instrumentos dispensam completamente qualquer objeto físico (caixas, placas e até o *chip* gerador de sons).

Trata-se dos Instrumentos MIDI Virtuais ou *Software Synths*: sintetizadores e *samplers* que funcionam via software e podem ser instalados em um computador por um custo bem reduzido, se comparado aos teclados, módulos e caixas *stand-alone*. Nesse caso, o computador passa a exercer as funções de software e de hardware, ou seja, processa e disponibiliza os sons resultantes.

Já que várias empresas estão produzindo *software synths* de nível profissional para diversas aplicações em estúdio, é desnecessário adquirir instrumentos de teclado e de *rack*. Basta instalar o *soft synth* e desfrutar da imensa gama de sons de alta qualidade que podem ser tocados via teclado *master* ou pelas pistas sequenciadas em um aplicativo sequenciador.

Esses sintetizadores podem ser operados e programados como se fossem reais. A diferença é que o painel do instrumento não é físico. Todas as funções passam a ser mostradas no monitor do computador e são acessadas via teclado (do computador) ou mouse. Na maioria dos modelos, as novas programações podem ser arquivadas junto com a própria música sequenciada via MIDI.

Existem dois tipos de Instrumentos Virtuais: o *Plug-in* (que funciona acoplado a um software sequenciador/gravador) e o *Real Time* (que trabalha como um instrumento *stand-alone* virtual instalado no computador). Há, ainda, modelos que disponibilizam os dois modos durante a instalação.

Studio Drummer (Native)

String Section (Cakewalk)

True Piano (Cakewalk)

Mini Moog (Arturia)

Instrumentos MIDI virtuais

Para se inserir um *software synth* em um aplicativo sequenciador/gravador, tanto o *synth* quanto o sequenciador necessitam operar em um dos quatro métodos de transferência de dados: DXi (*DirectX Instrument*) – protocolo da Microsoft; VSTi (*Virtual Studio Technology Instrument*) – lançado inicialmente para os sequenciadores da Steinberg Jones; Rewire – protocolo arquitetado pela Propellerhead Software no qual o instrumento virtual é acoplado ao sequenciador; RTAS (*Real Time Audio Suite*) da Avid Technololy – *plug-ins* específicos para o aplicativo ProTools rodando em computadores Apple. Esta última modalidade está sendo substituída pela AAX (*Avid Audio eXtension*) que promove total compatibilidade com a nova plataforma de 64bits.

Ao se instalar um software de produção musical, os *plug-ins* de instrumentos virtuais que fazem parte do pacote são automaticamente carregados para o HD, na versão compatível. Contudo, para instalar *plug-ins* fornecidos separadamente é necessário optar pela modalidade correta manualmente (DXi, VSTi, Rewire ou RTAS/AAX). A maioria dos instaladores apresenta uma lista das quatro versões para o usuário selecionar a opção que mais lhe convém, considerando o tipo do computador (PC ou Mac) e o sistema operacional (Windows ou Os X). Alguns instaladores fornecem, ainda, a versão *standalone* na qual o *soft synth* pode ser executado através de um teclado sem a necessidade de rodar o aplicativo sequenciador/gravador.

Esses protocolos permitem direcionar de uma a 16 saídas de áudio dos instrumentos virtuais para os canais do *mixer* virtual dos sequenciadores/gravadores. Além disso, é possível converter as pistas de sequenciamento MIDI em áudio através da função *bounce* ou *mix* presente nos softwares (veja Passando instrumentos MIDI para áudio, na pág. 171).

Dessa forma, a mixagem das pistas que contêm instrumentos virtuais é realizada totalmente no campo digital, já que as saídas dos instrumentos não são conectadas a um *mixer* físico (analógico) externo. Mais detalhes da utilização dos *software synths* na mixagem encontram-se no item *Setup 4* (pág. 253).

Alguns modelos de *synths* virtuais emulam os poderosos instrumentos VS, FM, LA, analógicos ou analógico/digitais *vintage* descritos anteriormente. Outros são *sample-players* que incluem diversos *multi-samples* (até quatro amostras para cada nota executada no teclado). Esses *samples* entram em ação em tempos diferentes ou de acordo com a intensidade da execução (*velocity*). Atualmente, os *sample-players* virtuais são fornecidos com uma infindável coleção de sons sampleados em 16bit/44.1kHz estéreo.

Os instrumentos incluídos são: pianos diversos, cordas, sopros, órgãos, percussões, baixos, baterias de todas as marcas e categorias, efeitos para sonoplastia (*Foley*), teclados *vintage* sampleados, vozes, ataques de orquestra, instrumentos exóticos para *world music*, sons robotizados e arpejadores para música eletrônica etc.

Praticamente todos os *soft synths* permitem controle externo de seus parâmetros (filtragem, ADSR, *modulation*, *bending* etc.) através dos botões disponíveis no teclado *master* ou por intermédio de envelopes de automação criados nos sequenciadores de computador.

Para que todos esses recursos funcionem corretamente e para que não haja atraso entre a execução e a audição dos instrumentos virtuais é necessário que o computador esteja equipado com interface de áudio que suporte o *driver* ASIO.

Aparelhos MIDI diversos

MIDI tem sido utilizado em muitas aplicações para finalidades de automação e geração de eventos que não são necessariamente dados musicais, mas de processamento de áudio e de iluminação. Já que esses aparelhos também podem ser controlados remotamente, são classificados como receptores. Alguns *mixers* são, também, transmissores, já que enviam dados relativos à posição de seus controles.

Mixers

Os *mixers* (misturadores) controlados por MIDI variam desde modelos simples que traduzem *note numbers* ou *controllers* para mudança de volumes dos canais individuais, até sistemas complexos totalmente automatizados por intermédio de mensagens de MIDI, tais como: *note on*, *program change*, *bank select*, *Sys-Ex* etc. Nessa última modalidade, além de atuarem como receptores versáteis, podem arquivar nas suas memórias internas e repassar para um computador via *Sys-Ex*, diversas funções como: posição dos *faders* (controles deslizantes), botões de *send* (envio) e *return* (retorno) de efeitos, equalizadores, panorâmico etc.

A finalidade principal do controle de *mixers* via MIDI é possibilitar que as modificações de diversos parâmetros possam ser automatizadas e arquivadas em computador externo ou mesmo em interno dedicado.

Em shows com várias bandas, essa propriedade é muito importante para os engenheiros de mixagem já que, ao mudar de um grupo para outro, basta carregar a mixagem e endereçamentos previamente registrados durante a passagem de som. Em estúdios não é mais necessário "levantar" a mesa (*mixer)* a cada mudança de cliente. E se uma mixagem não ficou a contento, no dia seguinte basta carregá-la e prosseguir nas modificações, em vez de recomeçar do princípio. Esses *mixers* são, também, muito funcionais em estúdios MIDI caseiros, onde o tecladista é o produtor, técnico e auxiliar, já que possibilitam, inclusive, a automação de volumes de baterias eletrônicas antigas, que não permitiam alteração para as peças de forma individual através do *Controller 07*. E, no caso dos vários canais de áudio de um gravador analógico ou digital estarem sendo utilizados, às vezes faltam mãos para fazer a dinâmica na mixagem. Mais detalhes sobre esse tipo de equipamento encontram-se nos itens *Mixer* virtual e *Mixers* com automação (págs. 194 e 196).

Patchbay de áudio

Um dos periféricos mais importantes em estúdios de gravação é o *patchbay* de áudio (não deve ser confundido com o *MIDI Patchbay* ou *MIDI Patcher*, que interconecta teclados e módulos MIDI). Normalmente, é localizado ao lado do *mixer* e serve para determinar, por intermédio de cabos, o caminho que o sinal de áudio percorrerá desde a fonte sonora até o destino final, passando por vários efeitos. Geralmente no formato de uma unidade de *rack*, possui entre 24 e 36 *jacks* (conectores) de entradas e de saídas de áudio.

Vários *patchbays* podem ser agregados, de forma que sejam conectados todos os equipamentos de estúdios de grande porte. Neles são ligadas as entradas e as saídas do *mixer*, assim como as de todos os efeitos. Quando se quer conectar, por exemplo, um microfone passando por um *delay*, entrando em um equalizador, indo para um determinado canal do *mixer*, basta inserir os cabos que fechem as respectivas conexões nos *jacks* do *patchbay* onde tais aparelhos estão ligados.

Contudo, como o que "fecha as conexões" são cabos de áudio (com *plugs* de telefonia), comumente ocorrem falhas de contato devido ao desgaste dos *plugs* e dos *jacks*. Outro problema é que o técnico pode se confundir em relação ao local onde os cabos devem ser inseridos para fechar determinadas conexões.

Utilizando um *patchbay* de áudio controlado por MIDI como, por exemplo, o PM-216 (CM Automation), todo o trabalho de "plugar" e "desplugar" cabos de áudio é eliminado, já que todas as comutações passam a ser feitas por intermédio de mensagens de *program change* enviadas a partir de qualquer transmissor que esteja conectado à entrada de MIDI do *patchbay*. Uma vez conectados os aparelhos nos *jacks* do painel traseiro do *patchbay* de áudio controlado por MIDI, qualquer endereçamento entre periféricos pode ser feito ao toque de um simples botão. Outra vantagem é que o aparelho guarda na sua memória (ou, ainda, em computador) diversas combinações que podem ser "chamadas" instantaneamente.

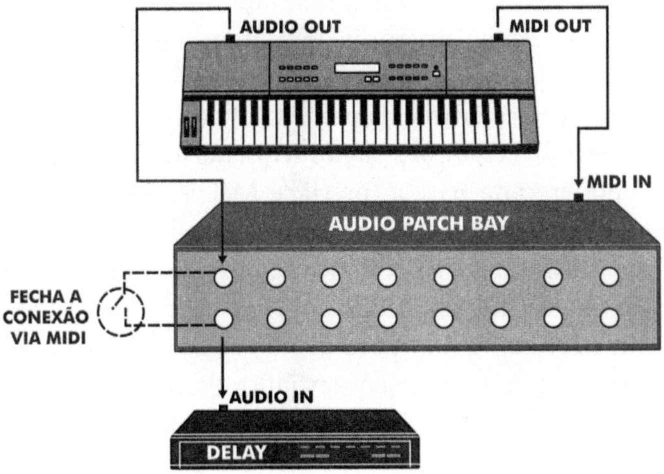

Funcionamento do Patchbay de áudio controlado por MIDI

Sistemas de iluminação

A aplicação de MIDI no controle de efeitos visuais demandou mais atenção por parte das associações de MIDI que implementaram o *MIDI Show Control* nas especificações, estendendo assim o potencial de utilização de MIDI para outras áreas além da música.

Sistemas de iluminação de show e de teatro também podem ser acoplados ao computador e serem comandados a partir do protocolo MIDI atuando, desta forma, como versáteis receptores. Similar aos *mixers*, os comandos reconhecidos são: *program change*, *MIDI notes*, e diversos *controllers*.

Existem no mercado diversas interfaces *stand-alone* que convertem mensagens de MIDI para o protocolo DMX 512 (utilizado pelos sistemas de iluminação que incluem microprocessadores).

Para conectar essa interface basta ligar a saída de MIDI do computador na sua entrada de MIDI. Em seguida é conectada a saída DMX da interface ao primeiro aparelho de iluminação da cadeia. Os demais dispositivos devem seguir a conexão de *Out* (saída) para *In* (entrada) até chegar ao último dispositivo que, por sua vez, necessita de um conector XLR terminador para encerrar o fluxo do sinal.

Assim, uma sequência (contendo mensagens de MIDI), produzida em qualquer software sequenciador passa a controlar todos os dispositivos DMX da cadeia, tais como: *fixtures* (luminárias com entrada e saída DMX), *moving heads*, multirraios, estrobos, máquinas de fumaça, *strobo leds*, sequenciais de *led* etc.

Uma música sequenciada no computador pode conter algumas pistas dedicadas ao controle da iluminação por intermédio da inserção de mensagens de MIDI. Dessa forma, a música e os efeitos de iluminação previamente programados "caminham" em perfeita sincronia. Simultaneamente, também é possível atuar na iluminação manualmente (em tempo real): basta conectar um teclado *master* ou uma superfície de controle na porta USB do computador e endereçá-lo para um dos canais de MIDI de uma pista do sequenciador. Por sua vez, essa pista deve ter sua saída endereçada para a interface MIDI/DMX. Essa configuração dispensa completamente o uso de mesas (consoles) dedicadas DMX.

Para sincronizar música ao vivo com sequências de iluminação pré-programadas é necessário que o baterista toque em *sync* com o computador. Para tal, ele precisa usar um fone de ouvido para acompanhar perfeitamente o som do metrônomo (*click track*) gerado pelo sequenciador do computador.

Transmissores diversos

Além dos transmissores citados, diversos tipos e modelos estão sendo aprimorados e lançados constantemente, proporcionando novas alternativas de interatividade.

- *MIDI Performance Controller* – dispositivo retangular contendo aproximadamente 30 *pads* pequenos, além de botões e *faders* sensitivos que podem ser direcionados para receptores externos. O Base (Livid Instruments), por exemplo, possui porta USB e *pads* iluminados para facilitar a identificação.
- *Foot Pedal Controller* – pedaleira de baixo similar à do órgão eletrônico, contendo uma oitava e saída de MIDI, a exemplo da PK-5A (Roland).
- *Ableton Push* – controlador com 64 *pads* endereçáveis para instrumentos MIDI virtuais. Atua, também, como sequenciador.
- *MIDI Glove* – luva que possui diversos sensores para captar os movimentos dos dedos e das mãos, acoplada a uma interface que traduz esses movimentos em mensagens de MIDI.
- *MIDI Marimba* – possui barras similares às da marimba ou do xilofone e transmitem mensagens de MIDI.
- *Station by Ander* – controlador de mesa com dezenas de *pads* e botões para controlar *synths* virtuais. Conecta-se com o software Ableton Live.
- *Single Pad* – possui uma grande peça de borracha com marcas que delimitam pequenas áreas onde se percute para disparar diferentes notas como um *Caribean Steel Drum*.
- *Thunder* – projetado por Donald Buchla. Utiliza aproximadamente 20 *pads* sensitivos que geram *MIDI notes* e demais mensagens. É também denominado Buchla Thunder.
- *Airdrums* – da PalmTree Instruments, também denominado MIDI Maracas. Constituído de um par de cilindros com cabos ligados a um módulo, capaz de responder a movimentos para cima, para baixo, esquerda, direita, rotatividade no sentido horário e anti-horário. Executa-se com a mesma técnica das maracas e a direção dos movimentos é refletida em diferentes *MIDI notes*.

CAPÍTULO 3

MIDI

MIDI, acrônimo de *Musical Instrument Digital Interface*, é um protocolo de comunicação serial que possibilita a troca de informações entre teclados, módulos, baterias eletrônicas, *mixers* e computadores, através de conector tipo DIN, podendo ser considerado o mais importante desenvolvimento relacionado à música eletrônica desde a implantação do oscilador controlado por voltagem (VCO dos sintetizadores analógicos). Atualmente, as informações são transmitidas, também, através de conexão USB e Firewire.

MIDI está presente em diversos instrumentos musicais e faz parte do universo dos computadores, dispositivos móveis, telefones celulares, videogames etc.

Basicamente, o protocolo MIDI foi desenvolvido para possibilitar a troca de informações entre dois ou mais teclados de diferentes fabricantes de forma que, ao tocar em um deles, os demais respondessem ao que foi executado (notas, intensidades e durações). Antes, para o tecladista conseguir sonoridades "cheias" resultantes da soma de vários timbres, era necessário tocar em vários teclados simultaneamente. A introdução dessa tecnologia marcou o final da era em que o tecladista necessitava "saltar" entre os diversos teclados do *setup*. Em estúdio, MIDI possibilitou a redução do número de *play backs* (dobras) de uma mesma execução, liberando canais do gravador.

É extremamente importante entender que o conteúdo das informações de MIDI não é áudio. É impossível ouvi-lo da forma convencional como se ouve, por exemplo, o som de uma guitarra ligada a um amplificador. O que trafega entre a saída de MIDI de um teclado *master*, e a entrada de MIDI de outro (que passa a ser o *slave*) são informações e instruções a respeito das notas, intensidades e durações de forma que esse último possa responder exatamente o que foi executado no primeiro. Logo, as mensagens de MIDI são dependentes de instrumentos ou módulos que possam interpretá-las.

O microprocessador interno do instrumento *slave* recebe essas mensagens e as envia para seus circuitos geradores de som. Para que o som seja ouvido, a saída de áudio do instrumento deve estar ligada a um sistema de amplificação.

No caso do computador que executa arquivos sequenciados, o processo é idêntico: o conteúdo dos arquivos não é som, mas informações das execuções sequenciadas para um aplicativo de sequenciamento nele instalado. Para que a música seja ouvida, esse pacote de informações necessita de uma fonte geradora de instrumentos MIDI que pode ser virtual (instalada no HD) ou física (*chips* instalados nos teclados ou módulos MIDI externos).

No início da década de 1980, a comunicação entre os teclados e os sequenciadores só era possível entre equipamentos de um mesmo fabricante. Um teclado da Oberheim, por exemplo, não "falava" com um da Sequential Circuits. Até então, os sequenciadores eram dedicados (peças separadas) e cada fabricante utilizava diferentes tipos de códigos para transferência de informações.

Somente em 1981 começaram os acordos sobre a adoção de um método comum a ser utilizado. Assim, em 1982 foi elaborado o protocolo USI (*Universal Synthesizer Interface*) – que já utilizava 16 canais e comandos de *note on* e *note off*. Esse foi o embrião do desenvolvimento do protocolo MIDI, regulamentado em 1983 pela MMA (*MIDI Manufacturers Association*). As especificações oficiais completas de MIDI podem ser obtidas no site www.midi.org.

Em 1983, no show da NAMM (*National Association of Music Merchants*), pela primeira vez dois teclados de diferentes fabricantes se comunicaram, colocando em prática a filosofia de universalidade proposta pela criação de MIDI. Esses instrumentos pioneiros foram o Prophet 600 (Sequential Circuits) e o Jupiter 6 (Roland) que passavam a utilizar o protocolo oficializado como MIDI 1.0.

Todos os fabricantes de instrumentos ou periféricos que utilizam a tecnologia MIDI devem observar a documentação das especificações e aplicá-las da forma correta para que o aparelho seja capaz de gerar e receber mensagens com segurança e sem margem de erro. Os comandos de MIDI devem ter, obrigatoriamente, o mesmo significado para o instrumento que estiver transmitindo e para os que estiverem recebendo. É igualmente importante que determinado aparelho saiba ignorar comandos os quais ele não esteja apto a executar, em vez de tentar interpretá-los erroneamente.

MIDI possui arquitetura aberta, ou seja, novas utilidades e novos tipos de mensagens podem ser adicionados nos espaços indefinidos da especificação original. Por exemplo, a partir de 1987 foi acrescentado às especificações o MTC – *MIDI Time Code* (código de *sync* baseado em tempo a partir de SMPTE) – utilizado para sincronizar vários equipamentos (sequenciadores, gravadores analógicos e computadores). Os aparelhos fabricados antes dessa época simplesmente descartam as mensagens de MTC, evitando, assim, erros de interpretação.

MIDI é um protocolo unidirecional, o que significa que um único cabo não pode ser o veículo de transmissão e recepção ao mesmo tempo. Já uma impressora, por exemplo, se comunica com o computador pela porta paralela ou USB de forma bidirecional, ou seja, ela manda mensagens de reconhecimento de volta para o computador, com checagem de erros, e este acusa quando ela está apresentando problemas (falta de papel ou impossibilidade de imprimir um determinado gráfico). O instrumento MIDI que transmite mensagens é o *master* (mestre) e o que recebe é o *slave* (escravo).

Conexão básica de MIDI: um master e um slave

Para estabelecer a comunicação, de forma que um aparelho possa transmitir e receber, são necessários dois cabos. A saída de MIDI do primeiro deve ser conectada à entrada do segundo e a saída de MIDI do segundo deve ser ligada à entrada de MIDI do primeiro. Nesse caso, ambos podem ser *masters* e *slaves*. No caso de conexão via USB, apenas um cabo é necessário.

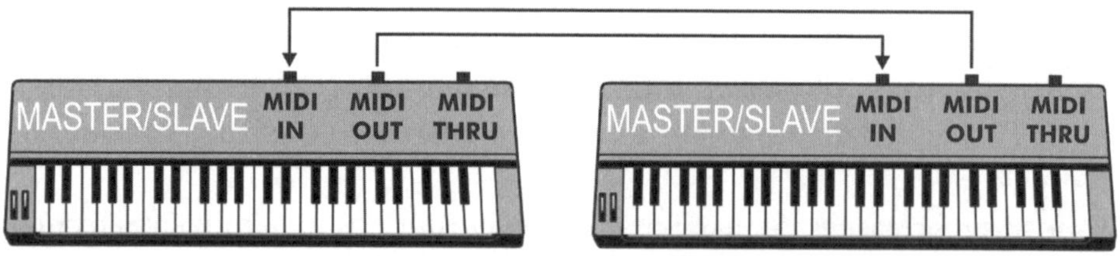

Conexão de dois teclados na função de master/slave

A conexão de MIDI entre um teclado e um computador é semelhante à de dois teclados. A diferença é que o segundo teclado é substituído pelo computador, que deve estar equipado com uma interface MIDI ou USB.

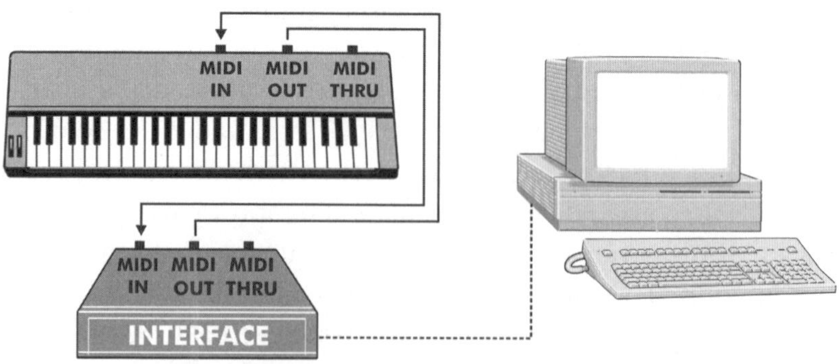

Conexão de MIDI entre um teclado e um computador

As diversas funções de MIDI são graduadas por números (entre 0 e 127) e, já que os equipamentos e softwares são produzidos no exterior, o idioma adotado é o inglês. Logo, os usuários devem se familiarizar com essa linguagem, de forma a absorver e utilizar o máximo de recursos. Na música informatizada, com o tempo, passa-se a nomear diversas opções musicais por números e, muitas vezes, relacionadas às funções em inglês. A nota Dó central do piano passa a ser denominada *MIDI Note Number 60*; a intensidade *fortissimo* vira *Velocity 127*; eliminar o vibrato é *Controller 01/Modulation Level Zero*; volume máximo é *Controller 07 Level 127* etc.

MIDI In, Out e Thru

Para que não haja nenhum tipo de interferência prejudicial à transmissão de dados é proposto nas especificações que os *jacks* de MIDI não tenham nenhum contato com o chassi do instrumento ou com qualquer campo elétrico. O que detecta a presença de cada bit que chega ao *jack* de *MIDI In* é um dispositivo eletrônico chamado *optoisolator* (isolante ótico) constituído de uma pequena fonte de luz e de uma fotocélula. O *optoisolator* está ligado ao *chip* UART – *Universal Asynchronous Receiver/Transmitter* (receptor/transmissor universal assíncrono) que traduz os pulsos de MIDI para o instrumento receptor.

No caso de conexões incluindo um terceiro aparelho (um *master* e dois *slaves*), o envio das mensagens não pode ser feito diretamente do *MIDI Out* do *master* para os *MIDI Ins* dos *slaves* por intermédio de um cabo tipo Y, pois os *optoisolators* dos *MIDI Ins* só são aptos a perceber as mensagens que chegam com a corrente integral e não subdividida. Por isso, na maioria dos aparelhos encontra-se um terceiro *jack* denominado *MIDI Thru*, que fornece uma passagem direta de tudo que chega no *MIDI In*.

Segundo as especificações, o *jack* de *MIDI Thru* deve repassar as mensagens instantaneamente, logo após o circuito *optoisolator*, e não pode deixar passar informações geradas a partir da execução no teclado em que está instalado. Isso significa que o *MIDI Thru* não pode ter ligação interna com o *MIDI Out*.

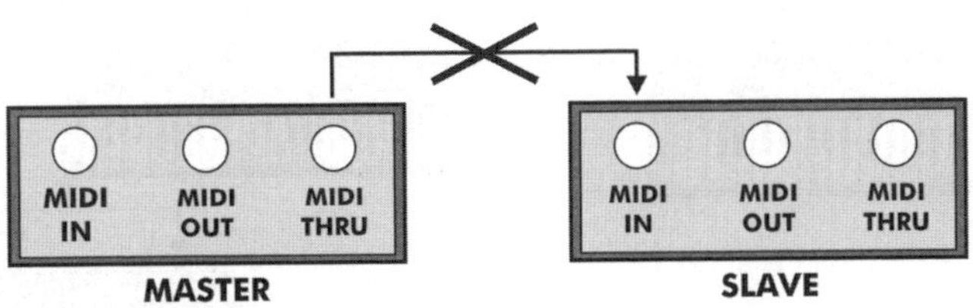

Master conectado erradamente a um slave pela saída Thru

Logo, o conector de *MIDI Thru* é usado em *setups* com, no mínimo, três aparelhos, de forma que o segundo e o terceiro da cadeia respondam ao que for executado no *master.* O *MIDI Out* do *master* é ligado ao *MIDI In* do primeiro *slave* e o *MIDI Thru* do primeiro *slave* é conectado ao *MIDI In* do segundo.

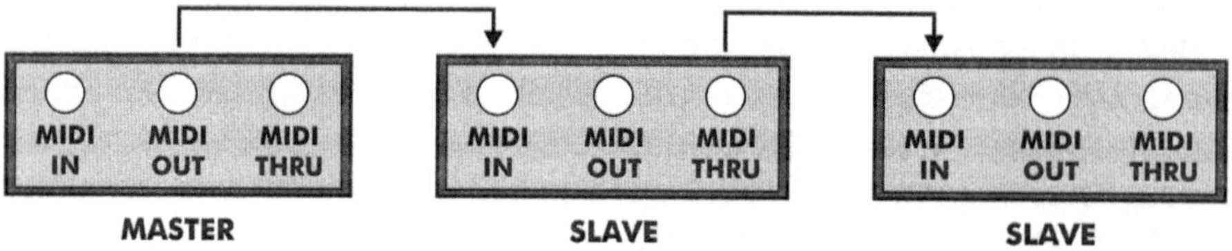

Cadeia básica: um master e dois slaves

Em um *setup* complexo é possível utilizar dois *masters* e vários *slaves* para aplicação em estúdio e palco. Cada *master* controla seus próprios *slaves*, ou seja, não pode controlar os *slaves* do outro. Para que os dois *masters* controlem todos os *slaves* é necessário inserir um *MIDI Merger* (fusor de MIDI), que será demonstrado mais adiante. Deve-se levar em conta que cada peça ligada pelo *MIDI Thru* terá um atraso de 0,6 milissegundos, que vem a ser um número irrelevante até cinco ou seis aparelhos. Para eliminar o risco desses atrasos, deve-se incluir no *setup* uma peça muito importante: o *MIDI Patchbay* ou *MIDI Patcher.* O detalhamento dos periféricos do tipo *merger*, *spliter* (divisor) *e patcher* (endereçador) encontra-se no item Processadores de MIDI (pág. 92).

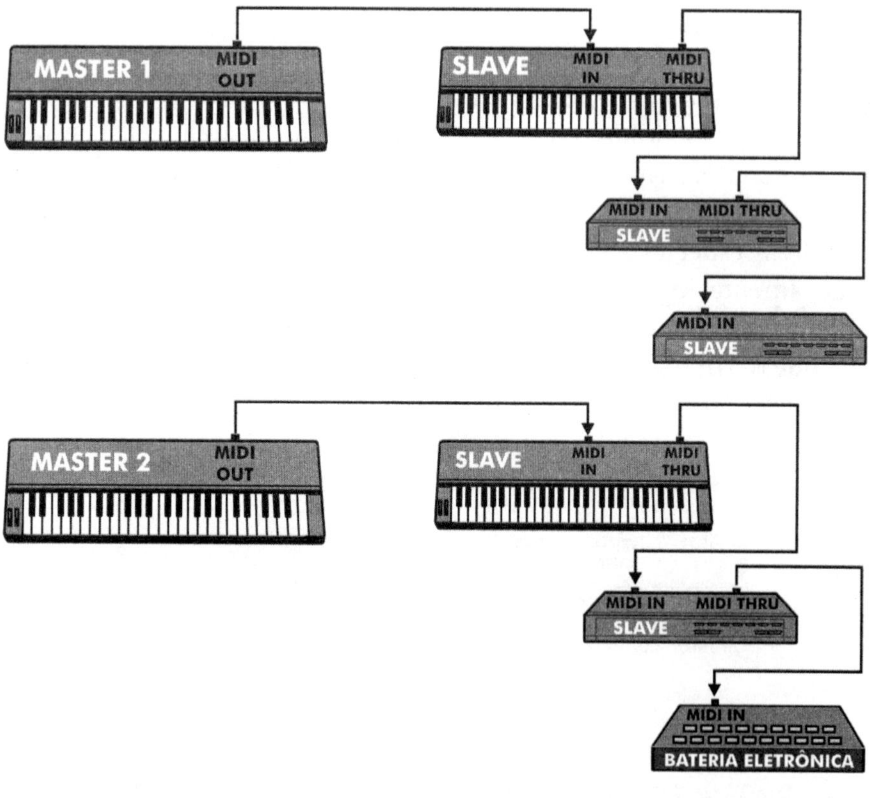

Setup complexo: dois masters comandando seus respectivos slaves

Canais de MIDI

A forma mais simples para se entender a comunicação entre dois equipamentos MIDI é fazer uma analogia com a transmissão e recepção do sinal de televisão na qual, o canal em que a emissora transmite pode ser selecionado no seu receptor. Para que se assista à programação do canal X, sintoniza-se o mesmo canal na televisão. Nesse ponto, a própria televisão ignora o sinal dos demais canais.

Logo, para que um teclado receba as mensagens enviadas pelo canal 1 de um teclado *master*, o receptor deve estar com seu canal 1 habilitado.

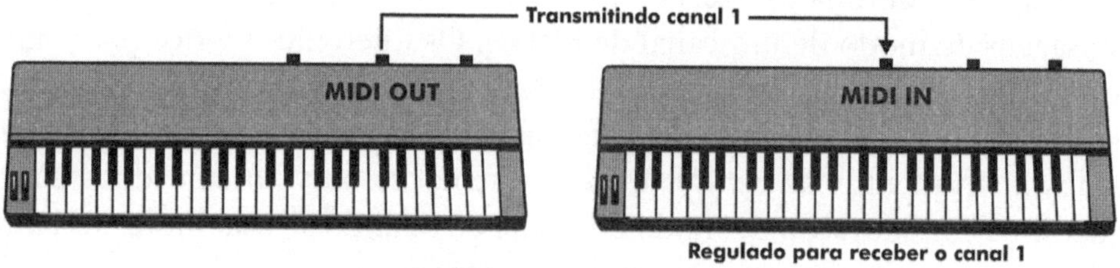

Transmissão e recepção com dois teclados no canal 1

Situações mais complexas ocorrem na comunicação entre um DAW ou teclado multitimbral (que transmitem em vários canais simultaneamente) e um teclado ou módulo multitimbral (que recebe em vários canais). Por exemplo: um DAW transmite, simultaneamente, o órgão no canal 1, o piano no 2 e o baixo no 3. O instrumento multitimbral recebe e endereça as informações pertinentes a cada canal para seus geradores internos.

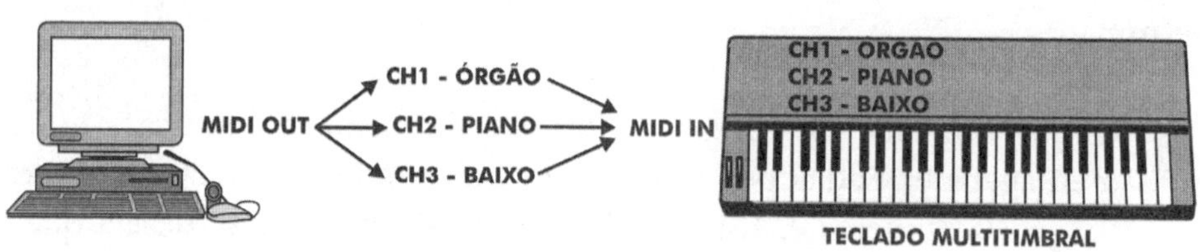

Transmissão de uma sequência para um teclado multitimbral

Os teclados multitimbrais podem transmitir em até 16 canais simultaneamente. Para enviar mensagens em vários canais, o *patch* deve estar programado com vários *tones* distribuídos por zonas e endereçados para canais distintos.

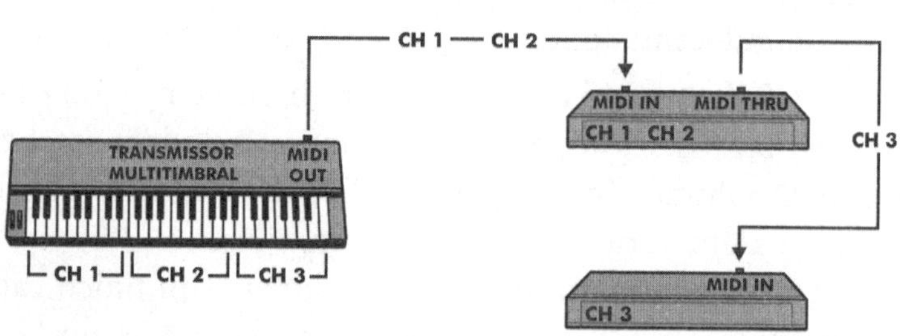

Transmissão de um teclado multitimbral para módulos multitimbrais

As especificações de MIDI permitem a transmissão de somente 16 canais por cada porta de saída. Logo, para se acessar 32 canais é necessário que o aparelho ou a interface possua dois *MIDI Outs*. No caso das interfaces mais sofisticadas, pode-se dispor de até 128 canais de MIDI.

Modos

Os modos de operação dos aparelhos MIDI (*MIDI Modes*) são determinados pelos *Control Changes* que fazem parte das especificações de MIDI que, por sua vez, são agrupados em uma categoria especial denominada *Channel Mode Messages* (mensagens de modo de um canal de MIDI). Os diferentes modos possibilitam que os aparelhos atuem de maneiras específicas em termos de polifonia e de canais a responder (dependendo da aplicação a que se destinam e das possibilidades dos instrumentos do *setup*). Uma apresentação ao vivo com dois teclados requer uma configuração de modo diferente de quando se usa muitos teclados e módulos em estúdio ou em show com computador.

Com o advento dos aparelhos multitimbrais, a troca entre um modo e outro não é tão necessária quanto na época em que os aparelhos respondiam a um único canal de cada vez. Como a maioria dos *setups* é formada por equipamentos de diferentes épocas, o entendimento do conceito dos modos ainda é de extrema importância. A escolha do modo de operação pode ser feita através do painel dos aparelhos (na seção *MIDI/Modes*) como, também, por intermédio de mensagens de *Control Change* (*Controllers* de 124 a 127) assinaladas diretamente nas pistas de um software sequenciador. Ao receber a mensagem, o teclado assume o modo determinado.

- ***Omni On/Polly*** – o receptor responde de forma polifônica a todas as mensagens enviadas por um *master*, independente do canal de identificação (*channel ID*). Esse modo é utilizado quando se deseja que um teclado *master* execute os *slaves* independentemente do canal em que estiver transmitindo. Essa é a forma mais segura para se verificar se todos os instrumentos da cadeia estão conectados.
- ***Omni On/Mono*** – o aparelho recebe mensagens em qualquer canal, monofonicamente. É raramente utilizado, pois não tem muito sentido vários *slaves* responderem monofonicamente.
- ***Omni Off/Poly*** – esse é o modo mais utilizado em estúdios e shows com *setups* complexos. Os aparelhos multitimbrais podem receber polifonicamente em múltiplos (mas específicos) canais de MIDI simultaneamente, como se fossem vários teclados em um, quando estão no Modo *Omni Off/Poly*. Já os não multitimbrais recebem em um único canal de MIDI, polifonicamente e, consequentemente, só respondem no canal específico

em que estiverem regulados. Se, por exemplo, a pista 3 de um sequenciador estiver mandando informações no canal de MIDI 3, o instrumento que estiver em *OmniOff/Poly*, regulado para captar esse canal, receberá exclusivamente o que está sendo mandado para ele.

- ***Omni Off/Mono*** – o aparelho recebe e endereça monofonicamente cada voz para canais individuais consecutivos a partir do canal básico escolhido, ou seja, o instrumento só pode executar uma nota por canal. Esse modo é recomendado para guitarras MIDI, que mandam informações de cada corda para canais de MIDI independentes.

Se você deseja controlar um teclado a partir de outro, certifique-se de que ambos estão no mesmo canal de MIDI ou que o receptor está no modo *Omni On*. Se não quiser ouvir o som do teclado *master*, passe seu *local control* para *Off*.

Como MIDI funciona

MIDI transmite informações de um instrumento para outro em forma de *digital data stream* (fluxo de dados digitais). A informação digital é composta por bits, ou seja, de dígitos binários que podem ser 1 ou 0. Numa transmissão 8 bits são agrupados, formando 1 byte. Em MIDI, adiciona-se um *start bit* (bit inicial) no princípio do conjunto para alertar o instrumento receptor que logo será mandado 1 byte e 1 *stop bit* (bit final). Esse último bit avisa o receptor que o byte está completo.

O receptor descarta o *start* e o *stop bit*, e lê a sequência de 1 byte. Esses bits trafegam pelo cabo de MIDI/USB com velocidade de 31.250 bits por segundo, ou seja, 31.25kbaud, já que 1 baud equivale a 1 bit por segundo. Como existem 10 bits em um byte de MIDI (incluindo o *start* e o *stop bit*), 3.125 bytes podem ser enviados em um segundo.

Ao se executar uma nota em um teclado, o mesmo gera uma mensagem que possui 3 bytes: o primeiro avisa que uma nota foi acionada; o segundo, qual a nota; o terceiro, com que intensidade foi tocada.

Como a maioria das mensagens completas de MIDI necessitam de 2 a 3 bytes e a velocidade de transmissão é de 3.235 bytes por segundo, considera-se que a transmissão permite aproximadamente 1.500 eventos por segundo, o que significa uma taxa suficientemente veloz para a maioria das produções musicais envolvendo arranjos instrumentais complexos. Mas como não pode haver transmissão simultânea de dois eventos, sendo necessário uma espera de, no mínimo, 0,6 milissegundos entre eles, em determinadas situações em que há muita orquestração, troca de programas, uso exagerado de pedal de *sustain*, *pitch bend* e *modulation*, tal velocidade pode comprometer o desempenho da execução. No caso de sequenciamento são necessários alguns cuidados para não saturar a transmissão.

Uma das regras para um bom sequenciamento é evitar entradas de eventos desnecessários. O uso do *aftertouch* polifônico é desnecessário para instrumentos de percussão. Logo, desliga-se essa função no software de sequenciamento ao dar entrada de bateria e similares. Em um naipe de sopros, deve-se verificar se é realmente necessário entrar o vibrato para cada instrumento isoladamente ou se é possível economizar utilizando somente um vibrato para cada três instrumentos.

As informações de MIDI foram divididas em dois tipos básicos de byte: *status bytes* (que iniciam *string* com número 1) e *data bytes* (que iniciam com 0). Cada mensagem típica de MIDI consiste de um *status byte* seguido de um ou dois *data bytes*. O *status byte* diz ao instrumento receptor como interpretar os *data bytes* subsequentes. Assim, os mesmos 128 *data bytes* podem significar diferentes funções do que foi o último *status byte*. Ao se executar uma nota em um *master*, o *slave* recebe um *Note On Status Byte* e aguarda os dois *data bytes* subsequentes: o primeiro indica qual das 128 notas (numeradas de 0 a 127) deverá acionar e o segundo com que intensidade.

Há dois tipos diferentes de mensagens de *status bytes*, os quais serão detalhados a seguir: *Channel Message* e *System Message*.

Comandos de MIDI

Os parâmetros da comunicação de MIDI são controlados pelos Comandos (instruções das especificações de MIDI). Existem dois tipos de mensagens de Comando: *Channel Messages* (mensagens direcionadas a canais de MIDI específicos) e *System Messages* (mensagens de sistema endereçadas a todos os aparelhos MIDI de um *setup*, independentemente dos canais em que estiverem regulados). Por sua vez, *System Messages* são divididos em três categorias: *System Exclusive, System Common* e *System Real-Time*.

Channel Messages

São mensagens direcionadas aos canais de MIDI específicos de um *setup* em tempo real. Sempre ocorrem na execução de uma nota, na troca de programa ou no movimento do controlador de *pitch bend* e de *modulation*. Apenas 4 dos 8 bits do *status byte* definem a qual dos 16 canais de MIDI os *data bytes* subsequentes pertencem, dependendo do modo em que o instrumento estiver ligado, assegurando que as mensagens atinjam exclusivamente o canal desejado.

Note On

A mensagem de *Note On* indica o início de um *MIDI Note* e é gerada quando uma tecla é pressionada em qualquer transmissor ou quando o computador executa uma sequência. As notas são distinguidas de acordo com os *MIDI Note Numbers* (número de notas de MIDI), apresentados no diagrama **Relação do Piano com os demais Instrumentos** (pág. 35).

Em MIDI, cada nota musical possui um número correspondente e o músico informatizado deve se familiarizar com essa linguagem. Obviamente, é possível utilizar muito bem os recursos dos instrumentos e dos sequenciadores tratando as notas de forma musical. Contudo, o rendimento é maior ao se lidar com números (Dó central = nota 60). No caso de sequenciar as peças da bateria eletrônica, a linguagem utilizada é 90% numérica: para atingir o bumbo, toca-se no teclado a nota 36 (C1 do piano ou C3 do *Piano Roll* dos sequenciadores).

Note Off

Mensagem que indica o final da execução de um *MIDI Note*. Corresponde ao momento em que se levanta o dedo da tecla. A nota tocada gera uma mensagem de *Note On* que é sustentada até que seja enviado um *Note Off* para a mesma nota.

O envio de um *Note Off* não significa que o som do instrumento será interrompido. Essa mensagem apenas avisa que a execução de uma nota foi "terminada". A duração do som do instrumento vai depender da sustentação (*sustain*) que o *patch* tiver. Por exemplo, em um teclado com *patch* de marimba (*release* rápido) o som cessa logo que se levanta o dedo da tecla. Já um *patch* de cordas do tipo "cama" (*release* lento) continuará soando por um período, mesmo que o dedo já tenha sido levantado.

Procure utilizar teclados ou módulos que possuam *Note Off Velocity* (também denominado *Release Velocity*). Esse recurso vem sendo implantado nos aparelhos recentes e possibilita que a sustentação do som de um *patch* seja de acordo com a forma que a nota for largada. Ao levantar o dedo lentamente, o *release* será lento e, ao largá-la rapidamente, o *release* cessará instantaneamente. Essa já é a ação natural em uma *performance* só que, até então, os instrumentos de teclado eletrônico não diferenciavam tais nuanças.

Channel Pressure

Também denominada *Mono Aftertouch* (resposta monofônica após o toque). Essa mensagem traduz as diferenças de pressão aplicadas de forma global (mono) a uma nota ou a um grupo de notas. A mensagem de *Mono Aftertouch* é transmitida pelo teclado ao se pressionar as teclas logo após terem sido abaixadas. Ao se executar um acorde de cinco notas e ao se aplicar pressão adicional em uma de suas notas, as cinco serão afetadas. Haverá apenas uma graduação de *aftertouch* para as várias notas do acorde, pois a captação é feita por um sensor comum a todas as teclas.

A partir daí, a pressão pode provocar modificações diversas nas características sonoras, dependendo do que tenha sido programado: aumento de volume, abertura dos filtros, vibrato e *pitch*. Na família dos teclados, somente os processados eletronicamente possuem esse recurso. No piano acústico ou no órgão, por exemplo, afundar a tecla após ter sido abaixada, não provoca nenhuma modificação das características do timbre ou de volume.

Polyphonic Key Pressure

Também denominada *Poly Aftertouch* (resposta polifônica após o toque), possui características idênticas ao *Channel Pressure*, com a diferença de atuar de forma polifônica, ou seja, a pressão aplicada em cada nota de um acorde gera uma mensagem com graduação distinta por intermédio de sensores individuais aplicados embaixo de cada tecla. Embora poucos teclados possuam a propriedade de gerar *Polyphonic Key Pressure*, muitos aparelhos estão aptos a responder. Isso se deve ao fato de que a produção de teclados com um sensor de pressão por cada tecla encarece o produto ao passo que apenas reproduzir tais mensagens acarreta um acréscimo mínimo em termos de custo.

> Os teclados com *Polyphonic Key Pressure* que possibilitam espalhar *patches* por várias zonas são os mais indicados para show. Finalmente, agora é possível tocar com as duas mãos e acrescentar nuanças de forma polifônica apenas com a pressão dos dedos após a nota ter sido abaixada. Por outro lado, quando se trata de sequenciamento, deve-se cuidar para que o *Poly Aftertouch* seja utilizado somente quando necessário, pois consome muitos eventos. Esse recurso pode ser desabilitado no teclado ou na opção *MIDI Record Filters* (filtros de sequenciamento MIDI) presente em todos os sequenciadores.

Program Change

Essa mensagem troca o programa dos instrumentos ou registra, no sequenciador, um novo número de programa. Em uma conexão entre dois teclados, ao se trocar o número do *patch* no teclado *master* automaticamente o do *slave* também muda (se a função *Program Change* estiver habilitada em ambos).

Em um *setup* mais complexo, o *master* pode enviar mensagem de troca de programa para mudar *sets* de instrumentos, *songs/patterns* de bateria eletrônica, programas dos módulos de efeitos, *fixtures* de iluminação etc. Isso significa que, ao se pressionar um simples botão no painel do *master*, todos os equipamentos da cadeia mudam de programa também. Quando uma mensagem de troca de programa é enviada para o computador, este registra o número que foi entrado, de forma que, ao executar a sequência, a mensagem é enviada de volta e o teclado troca de programa automaticamente. Para entrar a mensagem de *Program Change* no software sequenciador é necessário acessar o *Menu / Insert / Bank, Program*

Change e inserir o número do banco e do programa desejado. O mesmo pode ser feito, ainda, diretamente no *Event List* do sequenciador.

É importante observar que os fabricantes utilizam numerações diferentes para alocar os programas nas memórias dos instrumentos: de 0 a 127; de 1 a 128; de 11 a 18, 21 a 28, 31 a 38 etc. Atualmente, os softwares possibilitam a escolha de um programa a partir de um menu que inclui todas as possibilidades, sendo que, em alguns casos, pode-se escolher, inclusive, a partir do nome e do modelo do instrumento que se quer atingir.

A mensagem de *Program Change* é constituída de *MIDI Channel Number* de 1 a 16 e *Program ID Number* de 0 a 127. Logo, até 128 números podem ser selecionados. No lançamento de MIDI, esse número parecia até exagerado, contudo, atualmente, é muito limitado, pois os teclados possuem internamente, no mínimo, quatro vezes mais programas e podem, ainda, acessar centenas de sons dos dispositivos de armazenamento suplementares (*pendrives*, cartões SD etc.).

Para superar a limitação dos 128 programas, os novos softwares sequenciadores e teclados passaram a reconhecer o comando de *Bank Select* (seleção de banco de memória) que corresponde ao *Controller 00*.

Ao adquirir um novo teclado ou módulo, deve-se dar preferência aos que possuem programas distribuídos em bancos separados: banco 1 com programas de 0 a 127; banco 2 de 0 a 127; e assim por diante. Dessa forma é possível acessar todos os sons disponíveis, determinando a qual o banco e programa o som pertence. Por exemplo, se em um teclado, o programa de flauta está no banco 3, programa 18, basta entrar com esses valores no software sequenciador e automaticamente esse som será acionado. Nos aparelhos que não operam com *Bank Select*, um recurso para se atingir um programa além do número 127 é utilizar o *Program Change Map* (mapa de troca de programa). Por exemplo, pode-se programar um módulo de forma que, ao receber o *Program Change* número 60, automaticamente atinja o 200. Outra saída consiste em utilizar o *Sys-Ex* para armazenar diferentes configurações das localizações dos programas dos vários aparelhos. Os próprios softwares de sequenciamento possuem esse recurso.

Pitch Bend

Desvio da afinação. Mensagem gerada por intermédio de controladores diversos como: *wheel* (roda), *lever* (alavanca), *joystick*, *data slider* ou *key pressure* dos teclados.

Esse comando modifica a afinação de uma nota (ou várias) para cima e para baixo. Como MIDI não permite números negativos, uma informação de valor zero corresponde à posição mais abaixada do controlador de *Pitch Bend* (menor afinação), enquanto a posição estática (no meio), sem mudança de afinação, possui o valor 64. A afinação mais alta corresponde ao valor 127.

A proporção em que o controle atua, depende da graduação do parâmetro *Pitch Bend Range* (alcance do *Pitch Bend*), presente na maioria dos teclados e módulos. Esse alcance pode ser limitado, por exemplo, a um tom para cima e para baixo. Logo, mesmo pressionando-se o controlador até a posição máxima, ocorre somente uma variação de um tom. Em alguns aparelhos, esse comando pode ser ativado remotamente através do parâmetro *Pitch Bend Sensitivity* (sensibilidade do *Pitch Bend*).

Diferentes alcances do Pitch Bend

Dominar a técnica do *Pitch Bend* requer muito treino, principalmente quando a sensibilidade está regulada para modificar a afinação em uma oitava. Primeiramente, é necessário ter bom ouvido para que se chegue corretamente à nota alvo. É importante ouvir guitarristas solistas, e tecladistas da década de 1970 já que essa técnica é muito usada para imitar o *bend* de guitarra, dando mais movimento aos improvisos.

Control Change

As mensagens de *Control Change*, também denominadas de *Continuous Controllers*, são geradas, em tempo real, a partir de diversos controladores usados em uma *performance* (ou através de valores entrados em um sequenciador). Sempre que *foot switches* (pedais liga/desliga), *modulation wheels*, *breath controllers* (controladores bocais), pedal de *sustain*, *aftertouch* ou *sliders* (botões deslizantes) são acionados, um pacote de mensagens de *Control Change* é transmitido, adicionando expressividade à execução.

Dependendo do teclado *master*, esses controladores físicos podem ser direcionados para qualquer tipo de *Control Change*. Por exemplo, a roda de *modulation* pode ativar o *Volume 07* ou o *Modulation 01*.

O que define qual *Control Change* é acionado é o *Controller ID Number*, que varia entre 0 e 127. Esses IDs (números de identificação) são divididos em duas categorias: *Continuous Controllers* (controladores contínuos) de 00 a 63, que funcionam como um potenciômetro variando entre as graduações de 0 a 127, e *Switch Controllers* (controladores liga/desliga) de 64 a 127 que funcionam com as graduações 0 (posição desligada) e 127 (ligada). Os *Switch Controllers* também podem responder às variações de níveis de 0 a 63 para desligado e de 64 a 127 para ligado (no caso dos controladores do tipo *slider*). Por esse motivo, os *Switch Controllers* também são denominados *Continuous Switch*.

Como foi mencionado em Convenções Adotadas (pág. 19), atribui-se a denominação de controladores aos dispositivos físicos (embora possam ser substituídos por entradas numéricas diretamente no sequenciador) que servem para adicionar expressividade em uma *performance.*

Pad

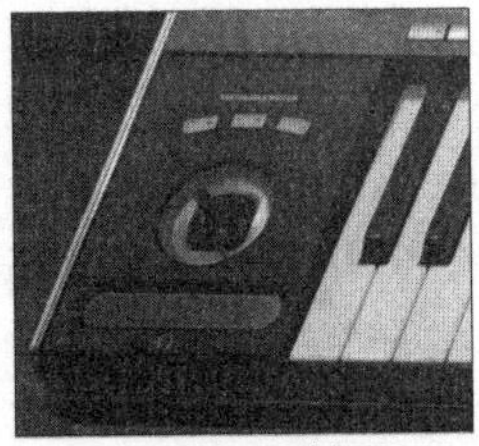

Joystick e ribbon

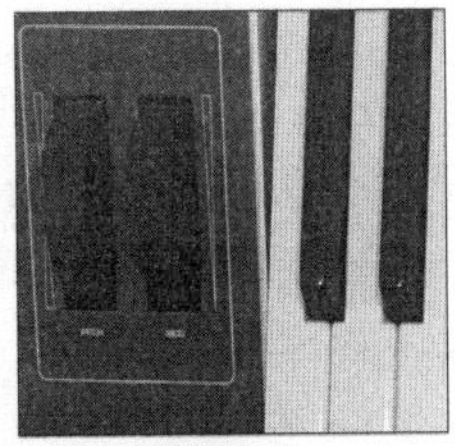

Wheels

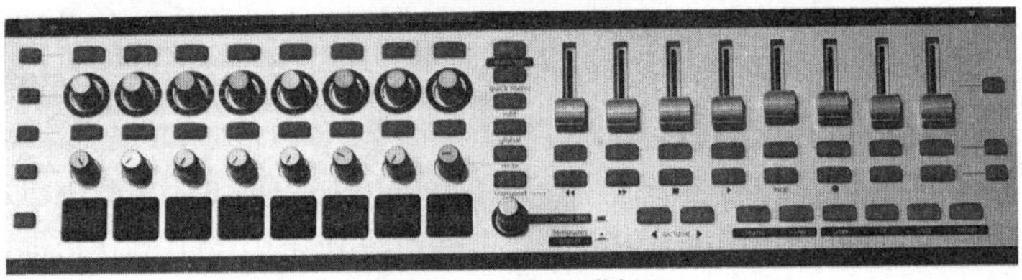

Buttons, pads e sliders

Diversos tipos de controladores

Não é necessário que o tecladista decore os IDs dos *Control Changes* para extrair o máximo do seu instrumento. Contudo, para trabalhar com sequenciamento é necessário ao menos conhecê-los de forma a editá-los numericamente no *Event List* (lista de eventos) dos softwares sequenciadores. É mais prático fazer uma entrada ou modificação de pedal de *sustain* por números no *Event List* do que sequenciar novamente acionando o respectivo pedal.

Os principais *Control Changes* são:

Bank Select - selecionador de banco de memória. *Continuous Controller 00.* Possibilita acessar além de 128 programas nos aparelhos MIDI. Essa mensagem apenas seleciona um banco da memória do teclado, onde vários programas estão alocados. Por sua vez, os programas são acionados pela mensagem de *Program Change.*

Modulation - modulação. *Continuous Controller 01.* Pode ser entrado a partir de controladores manuais como *wheel, lever* e *aftertouch* direcionados para essa função. Normalmente é utilizado para adicionar vibrato atuando no LFO do instrumento ou para abrir a filtragem.

Breath Controller - controlador bocal. *Continuous Controller 02.* É acionado por intermédio de um bocal conectado à entrada de *Breath Control* de alguns teclados *vintage* ou por um dispositivo próprio dos instrumentos *Wind MIDI* (controlado pela emissão de ar e embocadura). A graduação da emissão de ar provoca mudanças na função à qual o *Breath Control* esteja endereçado (vibrato, abertura de filtro, volume etc.).

Portamento Time – tempo de portamento. *Continuous Controller 05.* Normalmente acionado por um botão deslizante (*slider*) no painel do instrumento. Regula o tempo de portamento entre uma nota e outra quando o *Switch 65* (Portamento) está ligado.

Main Volume – volume principal. *Continuous Controller 07.* Um dos controladores mais importantes. Regula o volume geral de um instrumento MIDI que esteja respondendo a uma sequência ou o de um teclado *slave* que esteja conectado a um *master.* Esse controle pode ser enviado pelo *master* através de *data sliders* (botões deslizantes) ou pedais específicos, regulados para atuar no *Controller 07.* Nos sequenciadores, o volume pode ser aplicado por intermédio de envelopes. É bom lembrar que o Controle 07 não atua a partir do botão de volume de muitos teclados que têm sons internos.

> Na criação de *MIDIFiles* é recomendável entrar numericamente esse controle na *Event List* do software sequenciador de forma a garantir que qualquer tocador de *MIDIFiles* (celulares, jogos, *media players* etc.) execute os volumes como programado.

Balance – balanço. *Continuous Controller 08.* Usado para variar os níveis entre as duas fontes sonoras de um *patch* formado por dois *tones* sobrepostos em estéreo. Quando utilizado em um efeito do tipo eco, pode regular a graduação entre a quantidade do efeito e da fonte sonora.

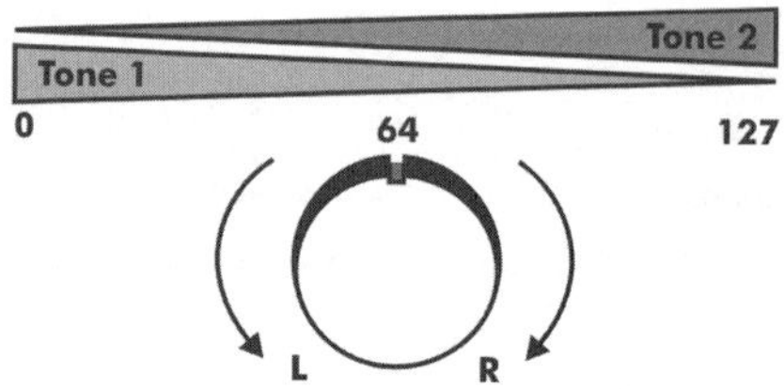

Esquema de controlador do balanço entre dois tones de um patch

Pan – panorâmico. *Continuous Controller 10.* Regula em que localização do panorâmico (esquerda, centro ou direita) ficará o som de um programa mono. Pode ser entrado a partir de *slider* dos teclados ou de envelope no software sequenciador.

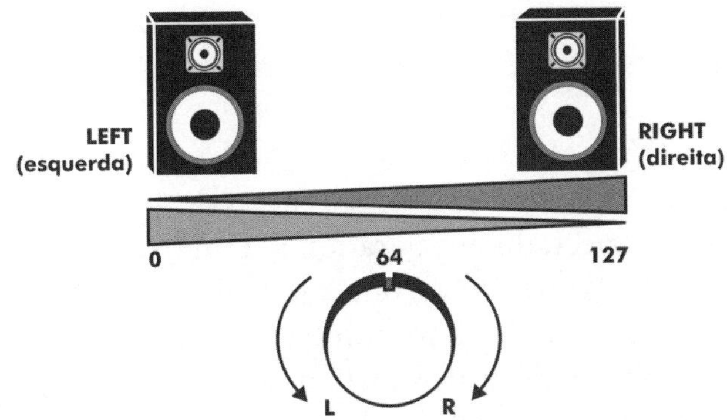

Controlador de panorâmico

Sustain Pedal – pedal de *sustain. Switch Controller 64.* Também denominado de *Hold1.* Pode ser entrado por intermédio do pedal de *sustain* quando abaixado e levantado ou na *Event List* dos sequenciadores. Sustenta a duração das notas executadas até que pare de soar naturalmente, idêntico ao pedal de *sustain* do piano acústico. Constantemente é necessário editar esse controlador na *Event List*, já que, às vezes, fica soando ao se parar o sequenciador antes de levantar o pedal. Nesse caso, basta entrar com o Controlador 64 e atribuir-lhe o valor 0.

Non-Registered (NRPN)* e *Registered Parameters (RPN) – parâmetros não registrados e registrados. *Continuous Controllers 98* a *101.* Ao contrário dos demais controladores de 14bits que incrementam as possibilidades de controlar um determinado parâmetro de um sintetizador, os NRPNs e RPNs combinam três comandos em um total de 9 bytes, o que possibilita aumentar o número de parâmetros a serem controlados ao mesmo tempo por intermédio de *data sliders.* Embora ainda não tenham sido adotadas por diversos fabricantes de aparelhos MIDI, as possibilidades de utilização de NRPNs e RPNs estão sendo implantadas para controlar: sensibilidade do *Pitch Bend* no nível de 1/100 de semitom, *Fine Tuning* (afinação no nível de 1/8192 de um semitom), *Coarse Tuning* (afinação por semitons de 64 a + 64), entre outras.

Os controladores de 120 a 127 são separados na categoria de *Channel Mode Messages*, por terem funções muito específicas:

All Sound Off – desliga todos os sons. *Controller* 120. Faz com que o aparelho desligue todas as suas notas imediatamente e force o volume das vozes para 0, cortando o som completamente, pois as sustentações também param de soar. No caso de efeitos, corta a continuidade do *reverb* ou do *delay* sem desligar o efeito em si.

Reset all Controllers – reinicia todos os controladores. *Controller* 121. Essa mensagem reinicia todos os controladores do canal assinalado para a condição *default* (valor básico) do aparelho antes de ser ligado.

Local Control On/Off - controle local. *Controller* 122. Determina quando o teclado de um sintetizador aciona seus circuitos de geração de som. Na posição *On*, o teclado é conectado aos geradores. Embora os circuitos geradores de um instrumento possam ser desconectados de seu teclado (*Local Off*), os mesmos continuam capacitados a responder às mensagens de MIDI que chegam de sequenciadores ou de outros instrumentos. Em um *setup*, essa função é muito importante, pois possibilita que o teclado *master* mande mensagens para outros teclados ou para o computador, sem acionar seu som interno evitando, assim, duplicação de sons.

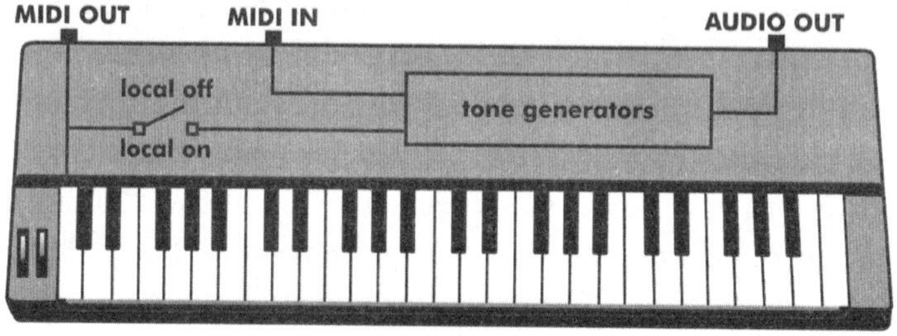

Esquema de Local On/Off

All Notes Off - desliga todas as notas. *Controller* 123. Essa mensagem desliga as 128 notas em caso de emergência, como notas que ficam soando indefinidamente. Às vezes, um *note on* é recebido por um módulo e o *note off* subsequente, por alguma razão, é ignorado. Nesse caso, a nota fica soando até que seja enviado um *note off* a partir da mesma nota. Como em um *setup* complexo é difícil localizar o módulo e a nota que disparou, usa-se o *Panic Button* ou *Reset*, comum nos sequenciadores e *MIDI Patchers* para que todas as notas sejam desligadas.

Os quatro últimos *controllers* (124 a 127) definem a forma como os aparelhos reagem às mensagens de MIDI em termos de polifonia e de separação de canais. Esses *controllers* podem ser reguladas no próprio instrumento para apresentações ao vivo sem computador ou no software sequenciador quando se necessita mudanças de modo automatizadas. Para apresentações com teclados e computador, pode-se sequenciar apenas mensagens de mudança de modo, de forma que se possa cambiar a finalidade de cada aparelho para cada música. Essa mudança pode, inclusive, ser registrada no final de uma música sequenciada, de forma que os aparelhos sejam programados para a próxima que será tocada manualmente.

Devido a sua extrema importância, esses quatro modos acessíveis via controladores (*Omni Mode Off*, *Omni Mode On*, *Mono Mode On*, *Poly Mode On*) foram descritos sob o título Modos (pág. 74), incluindo detalhes de suas utilizações.

TABELA DOS *CONTROL CHANGES*			
ID#	**Control Change**	**Values**	**Função**
00	Bank Select	0 a 127	Seleção de banco de programa
01	Modulation Wheel	0 a 127	Controlador de modulação
02	Breath Controller	0 a 127	Controlador bocal
04	Foot Controller	0 a 127	Pedal de expressão
05	Portamento Time	0 a 127	Tempo de portamento
06	Data Entry MSB	0 a 127	Incrementador de entrada de dados
07	Channel Volume	0 a 127	Volume do canal
08	Balance	0 a 127	Balanço
10	Pan	0 a 127	Panorâmico
11	Expression Controller	0 a 127	Controlador de expressão (com pedal)
12	Effect Control 1	0 a 127	Controle de efeito 1 via *slider*
13	Effect Control 2	0 a 127	Controle de efeito 2 via *slider*
16	General Purpose 1	0 a 127	Finalidades diversas 1
17	General Purpose 2	0 a 127	Finalidades diversas 2
18	General Purpose 3	0 a 127	Finalidades diversas 3
19	General Purpose 4	0 a 127	Finalidades diversas 4
32-63	Least Sig. Bits, Cont. 00-31	0 a 127	LSB dos controladores de 00 a 31
64	Sustain Pedal	<63 off, >64 on	Pedal de *sustain <63 desl, >64 lig.*
65	Portamento On/Off	<63 off, >64 on	Liga/desliga portamento *<63 desl, >64 lig.*
66	Sustenuto On/Offl	<63 off, >64 on	Pedal de *sustenuto <63 desl, >64 lig.*
67	Soft Pedal On/Off	<63 off, >64 on	Pedal de *una corda <63 desl, >64 lig.*
68	Legato Footswitch	<63 Nor, >64 Leg	Pedal de *legato <63 normal, >64 leg.*
69	Hold 2	<63 off, >64 on	*Sustain* 2 *<63 desl, >64 lig.*
70	Sound Variation	0 a 127	Variação sonora LSB
71	Harmonic Content	0 a 127	Incrementador de timbre

TABELA DOS *CONTROL CHANGES* - continuação			
72	Release Time	0 a 127	Duração do *release*
73	Attack Time	0 a 127	Duração do *attack*
74	Brightness	0 a 127	Brilho (abertura do filtro)
80	General Purpose 5	0 ou 127	Finalidades diversas 5
81	General Purpose 6	0 ou 127	Finalidades diversas 6
82	General Purpose 7	0 ou 127	Finalidades diversas 7
83	General Purpose 8	0 ou 127	Finalidades diversas 8
84	Portamento Control	0 a 127	Controle do portamento (início)
91	Effect 1 Depth	0 a 127	Profundidade do efeito 1 (*reverb*)
92	Tremolo Depth	0 a 127	Profundidade do trêmulo
93	Chorus Depth	0 a 127	Profundidade do *chorus*
94	Celeste Depth	0 a 127	Profundidade do efeito *celeste*
95	Phase Depth	0 a 127	Profundidade do *phaser*
96	Data Increment	N/A	Acréscimo por botão + ou *yes*
97	Data Decrement	N/A	Diminuição por botão – ou *no*
98	Non-Reg. Parameters MSB	0 a 127	Parâmetros não-registrados MSB
99	Non-Reg. Parameters LSB	0 a 127	Parâmetros não-registrados LSB
100	Registered Parameter MSB	0 a 127	Parâmetros registrados MSB
101	Registered Parameter LSB	0 a 127	Parâmetros registrados LSB
120	All Sound Off	0	Desliga todos os sons
121	Reset All Controllers	0	Reinicializa todos os controles
122	Local Control On/Off	0 ou 127	Controle local do teclado desliga/liga
123	All Notes Off	0	Desliga todas as notas
124	Omni Mode Off	0	Modo Omni desligado
125	Omni Mode On	0	Modo Omni ligado
126	Mono Mode On	0 a 16; 0 = Omni Off	Modo Mono ligado
127	Poly Mode On	0	Modo Poly ligado

System Messages

São mensagens globais de sistema transmitidas e recebidas por qualquer aparelho MIDI. Independentemente do canal em que qualquer equipamento esteja operando, sempre receberá e enviará *System Messages*, que são divididas nos três tipos descritos a seguir.

System Exclusive

As mensagens de *System Exclusive* (*Sys-Ex*) proporcionam uma forma dos fabricantes e programadores de equipamentos MIDI transferirem dados particulares de cada instrumento para os demais aparelhos de um *setup*. Ao receber o início dessa mensagem, o aparelho MIDI lê o *ID Number* (número de identificação do fabricante) e determina se as mensagens subsequentes são relevantes. Dessa forma, aparelhos idênticos podem trocar programas e parâmetros internos.

Geralmente, são usadas para enviar e receber *bulk data dumps* (pacotes de informações contendo as características de programas) que não são definidos nas especificações. Fica a critério de cada fabricante incluir funções específicas e disponibilizar para os programadores o conjunto de códigos para que esses possam ter acesso aos parâmetros do aparelho. Essas mensagens tornam possíveis as transmissões de bancos de programas para o computador ou para um instrumento de mesma marca e modelo, via MIDI.

Utilizando-se um software editor de sons (específico ou genérico), é possível modificar os parâmetros de um *tone* por intermédio do computador e enviá-lo de volta ao instrumento. A vantagem nesse caso é a quantidade de parâmetros que podem ser vistos na tela do computador ao mesmo tempo, já que os *displays* dos instrumentos são muito pequenos. Pode-se ainda organizar os sons em novos bancos, categorias ou outros critérios, e guardá-los em HD ou, ainda, transmiti-los via *modem* para outros músicos que tenham equipamento idêntico.

Muitos teclados e equipamentos *vintage* não aceitam o *Sys-Ex Request* (requerimento de *Sys-Ex*), ou seja, não enviam seus dados quando requisitado por um instrumento remoto. Nesse caso, é necessário iniciar o envio manualmente, pressionando o botão de transferência de *Sys-Ex* no painel do instrumento principal.

Diversos softwares *editor/librarian* do tipo universal podem ser encontrados para as mais variadas plataformas. Alguns possibilitam editar os parâmetros de um determinado teclado sem a necessidade de sair do aplicativo sequenciador.

Além da possibilidade de se editar e transferir *tones* e *patches*, alguns equipamentos físicos e instrumentos virtuais suportam a modificação de seus parâmetros internos em tempo real via *Sys-Ex*, a partir de um teclado *master* que possua botões de comandos ou de uma superfície de controle.

Muitos softwares sequenciadores disponibilizam uma lista de teclados *master* que podem ser utilizados para acessar os parâmetros dos *synths* virtuais. Assim, basta escolher o modelo do *master* na lista e, automaticamente, seus botões passam a controlar diversos recursos importantes dos *synths* virtuais. Caso um determinado *master* não esteja apto para controlar os parâmetros de *Sys-Ex* do *synth*, é necessário habilitar o modo *learn* (aprender) do *synth* e endereçar os parâmetros para os seus botões.

Novas mensagens de *Sys-Ex* estão sendo adotadas pelos fabricantes: o *Universal System Exclusive*, que inclui *Sample Dump Standard* (*samplers* e softwares de sampleamento de diferentes fabricantes passam a trocar programas entre si) e o *MIDI Machine/MIDI Show Controls (MMC)*, que possibilita que o computador controle ou seja controlado por qualquer parte de um complexo que inclua *mixers*, gravadores de fita analógicos ou digitais, máquinas de vídeo, sistemas de iluminação etc.

System Common

São mensagens de sistema comuns a todos os aparelhos MIDI, independente do fabricante. Não possuem atribuições de canais de MIDI acopladas e controlam funções de sincronização e afinação geral dos instrumentos.

As aplicações práticas da sincronização entre equipamentos de áudio, vídeo, filme e sequenciadores são detalhadas no Capítulo 11 (pág. 241). O tema é aqui abordado por ser parte integrante das mensagens de *System Common* pertinentes às especificações de MIDI.

MIDI Time Code (MTC) – O *Time Code* de MIDI possibilita a sincronização entre sequenciadores (*workstations*, baterias eletrônicas, computadores etc.) e permite, ainda, a sincronização desses aparelhos com gravadores analógicos ou digitais de áudio e de vídeo por intermédio de conversores SMPTE/MTC.

A partir de 1995 passou-se a utilizar mais intensamente o computador para registrar todos os eventos de MIDI dispensando, assim, a sincronização entre baterias eletrônicas e sequenciadores dedicados. Atualmente, no campo da música, a sincronização entre equipamentos de sequenciamento através de MTC e SMPTE (ou até FSK) é uma necessidade apenas dos aficionados em música eletrônica retrô.

O MTC proporciona uma forma precisa de traduzir SMPTE *Time Code* em um código equivalente de MIDI. A mensagem de *Quarter Frame* é a guia do MTC: enquanto a fita do gravador rola, tendo o sinal de SMPTE gravado em um dos canais, essa mensagem é enviada quatro vezes por *frame* (quadro), ou seja, 120 vezes por segundo em sistemas de 30 *frames*.

SMPTE é o *Time Code* proposto pela *Society of Motion Picture and Television Engineers*. É um sinal de *sync* que permite acoplar gravadores analógicos a sequenciadores já que as informações de localização nele contidas são baseadas em tempo cronológico preciso. O sinal pode ser gravado em uma fita através de geradores de SMPTE ou, ainda, por intermédio de um CD que contenha esse sinal. A contagem de SMPTE é feita em horas, minutos, segundos e *frames*. Um *frame* é um simples quadro de filme e, em um segundo, podem estar contidos 24, 25 ou 30 quadros, dependendo do padrão adotado. Para que o sinal de SMPTE comande um sequenciador é necessário utilizar um conversor de SMPTE para MIDI. Ao rolar a fita do gravador analógico, o conversor encontra os números de tempo registrados e os envia para o sequenciador fazendo com que ambos "caminhem" perfeitamente juntos (veja o Capítulo 11).

Song Position Pointer (SPP) – localizador de posição na música. Permite que aparelhos estabeleçam a sincronização em qualquer posição da música. Essa mensagem proporciona uma referência de tempo não cronológico que é acrescentada uma vez a cada seis mensagens de MIDI *clocks* a partir do início da música. Logo, constantemente, o sequenciador é informado da localização traduzida em linguagem musical (compasso e andamento). Parando-se o gravador no meio da música e disparando-o novamente, o sequenciador seguirá do local indicado por meio do *Song Position Pointer*.

Song Select – selecionador de música. Mensagem que seleciona uma música específica de um sequenciador dedicado ou de uma bateria eletrônica. É reconhecida por intermédio de um *Song ID Number* (número de identificação da música). Após selecionada, a música começa a tocar e passa a ser controlada ao receber mensagens de *start* (começar), *continue* (continuar) e *stop* (parar).

Tune Request – requerimento de afinação. Mensagem que instrui os teclados e módulos a executar seus procedimentos de autoafinação, caso reconheçam esse recurso.

System Real-Time – mensagem de sistema em tempo real. Instrui todos os equipamentos baseados em tempo sobre quando iniciar, continuar ou parar.

Timing Clock – regulagem de tempo (por pulsos de sincronização). Também denominado MIDI *Sync*. Um byte é mandado 24 vezes por cada semínima (*quarter note*), ou seja, 24 *Pulses per Quarter Note (PPQ)*, variando sua frequência de acordo com o andamento. Dessa forma, o aparelho acoplado registra e adota o mesmo andamento enviado pelo *master*.

Start, Stop, Continue - começar, parar, continuar. O *Start* instrui o aparelho acoplado a executar a música do início. O *Stop* é a instrução para parar de tocar. O *Continue* funciona conjugado com o *Song Position Pointer* para que o aparelho continue a tocar a música a partir do local que foi instruído.

Interfaces de MIDI

A interface de MIDI é um dispositivo que passa informações do instrumento transmissor para o computador e deste para os receptores que podem ser físicos ou virtuais. A saída de MIDI do transmissor é conectada na entrada de MIDI da interface e a saída de MIDI da interface é ligada à entrada de MIDI do primeiro receptor da cadeia. Ao se tocar no instrumento *master*, o software de sequenciamento do computador recebe as respectivas informações e as registra. Simultaneamente, repassa-as para os instrumentos externos que estiverem conectados à saída de MIDI da interface.

Em se tratando de instrumentos virtuais, o processo é semelhante. Contudo, o que responde são os *soft synths*. O nome do *driver* da interface de MIDI aparece no campo *Input* das pistas do sequenciador que contêm *soft synths* inseridos. Por intermédio do *driver*, o instrumento transmissor é direcionado para a entrada do instrumento virtual e este responde a tudo que é executado.

As interfaces de MIDI são encontradas tanto no formato de placa (instalável em um dos *slots* internos PCI ou PCIe do computador) quanto no de *rack* ou de caixa *stand-alone* (a ser conectada na porta USB, Firewire ou Thunderbolt). Embora as placas-mãe ainda forneçam, no mínimo, um *slot* PCI e alguns PCIe, a preferência atual é pela porta USB. Uma das vantagens da interface USB é a sua portabilidade, a qual permite que um único dispositivo seja utilizado em vários computadores.

Além de possibilitar a comunicação de MIDI, muitas interfaces *stand-alone* possuem circuitos de *timing* (regulagem de tempo) para a sincronização do computador com diversos dispositivos externos baseados em sincronismo.

MIDI transfere e recebe dados em forma serial, ou seja, os bits são transmitidos um a um. Como o computador também usa formato de comunicação serial, a interface só necessita que ele transfira as informações na velocidade correta. Existe uma variedade imensa de interfaces de MIDI. Assim, a escolha do modelo correto depende da atividade musical que se vai exercer e do *setup* disponível.

Se o usuário vai trabalhar exclusivamente com instrumentos virtuais, a interface de MIDI é completamente dispensável: basta conectar um teclado *master* (mesmo sem sons internos) na entrada USB do computador e rodar os *soft synths* disponibilizados por qualquer software sequenciador ou ainda do tipo independente (*stand-alone* de computador). Como já foi dito, quando se instala um *soft synth*, normalmente a opção *stand-alone* virtual é oferecida.

Assim, o *synth* virtual aparece na tela independentemente de um *host* (sequenciador hospedeiro). A interface torna-se indispensável quando se deseja utilizar os sons internos de vários teclados e módulos ou ainda uma superfície de controle. Nesse caso é recomendável, inclusive, a inserção de um *MIDI Patcher* para facilitar as conexões. Já que os programas (sons) estão fora do computador é necessário um intermediário (interface) que passe as informações de MIDI dos teclados para o computador e deste para os geradores de som dos teclados e módulos. Por sua vez, os sons podem ser ouvidos diretamente através do sistema de amplificação ou direcionados à entrada de áudio do computador para serem registrados por um software gravador.

Alguns modelos de interface em formato de placa possuem até 2 *MIDI Ins* e 2 *MIDI Outs* para receber e acessar instrumentos externos. Os de caixa separada e de *rack* possuem até 8 *MIDI Ins* e 8 *MIDI Outs*. Outros atuam, inclusive, como poderosos conversores universais e suportam SMPTE, MTC, S-PDIF, AES/EBU, WorldClock, ADAT *sync* etc.

Interfaces de MIDI/Áudio

Todos os computadores atuais contêm o componente de áudio na placa-mãe. Contudo, a qualidade dos conversores não é suficiente para aplicações profissionais. Por isso é necessário adicionar uma interface de áudio ao sistema de gravação.

Já que muitas produções musicais exigem tanto gravação de áudio quanto sequenciamento MIDI, o mais conveniente é ter um sistema que contenha uma interface que desempenhe as duas funções. Na realidade, placas somente de MIDI (com *Game Port* – conector conjugado para *joystick*) são raras e, praticamente, perderam sua função com o advento dos sintetizadores e *samplers* virtuais. Além disso, os fabricantes das antigas placas exclusivamente de MIDI não disponibilizam *drivers* para os atuais sistemas operacionais. Portanto, a interface ideal é a de MIDI/Áudio (USB ou Firewire) que possua, também, entrada e saída de MIDI com conectores DIN. Dessa forma é possível conectar, facilmente, aparelhos MIDI *vintage*.

Interface de MIDI/Áudio (vista frontal e traseira)

Essas interfaces estão disponíveis no formato de placa, de *rack*, de caixa separada ou, ainda, embutidas nos modernos teclados *master*. A interface MIDI/Áudio é um dispositivo que desempenha as duas tarefas com extrema eficiência, sendo que o enfoque principal é para a parte de gravação de áudio, o qual demanda apurados circuitos AD/DA (Analógico para Digital/Digital para Analógico). Alguns modelos lidam com diversos formatos de sincronização e de transferência de dados, funcionando, também, como conversores universais. Deve-se optar por interfaces que proporcionem gravação nas maiores resoluções possíveis. Esse tipo de interface é descrito no item DAW em Computador (pág. 132).

Processadores de MIDI

Em um estúdio MIDI ou em show ao vivo muitos aparelhos podem atuar simultaneamente nas funções de *master* e *slave*. Essa versatilidade possibilita o comando e o acesso instantâneo a vários equipamentos, o que facilita imensamente a *performance* do músico. Mas essa filosofia de trabalho demanda alguns cuidados e, inevitavelmente, a adição de alguns periféricos extras, para que não sejam necessárias reprogramações e trocas de cabeamento constantemente.

A versatilidade total de um *setup* MIDI só é possível projetando-se, com antecedência, o que se deseja do equipamento, visando à máxima expansão das possibilidades de conexões e dos recursos. Aqui entram os processadores de MIDI que podem ser periféricos físicos montados em *racks*; caixas separadas; ou ainda, virtuais, como no caso de determinadas funções implantadas nos próprios softwares sequenciadores. Por intermédio dos processadores de MIDI, certas mensagens podem ser, inclusive, convertidas em outras propositadamente. Os periféricos e os softwares vêm solucionar problemas causados por diversas limitações, como a impossibilidade de se conectar equipamentos MIDI com cabo Y, as discrepâncias na interpretação de mensagens causadas pelas diferenças de projetos de vários fabricantes, a incompatibilidades de intensidades de *velocity* etc.

As caixas de processadores de MIDI foram muito utilizadas nas décadas de 1980 e 1990. Posteriormente, um periférico de *rack* passou a incorporar todas as funções disponibilizadas nas antigas caixas de processadores: o *MIDI Patchbay*.

MIDI Patchbay

Patchbay de MIDI ou *MIDI Patcher* (endereçador de MIDI). Independente da área de atuação a que se destina, um *setup* com vários aparelhos MIDI deve conter um *MIDI Patcher*. Esse periférico de *rack* agrega todas as funções dos processadores de MIDI. Os modelos mais sofisticados permitem, ainda, que se guarde em suas memórias, 99 programas das diversas disposições.

Oferecem duas funções muito importantes: a organização dos endereçamentos dos equipamentos de MIDI com seus respectivos cabos e o processamento de informações. Uma vez programado, o *MIDI Patchbay* elimina, definitivamente, a troca de cabos e dispensa as unidades processadoras separadas.

Possui várias entradas e saídas de MIDI, permitindo que os aparelhos conectados se tornem tanto *masters* quanto *slaves*. Duas entradas podem ser utilizadas simultaneamente (função *merge*) atingindo quantos *slaves* se desejar. Também, elimina a necessidade de se criar mapas de redirecionamento de programas nos teclados e aceita troca de seu próprio programa através do seu botão dianteiro ou a partir de um teclado remoto.

Quando se muda de programa em um teclado *master* que comanda o *patcher*, todos os aparelhos a ele conectados terão seus *patches* trocados automaticamente para os números que tiverem sido registrados no *patcher*. Por exemplo: ao pressionar o programa 1 no teclado, o *patcher* passa para o seu programa 1 que, internamente, pode estar programado para selecionar o programa 3 do módulo que está ligado na saída 2; o programa 90 do módulo da saída 3; e assim por diante. Logo, todos os equipamentos da cadeia podem mudar para programas predefinidos no *MIDI Patcher*.

> Programar o *MIDI Patchbay* não é tarefa das mais fáceis, principalmente levando-se em conta que constantemente troca-se de teclados e módulos ou amplia-se o *setup* à medida que novos aparelhos são lançados. O programador deve ter completo conhecimento de todas as peças do *setup* e saber quais disposições funcionam melhor para situações de estúdio e de show. Em estúdio, é necessário somente um *master*.
>
> Já no palco, dois *masters são* o mínimo para se alcançar maior versatilidade no sentido de acessar diferentes timbres instantaneamente no decorrer das músicas. Primeiramente, deve-se definir em qual entrada será conectado o teclado *master* principal (pois todos passam a ser *masters*) e por qual saída ele se comunicará com o computador. Primordial, também, é definir qual entrada do *patcher* o computador usará para enviar dados para todos os aparelhos. Um recurso muito útil do *patcher* para show é a possibilidade de fazer com que um teclado seja dividido em duas zonas, sendo que cada uma pode ser endereçada para saídas diferentes do *patcher*. Assim, um teclado *master* que não faça *split* passa a simulá-lo.

Como os teclados que estão ligados nas entradas do *patcher* são conectados diretamente aos teclados e módulos ligados em suas saídas, os atrasos de 0.6 milissegundos são eliminados, pois não é necessário usar nenhum *MIDI Thru*. A figura a seguir mostra um exemplo em que os aparelhos ligados nas entradas (*inputs*) podem executar os que estão conectados nas saídas (*outputs*).

O módulo da saída 5 deixa passar informações via *Thru*, expandindo a cadeia.

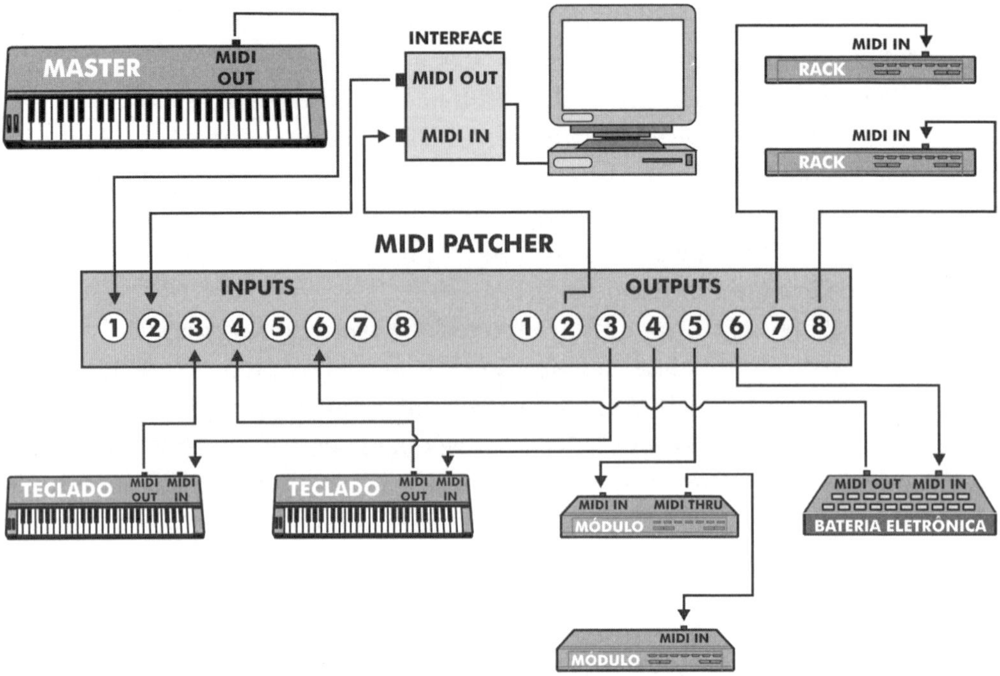

Exemplo de conexões com o MIDI Patchbay

Os *MIDI Patchers* mais sofisticados agregam diversos recursos dos processadores de MIDI detalhados a seguir:

MIDI Thru/Merge – passagem e fusor de MIDI. Um dos maiores problemas da fase inicial de MIDI era a falta de praticidade na hora de sequenciar utilizando-se, simultaneamente, dois teclados na função de *master*. A única solução envolvia troca de cabos, o que acarretava perda de tempo: sequenciava-se usando o teclado A ligando-se o seu *MIDI Out* no *MIDI In* do sequenciador. Para sequenciar a partir do B, tirava-se o cabo do A e inseria-se no *MIDI Out* do B. Felizmente, logo surgiram as caixas de *MIDI Merge* que possuíam dois *MIDI Ins* e um ou mais *Outs*, possibilitando que dois teclados enviassem mensagens ao mesmo tempo. Alguns modelos, posteriormente, passaram a oferecer recursos de *merge* e *thru* em um único periférico dispensando, consequentemente, muitas trocas de cabos. No *MIDI Patchbay* é possível fundir dois *masters* e o *MIDI Thru* torna-se desnecessário. Atualmente, o computador aceita dois ou mais *masters* conectados em portas USB distintas.

MIDI Filtering – filtro de mensagens de MIDI. Permite que uma ou várias mensagens de MIDI sejam aceitas ou rejeitadas. Trata-se de um filtro que deixa passar ou bloqueia mensagens, tais como *velocity*, *program change*, *modulation* e *Sys-Ex* nos canais assinalados.

MIDI Mapping – mapeador de mensagens de MIDI. Semelhante ao anterior, mas, em vez de filtrar mensagens, redireciona-as para outras. Dessa forma, um determinado *Continuous Controller* pode ser endereçado para outro em tempo real. É mais aplicado em shows para redirecionar ou regular canais de MIDI, trocas de programas, transposição de notas, curvas de *velocity*, arpejadores e controladores. O *MIDI Patcher* guarda os redirecionamentos na memória interna.

Channel Filter – filtro de canal. Isola todas as informações pertinentes a um único canal de MIDI e deixa passar adiante as informações dos demais. No princípio de MIDI, alguns teclados só recebiam em *Omni Mode* (todos os canais ao mesmo tempo) o que os tornava inúteis em um *setup* com sequenciador, já que não tocavam exclusivamente informações de uma pista com um canal específico. Utilizando o *Channel Filter*, esses teclados passam a executar somente as informações de um determinado canal.

Transpose – transpor. Permite programar mudança de afinação dos periféricos conectados.

Split – dividir. Permite que o teclado *master* atinja dois sons (mesmo de teclados diferentes) a partir de duas regiões distintas. O *MIDI Patcher* permite programar os alcances de cada região.

MIDIFile

Cada software sequenciador salva os arquivos sequenciados utilizando formatos e extensões próprias. Por isso não é possível abrir um arquivo produzido por um software diferente daquele no qual foi produzido. Para solucionar esse problema foi criado o *MIDIFile*: arquivo padrão de música produzida via MIDI que permite o intercâmbio de sequências entre softwares e computadores de diferentes fabricantes e plataformas.

O *MIDIFile* inclui todas as mensagens relativas à execução (notas, intensidades, durações, volume inicial etc.), assim como as de *Sys-Ex* e, ainda, as de *Meta-Events* (eventos extras – nome da pista, andamento e troca de compasso). Foi introduzido pela Opcode Systems, Inc. como formato padrão para Mac, permitindo que um arquivo salvo em um aplicativo pudesse ser transferido para outro, o que foi prontamente seguido pelos fabricantes de softwares para diversas plataformas. Basicamente, o formato proposto pela Opcode foi conservado em função de que um grande número de usuários já vinha utilizando-o. Várias sugestões foram incorporadas e alguns detalhes foram refeitos. Assim, o padrão passou a ser denominado *Standard MIDIFiles 1.1* ou SMF (oficializado pela MMA como parte das especificações de MIDI em 1988).

Para salvar uma música como *MIDIFile*, basta acessar, no software musical, o *Menu / File / Save As* ou *Export*. Na janela que se abre, escolhe-se a opção *MIDIFile* e digita-se o nome da música. No PC, o próprio software acrescenta a extensão MID. O Mac, geralmente, não atribui essa extensão. Para que um *MIDIFile* produzido no Mac seja executado no PC, basta renomeá-lo com a extensão MID.

A universalização do *MIDIFile* proporcionou o aparecimento de diversos aplicativos de programação de batidas de bateria (*drum patterns*), de composição algorítmica (*algorithmic composition*) e de bases de músicas para karaokê. Basta carregar um arquivo dessas modalidades em um software sequenciador e trabalhar a partir da base já programada. Atualmente, até as baterias virtuais disponibilizam batidas em MIDI que podem ser executadas clicando-se no *Play* (tocar) da própria bateria ou carregando-se a batida em uma pista de MIDI do software sequenciador. O *MIDIFile* permite, também, editorar uma partitura a partir de uma música sequenciada em MIDI, em vez de entrar cada nota no software editor de partituras. Para que o aplicativo de notação identifique corretamente a duração das notas sequenciadas, são necessárias algumas providências antes de criar o *MIDIFile*, como detalhado no tópico Entrada via *MIDIFiles* (pág. 284).

A transferência de *MIDIFiles* entre diferentes computadores pode ser feita via rede, *pendrive*, Internet, portas de comunicação etc. Dessa forma é possível, cada vez mais, utilizar softwares específicos para cada finalidade, em vez de aplicativos do tipo "tudo em um". Um *MIDIFile* pode ser produzido através de um sequenciador em um computador e editado por um software de notação musical em outro. Uma nova forma de trocar *MIDIFiles* entre aplicativos de um computador é através do *MIDI Clipboard* (armazenador temporário de informações MIDI) que utiliza as funções de *cut/copy/paste* (cortar/copiar/colar) para importar e exportar música sequenciada (como em processadores de texto).

MIDIFile também passou a suportar a inclusão de letras de músicas através do *Lyric Meta Events* (eventos extras de letra). Esses *Meta Events* utilizam o formato de caracteres ASCII para que a letra seja mostrada em softwares de notação musical e de karaokê.

Existem três tipos de *MIDIFiles*:

- ***MIDIFile* tipo 0** – todos os canais de MIDI são agregados em uma única pista, conservando internamente as informações pertinentes a cada instrumento. Dependendo do aplicativo que vai importar esse tipo, a sequência pode permanecer apenas em uma pista ou ser distribuída para várias.
- ***MIDIFile* tipo 1** – é o mais indicado. Todos os canais e pistas permanecem separados, mesmo que um instrumento esteja utilizando várias pistas com o mesmo canal de MIDI.

- ***MIDIFile* tipo 2** – para transmitir um número de sequências independentes ou *patterns* de bateria. É raramente utilizado e não é adotado por todos os softwares.

O formato mais recomendado para Internet ou para troca entre aplicativos é o *MIDIFile* tipo 1, sendo que os instrumentos devem estar na disposição de *General MIDI*. Salvando a música dessa forma, cada pista da sequência é conservada, o que facilita consideravelmente a continuidade do trabalho em outro aplicativo e a utilização imediata em karaokê.

Após produzir o *MIDIFile*, é recomendável ouvir o resultado no Media Player (Windows) ou no QuickTime (Mac). Praticamente todos os computadores possuem um gerador de instrumentos MIDI virtual instalado juntamente com o sistema operacional.

Já que o arquivo MIDI não é áudio, torna-se necessário um gerador de instrumentos MIDI para que o arranjo possa ser ouvido (teclado, módulo ou *synth* virtual). As instruções a respeito de quais instrumentos foram utilizados são parte do próprio *MIDIFile*, mas os sons dos instrumentos dependem do gerador de som. E para que os instrumentos fossem padronizados foi criado o GM (*General MIDI*), descrito na pág. 98.

Loops de MIDI

São pequenos trechos de dois a quatro compassos contendo sequenciamentos de levadas de bateria (*grooves*), acompanhamentos de baixo, de teclados etc.

A maioria desses *loops* é sequenciada por músicos tocando em instrumentos físicos (*pads* de bateria, baixo com conversor de MIDI e teclados MIDI/USB). Dessa forma, os *loops* soam muito reais. Para inserir um *loop* de MIDI em uma música que esteja sendo desenvolvida em um software sequenciador, basta importar o *MIDIFile* desejado para uma pista de MIDI que tenha um instrumento MIDI virtual (preferencialmente *sample-player*) inserido. Coloca-se o sequenciador para tocar e ouve-se o resultado do *loop* tocando através do *sample-player* virtual. Caso o som (programa) não seja o ideal, basta selecionar outro, no campo *Program* ou *Patch* do instrumento receptor.

Utilizar *loops* de MIDI em vez de áudio é uma ótima opção, já que MIDI possibilita mudança para qualquer andamento ou tonalidade. Além disso, o *loop* pode ser totalmente editado no *Piano Roll* do sequenciador. Por exemplo, se um contra-tempo está em colcheias, pode-se editá-lo para semicolcheias rapidamente.

Para que você consiga inserir rapidamente *loops* de MIDI nas pistas do sequenciador, basta localizar em que diretório do HD os arquivos estão instalados. Geralmente, são dispostos na pasta onde foi instalado o sequenciador. Faça uma busca pelos arquivos .MID e repare que os *loops* aparecem, inclusive, separados por categorias de instrumentos e de estilos musicais. Qualquer arquivo .MID pode ser inserido em uma pista de MIDI do sequenciador através do comando *Menu / File / Import / MIDIFile* (ou similar).

General MIDI

A criação do arquivo padrão para música sequenciada *MIDIFile* acabou com a incompatibilidade de exportação/importação entre diversos aplicativos. Contudo, devido à diversidade de sons dos teclados, dos módulos e dos *synths* virtuais, nada garantia que um determinado timbre (programa) soaria igual quando executado em outro aparelho. Por exemplo, um piano poderia soar como trombone quando executado em outro sistema. Isso porque a localização dos programas nas memórias dos instrumentos não coincidia.

Para solucionar esse problema, a MMA adotou, em 1988, uma padronização para que um arranjo de instrumentos criado em um equipamento fosse respeitado ao tocar em outro. Logo, foi criado o padrão *General MIDI Level 1* (GM) no qual todos os fabricantes de teclados, módulos, *synths* virtuais e placas de instrumentos disponibilizariam os programas uniformemente, ou seja, independente da tecnologia que gerasse o som (FM ou PCM), os programas deveriam ser dispostos nos locais estabelecidos pela convenção. Por exemplo: o programa de piano deveria estar no número 1 em qualquer aparelho. O *General MIDI* está diretamente ligado à multimídia e à Internet, pois assegura a compatibilidade dos arranjos produzidos.

Até os teclados fabricados para utilização profissional em estúdio ou em palco (que haviam baseado sua arquitetura em uma infindável gama de sons com numerações próprias) passaram a incluir um banco com instrumentos na disposição de GM.

Para que um teclado ou módulo que possua diversos bancos de programas, incluindo o de *General MIDI*, entre no modo GM é necessário habilitar essa função no próprio instrumento selecionando-se o banco apropriado. Por outro lado é possível forçar esses tipos de receptores a entrar no banco GM a partir de um sequenciador. Para tal, é necessário inserir, no sequenciador, a mensagem de *General MIDI On* no princípio da sequência através do comando *Insert / SysEx / GM On* (ou similar).

A seguinte tabela descreve os números dos programas de acordo com as especificações de *General MIDI* e devem ser adotados nas produções musicais para CD-ROM, Internet, karaokê e *games*, que serão executadas em diversos computadores de distintas plataformas.

MAPA DE PROGRAMAS DE GM

001 – Acoustic grand piano
002 – Bright acoustic piano
003 – Electric grand piano
004 – Honky-tonk piano
005 – Electric piano 1
006 – Electric piano 2
007 – Harpsichord
008 – Clavicord

009 – Celesta
010 – Glockenspiel
011 – Music box
012 – Vibraphone
013 – Marimba
014 – Xylophone
015 – Tubular bells
016 – Dulcimer

017 – Drawbar organ
018 – Percussive organ
019 – Rock organ
020 – Church organ
021 – Reed organ
022 – Accordion
023 – Harmonica
024 – Tango accordion

025 – Acoustic guitar (nylon)
026 – Acoustic guitar (steel)
027 – Electric guitar (jazz)
028 – Electric guitar (clean)
029 – Electric guitar (muted)
030 – Overdriven guitar
031 – Distortion guitar
032 – Guitar harmonics

033 – Acoustic bass
034 – Electric bass (finger)
035 – Electric bass (pick)
036 – Fretless bass
037 – Slap bass 1
038 – Slap bass 2
039 – Synth bass 1
040 – Synth bass 2

041 – Violin
042 – Viola
043 – Cello
044 – Contrabass
045 – Tremolo strings
046 – Pizzicato strings
047 – Orchestral harp
048 – Timpani

049 – String ensemble 1
050 – String ensemble 2
051 – Synth strings 1
052 – Synth strings 2
053 – Choir aahs
054 – Voice oohs
055 – Synth voice
056 – Orchestra hit

057 – Trumpet
058 – Trombone
059 – Tuba
060 – Muted trumpet
061 – French horn
062 – Brass section
063 – Synth brass 1
064 – Synth brass 2

MAPA DE PROGRAMAS DE GM – continuação

065 – Soprano sax
066 – Alto sax
067 – Tenor sax
068 – Baritone sax
069 – Oboe
070 – English horn
071 – Bassoon
072 – Clarinet

073 – Piccolo
074 – Flute
075 – Recorder
076 – Pan flute
077 – Blow bottle
078 – Shakuhachi
079 – Whistle
080 – Ocarina

081 – Lead 1 (square)
082 – Lead 2 (sawtooth)
083 – Lead 3 (calliope)
084 – Lead 4 (chiff)
085 – Lead 5 (charang)
086 – Lead 6 (voice)
087 – Lead 7 (fifths)
088 – Lead 8 (bass+lead)

089 – Pad 1 (new age)
090 – Pad 2 (warm)
091 – Pad 3 (polysynth)
092 – Pad 4 (choir)
093 – Pad 5 (bowed)
094 – Pad 6 (metalic)
095 – Pad 7 (halo)
096 – Pad 8 (sweep)

097 – FX 1 (rain)
098 – FX 2 (soundtrack)
099 – FX 3 (crystal)
100 – FX 4 (atmosphere)
101 – FX 5 (brightness)
102 – FX 6 (goblins)
103 – FX 7 (echoes)
104 – FX 8 (sci-fi)

105 – Sitar
106 – Banjo
107 – Shamisen
108 – Koto
109 – Kalimba
110 – Bagpipe
111 – Fiddle
112 – Shanai

113 – Tinkle bell
114 – Agogo
115 – Steel drums
116 – Woodblock
117 – Taiko drum
118 – Melodic tom
119 – Synth drum
120 – Reverse cymbal

121 – Guitar fret noise
122 – Breath noise
123 – Seashore
124 – Bird tweet
125 – Telephone ring
126 – Helicopter
127 – Applause
128 – Gunshot

Em relação às peças das baterias eletrônicas, cada fabricante adotava um número de MIDI diferente. Se, em um instrumento, o bumbo era sequenciado com a nota Dó (36), nada garantia que, ao executar o arquivo em outra bateria, o bumbo soaria correto. Na verdade, o mais comum era se ouvir a bateria com as peças completamente trocadas. Essas diferenças também foram corrigidas com a implantação de GM, que obriga os fabricantes a seguirem os números determinados para cada peça segundo a lista do *Percussion Key Map* (mapa de notas da percussão). O canal de MIDI 10 foi adotado como padrão para sequenciamento de bateria. Os números a seguir referem-se às notas de MIDI.

MAPA DE NOTAS DE PERCUSSÃO GM

035 - Acoustic bass drum
036 - Bass drum 1
037 - Side stick
038 - Acoustic snare
039 - Hand clapw
040 - Electric snare
041 - Low floor tom
042 - Closed hi-hat
043 - High floor tom
044 - Pedal hi-hat
045 - Low tom
046 - Open hi-hat
047 - Low mid tom
048 - Hi mid tom
049 - Crash cymbal
050 - High tom
051 - Ride cymbal 1
052 - Chinese cymbal
053 - Ride bell
054 - Tambourine
055 - Splash cymbal
056 - Cowbell
057 - Crash cymbal 2
058 - Vibraslap
059 - Ride cymbal 2
060 - Hi bongo
061 - Low bongo
062 - Mute hi conga
063 - Open hi conga
064 - Low conga
065 - High timbale
066 - Low timbale
067 - High agogo
068 - Low agogo
069 - Cabasa
070 - Maracas
071 - Short whistle
072 - Long whistle
073 - Short guiro
074 - Long guiro
075 - Claves
076 - Hi wood block
077 - Low wood block
078 - Mute cuica
079 - Open cuica
080 - Mute triangle
081 - Open triangle

Outros requisitos definidos pela convenção regulam a questão da expressividade. Segundo o GM, os equipamentos devem, ainda, suportar um mínimo de 24 vozes de polifonia; a atuação do *pitch bend* deve ser de dois semitons para baixo e para cima; o comando de *modulation* deve atuar no LFO para vibrato; é obrigatório oferecer *General MIDI System On/Off* (liga/desliga GM) que força um teclado que não é exclusivamente GM a entrar nesse modo.

A partir de 1999 foi adotado o *General MIDI Level* 2 que incorpora mais algumas regras de forma a corresponder às exigências dos usuários de MIDI: o número mínimo de vozes passou para 32 e foi acrescentado o *bank select* para acessar mais programas dos módulos (que devem passar a implementar bancos também). Foram instituídos os comandos de *Universal System Exclusive* que ampliaram os parâmetros de expressividade e afinação: *master fine tune* (ajuste fino da afinação), *reverb type* (tipo de reverberação), *reverb time* (tempo de reverberação) e *chorus type* (tipo de *chorus*), entre outros.

Por ocasião da introdução de GM, a Roland lançou o módulo multimídia SC-55 Sound Canvas, que seguia as especificações de GM, mas introduziam novas perspectivas que, inclusive, são agora adotadas. Trata-se do *GS Standard*, que utiliza acesso a vários bancos de programas e introduz a possibilidade de controlar os parâmetros de envelope, além de disponibilizar dois geradores de efeitos internos. Da mesma forma, a Yamaha implantou o XGM – *General MIDI Extension* (extensão de *General MIDI*) que também possibilita acessar vários bancos e parâmetros de envelope.

Em 1999 foi introduzido o DLS - *Downloadable Sounds Level 1* e, em 2006, o *Level 2.2*. A especificação DLS define os parâmetros para utilização da tecnologia *Wavetable* (sons baseados em *samples*) o qual passou a ser disponibilizada em diversas placas de instrumentos MIDI e, inclusive, no *chip* de instrumentos virtuais das placas-mãe. Essa é uma melhoria significativa relacionada à fidelidade dos instrumentos selecionados nos arranjos destinados a produções multimídia, Internet e dispositivos móveis. Já que esses *samples* são muito compactos, eles podem ser carregados para os dispositivos que executarão os *MIDIFiles*.

Caso seja do seu desejo configurar um computador apenas para reproduzir música de multimídia e da Internet, é desnecessário adquirir placas ou módulos extras. Os instrumentos MIDI que utilizam *Wavetable* atualmente são disponibilizados juntamente com os sistemas operacionais. Para que esses instrumentos sejam ouvidos, é necessário um componente de áudio que pode ser o que já é fornecido nas placas-mãe atuais. Esse componente permite ouvir, também, as músicas em formato de áudio digital (WAV, AIF, MP3, WMA etc.) incluindo CDs. Para tal, as saídas R e L devem ser conectadas às caixas de som multimídia.

Teclados e módulos sofisticados (próprios para produção de CD) podem perfeitamente ser utilizados para finalidades de multimídia, mas não é uma estratégia recomendável produzir música para multimídia ou Internet em equipamentos profissionais, pois o produto final será comercializado para o público que, provavelmente, ouvirá o trabalho em tocadores comuns de instrumentos MIDI e componentes comuns de áudio (veja o Capítulo 9).

CAPÍTULO 4

Sequenciadores

Os sequenciadores surgiram por ocasião da implantação dos microprocessadores nos instrumentos e periféricos musicais. Mesmo antes do advento de MIDI, vários fabricantes já produziam sequenciadores dedicados que se comunicavam com os teclados por intermédio de protocolos próprios para registrar notas e eventos. Basicamente, sequenciar consiste em tocar em um teclado enquanto um aparelho registra as informações relativas à execução em formato digital. Os sequenciadores guardam essas informações, de forma que estas possam ser enviadas de volta para os teclados e módulos que tocarão automaticamente o que foi executado.

O aparelho mais primitivo de sequenciamento é a bateria eletrônica. Inclusive, muitos órgãos e teclados caseiros da década de 1970 (ainda com geração de som analógico) já a incorporavam. As baterias embutidas executavam batidas previamente sequenciadas e permitiam, ainda, criar variações tocando-se nos seus botões. Em seguida, foram lançadas baterias no formato de pequenas caixas, como a analógica Dr. Rhythm (Boss) e, posteriormente, as que incorporavam sons sampleados em 8 bits como a Drumlator (Oberheim). O que proporcionava o registro da execução e a criação de batidas ordenadas já era o microprocessador embutido.

Os tecladistas foram os primeiros a enveredar nessa nova tecnologia que surgia, passando a programar baterias eletrônicas e sequenciadores. Contudo, já que a tecnologia dos *chips* é revolucionária, em alguns anos, todos os instrumentistas e produtores passaram a sequenciar com facilidade.

A partir de 1983 começaram a surgir baterias e sequenciadores dedicados incorporando a tecnologia de MIDI. Paralelamente eram lançados os primeiros computadores portáteis que já utilizavam interface e software de MIDI. Assim nascia um novo conceito de produção musical no qual esses aparelhos caminhavam em *sync* através de diversos *time codes*.

A diferença básica entre sequenciamento e gravação é que, no primeiro, somente informações binárias são registradas. O cabo de MIDI ou USB conduz as informações do teclado transmissor para o sequenciador. Já na gravação, o próprio som do instrumento é registrado em HD por intermédio de cabos normais ligados da saída de áudio do instrumento à entrada da interface digitalizadora. Logo, sequenciamento MIDI não é gravação de áudio.

As informações de MIDI registradas em um sequenciador descrevem exatamente os eventos relativos à execução feita no instrumento transmissor (notas, dinâmicas, durações, pedais etc.). Já que tais informações são arquivadas como números, podem ser modificadas matematicamente. Cada nota e seus respectivos parâmetros podem ser editados: afinação, localização no tempo, duração, intensidade e endereçamento. Simples compassos ou partes da música podem ser alocados em qualquer ponto da sequência, proporcionando uma forma rápida de se montar uma composição. Com a implantação do protocolo MIDI, a comunicação entre teclados, baterias eletrônicas e sequenciadores foi padronizada e os sequenciadores dedicados da era pré-MIDI caíram em desuso. Nesta publicação são priorizados os sequenciadores, divididos em três categorias descritas a seguir.

Sequenciadores dedicados

Foram muito utilizados antes da proliferação dos sequenciadores para computador. Atualmente, os que somente sequenciam são muito raros. Possuem formato de caixas *stand-alone* retangulares e podem ser acomodadas em mesas ou em cima de algum teclado. Os produzidos a partir de 1983 integravam *MIDI In*, *Out* e *Thru*, em que eram conectados os aparelhos MIDI.

Os modelos mais antigos tinham número muito limitado de pistas e agrupavam os dados de vários canais em apenas um, o que dificultava a edição dos eventos. Os da década de 1990 passaram a utilizar instrumentos sampleados e a sequenciar em canais separados. Mas eram muito limitados em termos de memória e utilizavam cartuchos ou disquetes que não são mais fabricados. Os *displays* de visualização tinham dimensões muito reduzidas e não era possível atualizar o software interno (ROM). Um exemplo de sequenciador dedicado atual é o MPC Renascence (Akai). Trata-se do MPC *vintage*, adaptado para a era das DAWs. Além de sequenciador, possui 7GB de instrumentos internos, conecta-se ao computador para maior expansão e controle, e grava áudio até 24bit/96kHz.

Sequenciador dedicado Akai

Workstations

Workstations (estações de trabalho) são teclados equipados com sequenciador e centenas de instrumentos internos em PCM de alta resolução para responder, de forma multitimbral, aos eventos sequenciados em até 128 pistas de MIDI. O sequenciador interno pode, ainda, ter suas pistas direcionadas para teclados e módulos externos de uma cadeia de instrumentos MIDI físicos e virtuais. Algumas *Workstations* disponibilizam, ainda, 24 pistas de gravação digital através de entradas de áudio P-10 e XLR (instrumento e microfone) e suportam mouse USB. Assim, um arranjo inteiro contendo vários instrumentos pode ser sequenciado, gravado, mixado e reproduzido em um único aparelho. Como pode ser observado, as *Workstations* são centrais de produção do tipo "tudo em um", a exemplo do Fantom-G (Roland) que possui 88 teclas e quatro saídas de áudio.

Workstation de sequenciamento não deve ser confundida com DAW - *Digital Audio Workstation* (estação de trabalho de áudio digital), que é um sistema integrado de gravação e edição de áudio digital baseado em computador o qual pode incluir, ainda, sequenciamento.

A opção de utilizar *Workstations* para produzir música está diretamente ligada à área de atuação do músico, uma vez que esses teclados possuem algumas limitações se comparados com os computadores. Um dos maiores problemas é o reduzido tamanho do *display* LCD que mostra as funções disponíveis e a baixa resolução de sequenciamento (em torno de 480 PPQ). Comumente é necessário "virar páginas" (apertar muitos botões) até se chegar a um determinado parâmetro para edição. Por outro lado, utilizando softwares sequenciadores instalados no computador bastam apenas alguns cliques com o mouse.

Workstation Fantom G7 (Roland)

Como os *displays* das *Workstations* dificultam a "navegação", é uma boa medida sequenciar em um computador e, posteriormente, passar todas as pistas para a *Workstation* por intermédio de *pendrive* ou do cabo MIDI/USB. Isso evita a necessidade de deslocar o computador, os teclados e os módulos para os shows. Nesse caso, é necessário observar as limitações do sequenciador da *Workstation* para que todas as notas sequenciadas no computador sejam igualmente reproduzidas.

Computadores

Representam o meio ideal para sequenciamento devido à expansibilidade da memória RAM, velocidade de processamento, facilidade de arquivamento dos trabalhos em *hard disk* e ao amplo acesso visual a todos os recursos disponíveis nos softwares por intermédio do monitor. Além disso, permitem regular cores para cada campo e função e realizar atualizações periódicas dos softwares através da Internet.

Para transformar o computador em um poderoso sequenciador, além da instalação de software específico, é necessário acoplar uma interface de MIDI que pode ser em formato de placa (inserida em um dos *slots),* de *rack* ou de caixa separada (ligada à porta MIDI, USB, Thunderbolt ou Firewire). Atualmente, os softwares de sequenciamento também gravam áudio. Para utilizar todos os recursos desses softwares conjugados é necessário que o computador tenha uma interface de MIDI/Áudio instalada.

Computadores *desktop* são mais recomendados para estúdios caseiros, médios e de grande porte. *Notebooks* e *laptops* que possuem dimensões reduzidas são melhores para shows e gravações externas. Devido à sua mobilidade e por razões econômicas, muitos profissionais utilizam apenas um *notebook* tanto em estúdio quanto em shows. Em termos de potencial, os *notebooks* atuais não deixam nada a desejar em relação aos *desktops*, contudo, o reduzido tamanho do monitor é um inconveniente. Para solucionar esse problema é recomendável ter um monitor extra de, no mínimo, 21" e acoplá-lo ao *notebook* sempre que possível.

Computador com a interface MIDI/Áudio Octa Capture à esquerda

Recursos dos sequenciadores

Independentemente do formato (*workstation* ou computador), os sequenciadores oferecem, em maior ou em menor grau, diversos recursos que possibilitam ao músico registrar os dados de suas composições, arranjos e orquestrações. O computador é a ferramenta que possibilita o sequenciamento de maneira imediata e amigável. Por conseguinte, nesta publicação, essa parte é predominantemente voltada para o detalhamento dos softwares sequenciadores para computador.

Os recursos aqui descritos devem ser testados para que o trabalho diário seja agilizado. Alguns tópicos são tratados por intermédio de números, o que, no início, pode gerar dúvidas, mas com o tempo, passam a ser facilmente identificados e dominados. O passo a passo para a aplicação desses recursos na tarefa de compor, sequenciar, arranjar e orquestrar, inclusive conjugando MIDI e áudio no computador, encontra-se descrito no Capítulo 6.

Os sequenciadores possibilitam registrar informações em pistas de MIDI perfeitamente sincronizadas entre si, podendo-se, posteriormente, modificar diversas características, tais como: a altura, a duração e o local das notas. Cada nota executada é alocada em até 1024 ppq – *pulses per quarter note* (pulsos por semínima). O número de pulsações em que o sequenciador "sente" as informações que estão chegando é o que define a resolução do sequenciamento que pode variar entre 24 ppq (nos sequenciadores antigos) e 1024 ppq (nos mais atuais).

Nos softwares atuais, o número de pistas disponíveis para sequenciamento é ilimitado, o que possibilita a criação de arranjos orquestrais complexos. A representação da execução de cada instrumento é facilmente reconhecível e editável por meio das barras do *Piano Roll* (visor tipo rolo de pianola) ou das notas musicais no *Staff View* (visor de partitura). É importante observar que a arquitetura de MIDI determina a limitação de 16 canais por cada conector de *MIDI Out*. Logo, para se utilizar maior número de canais em instrumentos externos, é necessário instalar interfaces que possuam mais *MIDI Outs*.

> Após instalar o software de sequenciamento no computador, o primeiro passo é escolher os dispositivos de MIDI que deverão operar para *MIDI In* e *MIDI Out*, de acordo com os *drivers* que foram instalados. No *Menu / Settings / MIDI Devices* do sequenciador encontram-se disponíveis todas as opções de entrada e de saída detectadas na instalação. Por exemplo, se você utiliza uma interface de MIDI/Áudio para receber informações de um piano digital e, além disso, a porta USB do computador para conectar um teclado *master* USB, no *MIDI Devices* do sequenciador aparecerão todas as entradas e saídas relativas aos dois aparelhos.

A seguir são detalhados os recursos comuns a todos os softwares sequenciadores. Já que estes, atualmente, possibilitam gravação conjugada, nessa parte, a gravação de áudio é também abordada (de forma básica). Os detalhes específicos de gravação de áudio encontram-se no tópico Gravação Digital (pág. 128).

Main Page

Página Principal. É onde estão dispostas as funções para o sequenciamento. Nos softwares sequenciadores é a primeira página que aparece na tela. A localização e a quantidade de recursos disponibilizados variam de acordo com o fabricante, sendo que os softwares mais avançados permitem que o usuário construa e salve *layouts* (disposições) e configurações de acordo com suas preferências e necessidades, juntamente com cada música. Isso possibilita que a área principal de trabalho não fique saturada com janelas não utilizadas em determinados projetos. Geralmente, pode-se também acessar o conteúdo disposto na Página Principal através das funções do *menu bar* (barra de menu), detalhada mais adiante.

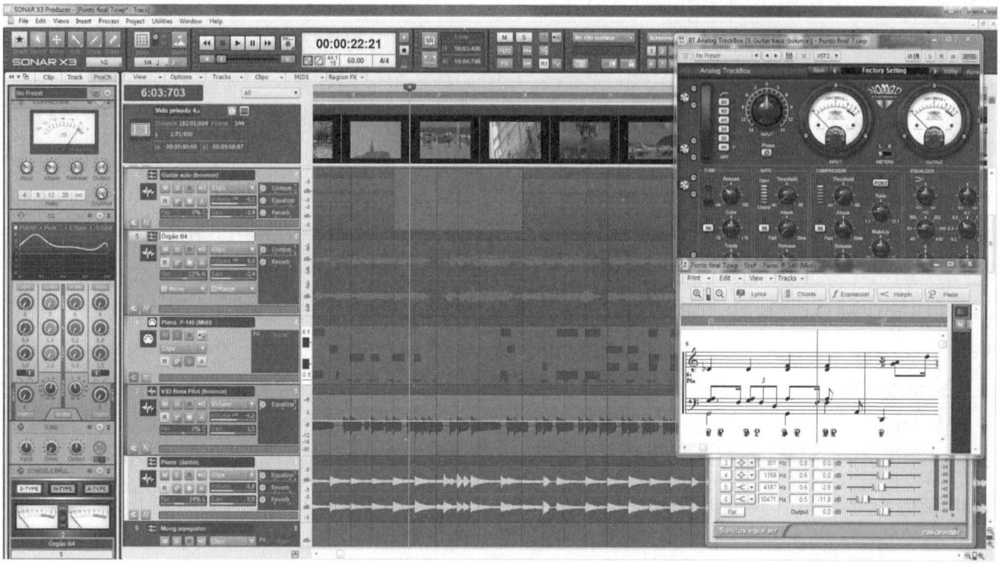

Imagem típica da página principal do software de MIDI/Áudio

Transport Buttons

Botões de transporte. Dispostos de forma similar aos botões de um gravador, possibilitam tocar (*Play*), gravar (*Rec, Record*), parar (*Stop*), avançar rapidamente (*Forw, Fast Forward*) e retroceder rapidamente (*Rew, Rewind*). Encontram-se, ainda nessa área, os botões para "pular" (acessar diretamente determinados compassos, divisões ou locais previamente marcados) e *looping* (repetição) de determinada seção da música.

Tempo

Controle para determinar o andamento da música. Nessa mesma janela, vários softwares possibilitam entrar com modificações de andamento durante a música, podendo ser acopladas a compassos, subdivisões de compasso ou à localização em horas, minutos, segundos e *frames* (no caso de ter selecionado SMPTE como unidade de localização). Mudanças feitas na janela de tempo são refletidas, também, na janela de *tempo view* (visor de mapeamento de tempo), que fornece as mesmas informações em forma de gráfico, em vez de números. O gráfico de tempo facilita as edições de *accelerandos*, *ralentandos* e mudanças de andamento no decorrer da música.

Meter

Medidor de unidade de tempo/compasso. É onde se define o compasso de início da música (2/4, 3/4, 4/4 etc.). Na maioria dos softwares, quando se deseja entrar com uma modificação de compasso no decorrer da música, é necessário acessar a função *edit meter* (editor de unidade de tempo/compasso).

Key

Tom. Para registrar a tonalidade do início da música de forma global sem afetar ou transpor as notas. Esse recurso é utilizado apenas para definir a tonalidade para o *staff view* (visualizador de partitura) de forma que as notas do sequenciamento sejam mostradas e impressas com a armadura de clave correta. Para mudar efetivamente a tonalidade de uma ou mais pistas, usa-se o *transpose* (transposição).

Time

Duração, tempo. Mostra a duração e a localização da música com referência ao tempo e aos compassos decorridos. Quando o *time* está regulado para monitorar baseado em SMPTE, o visor numérico mostra a localização em horas, minutos, segundos e *frames*.

Track Number/Name/Channel/Patch

Número da pista/nome atribuído/canal de MIDI/programa de início. Localizados à esquerda dos softwares. A altura e a largura das pistas podem ser reguladas de acordo com a necessidade de visualização.

Os *track numbers* são números de identificação das pistas onde as execuções são sequenciadas. Esses números são referenciais e, por isso, imutáveis. O campo *name* é de dimensões ajustáveis para acomodar qualquer nome que se queira escrever. Por exemplo: se na pista 1 será sequenciado o baixo, pode-se anotar "Baixo Acústico". Dessa forma, torna-se mais fácil identificar os instrumentos quando são usadas muitas pistas.

Channel é onde se define em que canal de MIDI a pista será conectada. Esse é um dos itens mais importantes em sequenciamento. Supondo que o Baixo do *Sampler* esteja habilitado para receber no canal de MIDI número 1, no sequenciador digita-se o mesmo número de forma que a pista atinja o programa correto.

O *patch* é entrado diretamente por números ou através de um menu de instrumentos que se abre ao clicar nesse campo com o mouse. O número deve corresponder ao programa que se deseja atingir no módulo MIDI ou no instrumento virtual. Por exemplo: se o Baixo Acústico do *Sampler* é o programa número 80, então basta que seja digitado ou selecionado esse número. Por outro lado, um programa de um determinado módulo da cadeia pode ser selecionado clicando-se duas vezes no campo *patch*. Abre-se uma janela onde estão listados todos os programas do aparelho direcionado para a pista e canal de MIDI em questão. Esse assunto é detalhado nos itens Composição, Sequenciamento, Arranjo e Orquestração (Capítulo 6).

Track Volume/Pan/Port

Em cada pista informa-se o volume inicial, a posição de panorâmico e a porta de saída a qual pode ser física (instrumento MIDI externo) ou virtual (*soft synth* interno). Essas opções ficam arquivadas juntamente com a sequência. Toda vez que a música é tocada, as mensagens de volume e panorâmico são enviadas instantaneamente para os receptores, o que faz com que assumam as regulagens marcadas.

> No caso da sequência ser produzida para tocar em diferentes aplicativos é mais seguro informar o volume e o panorâmico diretamente na *Event List* do aplicativo. Ocorre que alguns softwares sequenciadores e tocadores de mídia não interpretam corretamente os valores informados nos campos *Track Volume* e *Pan* da Página Principal do sequenciador.

O número do *port* ou do *output* da pista de MIDI deve ser modificado apenas quando a interface de MIDI possuir mais do que uma saída ou no caso de existir instrumentos virtuais inseridos na sequência.

Track Mute/Solo/Rec

Desligar/solar/gravar em uma pista. Geralmente são disponibilizados com ícones simulando botões de gravador analógico. O *track mute* (mudo) interrompe a audibilidade do som da pista. O *solo* faz com que somente a pista marcada se torne audível e o *rec* coloca o sequenciador para registrar mensagens de MIDI ou gravar áudio.

Track Source (MIDI/Audio)

Fonte da pista (MIDI ou áudio). Permite selecionar e inserir pistas de MIDI ou de áudio. Geralmente, ao se carregar o software, automaticamente já é lançado um arquivo padrão contendo algumas pistas de MIDI e de áudio. Para inserir mais pistas é necessário selecionar a opção *Menu / Insert MIDI Track* (inserir pista de MIDI) ou *Insert Audio Track* (inserir pista de áudio).

As pistas de MIDI podem ser endereçadas para os dispositivos físicos externos de MIDI ou para instrumentos virtuais que tenham sido inseridos (VSTi, DXi) ou acoplados (Rewire) ao projeto clicando-se no campo *Out* da pista. Já as pistas de áudio disponibilizam no campo *Out*, as saídas de áudio que a interface oferece.

No campo *Input* das pistas de MIDI seleciona-se qual porta de entrada será utilizada para sequenciar (*MIDI In*, USB ou ambas). No *Input* de áudio marca-se qual entrada da interface de áudio será utilizada para capturar a fonte sonora (*Left*, *Right*, *Stereo* – interfaces com apenas duas entradas ou 1, 2, 3, 4 etc. nas interfaces que possuem diversas entradas).

O usuário deve manter sempre à mão o esquema do seu *setup* com detalhes das conexões de MIDI e de áudio, além de uma lista dos *soft synths* instalados no sistema. Os instrumentos para sequenciamento e reprodução de MIDI são ligados ao computador pelos conectores de MIDI/USB e seus sons são ouvidos ligando-se suas saídas de áudio a um *mixer* ou amplificador. Para gravar o áudio de um instrumento físico no computador conecta-se a saída de áudio do instrumento na entrada de áudio da interface de som. Para ouvir o áudio gravado, a saída de áudio da interface deve estar conectada a um *mixer* ou diretamente a caixas ativas (amplificadas). Detalhes específicos sobre gravação de áudio encontram-se no item Gravação Digital (pág. 128).

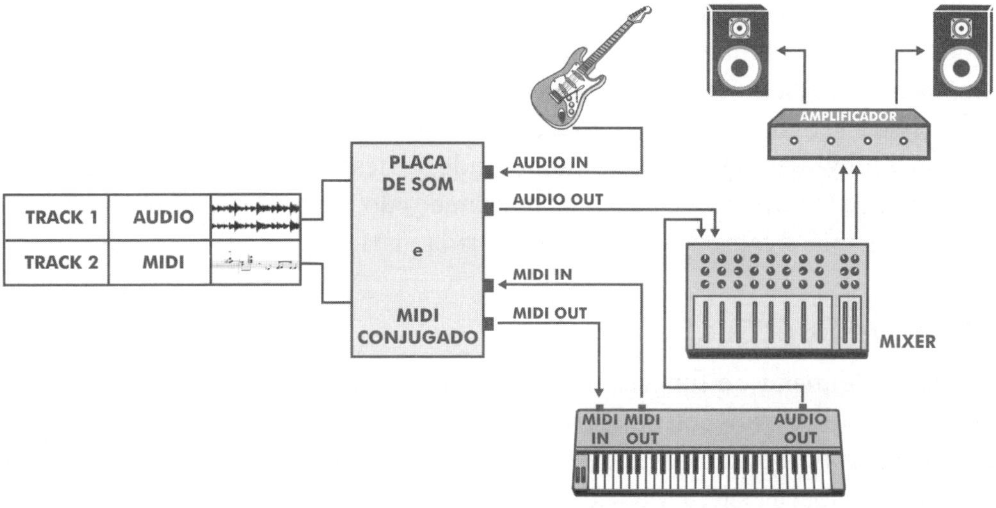

Uma pista de áudio atingindo a porta de áudio e uma de MIDI atingindo um teclado

Track - Diversos

Recursos diversos ainda pertinentes a cada pista: *bank* (para acessar diferentes bancos de programas dos periféricos que reconheçam essa função); *velocity* (modificar a intensidade de execução); *time*, *shift* ou *slide* (para adiantar ou atrasar o início da execução de uma pista de forma provisória); *loop* (para repetir o conteúdo da pista).

Record Area

Área de gravação. Mostra a representação gráfica do sequenciamento MIDI e da gravação de áudio. Geralmente disposto à direita da tela, funciona como um monitor visual dos detalhes do material sequenciado e gravado pertinentes a cada pista. Os aplicativos representam o material por *takes* ou *clips* (amostras de trechos), mostrando, inclusive, notação musical para MIDI e ondas para o áudio de cada pista. Para alocar esse material no monitor é necessário ampliar as dimensões de cada pista horizontal e verticalmente. Para visualizar pistas que ultrapassam a área visível da tela usa-se a *scroll bar* (barra de rolagem).

Após o material ter sido sequenciado pode-se editá-lo clicando-se com o botão direito do mouse em uma área marcada de uma pista. A edição pode ser feita visualizando-se por notas (*staff view*), barras representativas (*piano roll*) ou por lista numérica de eventos (*event list*). Esses recursos se encontram presentes também na barra de menu, ligados ao item *View* (visor), e são detalhados na pág. 117.

Os blocos de informações de MIDI ou de áudio recebem a denominação de *clips* e *takes* (ou similar). Abaixo e à direita do *track viewer* (visor da pista) encontram-se ferramentas para selecionar o modo como se deseja marcar os trechos para edição: *time selection* (seleção por duração) e o *clip selection* (seleção por trecho). Quando se quer copiar um bloco inteiro para uma nova pista, basta selecionar a ferramenta *clip selection* e arrastar com o mouse todo o conteúdo desse *clip*.

Uma edição comumente necessária é copiar um simples compasso para colar em outro local da música. Essa operação é feita selecionando-se com o mouse o compasso a ser copiado. Em seguida, no PC, pressionam-se as teclas Control+C (copiar), move-se o cursor até o ponto onde se deseja colar o trecho copiado e pressiona-se Control+V (colar). Por intermédio do *zoom* (ampliador visual) pode-se aumentar o campo do conteúdo de cada pista.

Menu de Funções

Na barra de menu de funções, localizada no topo, encontram-se todos os recursos disponíveis nos softwares, muitos dos quais são disponibilizados também em forma de botões ou ícones que podem ser distribuídos em locais diversos da Página Principal a critério do usuário.

File

Arquivo. Executa funções como: *Save* (salvar); *Save As* (salvar como); *Open* (abrir, carregar arquivo); criar ou carregar nova disposição de área de trabalho; anotar informações sobre o arquivo, tais como título, autor, *copyright*; configurar impressora; imprimir. O *Save As* permite salvar um arquivo com novo nome. É também usado para salvar uma sequência como *MIDIFile* (.MID) de forma que qualquer software musical ou tocador de mídias possa executá-la de forma padronizada.

Insert Video

Inserir vídeo. Para inserir arquivos de filme ou de vídeo nos formatos MOV, AVI, WMA, MPEG etc. Em alguns softwares, esse comando aparece como *Import Video*. O vídeo é lançado na área superior do software em formato de *thumbnails* (imagens em miniatura) ou em uma nova janela independente que pode ser visualizada no segundo monitor ou em uma televisão. Dessa forma, é possível compor e registrar a trilha sonora enquanto são visualizadas as cenas. Apesar de os softwares sequenciadores/gravadores não oferecerem recursos de edição de vídeo, é possível carregar algum que já esteja finalizado e produzir a música em um ambiente profissional. Após finalizar o projeto gera-se o produto final contendo áudio e vídeo para um arquivo de mídia visual. A partir daí, esse arquivo pode ser enviado, inclusive, para o Youtube (veja Produção para Mídias Visuais e para a Internet nas págs. 215 e 231).

Edit Data

Para editar informações gerais. Ao se clicar com o mouse sobre um *clip*, novas janelas são mostradas para selecionar conteúdos específicos ou regiões onde se deseja operar edições.

Por se tratar de recursos muito utilizados, normalmente são disponibilizados, também, por intermédio de ícones e de *short cuts* (atalhos) programáveis através de combinações de teclas do computador ou até mesmo a partir de controladores dos teclados musicais. As edições mais importantes são:

Cut/Copy/Paste – cortar/copiar/colar. Possibilitam realocar eventos sequenciados ou gravados. Podem ser aplicados em notas, compassos ou trechos. Para copiar, marca-se a fonte arrastando-a com o mouse e clica-se em *copy*. Para colar, adianta-se com os botões de transporte até o local onde se deseja inserir e clica-se em *paste*. As funções *copy* e *paste* podem, inclusive, ser feitas entre diferentes pistas, criando-se uma cópia exata de uma fonte e endereçando-a para outro canal de MIDI (no caso de informação sequenciada). Vários testes do arranjo e da orquestração podem ser feitos através desse recurso. Em vez de digitar o mesmo item várias vezes, basta copiá-lo e inseri-lo no novo local. Esses são procedimentos utilizados constantemente na construção de uma sequência e proporcionam muita economia de tempo, embora o resultado possa ficar mecânico.

Bounce – agregar, mixar. Combina *clips* de MIDI ou de áudio. Utilizado para mixar diversos *clips* de uma ou mais pistas para apenas um *take*. Por intermédio do *bounce* também é possível passar as informações de MIDI de um instrumento virtual para áudio.

> O *bounce* é um dos recursos mais importantes dos softwares de sequenciamento/gravação. A conversão de material sequenciado em pistas de MIDI (contendo instrumentos virtuais) para áudio é, sem dúvida, um recurso revolucionário que torna possível a produção de projetos complexos mesmo em pequenos estúdios caseiros.

Audio Effects – efeitos de áudio. Todos os efeitos virtuais instalados no computador são acessados através desse menu. Existem duas categorias de efeitos: os proprietários e os *plug-ins*. Geralmente, durante o processo de instalação de um novo software de música, o usuário pode optar por quais efeitos proprietários deseja instalar. Já os *plug-ins* são pacotes de efeitos a serem instalados diretamente no diretório de *plug-ins* do computador, ficando disponíveis para qualquer software. Os *plug-ins* podem ser adquiridos em CD-ROMs ou através da Internet e são produzidos por diversos fabricantes (veja *Plug-ins* de áudio, pág. 147). Ambas as categorias oferecem um número ilimitado de efeitos: *compressor*, *auto-tune* (corretor de afinação), *reverb* (reverberação), *chorus* (dobra), *delay* (eco), *distortion* (distorção), *equalizers* (equalizadores), *pre-amp simulator* (simulador de pré-amplificador valvulado) etc.

MIDI Effects – efeitos de MIDI. Atuam reordenando as notas sequenciadas. Cada software proporciona seus próprios efeitos que variam entre: *arpegiator* (arpejador), *chord analizer* (analisador de acorde), *scale velocity* (escalonamento de intensidade) etc.

Edit Events

Editor de eventos de MIDI. Atua diretamente no material sequenciado, modificando sua característica em termos de localização no tempo, acuidade de execução e tonalidade. Os principais recursos encontrados em diversos softwares de gravação e de sequenciamento são:

Slide – desliza a execução. Também denominado de *Shift* (deslocamento), adianta ou atrasa o início da execução de uma pista ou de uma área marcada de forma definitiva. Seu efeito é similar ao campo *time* (disponível em cada pista, com atuação provisória).

Quantize – quantização. Trata-se de um dos principais recursos dos sequenciadores. Atua como um corretor de ritmos do material executado, deslocando os eventos em até 1024 subdivisões de uma semínima. Dessa forma, notas tocadas com ritmo impreciso podem ser alocadas para os tempos corretos. Esse recurso é muito utilizado em música eletrônica (baseada em batidas mecânicas). Em relação aos demais gêneros musicais, deve-se considerar que um ingrediente primordial é, exatamente, a imperfeição rítmica, que não significa, necessariamente, erro. O erro de ritmo pode ser facilmente detectado e sequenciado novamente se necessário. Já a imperfeição é justamente o que dá o *swing* especial, principalmente na música latina. Para não robotizar uma pista sequenciada, pode-se aplicar a quantização em porcentagens de 70% a 90% em vez de integral (100%). Muitos softwares oferecem, juntamente com o *quantize* por porcentagens, o *groove* e o *swing quantize* (quantização "swingada") que devem ser testados antes de aplicados de forma definitiva. Com a evolução dos algoritmos de edição de áudio tornou-se possível quantizar, também, as execuções gravadas (via áudio). Contudo, o resultado pode apresentar ruídos estranhos, dobras ou efeito de *flanger*.

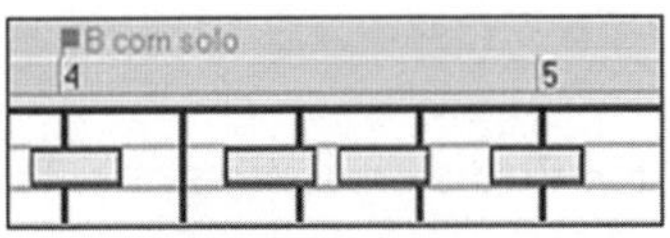

Sequenciamento com imprecisões

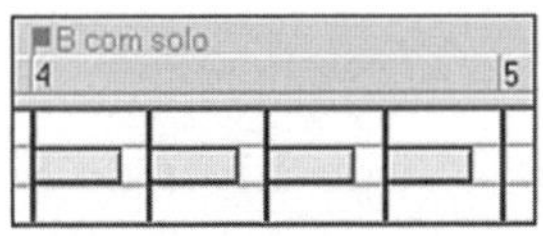

Imprecisões corrigidas pela quantização

Length – duração da nota. Encurta ou alonga a duração de uma nota ou de todas as notas de um trecho marcado em uma ou várias pistas. Sua maior aplicação é para corrigir a execução de durações erradas ou para ajustar as durações sequenciadas para um novo padrão que atue mais corretamente entre diferentes programas dos teclados, módulos ou *synths* virtuais. Por exemplo: quando se sequencia a partir de um teclado com programa de cordas (que possui muito *sustain*), inevitavelmente a tendência do músico é tirar a mão do teclado antes de completar o valor total da figura rítmica, deixando que o som do programa preencha o restante do tempo. Uma vez sequenciada a pista com cordas, caso se deseje que esta seja utilizada para tocar a parte de piano elétrico (endereçando-a para um novo programa), este soará com interrupções exageradas entre as notas, já que não possui *sustain* suficiente. Aumentando a duração das notas sequenciadas, o piano elétrico soará corretamente.

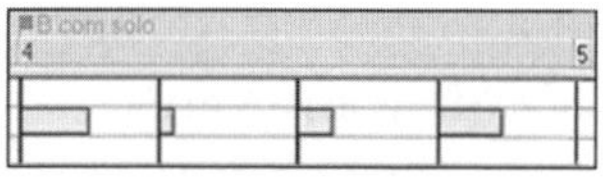

Durações sequenciadas

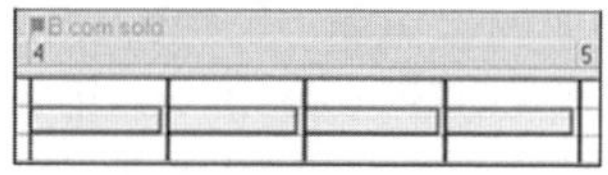

Durações editadas

Transpose – transposição. Muda a afinação de um trecho ou de várias pistas simultâneas que contenham informações de MIDI e de áudio. Em MIDI, para se modificar a afinação provisoriamente de uma pista, pode-se utilizar a opção *key* (um dos campos pertinentes às pistas, disponível na Página Principal). A transposição de MIDI não acarreta nenhuma degradação sonora, pois como já foi dito, apenas números são modificados. Já em áudio, a transposição é o próprio recurso de *pitch shifting*, que ainda não produz os resultados desejados (atua com certa eficiência somente em intervalos de meio a um tom) e, portanto, demanda moderação para que não se perca a qualidade original.

Settings

Ainda na seção dos menus são disponibilizadas funções importantes de configurações gerais dos aplicativos, tais como:

Timebase – resolução básica. Regula a resolução de sequenciamento até 1024 ppq. Quanto maior o valor, maior a resolução, tornando dispensável o uso de quantização.

MIDI Devices – dispositivos de MIDI. É onde se seleciona os *MIDI Ins* e *Outs* correspondentes às placas e interfaces de MIDI instaladas no sistema.

MIDI Thru/MIDI Echo – passagem direta de MIDI. É onde se regula a maneira como as informações que chegam ao *MIDI In* serão enviadas para o *MIDI Out*. O modo mais recomendável é o *auto* (automático) que permite passagem automática quando se clica com o mouse em um determinado canal de MIDI no *track view* (visor de pistas) do sequenciador.

Assign Instruments – endereçamento de instrumentos. Cada pista do software pode ser configurada com uma definição de instrumento em particular. Quando se usa o canal de MIDI 10 sempre para a bateria eletrônica, assinala-se esse instrumento para o canal 10 na janela *Assign Instrument*. Assim, quando estiver no *track view* e clicar no *patch*, aparecerá a lista de programas da bateria. A lista de instrumentos varia do tipo *General MIDI* a instrumentos de vários fabricantes como: Alesis, Korg, Roland, Yamaha etc. Pode-se, inclusive, editar os nomes apresentados para os instrumentos, mudando-os para outros mais amigáveis.

Shortcuts – atalhos. Endereçamento de teclas do computador ou do teclado musical para atalhos que acionam comandos como *open*, *save*, *transpose*, *quantize* etc. Os softwares oferecem dezenas de atalhos e permitem que o usuário crie várias combinações próprias. Em alguns softwares o termo utilizado é *Key Bindings*.

View

Visor para edição do material sequenciado ou gravado. Disponibilizado no *Menu / View* ou clicando-se com o botão direito do mouse sobre a representação gráfica do material de uma pista. As informações podem ser visualizadas das seguintes formas:

Piano Roll View – barras de notas. Mostra detalhadamente as notas sequenciadas em forma de barras horizontais. É o método de edição mais utilizado pelos músicos, pois proporciona velocidade de operação enquanto facilita o reconhecimento da localização, da afinação e da duração de cada nota. A edição por intermédio de barras na tela recebeu o nome técnico de *Piano Roll* dada à sua semelhança com os rolos de papel perfurados utilizados para fazer tocar automaticamente as pianolas mecânicas. É possível modificar vários parâmetros de cada nota ou de grupos marcando-os e arrastando-os com o mouse para a posição desejada. Movimentos verticais mudam a afinação, enquanto os horizontais modificam a duração ou a localização da barra representativa das notas. Dividindo-se o *Piano Roll* ao meio (em diversos softwares) aparece a representação gráfica das dinâmicas (*velocities*) correspondentes a cada barra. Nessa área, pode-se desenhar uma curva de dinâmica que automaticamente afetará os *velocities* das notas correspondentes. Dessa forma, é muito simples desenhar *crescendos* e *diminuendos* gradativos. Regulando-se o *zoom* horizontalmente, é possível visualizar entre um e oito compassos. Para visualizar diversas oitavas simultaneamente, regula-se o *zoom* vertical que pode alcançar até cinco oitavas.

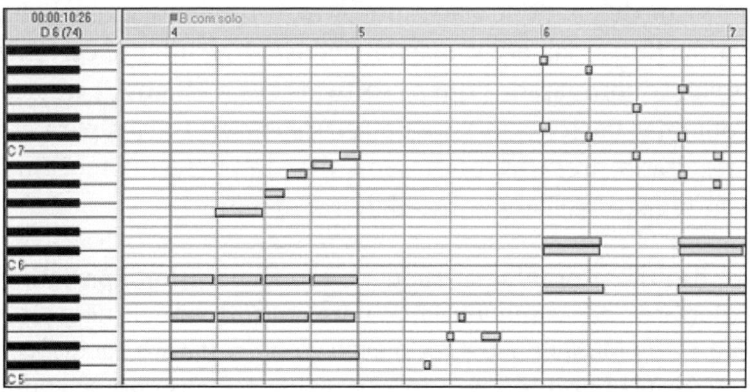

Piano Roll

Event List View – lista de eventos. Mostra numericamente todos os eventos sequenciados em cada pista (notas, controladores, trocas de programa etc.). Editar diretamente na *event list* não é o processo preferido pelos músicos devido à dificuldade de traduzir mensagens musicais em números, contudo é uma forma muito precisa e rápida para inserir e apagar mensagens, tais como: pedal de *sustain*, trocas de programas e, principalmente, entrada de FXs que dependem de sincronização perfeita com imagem de filme. Na janela de *event list* é possível inserir e editar mensagens de *Sys-Ex*, que podem ser direcionadas para um ou mais receptores. Nesse caso, o sequenciador envia para o receptor (enquanto a música toca), um determinado banco de programas arquivado no HD. A partir daí, todos os programas internos do receptor são carregados. Não se deve confundir esse recurso com mensagem de troca de um programa do sintetizador.

Trk	HMSF	MBT	Ch	Kind	Data		
4	00:00:00:00	1:01:000	n/a	Audio		103	3498436 samples
4	00:00:00:00	1:01:000	n/a	Audio		103	3631288 samples
4	00:00:00:00	1:01:000	10	Note	F#3	120	5:000
4	00:00:00:00	1:01:000	10	Note	F#4	120	5:048
4	00:00:00:15	1:02:000	10	Note	B 7	127	1:120
4	00:00:00:15	1:02:000	10	Note	E 7	127	96
4	00:00:00:15	1:02:000	10	Note	B 6	90	1:048
4	00:00:00:15	1:02:000	10	Note	G#6	90	48
4	00:00:01:01	1:03:000	10	Patch	Normal	—	Lead 1 (square)
4	00:00:01:01	1:03:000	10	Note	G#7	83	1:084
4	00:00:01:01	1:03:000	10	Note	E 6	70	32
4	00:00:01:01	1:03:000	10	Note	Db7	106	24
4	00:00:01:16	1:04:000	10	Note	E 6	77	1:002
4	00:00:01:16	1:04:000	10	Note	B 6	95	29
4	00:00:01:16	1:04:000	10	Wheel	4056		
4	00:00:02:01	2:01:000	10	Note	Eb6	64	1:048
4	00:00:02:01	2:01:000	10	Note	Eb7	118	2:060
5	00:00:02:01	2:01:000	12	Note	E 5	126	10
4	00:00:02:09	2:01:096	10	Control	64	72	
4	00:00:02:12	2:01:144	10	Note	Db6	86	8:048

Event List

Controllers View – visor dos controladores. Mostra graficamente os eventos do tipo *Controllers* (*modulation*, *volume*, *balance*, *pan* etc.). Aqui, o mouse é uma ferramenta muito adequada, pois as variações podem ser desenhadas para moldar as nuanças da execução.

Staff View – visor de pauta ou partitura. A maioria dos sequenciadores mostra e imprime a partitura das notas sequenciadas. O resultado, certamente, deixa muito a desejar, se comparado com os softwares específicos de notação musical. Um dos problemas básicos é a falta de recursos necessários para editoração e, devido ao resultado precário, pode ser utilizado apenas como uma guia para ensaio ou um registro visual para se elaborar arranjos.

Em vez de utilizar programas sequenciadores para gerar partituras, é preferível exportar as notas sequenciadas para um software de notação, salvando o arquivo como *MIDIFile*. Ao abrir o arquivo no software específico de partituras, é possível utilizar todos os recursos de edição e imprimir com a qualidade que somente tais aplicativos podem proporcionar.

Audio View – visor do áudio. Mostra a forma de onda do material gravado e permite equalização, mudança de níveis, aplicação de *fade in* e *fade out*, além de acessar todos os *plug-ins* instalados no sistema. Como o som gravado é salvo ou exportado como arquivo WAV ou AIFF, pode ser trabalhado com qualquer programa de edição de áudio. Os procedimentos para gravação encontram-se no Capítulo 5.

A partir de 1995, a gravação de áudio conjugada com MIDI em um único software tornou-se viável. Nas primeiras tentativas, os softwares simplesmente acoplavam arquivos de som com as sequências, o que fazia com que, inevitavelmente, a partir de um determinado ponto da música, os elementos se desencontrassem. Em seguida, foram lançados "pacotes" de vários softwares e placas que prometiam sincronização externa por intermédio de SMPTE, mas que na prática eram instáveis. Com a evolução dos computadores e das placas de MIDI/Áudio, o sonho de utilizar o computador como uma eficiente central a partir de um único software tornou-se realidade.

Em todo sistema de gravação digital, a primeira providência a se tomar é definir em que diretório serão guardados os arquivos de áudio. Em se tratando de softwares de sequenciamento/gravação, esse procedimento torna-se ainda mais crítico em função de que muitos softwares atribuem nomes aleatórios aos arquivos dos trechos gravados. Tais arquivos não devem, em hipótese alguma, ser apagados por intermédio do gerenciador de arquivos do sistema operacional. Se isso ocorrer, um determinado projeto que teve um trecho apagado, não poderá mais carregá-lo. Para cuidar da manutenção e apagar arquivos definitivamente, os softwares incluem um gerenciador próprio.

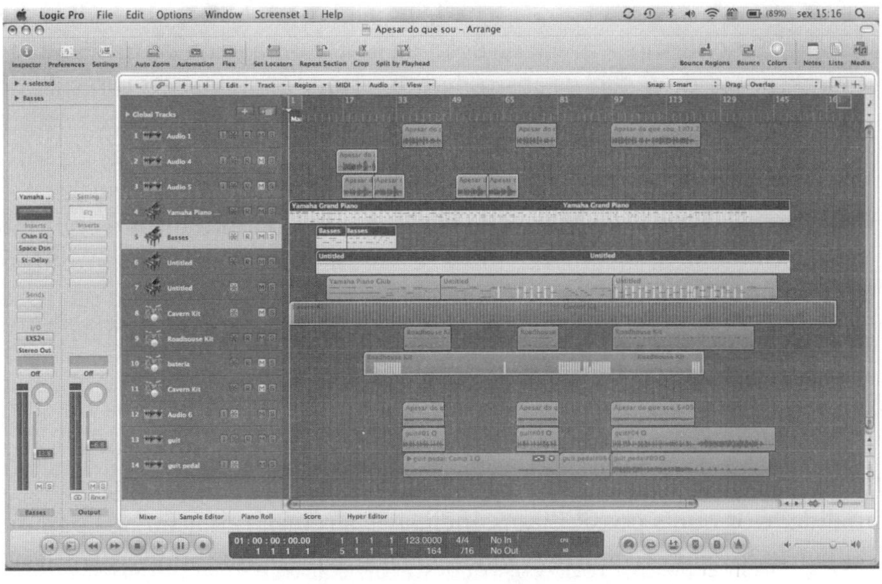

Visor de áudio do software Logic Pro

Mixer View – visor do *mixer*, também denominado *Console*. Mostra a simulação de um *mixer* contendo todos os canais que a música estiver utilizando e possibilita, ainda, acrescentar efeitos proprietários ou de *plug-ins* para cada canal. Possui *faders*, *knobs* (botões rotativos), botões de *mute*, *solo*, *record* etc. Muitos softwares sequenciadores/gravadores permitem construir um *mixer* com ambiente, disposição e conteúdo da forma que se desejar.

Uma das funções mais úteis desses *mixers* virtuais é a automação dos níveis de volume, panorâmicos e efeitos das pistas de MIDI e de áudio, em que são criadas mixagens automatizadas. Para tal, estando no *Mixer View*, clica-se no ícone de *Rec* ou de *Rec Automation* e o sequenciador passa a gravar, em tempo real, todos os movimentos de mouse efetuados nos *faders* e botões. Uma alternativa mais eficiente que pode substituir o mouse é a adição de uma superfície de controle para automatizar a mixagem. Os detalhes sobre os *mixers* virtuais disponíveis via software encontram-se em *Mixer* Virtual (pág. 194).

Quando se dispõe de apenas um monitor, o *mixer* virtual é mais utilizado na fase de mixagem da música. Durante os sequenciamentos e gravações é preferível trabalhar no ambiente da página principal dos softwares a qual mostra os *clips* registrados. A utilização de dois monitores facilita o trabalho em virtude de que cada um passa a mostrar, separadamente, os principais visualizadores dos softwares conjugados: a página principal e o *mixer*.

No mundo analógico, mixar refere-se a graduar volumes, aplicar efeitos, regular equalizações e enviar o resultado para uma mídia de dois canais que será a matriz para duplicações. Esse conceito é válido, também, no caso da mixagem virtual. Contudo, trabalhando-se no computador, mixagem também se refere ao estágio de passagem de uma pista de MIDI para áudio – função *bounce*. Esse termo provém da ação de juntar uma pista de MIDI e a respectiva resposta de áudio do instrumento virtual combinando o resultado em uma nova pista de áudio. Se houver instrumentos MIDI externos no projeto é conveniente passar suas respostas de áudio para novas pistas do software gravador de forma que todo o material fique no computador (veja a pág. 171). Após automatizar a graduação de níveis, efeitos, panorâmicos e equalizações dos instrumentos, finalmente mixa-se a música para duas novas pistas mono (ou uma estéreo) do mesmo projeto ou exporta-se o resultado da *mix* como um novo arquivo de áudio em dois canais para posterior masterização.

Sys-Ex View – visor do *System Exclusive*. Como já detalhado, uma das funções de *System Exclusive* é proporcionar a transferência de programas entre o computador e os aparelhos de um *setup*. Existem diversos aplicativos específicos para essa finalidade os quais possibilitam, inclusive, a reprogramação dos parâmetros de cada *patch* dos sintetizadores (*editor/libririans*). Quase todos os softwares de sequenciamento atuais dispõem de uma seção que é uma verdadeira biblioteca de programas, oferecendo, normalmente, 256 bancos para arquivar *MIDI System Exclusive Messages*. Os bancos podem ser salvos juntamente com o arquivo proprietário do aplicativo ou separadamente no formato *Sys-Ex* (.SYX).

A troca de pacotes complexos de mensagens *Sy-Ex* requer até alguns segundos, principalmente quando se trata da programação inteira de um sintetizador. Caso essa troca precise ser embutida em uma sequência, é recomendável que não haja execução de música simultaneamente.

Outra função importante do *Sys-Ex* é permitir a troca de informações entre uma superfície de controle (ou botões de controle dos teclados *master*) e o software sequenciador. Através desses dispositivos é possível controlar diversos parâmetros internos dos softwares sequenciadores e dos instrumentos virtuais.

Recursos especiais

A partir de 2005, os softwares de sequenciamento/gravação passaram a proporcionar, de forma segura, recursos primordiais, tais como: automação por envelopes e inserção de *loops* de áudio sincronizados com o sequenciamento MIDI. Além disso, sugiram os *plug-ins* arpejadores e arranjadores de MIDI que até então eram disponibilizados por, apenas, poucos aplicativos específicos de música eletrônica.

Automation

Automação. Os softwares permitem criar e modificar, através de envelopes, o comportamento de diversos recursos, tais como: volume, *pan*, *mute*, solo e efeitos. O termo envelope foi adotado em virtude de que o gráfico resultante da sua aplicação é similar ao do ADSR (envelope do sintetizador). Envelope e automação estão intrinsecamente ligados: ao se criar manualmente um envelope de volume, por exemplo, o resultado é a sua automação e, ao se gravar a automação do *pan*, por exemplo, é mostrado na pista o gráfico de envelope correspondente do panorâmico.

Envelopes podem ser criados para que um instrumento mono "passeie" no campo do estéreo; uma única sílaba da letra da música tenha diversas repetições de eco; determinados acordes tenham um *flanger* particular; o *cutoff* do filtro de um *synth* virtual seja aberto somente nos momentos de maior *punch* da música; ruídos de gravação sejam mutados, em vez de se aplicar *plug-ins* de *gate*; etc.

Na maioria dos softwares, para adicionar um envelope, clica-se com o botão direito do mouse sobre um *clip* de áudio ou de MIDI e seleciona-se a opção *Create Envelope* (ou similar). Para gravar uma automação, clica-se no campo da função a automatizar, seleciona-se *Arm Automation* (armar automação para gravar) e clica-se no botão *Record Automation* (gravar automação). A entrada da automação pode ser realizada, ainda, por intermédio do mouse, dos botões de teclados controladores ou através dos *faders* e dos botões das superfícies de controle, incluindo o iPad. Dessa forma, é possível automatizar o comportamento de diversas funções dos softwares e dos *synths* virtuais ou físicos de forma que a própria mixagem dispense, por completo, a atuação humana.

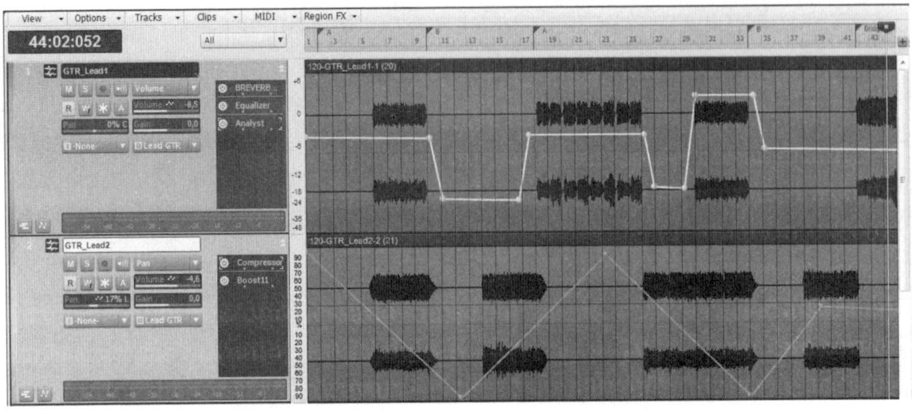

Curvas de envelope e automação aplicados em duas pistas de áudio

Loops de áudio

Trechos de áudio que se repetem. São pequenos *takes* gravados, geralmente, com resolução de 16bit/44.1kHz mono ou estéreo contento dois ou quatro compassos. Permitem mudança de andamento e de tonalidade em pequenas graduações. Muitos *loops* resultam da execução de músicos reais (*grooves* de bateria, percussão, acompanhamento de baixo, solos e bases de guitarra, teclados, trechos de voz natural ou processados e diversos instrumentos exóticos de vários países). Outros são criados tocando-se em *soft synths* ou *sample-players* virtuais em tempo real. Existem, ainda, os que são convertidos de *loop* de MIDI para áudio (via *bounce*).

Loops existem na ordem dos milhões e são disponibilizados tanto nos sites de DJs quanto nos das empresas especializadas. Além disso, há uma década vêm sendo distribuídos juntamente com os softwares sequenciadores/gravadores.

Os *loops* pagos ou gratuitos representam a principal matéria-prima da maioria dos DJs e produtores de música eletrônica. Por isso, durante muitos anos, as criações sempre soavam idênticas. Esse quadro só mudou quando os DJs passaram a produzir seu material visando o ineditismo através da utilização de novos instrumentos e combinações. Muitos começaram a incluir material melódico em vez de utilizar as mesmas batidas com alguns sons de *synths vintage* imitando arpejadores, baixos robotizados e *crescendos* de filtros.

Muitos músicos também aderiram ao uso dos *loops* (principalmente de bateria e de percussão) devido à sua praticidade. Não é de se menosprezar a possibilidade de produzir e arranjar uma base inteira em apenas poucas horas, através de *loops*, e mostrar a ideia da música para o pessoal da banda. Ouvindo a demo, os músicos têm um ponto de partida para soltar a criatividade, seguindo a concepção do arranjador. Também, nas gravações de jingles e trilhas sonoras, os *loops* são providenciais. Para que a música não fique falsa, é recomendável incluir a execução de músicos reais o máximo possível.

Um dos primeiros softwares a trabalhar com *loops* foi o Acid (Sonic Foundry) o qual revolucionou o mercado da produção musical com a introdução de pequenos *takes* que suportavam mudança de andamento e de afinação. Esse foi o início da música montada através de *loops*.

Os arquivos do tipo Acid ou *Groove Clip* podem ser esticados criando-se repetições por quantos compassos se desejar, sem a necessidade de copiá-los e colá-los sucessivamente. Quando o arquivo de áudio do *loop* apresentar alguma imprecisão rítmica, é possível editá-lo no *Loop Editor* (editor de *loop*) presente na maioria dos softwares de sequenciamento/áudio atuais. O editor possibilita realocar um ou outro marcador de transiente que não tenha sido detectado corretamente pelo criador do *loop*. Outras opções podem também ser editadas: nota básica, ajuste fino da afinação, posição das notas etc.

Os softwares sequenciadores disponibilizam *plug-ins* de *loop* de MIDI. Alguns desses atuam reordenando as notas sequenciadas de forma randomizada ou conforme os parâmetros determinados pelo usuário. Assim, é possível criar efeitos de arpejador (muito utilizados no baixo de música eletrônica). Há, ainda, *plug-ins* que criam *grooves* (batidas) de bateria escolhendo-se os locais exatos onde cada peça tocará, dentro de um determinado número de compassos. O software Ableton Live é repleto de recursos de *loops* e de montagem que facilitam o processo de criação de música para pista.

CAPÍTULO 5

Gravação

Até aqui foram abordados os assuntos predominantemente relacionados aos aparelhos e aplicativos que lidam com MIDI, incluindo os sequenciadores, os quais registram mensagens de uma execução feita em um transmissor. Para se ouvir o que foi registrado via sequenciamento é necessário que o sequenciador toque as mensagens de volta para um aparelho MIDI (teclado, módulo ou instrumento virtual) que, por sua vez, deverá estar com sua saída de áudio conectada a um sistema de amplificação.

Outra forma de registrar execuções é através da gravação do áudio proveniente de uma fonte sonora para um gravador digital ou mesmo de fita. Nesse caso, o que está sendo gravado não é um pacote de informações digitais com dados relativos aos números das notas, durações e intensidades. Após registrar o material sonoro, obviamente, o gravador não precisa de nenhum instrumento ou módulo para tocar o que foi gravado. É necessário, apenas, um conversor que traduza as informações de áudio digital para o formato analógico (processo digital) ou um dispositivo que identifique e extraia as variações impressas na fita magnética (processo analógico).

Existem três tipos de gravadores: digital para HD, digital de fita e analógico de fita. Nos dois últimos, o limite de pistas e de tempo de gravação é determinado pelo número de canais do gravador e pelo comprimento da fita. Já na gravação para HD, as limitações dependem da administração de diversos fatores, como a taxa de *sample rate*, a resolução e a opção estéreo/mono em função do consumo de bytes por minuto, como é mostrado na **Tabela das Resoluções para Gravação** (pág. 137).

A antecessora da gravação digital é a gravação analógica para fita. Considerando que muitos estúdios ainda conservam suas máquinas analógicas, serão apresentados, a seguir, alguns princípios importantes que contribuem, inclusive, com o entendimento da gravação digital.

Princípios da gravação analógica

O conceito de gravação analógica provém da própria forma como os sons são registrados e reproduzidos. Em cada etapa do processamento do sinal há uma transferência análoga à informação original: as partículas magnéticas da fita de gravação são agrupadas de acordo com os sinais elétricos emitidos pela cabeça gravadora. Na reprodução, a fita desliza pela cabeça reprodutora, que interpreta as diferenças de voltagem análogas aos sinais impressos. Como o sinal captado é de nível muito baixo, necessita ser amplificado, de forma que a voltagem seja suficiente para mover o cone do alto-falante. O movimento deste, por sua vez, também é análogo ao que foi impresso no material plástico da fita.

Fita magnética

No processo de gravação analógica, o material sonoro é registrado em fitas magnéticas de diversas modalidades: fita de ¼" (geralmente usada para gravação em dois canais); 1" (para gravadores de 8 e 16 canais) e 2" (para gravadores de 24 canais). Para se gravar em 48 canais são necessários dois gravadores sincronizados utilizando duas fitas de 2".

A fita é fabricada com material plástico muito fino e maleável e revestida com incontáveis partículas de material magnético que flutuam aleatoriamente em várias direções. No processo de gravação, as partículas são organizadas e agrupadas, criando, assim, modelos representativos dos sons que estão sendo registrados pela cabeça de gravação.

Gravador analógico

É um aparelho que registra áudio de forma analógica e possui vários dispositivos de compensação da perda de qualidade causada pela própria mídia utilizada para a impressão: a fita.

Mesmo que o leitor esteja iniciando suas atividades na área de gravação a partir da era digital, é importante conhecer um pouco sobre a forma convencional, pois esta poderá oferecer uma base para o entendimento do processo geral de gravação ou, no mínimo, fornecer ingredientes para que se faça uma comparação entre os dois meios. Também se deve levar em conta que, para trabalhar na transformação de Fita e LP para CD, nunca é demais o entendimento dessas antigas tecnologias.

A maioria dos estúdios atuais iniciou suas atividades lidando diretamente com equipamentos digitais que oferecem incontáveis vantagens sobre o analógico. Mas, sem dúvida, para determinadas aplicações musicais, algumas limitações do sistema analógico, como, por exemplo, saturação natural da gravação em fita, favorecem as características da produção final. De fato, uma bateria de rock gravada em uma máquina analógica de fita possui muito mais *punch* (ataque, presença) do que a gravada digitalmente. A tecnologia de gravação analógica também está em constante evolução: as fitas são produzidas cada vez com maior qualidade; os gravadores multicanais sincronizam-se perfeitamente; os dispositivos de medição de níveis são muito precisos; a mecânica de transporte da fita é segura e relativamente veloz etc. Mas os problemas básicos ainda são: a presença do *hiss* (chiado) e a deterioração do som ao se copiar de um canal para outro ou para outras fitas.

Transporte de fita

O transporte é um complexo mecânico de precisão que faz a fita deslizar uniformemente pelas cabeças gravadora, reprodutora e apagadora. A velocidade de locomoção da fita é medida pelo número de polegadas (*inches*) que passam por um determinado ponto durante um segundo, sendo que nos gravadores analógicos profissionais as velocidades utilizadas são de 15ips e 30ips (*inches per second*). Na gravação analógica, quanto maior a velocidade da máquina, maior a fidelidade.

Além dos motores que movem os carretéis onde as fitas são enroladas, há dois componentes importantes que trabalham em conjunto quando o gravador está tocando ou gravando: o *Capstan* (eixo) que puxa a fita a uma velocidade constante enquanto é pressionado contra o *Pinch Roller* (rolo pressionador). Quando se avança ou se retrocede a fita rapidamente, o *Pinch Roller* se afasta do *Capstan* e os motores dos puxadores dos carretéis passam a atuar livremente.

Quando ocorre uma variação mínima na velocidade do deslizamento da fita enquanto a máquina está em *Rec* (gravação) ou em *Play* (execução), surgem resultados indesejáveis, como o *wow* (variação cíclica que provoca mudanças na afinação) e o *flutter* (vibrato). No processo de gravação digital tais problemas simplesmente não existem.

Cabeças apagadora, gravadora e reprodutora

A cabeça apagadora é posicionada antes das demais e funciona simplesmente para eliminar o que tiver sido gravado na fita. Ao ser apagada, mesmo uma única vez, a fita nunca terá as mesmas características que em seu estado original. De fato, algumas fitas passam a ficar com um nível de chiado muito acentuado e, após alguns processos de gravar e apagar, perdem um pouco do potencial de imprimir com fidelidade.

Para se apagar as execuções erradas e descartáveis em uma gravação analógica multipista (a chamada "limpeza") é necessário que a fita deslize pela cabeça durante longos trechos até se localizar o ponto desejado, o que consome muito tempo de estúdio. Por outro lado, no universo digital, a função de apagar depende de dois cliques de mouse e o resultado é instantâneo.

A cabeça de gravação é um transdutor que organiza as partículas da fita magnética enquanto ela desliza por sua superfície. Esse componente descarrega sinais elétricos na fita, criando uma impressão magnética relativa aos sons que estão entrando no gravador.

A de reprodução converte o material impresso em sonoro da seguinte forma: enquanto a fita desliza, os modelos de campos magnéticos agrupados e impressos provocam mudanças de voltagem no circuito eletromagnético dessa cabeça. Posteriormente, esses sinais elétricos são amplificados e endereçados para os alto-falantes.

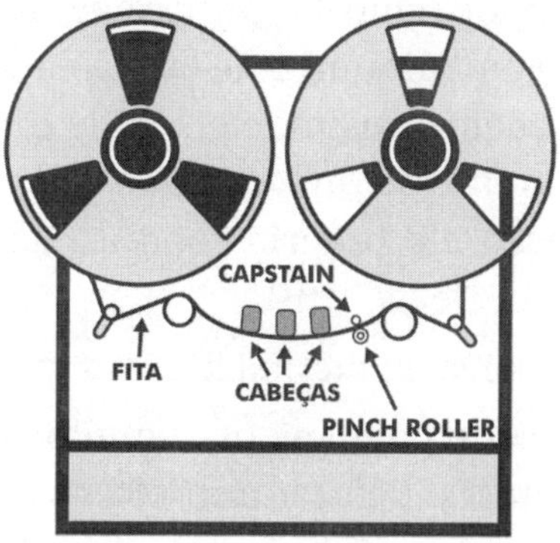

Principais componentes do gravador analógico

Problemas da gravação analógica

Apesar de ter sido, e ainda ser, utilizada em diversos estúdios, essa tecnologia apresenta diversos problemas:

- Alto custo dos gravadores multicanais. Para se dispor de 48 canais são necessários dois gravadores sincronizados, o que eleva o custo demasiadamente. A manutenção e a reposição das peças são de custo elevado.
- Necessidade de muito espaço para instalação mesmo em se tratando de gravadores de 24 canais compactos.
- Necessidade de limpeza constante dos componentes para evitar variações de velocidade.
- A vida útil da fita é muito reduzida. O tratamento químico acoplado à superfície pode soltar ou umedecer. A única forma de se fazer uma cópia de segurança é copiar a fita inteira para outro gravador. As fitas são frágeis e tendem a esticar ou se deformar após o uso excessivo. É necessário muito espaço para armazená-las, principalmente as de 2", e o local não pode ter calor ou umidade.
- A edição de uma gravação analógica requer o manuseio de cortadores de

fita, adesivos (*splicers*) e inserção de fitas guia de papel (no início, entre cada faixa e no fim).

- No caso de ter usado um redutor de ruído na produção da fita matriz, um decodificador compatível tem de ser utilizado para "leitura" e duplicação.
- Para alcançar os melhores resultados possíveis em relação à redução do nível de ruído, incrementação da resposta de frequência e diminuição de distorção da gravação, é necessário ajustar o *bias* (nível elétrico de referência) no gravador para cada tipo de fita a ser utilizada.
- Além de saturar as frequências altas, as fitas contêm sempre um chiado residual que nada pode remover, embora periféricos de redução de ruído muitas vezes consigam minimizá-lo. Esse chiado interfere com o material gravado, principalmente nos momentos de dinâmicas mais baixas. Um artifício para diminuir esse ruído é tentar gravar com o máximo de sinal possível. Essa relação é o próprio conceito denominado de nível sinal/ruído (medido em decibéis - dB).
- Cada vez que se regrava na mesma fita, sua qualidade diminui.
- Achar um determinado ponto na fita é muito demorado pois depende da velocidade dos motores. Refazer um solo no último minuto de uma fita requer que esta seja deslizada até esse ponto.
- Um problema crítico é o *crosstalk* (vazamento) entre os canais de um gravador analógico multicanal devido à proximidade dos captadores existentes na cabeça de gravação.
- Com o gravador na velocidade de 30ips uma fita de 2.500 pés grava, no máximo, 15 minutos, o que acarreta um custo considerável.

Gravação digital

A introdução desta modalidade de gravação provocou uma grande revolução no meio da produção fonográfica, em virtude de não ser mais necessário que artistas e músicos recorram às grandes companhias discográficas para ter gravados e lançados os seus CDs. O panorama atual mostra que, inclusive, algumas gravadoras sobreviventes estão terceirizando a produção dos CDs de seus artistas. Devido à proliferação de pequenos e médios estúdios digitais, novos artistas e bandas podem atingir mais diretamente o público consumidor. Os CDs podem ser integralmente produzidos e finalizados em *home studios* (estúdios caseiros).

A gravação digital elimina muitos dos problemas descritos anteriormente em Gravação Analógica, pois funciona convertendo o áudio em uma sequência de números durante o processo de *encoding* (codificação). Uma vez que o som passa a ser uma representação numérica, pode ser manipulado com muita versatilidade.

O gravador predileto dos produtores, técnicos e músicos é justamente o computador, o qual utiliza o *hard disk* para armazenar as gravações e, inclusive, sincroniza-se internamente com os instrumentos MIDI sequenciados. Além disso, é de extrema utilidade nas demais fases da produção musical: agendamento de gravações, criação das partituras, geração do CD matriz, elaboração da capa, divulgação, criação de vídeos promocionais, envio de arquivos etc. Por isso, o enfoque principal deste capítulo é para a **Gravação no Computador** (com arquivamento em HD).

Outro tipo de gravador digital é o dedicado, o qual utiliza diversas mídias para arquivamento do áudio digitalizado: fitas de vídeo, HD embutido, fita do tipo DAT e minidiscos. Os gravadores digitais que utilizam fita praticamente caíram em desuso. Por esse motivo são descritos resumidamente na pág. 157.

No campo dos não dedicados existem, ainda, os *tablets,* os *smartphones* e alguns tocadores de MP3 que também gravam e arquivam os dados em *chips,* usando, infelizmente, formatos de áudio muito comprimidos.

Princípios da gravação digital

A gravação digital baseia-se na conversão do sinal elétrico de áudio em números. Todo som pode ser representado por formas de ondas cujas amplitudes são medidas em intervalos de tempo constantes. Esse é o mesmo princípio da tecnologia dos instrumentos da categoria *sampler* (pág. 44). Um *sample* representa uma única medida e a *sample rate* (taxa de amostragem), o número de vezes por segundo em que um *sample* é registrado.

A primeira etapa da gravação digital consiste em transformar o som analógico em informações digitais. Essa tarefa é realizada pelo ADC – *Analog-to-Digital Converter* (conversor analógico para digital), que captura amostras do sinal aplicado na entrada de gravação da interface digitalizadora de som. O conversor registra amostras periódicas das mudanças da forma de onda do áudio e transforma o sinal em informações binárias. A *sample rate* pode ser ajustada, por exemplo, para 44.100 vezes por segundo (padrão para produção de CD).

A etapa seguinte é o arquivamento dos dados: os resultados numéricos dessas conversões são guardados no *hard disk* do computador.

O estágio final consiste em reconstruir o som original. Isso é feito pelo DAC – *Digital-to-Analog Converter* (conversor digital para analógico) que lê os números arquivados e reconstrói as formas de onda equivalentes. Assim, daqui por diante a sigla AD/DA (*Analog-to-Digital/Digital-to-Analog*) será constantemente mencionada, simbolizando os conversores de Analógico para Digital e Digital para Analógico.

É importante ressaltar que esse processo de captura de amostras não é pleno, ou seja, é limitado pela *sample rate*, como no processo de sampleamento em um teclado *sampler*. O sinal de áudio também é limitado a uma *bandwidth* (largura de banda) de 20kHz (ou 22kHz com *sample rate* de 48.000 vezes por segundo).

Ao converter o som analógico para digital, a forma de onda original torna-se "serrilhada" e, quanto menor a *sample rate*, menos fiel será o resultado. Por isso, foram adotadas novas medidas para amostragens na ordem de 96.000 e 192.000 *samples* por segundo, utilizadas pelos atuais equipamentos de gravação de áudio e de produção de DVD (*Digital Versatile Disc*).

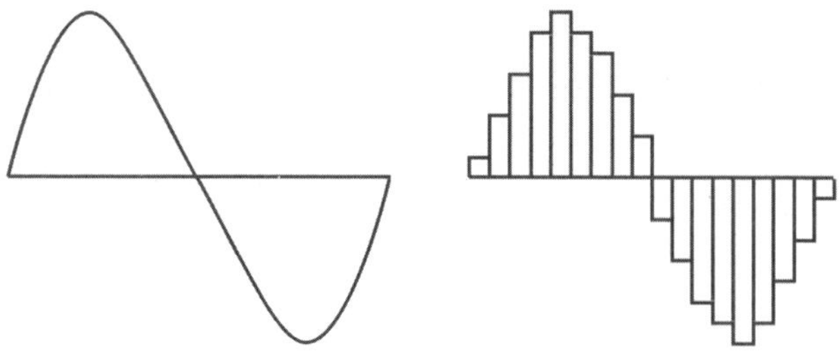

O artifício utilizado para minimizar as discrepâncias entre a forma de onda de entrada e a de saída é a adoção do filtro passa-baixa antes do circuito de sampleamento. Esse filtro remove frequências acima do alcance útil do material sonoro o que, infelizmente, pode afetar ligeiramente a resposta de agudos.

Conforme o teorema de Nyquist, a amostragem deve ser na ordem do dobro da frequência mais alta do sinal sonoro. No padrão de CD, a *sample rate* é 44.1kHz, logo, a frequência máxima, na prática, é de 20kHz. Outra questão que provoca degradação é a quantização (resolução) que o ADC é capaz de processar ao medir a voltagem da entrada. Se um sistema resolve e atribui um número para cada 10mv (*milivolts*), ao aparecer um sinal de 15mv, o mesmo o quantizará para 10mv ou 20mv que, em ambos os casos, provocará uma discrepância em relação ao sinal original.

Na gravação digital, além da *sample rate*, há um fator importante a ser considerado: o *dynamic range* (alcance de dinâmica) que expressa o alcance total do nível sonoro, medido em decibéis (dB). Essa medida representa os níveis quantizados com os quais o processador consegue lidar. Quanto maior a resolução em bits, maior o número de níveis de voltagem que ele pode quantizar. Um sistema de 8bits quantiza até 256 níveis. Já um de 16bits, até 65.356 níveis. Portanto, o de 16bits oferece um *dynamic range* muito maior e, consequentemente, menos erro de quantização. No sistema digital, o *dynamic range* equivale a aproximadamente seis vezes o número de bits, logo, um sistema de 16bits oferece em torno de 96dB. No DVD, que utiliza 24bits, o *dynamic range* teórico passa para 144dB de relação sinal/ruído.

A maioria dos softwares e hardwares de gravação digital atuais suportam a resolução de 24bit/96kHz. Contudo, essa taxa está sendo, gradativamente, expandida para 32bit/192kHz. As taxas mais elevadas minimizam os erros acumulados na conversão de analógico para digital, mesmo que o produto final seja o CD que suporta, no máximo, 16bit/44.1kHz.

> Atualmente, tanto em *home studios* quanto em estúdios de grande porte, a taxa adotada na fase de gravação é a de 24bit/96kHz. Dessa forma é muito mais prazeroso trabalhar pois a qualidade sonora é excepcional. Já que os computadores de 64bits proporcionam instalação de 16GB de memória (ou mais) e os HDs arquivam terabytes, não há mais a preocupação de se trabalhar com arquivos de áudio imensos. Ao queimar um CD de áudio, o próprio software converte as resoluções para o padrão 16bit/44.1kHz.
>
> Em relação ao VU (medidor de nível), na gravação analógica é possível e, às vezes, desejável, que ocorram picos acima de 0dB. Já na gravação digital isso não é permitido, pois o resultado sonoro é desastroso. Normalmente, os equipamentos digitais possuem mostradores de VU com *peak holder* (congelador de pico) que permite observar os picos máximos, mesmo que não tenham sido notados nos momentos em que ocorreram.

A gravação para HD engloba diversos componentes da informática, proporcionando o registro de áudio em múltiplos canais com muita rapidez e profusão de recursos na área da edição a um custo relativamente baixo, se comparado com os antigos sistemas analógicos. Qualquer informação pode ser localizada instantaneamente, pois é acessada de forma não linear, randomizada (*Random -Access Technology*). Um exemplo de acesso randômico é a forma como nossa própria memória funciona: as experiências passadas estão disponíveis ao nosso consciente instantaneamente. Quando alguém pergunta o nosso endereço, prontamente é possível responder.

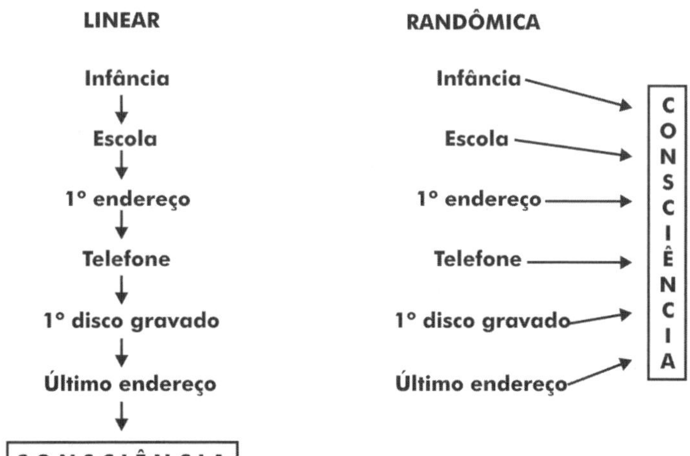

Trata-se de um processo simples de acessar a informação, processá-la e trazê-la à tona. Não é necessário repassar todo o conteúdo da memória até chegar ao endereço atual. Todas as informações guardadas no HD são acessadas com extrema velocidade, sem a necessidade de obedecer à ordem cronológica em que foram arquivadas. Já na gravação digital ou analógica para uma fita, as informações são acessadas de forma linear, ou seja, é necessário que ela deslize até se encontrar o ponto que se deseja ouvir.

Os softwares gravadores permitem registrar o mesmo instrumento quantas vezes se desejar em diversos *tracks* e, em seguida, escolher a melhor execução. É possível, ainda, somar quantos *tracks* se desejar, mixando-os para um *track* discreto sem destruir o material rejeitado. Isso é providencial quando se necessita voltar atrás e escolher os *tracks* novamente.

Essa modalidade de gravação nos conduz a um ambiente e a uma filosofia de trabalho em que o computador é a central que agrega todas as funções de gravação e de edição do áudio, daí o termo DAW – *Digital Audio Workstation* (estação de trabalho de áudio digital). DAW pode ser tanto em computador quanto em aparelhos dedicados e contém os seguintes itens:

- Pacote de softwares para gravação e edição.
- Interface (placa de computador, caixa *stand-alone* ou de *rack* onde são conectados instrumentos e demais aparelhos).
- HD (interno ou externo ligado ao computador ou, ainda, instalado dentro de um sistema de gravação dedicado).

DAW em computador

Digital Audio Workstation é um sistema profissional integrado em um único computador para gravação digital de áudio, edição, processamento de efeitos, sequenciamento MIDI, sincronização com dispositivos de gravação externos, mixagem, masterização e geração do CD. Alguns sistemas de DAW em computador são disponibilizados em pacotes contendo interface e software. Outros oferecem somente a interface que pode ser acessada através de softwares de fabricantes diversos. Até o ProTools que só funcionava com hardwares específicos da Avid passou a aceitar diversas interfaces do mercado.

As configurações ideais para montar uma DAW são aqui detalhadas. Já os recursos dos softwares que integram esses pacotes ou que são vendidos separadamente são detalhados no item Recursos dos Softwares de Gravação (pág. 142).

Embora possam ser classificados como DAW, os sistemas mais simples para multimídia (incluindo o componente de áudio das placas-mãe) não oferecem qualidade suficiente para gravação de alto nível técnico. Para que seja diminuído o custo dos pacotes multimídia, o próprio conversor AD/DA é sacrificado. Além disso, alguns periféricos não apresentam entradas e saídas digitais. As interfaces para multimídia são descritas em Placas com Instrumentos MIDI (pág. 60). Aqui são abordados os tópicos de DAW destinados para produções de excelência máxima.

A interface de áudio (responsável por receber e reproduzir a gravação) pode ser interna (placa a ser instalada em um dos *slots* do computador) ou externa (caixa separada ou *rack*). Há, ainda, as interfaces que possuem uma placa para computador, mas são conectadas por um cabo especial às suas caixas separadas onde se encontram os *jacks*. De qualquer forma, devem disponibilizar entradas e saídas analógicas para que sejam ligados instrumentos musicais e microfones, assim como entradas e saídas digitais para que troquem informações com outros gravadores digitais.

O Digital I/O (normalmente S/PDIF e AES/EBU) é o componente que cuida da entrada e da saída do áudio no formato puramente digital, onde podem ser conectados aparelhos como DAT ou gravadores digitais externos.

O HD1 é instalado dentro do computador e deve ser utilizado para sistema operacional, softwares e dados em geral.

O HD2 deve ser usado somente para dados de áudio. É desaconselhável gravar áudio no mesmo HD que contém o sistema operacional e os aplicativos. Esse segundo HD pode ser interno (SATA) ou externo (Firewire, Thunderbolt, eSATA, USB). Para gravar áudio diretamente para os diversos tipos de HD externo é necessário fazer diversos testes, já que raramente suportam gravação e execução de muitas pistas simultaneamente.

No conceito de DAW em computador, mesmo o HD instalado externamente é considerado parte do computador. Para efeito de classificação, um DAW é considerado dedicado quando possui interface de áudio, HD e software em uma unidade separada (*stand-alone*).

O dispositivo de *backup* é primordial para guardar dados em segurança para o caso de ocorrer um problema insolúvel nos HDs. Muitas mídias de *backup* encontram-se disponíveis: HD externo, *pendrive*, CDR-W (CD regravável), DVD-R (DVD gravável) ou até mesmo um HD interno extra.

Fazer *backup* de dados garante a restauração dos arquivos de trabalho em caso de perda de arquivos. Contudo, apenas esse procedimento não é o suficiente para garantir a restauração do sistema inteiro, caso haja perda total do HD principal. A única forma segura de restaurar o computador inteiro é através do Clone, o qual inclui o sistema. Nesse caso, é feita uma cópia de cada trilha e setor do HD. Softwares de clonagem são fornecidos, geralmente, com o próprio pacote do sistema operacional. Também é possível baixar softwares de clonagem diretamente dos sites dos fabricantes de HD. Estes são, geralmente, baseados no Acronis. Para garantir que nenhum vírus entre no HD clone, desligue manualmente o cabo de força deste HD. Clonagem pode ser feita, também, para HDs externos USB, contudo, a operação, nesse caso, é mais demorada.

Para que um DAW tenha um desempenho ideal no nível de produção de CD e de DVD-Áudio é recomendável que o computador seja o mais atual possível.

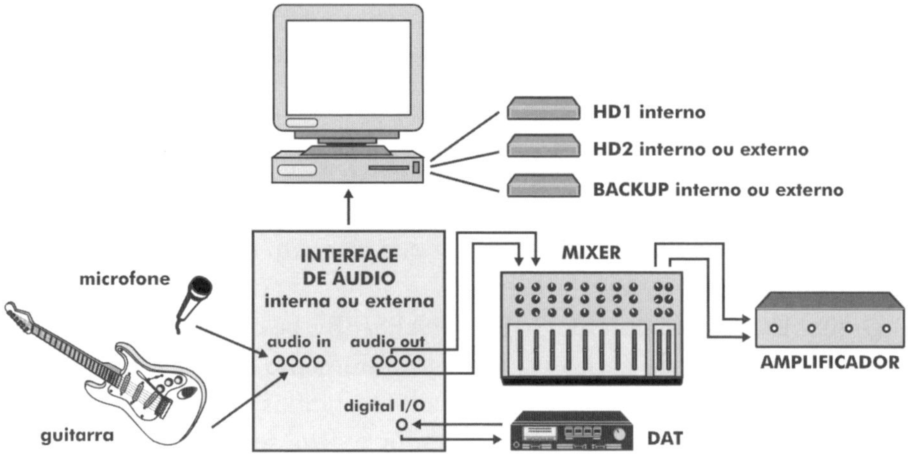

Esquema de DAW em computador

O sistema deve conter: processador quádruplo de alto desempenho (64bit); *hard disks* de alta capacidade de armazenamento e de velocidade; ampla memória interna; no mínimo um monitor de 24"; placa de vídeo de última geração com muita memória interna; sistema de digitalização de som com o máximo de canais contendo conversores AD/DA de altíssima precisão.

Computadores mais simples executam os trabalhos de forma lenta e imprecisa. Falhas no áudio poderão ser percebidas, principalmente, ao se gravar várias pistas em estéreo contendo muitos *plug-ins*. Como já mencionado, áudio demanda muito processamento e quanto mais pistas são gravadas em alta resolução ou mais *plug-ins* de efeito e de instrumentos são acrescentados, mais problemas ocorrem.

Exemplo de DAW em computador

DAW dedicado

Equipamento *stand-alone* que abriga o hardware de digitalização de áudio e o HD na mesma unidade. Geralmente, pode ser controlado a partir de um computador através de software específico. DAWs dedicados são encontrados nos mais variados modelos, podendo gravar desde dois até mais de 24 canais. Possuem entradas/saídas analógicas e digitais com acurados conversores AD/DA.

As vantagens que oferecem são o requintado desempenho; facilidade de instalação, pois já vêm com todas as funções de hardware e, em muitos casos, também de software embutidas para que sejam operados através dos controles do seu próprio painel; facilidade de operação, já que possuem uma interface que simula o gravador de áudio analógico multicanal.

Pode-se analisar esse tipo de DAW como um gravador em que a fita foi substituída pelo HD. Em contrapartida, não oferece a mesma flexibilidade e possibilidades de atualização de seus componentes como em um sistema baseado totalmente em computador.

A partir da concepção desses sistemas dedicados é que alguns fabricantes passaram a adaptar o conceito dos antigos gravadores multicanais de fita cassete para a tecnologia de gravação em HD, mantendo o formato tipo PortaStudio (Tascam). As modernas DAWs dedicadas gravam até 24bit/96kHz e acoplam-se com o computador, a exemplo do modelo DP32 da Tascam.

O DAW dedicado DP32 (Tascam)

Hard Disks

O disco rígido é a mídia utilizada para gravação de áudio por permitir acesso rápido aos dados. Os HDs mais recomendados para gravação são os do tipo SATA (*Serial Advanced Technology Attachment*). Os do tipo SCSI (*Small Computer Systems Interface*) foram, quase totalmente, substituídos pelo SATA, Firewire e Thunderbolt (veja a pág. 153, Protocolos e conexões digitais / USB / Firewire etc.).

Os HDs são compostos de uma série de discos graváveis magneticamente (com as superfícies cobertas com uma fina camada de óxido) que são fixados em um único eixo que gira em altíssima velocidade.

As informações são gravadas e captadas por uma série de cabeças de gravação/leitura que deslizam muito próximas da superfície de cada disco, mas sem tocá-la fisicamente. Quando ocorre um contato, tanto os dados quanto a superfície podem ser danificados.

Hard disk visto de cima

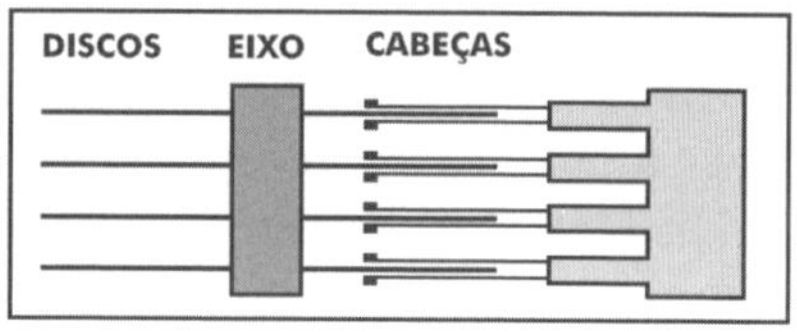

Hard disk visto lateralmente

A capacidade de armazenagem em HD necessária para música depende da resolução e do tempo de áudio que se quer gravar, como detalhado na **Tabela das Resoluções para Gravação** (a seguir).

Cada minuto de áudio mono em 16bit/44.1kHz requer, aproximadamente, 5MB (mais precisamente 5.292.024 bytes por minuto). Logo, para se gravar, por exemplo, quatro minutos de guitarra em estéreo, são necessários 40MB. Cinco pistas mono de bateria ocupam 100MB. Ao se mixar todo o áudio para estéreo, a quantidade volta a ser reduzida a dois canais (40MB).

Para se masterizar um CD de 50 minutos de música são necessários, aproximadamente, 500MB. Para guardar diversos projetos de CDs simultaneamente no HD, de forma que se possa transitar facilmente entre eles, conclui-se que quanto mais espaço disponível, melhor.

Os arquivos de áudio gerados pela plataforma PC (WAV) e Mac (AIFF) demandam, praticamente, o mesmo espaço. Quando convertidos para o formato de música de CD (*Red Book*) o tamanho diminui um pouco.

No caso das taxas de resolução elevadas para produção de DVD-Áudio (a partir de 96kHz), os arquivos originalmente "pesados" são convertidos pela aplicação do algoritmo *Meridian Lossless Processing* (MLP), que reduz imensamente seus tamanhos (na proporção típica de 1:0,45) sem acarretar perda de qualidade.

TABELA DAS RESOLUÇÕES PARA GRAVAÇÃO

Sample Rate	Resolução	Bytes por minuto
22kHz	8bit, mono	1,3MB
22kHz	8bit, estéreo	2,6MB
22kHz	16bit, mono	2,6MB
22kHz	16bit, estéreo	5,3MB
44.1kHz	8bit, mono	2,6MB
44.1kHz	8bit, estéreo	5,3MB
44.1kHz	16bit, mono	5,3MB
44.1kHz	16bit, estéreo	10,5MB
44.1kHz	20bit, mono	6,6MB
44.1kHz	20bit, estéreo	13,2MB
44.1kHz	24bit, mono	8,0MB
44.1kHz	20bit, estéreo	16MB
48kHz	20bit, mono	7,2MB
48kHz	20bit, estéreo	14,4MB
48kHz	24bit, mono	8,7MB
48kHz	24bit, estéreo	17,4MB
96kHz	20bit, mono	14,4MB
96kHz	20bit, estéreo	28,8MB
96kHz	24bit, mono	17,4MB
96kHz	24bit, estéreo	34,8MB
192kHz	24bit, mono	34,8MB
192kHz	24bit, estéreo	69,6MB

HD SATA

O HD do tipo SATA (substituto do IDE) é conectado a uma das portas SATA da placa-mãe através de cabo próprio que utiliza sete condutores sendo o 2 e 3 para transmitir, e o 5 e 6 para receber dados de forma serial. A qualidade do cabo e dos conectores é primordial para que não haja interrupções na transmissão. Muitas falhas na gravação de áudio ou mesmo travamentos do sistema operacional são causados por falhas de contato.

A nova especificação SATA *Revision 3*, a qual está sendo gradativamente implantada, proporciona taxa de transferência até 6Gbit/s (gigabits por segundo), ou seja, o dobro da velocidade do padrão SATA 2. Embora o *Revision 3* mantenha compatibilidade com a versão anterior, é recomendável instalar HDs com taxa de transferência de 6Gbit/s, em placas-mãe que os suportem.

A velocidade atual da maioria dos HDs SATA é de 7200rpm (rotações por minuto). Em se tratando de HDs internos para *notebooks* e *ultrabooks*, a velocidade, normalmente, é de 5400rpm já que esquenta menos e consome menos energia. No entanto, as melhores marcas disponibilizam HDs de 7200rpm sem que haja comprometimento do desempenho e da vida útil do *notebook*. Para aplicações musicais, os HDs que trabalham em 7200rpm são extremamente eficientes e seguros. A versão externa do HD SATA é a SATAe.

O HD instalado dentro do computador pode, eventualmente, induzir ruídos estranhos à gravação. Às vezes é possível notar, também, interferências do monitor, da placa de vídeo ou até mesmo do mouse na placa digitalizadora instalada internamente. Esses efeitos indesejáveis são provocados pela proximidade dos componentes em gabinetes pequenos. Um teste rápido pode detectar quando está acorrendo indutâncias e interferências: após instalar todo o sistema, aumenta-se o volume do amplificador gradativamente até atingir um nível elevado, com o cuidado de não ter nenhuma fonte sonora aplicada. Ativa-se o HD por intermédio de um gerenciador de programas; move-se o mouse em todas as direções; ligam-se as caixas de som que geralmente ficam próximas ao computador (nos *home studios*). Se durante essas etapas o sistema apresentar ruídos é sinal que as gravações serão prejudicadas. Abaixe o nível geral e teste com gravação observando se os ruídos são registrados. Caso positivo, reposicione as diversas peças. Se o problema persistir, considere trocar o gabinete por um maior ou passar a usar um HD externo.

Um cuidado necessário é utilizar, periodicamente, um aplicativo de desfragmentação de *hard disk*, de forma a otimizar o acesso aos dados e garantir a fluência tanto da gravação quanto da reprodução do áudio.

HD Thunderbolt

Essa modalidade de HD externo, que possui alta capacidade de armazenamento e velocidade de transferência, é mais encontrada em computadores Apple com sistema operacional OS X. A taxa de transferência do Thunderbolt é de 10Gbit/s (duas vezes mais rápida do que USB 3) e, a nova especificação Thunderbolt 2 proporciona a velocidade de até 20Gbit/s.

Esses HDs são, normalmente, formatados de fábrica para utilização em Macs, contudo, podem ser reformatados para PCs. Alguns modelos de HD Thunderbolt disponibilizam, também, conexão USB 3 para compatibilidade com o Windows. No entanto, a velocidade é reduzida para USB 3.

Novas interfaces estão sendo lançadas para que os PCs se beneficiem da tecnologia Thunderbolt através de adaptadores a serem conectados em um *slot* PCI. Por outro lado, os próprios fabricantes de placas-mãe lançaram novos modelos com Thunderbolt 2 para PC tanto *desktop* quanto *ultrabook*. Veja também o tópico Protocolos e conexões digitais / Thunderbolt (pág. 155).

HD Firewire

Diversos modelos de HD Firewire internos e externos estão disponíveis no mercado, sendo os externos os mais comuns. Essa modalidade de HD é encontrada nos formatos S400 e S800, que possuem taxas de transferência, respectivamente, de 400Mbit/s e 800Mbit/s.

Ultimamente, essa tecnologia está sendo, gradativamente, substituída pela USB e Thunderbolt. Veja mais detalhes no tópico Protocolos e conexões digitais / Firewire (pág. 155).

HD USB

O HD USB externo é primordial para criar *backups* dos arquivos de trabalho ou mesmo para gravar áudio (no caso do *notebook*). Mesmo com a proliferação do *Cloud Storage* (arquivamento na nuvem - servidor), que tende a substituir os meios físicos de *backup*, o HD USB ainda é a mídia predileta para arquivamento, devido ao seu baixo custo e à sua portabilidade. Além disso, sua capacidade está sendo expandida constantemente, alcançando, atualmente, a casa dos terabytes a um custo bem reduzido. A velocidade de transmissão é em torno de 5120Mbit/s. Veja detalhes da tecnologia USB em Protocolos e Conexões Digitais / USB (pág. 154).

HD SAS

SAS (*Serial Attached SCSI*) é a versão mais recente do SCSI (*Small Computer System Interface*). Trata-se de um protocolo serial ponto a ponto que proporciona velocidade de transferência de dados imensamente maior do o SCSI paralelo. Assim como seu predecessor, SAS utiliza o mesmo pacote de comandos do padrão SCSI.

A taxa de transferência é de 3 a 12Gbit/s com velocidade até 15000rpm. O desempenho dos dispositivos não diminui a cada aparelho adicionado como no antecessor paralelo. SAS não necessita usar terminadores e permite agregar até 128 dispositivos, podendo ter até 65535 aparelhos conectados através do uso de expansores. SAS é compatível com SATA. Cada aparelho SAS possui um ID único que vale para todo o mundo.

O HD SCSI foi muito utilizado durante mais de 30 anos em PCs e Macs. Na metade da década de 1980, foram introduzidos o protocolo e os periféricos de

SCSI com o propósito de agilizar a transferência de informações entre computadores, CD-ROMs e discos óticos, sendo logo adotados também para dados de áudio e, inclusive, para salvar e carregar *samples* de um teclado ou módulo *sampler*. SCSI é uma interface paralela que transfere de forma bidirecional em até 320Mbit/s, alcançando 10000rpm, dependendo da versão. Até 32 periféricos SCSI II podem ser conectados em cadeia, cada um com seu *ID number* (número de identificação). A conexão inicia-se entre a placa SCSI do computador e o primeiro HD prosseguindo, a partir deste, para cada disco subsequente. O sistema inclui um iniciador e um ou mais alvos. O iniciador (computador, *sampler* ou gravador dedicado) envia uma requisição de informação juntamente com as informações de dados para os demais da cadeia e o terminador é constituído de um resistor que ajuda a cancelar as reflexões causadas pela transferência de dados em uma linha de transmissão. Como regra geral, os terminadores devem estar presentes no início e no do final da cadeia.

Cartões SD

Diversas mídias de arquivamento são disponibilizadas em vários formatos que variam de cartões a unidades similares ao HD. O SSD (*Solid State Drive*), adotado em diversos modelos de computadores Apple, utiliza diversos *chips* em cadeia para armazenamento. Os SSDs atuais possuem formato um pouco mais fino que o HD, embora possam ser também encontrados em placas PCI. No primeiro caso, é conectado através de cabo SATA. No segundo, é inserido em um *slot* PCI.

Outra modalidade de dispositivo de armazenamento muito popular é o cartão de memória *flash* (também denominado *memory stick*) comumente encontrado em câmeras, filmadoras, *notebooks* e *ultrabooks*. Os cartões podem ser de três tipos: SD (*Secure Digital Card*), SDHC (*Secure Digital High Capacity*) e SDXC (*Secure Digital Extended Capacity*). A capacidade desses dispositivos varia entre 2GB e 2TB sendo que a velocidade de transferência do SDXC pode chegar a 4Gbit/s. De forma geral, são mais rápidos, mais leves e aquecem menos do que os HDs. Em contrapartida, os de maior capacidade ainda são muito caros.

Vantagens da gravação digital

A tecnologia da gravação digital (conjugada com MIDI) possibilita a total integração dos instrumentos acústicos com os eletrônicos sequenciados, sem a necessidade de se utilizar gravadores de fita externos sincronizados com sequenciadores. Diversos fatores contribuíam para que o sincronismo se perdesse: uma interrupção mínima do sinal de *sync*, uma falha na fita, qualquer instabilidade do gravador, baixo ou alto nível do sinal de *sync* etc. O sistema digital proporciona diversas vantagens:

- Devido ao baixo custo dos equipamentos de gravação digital, tornou-se possível montar um estúdio caseiro e produzir trabalhos de qualidade comparável à dos grandes estúdios. Já no mundo analógico, se compararmos as gravações realizadas em um *home studio* com as produzidas em um profissional, é fácil perceber que há uma diferença considerável de qualidade. Deve-se observar que, mesmo no caso dos pequenos estúdios digitais, todos os equipamentos analógicos a serem utilizados (microfones, instrumentos, amplificação, caixas acústicas) devem ser de máxima qualidade.
- Tanto no sistema de computador quanto no dedicado pode-se manipular o material gravado de muitas maneiras: cortar, copiar, colar; mudar o local dos eventos; filtrar ruídos indesejáveis; equalizar; adicionar efeitos de reverberação, eco etc.; aumentar ou diminuir o sinal; aplicar *fade in* ou *fade out*; inserir notas ou apagar erros de execução ou, ainda, gravar vários *takes*; escolher as melhores partes e colar em outro canal sem degradação do som.
- O acesso às posições das músicas é instantâneo.
- As cópias de segurança têm a mesma qualidade do material original e não produzem *hiss* (chiado).
- Permite a criação de *playlists* e *loops* (listas de eventos a serem tocados ou repetidos). De certa forma, alguns procedimentos da gravação para HD são bem parecidos com os de sequenciamento, tanto que os tecladistas familiarizados com os recursos e linguagem de MIDI se adaptam facilmente. Por exemplo: em MIDI é possível sequenciar oito compassos de bateria e copiá-los diversas vezes para criar uma batida. Na gravação para HD, pode-se fazer o mesmo ou, melhor ainda, criar uma *playlist* com instrução de repetir o conteúdo um certo número de vezes ou inserir *loops* (*groove clips*) de áudio que acompanham a mudança de tempo e de tonalidade.
- Todo o sincronismo é realizado internamente de forma transparente. Finalmente, a sincronização entre as pistas gravadas e as sequenciadas em um mesmo computador não é mais problema.
- A gravação digital não se limita ao número de captadores disponíveis em uma cabeça de gravador, como no caso das máquinas analógicas e, tampouco necessita de limpeza constante ou alinhamento.
- Novos recursos e *plug-ins* são acrescentados periodicamente nos softwares em forma de *updates* ou *upgrades*.

Recursos dos softwares de gravação

Após instalar os hardwares de áudio, para transformar o computador em um gravador digital, é necessário instalar softwares que disponibilizarão, por intermédio de menus, gráficos e janelas, todas as funções para gravar, editar e tocar. Diversos softwares de áudio encontram-se disponíveis. Alguns trabalham somente com áudio, como o Sound Forge (Sony) e o Audition (Adobe); outros possibilitam sequenciamento MIDI e gravação de áudio conjugados: Audio Logic (Apple), Sonar (Cakewalk), Cubase ou Nuendo (Steinberg), ProTools (Avid) etc.

O aplicativo para gravação e produção musical deve ter menus claros e objetivos; área de trabalho configurável para cada música; suporte para diversos formatos de arquivo de áudio e de vídeo; acesso aos *plug-ins* das diversas categorias; sincronização de áudio com vídeo interno em janela separada; diversos níveis de *undo/redo* (desfaz/refaz) contendo histórico; expansão e contração de tempo de áudio; possibilidade de registrar de fontes sonoras em um grande número de pistas.

A seguir, são detalhados os recursos de gravação e de edição de áudio comuns a todos os softwares, embora possam apresentar nomenclaturas ligeiramente diferentes. Como os softwares possuem menus de opções com termos em inglês, esse idioma foi adotado aqui também. Recursos complementares específicos para recuperação de áudio proveniente da digitalização de LPs e fitas encontram-se descritos no item LP e Fita para CD (pág. 257).

Destructive/Nondestructive

Os softwares de áudio podem processar as tarefas de edição e regravação de duas formas: destrutiva e não destrutiva. Na destrutiva, qualquer modificação altera definitivamente as características do áudio. Na não destrutiva, o material original permanece intacto já que as modificações tornam-se novos objetos (*clips*) sobrepostos. Nesse último caso, para se comutar a audição entre o som original e o editado, basta selecionar qual o *take* desejado ou deslocar os sobrepostos de posição, revelando os demais e o original. Alguns softwares guardam os *takes* (editados ou regravados), em diversas camadas da mesma pista enquanto outros criam automaticamente novas pistas.

Audio View

Visor do áudio. É, sem dúvida, um dos recursos mais significativos na utilização de computadores para gravação de áudio. Possibilita ver em detalhes a representação da onda do material gravado, principalmente, utilizando-se monitor a partir de 24". Localizar visualmente partes da música requer apenas um pouco de prática. Cada pico mostrado reflete um evento sonoro com sua respectiva dinâmica. Pode-se marcar blocos de informações gravadas arrastando-os com o mouse e, em seguida, efetuar edições como: remover entradas falsas de um instrumento ou aplicar efeitos em determinados pontos. Os softwares mais sofisticados permitem gravar quantos *takes* se desejar para, posteriormente, selecionar e endereçar as melhores execuções para uma nova pista de áudio.

Zoom

Ampliador horizontal e vertical. Amplia infinitamente a faixa selecionada para visualização. Assim, é possível editar, por exemplo, uma única nota ou eliminar um ruído momentâneo indesejável (tomada de respiração, trastejado, virada de página de partitura etc.).

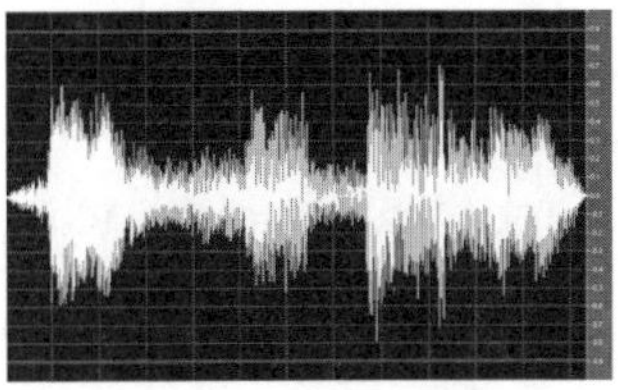

Audio view normal

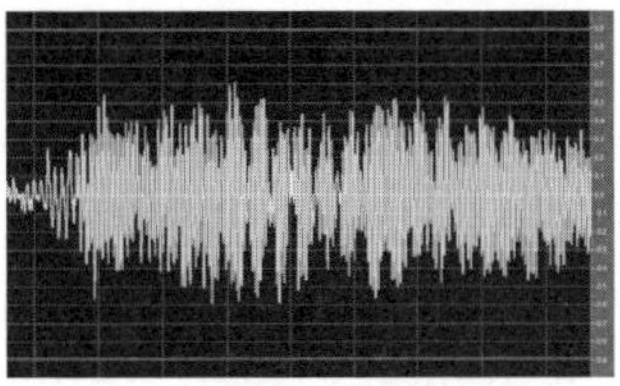

Zoom 200%

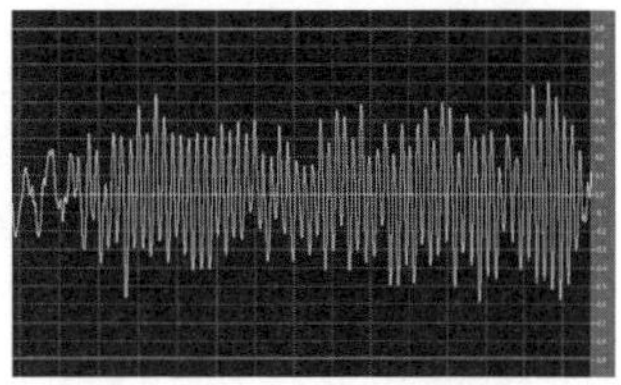

Zoom 300%

Cut/Copy/Paste

Cortar/copiar/colar. Quem lida com informática conhece perfeitamente essas funções que estão presentes, inclusive, nos processadores de texto e de vídeo. No caso da edição de áudio, aplica-se o *cut* arrastando o mouse sobre o trecho do material gravado que se deseja eliminar, guardando-o no *clipboard* (armazenador temporário em RAM) para inserir em outro local, se desejar.

Como demonstram as imagens a seguir, para se eliminar um trecho, aplica-se o comando *cut*. O material sonoro que sobra é todo deslocado e passa a ocupar o espaço do que foi cortado.

CUT

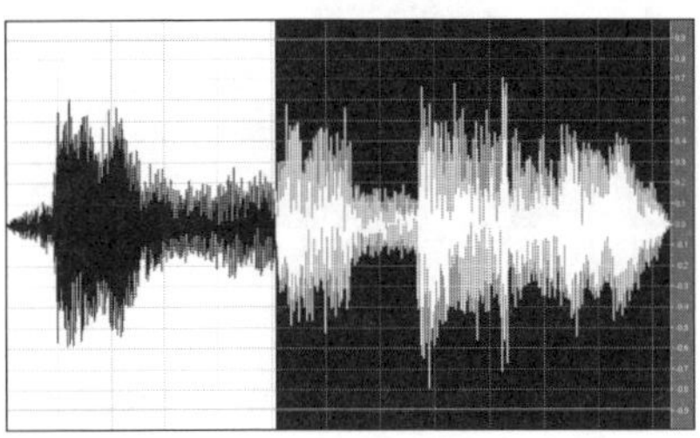

RESULTADO

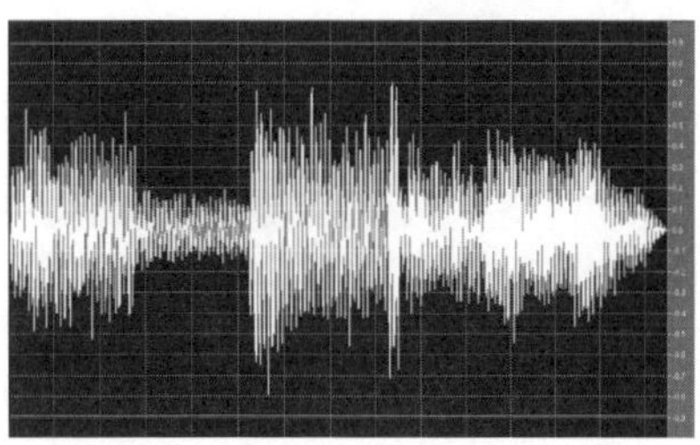

Uma variação do *cut* é o *silence* (silêncio), recurso de edição usado para eliminar um trecho conservando seu respectivo espaço como mostra a figura da direita.

SILENCE

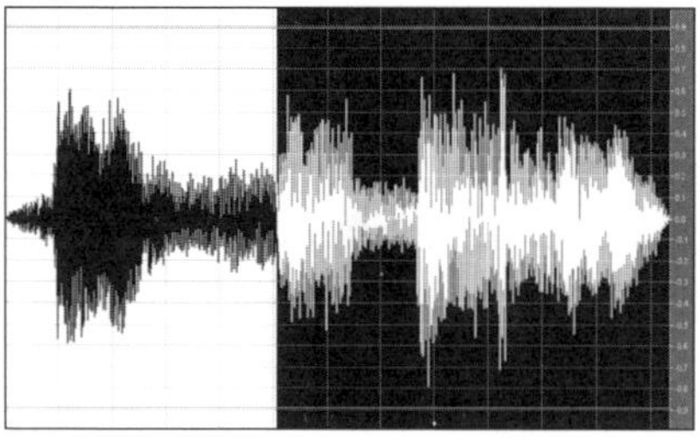

RESULTADO

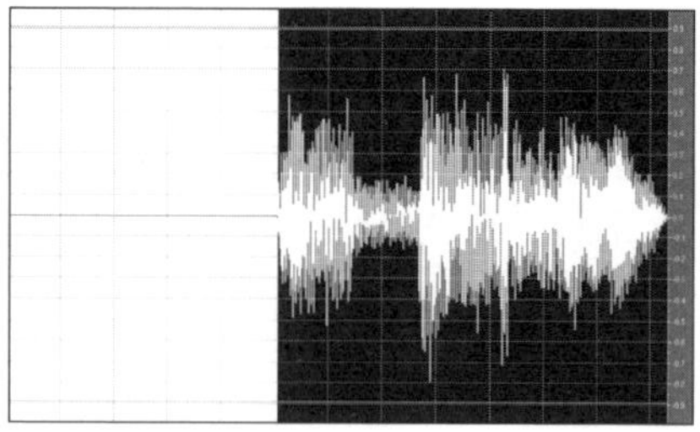

A opção de utilizar um ou outro recurso depende da finalidade: o *cut* é preferível quando não há outras pistas de áudio ou de MIDI fazendo parte da música e o *silence* no caso de se desejar conservar a duração de uma pista evitando que esta fique defasada em relação às demais. As duas formas são amplamente aplicadas na montagem de uma base, que poderá ser usada como âncora da música inteira e também na construção da ordem final da música, antes da masterização.

Outra forma de eliminar ou esconder um trecho é por intermédio do *mute* (mudo) e do envelope de volume, os quais desligam e abaixam o nível do áudio selecionado sem alterar o espaço da música.

O *copy* copia um trecho para o *clipboard* sem apagá-lo. Para inserir a informação copiada em outro local, marca-se o ponto de destino e clica-se no *paste*. O resultado é mostrado na figura da direita:

COPY

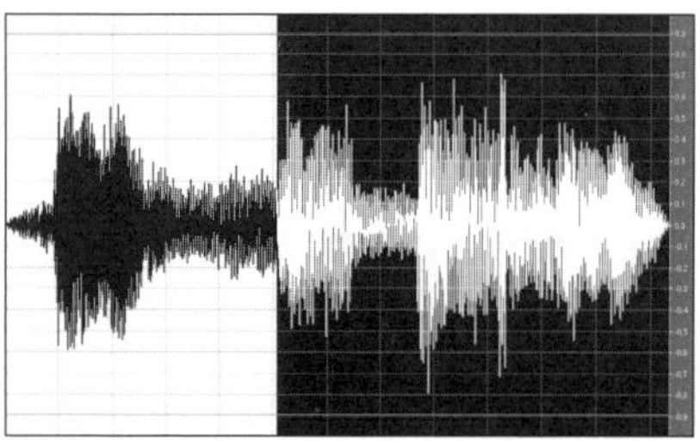

RESULTADO

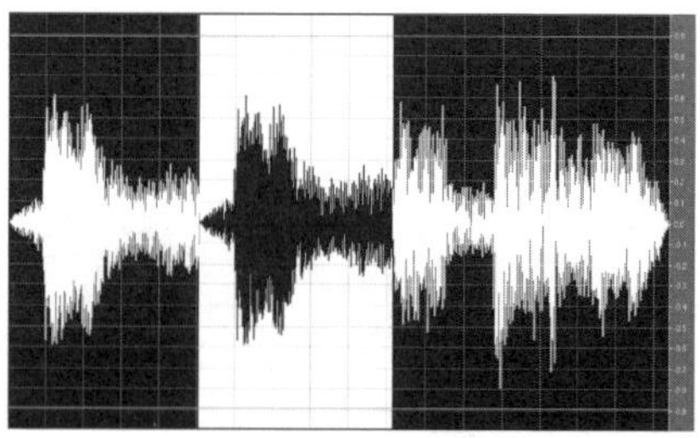

Para fazer o *paste* apagando o trecho de destino, primeiramente marca-se o alvo, depois clica-se em *paste*, como a seguir.

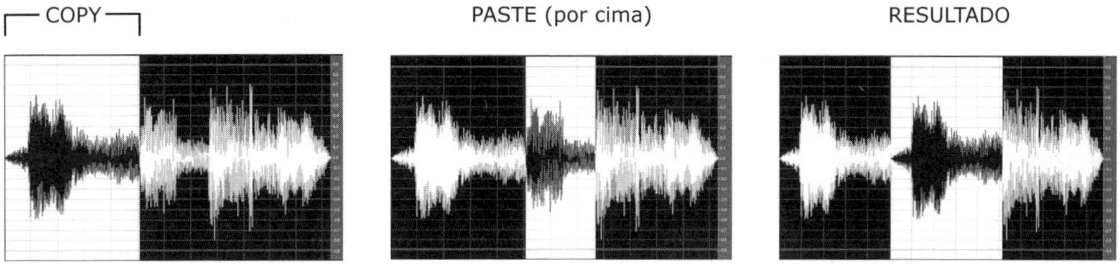

Draw Wave

Desenho de forma de onda. A maioria dos softwares oferece um lápis virtual que serve para desenhar ou modificar formas de onda com o mouse. Esse recurso pode ajudar a eliminar *clicks* (estalos) de uma gravação, caso o removedor automático (*Click/Pop Remove*) não consiga resolver. Ao se localizar o pico do ruído auditiva e visualmente, marca-se a região, amplia-se o *zoom* e desenha-se por cima do local do ruído até removê-lo.

Gain

Ganho. O recurso de ganho geral permite aumentar ou diminuir o nível do material gravado. Pode ser aplicado em uma pista, na música inteira, em pequenos trechos ou até em notas isoladas. O ganho, geralmente, é um efeito processado, em vez de acoplado. Por isso deve ser aplicado, no máximo, duas vezes no clipe de áudio. A partir desse número, o som pode degradar de forma perceptível.

No processo de finalização de um CD (masterização) o ganho é utilizado para uniformizar o nível das diversas faixas do projeto. Dessa forma evita-se um problema que, muitas vezes, ocorre nos CDs: músicas com volumes gerais discrepantes. Por outro lado, o volume pode ser regulado através de envelope.

> Ao clicar em qualquer efeito disponível nos menus dos softwares ou nos *plug-ins* terceirizados (que serão vistos adiante), é possível observar que vários parâmetros para edição já vêm configurados de fábrica. Em relação ao ganho, por exemplo, aparecem as possibilidades de adicionar ou subtrair 1dB, 2dB e 3dB. Além desses *presets*, pode-se criar novas configurações e salvá-las com um novo nome. Essas configurações do usuário passam a ficar disponíveis na lista de opções, podendo ser aplicadas futuramente.

Fade In/Fade Out

Esse recurso controla o aumento e diminuição gradativa do nível de áudio. Corresponde ao movimento manual aplicado em *faders* ou botões de volume dos *mixers*. A vantagem do *fade* digital é poder regular com precisão qual o tipo (linear ou exponencial) e em que tempo atuarão. São muito aplicados nos finais de música que terminam abaixando o som lentamente. Podem, também, ser desenhados através de envelope de volume.

Normalize

Normalizador. Eleva o nível do áudio de forma a alcançar o máximo de ganho. Já que a mesma quantidade de ganho é aplicada ao áudio original, a relação sinal ruído não é modificada. O normalizador pode ser também aplicado em várias músicas de um projeto para que fiquem com volumes gerais idênticos. Até os tocadores de MP3 oferecem sempre a opção *Normalize* para que as músicas sejam executadas com o mesmo *punch* (presença). Nas produções profissionais utiliza-se o *compressor/expansor* em vez do *normalize.*

> Assim como no compressor/expansor, deve-se utilizar o *normalize* com muita cautela para não destruir as características de dinâmica natural da música. A princípio, o *normalize* parece oferecer apenas benefícios por isso há uma tendência de utilização exagerada. A música instrumental acústica, por exemplo, pode ter sua dinâmica natural destruída pelo mau uso do *normalize*. Já na música eletrônica, é muito recomendável para que a base fique com bastante presença e sem variações de dinâmica.

Digital Signal Processing (DSP)

Processamento digital de sinal. Embora os recursos anteriores (os quais lidam com visualização, deslocamento do áudio e edição de níveis) também sejam processados digitalmente, há outra categoria que recebe a denominação de Processamento Digital do Sinal. Trata-se de uma área dos recursos dos aplicativos de gravação responsável pela alteração da característica de timbre ou de efeito do material gravado. Os mais comuns, encontrados em todos os softwares de áudio em maior ou menor variedade e qualidade são: *equalizing*, *reverb*, *echo*, *noise gate*, *compressor*, *amp simulator*, *expander* etc.

Esses recursos nasceram no campo analógico, disponibilizados em caixas separadas ou em aparelhos de *rack*. Nesses dispositivos, os parâmetros são acessados por intermédio de botões disponíveis nos seus painéis ou através de um computador, via *Sys-Ex*. Já os seus correspondentes digitais são em forma de software, que proporciona maior facilidade de operação, pois todos os parâmetros são mostrados no monitor do computador, bastando clicar ou arrastar com o mouse para alterá-los.

Muitas vezes, os recursos de DSP disponibilizados pelo próprio software gravador não são muito eficazes ou não atuam da forma desejada. Para solucionar essa deficiência pode-se abrir o arquivo de áudio em outro software mais eficiente e aplicar os seus DSPs proprietários. É, ainda, possível direcionar a saída do canal em questão para a entrada de um processador físico externo, já que os gravadores permitem acessar os efeitos dos consagrados efeitos de *rack* através da saída de áudio da interface. Nesse caso, a volta do efeito deve ser endereçada para uma entrada da interface.

Para ampliar as possibilidades de processamento de efeitos de áudio no campo digital, diversos fabricantes passaram a oferecer pacotes de efeitos virtuais que funcionam com qualquer software de áudio. Para tornar esses efeitos acessíveis a partir de qualquer software foi desenvolvida a tecnologia dos *plug-ins* de áudio, descrita a seguir.

Plug-ins de áudio

Já que os softwares de áudio não podem corresponder a todas as necessidades dos mais variados usuários, eles fazem uso da tecnologia *plug-in*. Os *plug-ins* são softwares que possibilitam executar diversas tarefas, inclusive, na área de DSP. Uma vez instalados no computador, no menu principal dos aplicativos de áudio, passa a aparecer a opção *plug-ins*. Ao clicar nesse item abre-se uma janela onde são listados todos os *plug-ins* instalados no sistema.

Além dos fabricantes de *plug-ins* terceirizados, alguns produtores dos próprios softwares de áudio incluem nos pacotes de instalação diversos *plug-ins* que passam a ficar igualmente disponíveis no sistema e, a partir daí, qualquer outro aplicativo também pode passar a usá-los. *Plug-ins* para edição podem ser encontrados em CDs de instalação de softwares de música ou em CDs de fabricantes específicos desses efeitos.

Já que o desempenho, a finalidade e a procedência dos *plug-ins* são muito variados, convém instalar os efeitos necessários e testá-los um a um, eliminando, posteriormente, os que não oferecem bons resultados.

Plug-ins de efeitos para moldar a sonoridade do áudio

Os efeitos podem ser acoplados em cada pista de áudio do software gravador ou aplicados diretamente em determinados trechos do áudio na área de gravação. Os seguintes efeitos são primordiais:

Equalization

Equalização. A equalização digital, assim como a analógica, altera o timbre do sinal. Os equalizadores digitais moldam o timbre com extrema precisão e são disponibilizados em duas formas básicas: gráfico e paramétrico. Os *presets* mais utilizados para modificações rápidas são os equalizadores de 10 bandas (32Hz, 64Hz, 130Hz, 260Hz, 500Hz, 1kHz, 2kHz, 4kHz, 8.3kHz e 16.5kHz); os acentuadores (*boosters*) de graves e agudos; e os removedores de ruído de rede (60Hz) que atuam anulando essa faixa de frequência especificamente.

A equalização é uma função bem conhecida de todos. A operação de adicionar ou subtrair nível sonoro das diversas faixas de frequência é um recurso disponível até mesmo nos amplificadores caseiros. Trata-se da função de alterar a quantidade de graves, médios e agudos, sendo que, no caso dos equalizadores gráficos, paramétricos e de pontos a criar, cada uma dessas bandas possui diversas subdivisões.

Os *plug-ins* de equalização gráfica permitem alterar o timbre em até 31 bandas. Assim, pode-se construir uma curva de níveis e frequências moldando o timbre como se desejar. O equalizador paramétrico permite selecionar determinadas faixas de frequências exatas e alterar seu ganho. Os *plug-ins* equalizadores atuais permitem selecionar quantas faixas forem necessárias criando-se pontos para alteração do nível, da frequência e do fator Q (atuação nas frequências vizinhas). Além disso, suportam automação através de envelope.

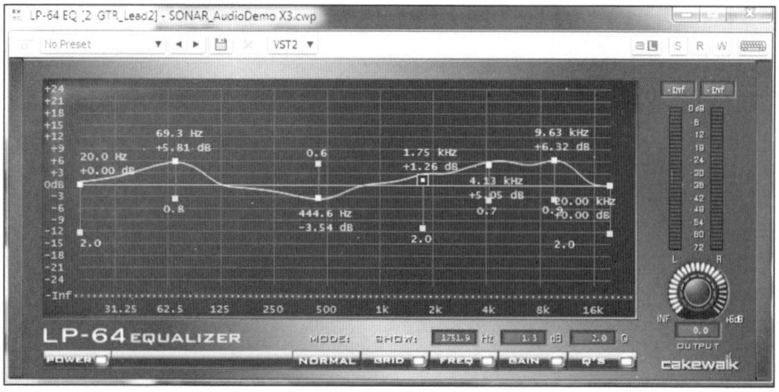

Equalizador de faixas selecionáveis

Transposition, Pitch Shift, Time Stretching

Transposição de áudio gravado ou *pitch shifting* é um recurso muito necessário e que só agora pode ser utilizado (em graduações moderadas) com certa confiabilidade. Possibilita afinar uma simples nota ou transpor a música inteira para uma tonalidade acima ou abaixo da original.

Quando se gravava em máquinas analógicas, para mudar a afinação da música, era necessário rodar o botão de *pitch* que acelerava ou diminuía a velocidade de rotação do motor. Por esse processo, inevitavelmente, o andamento da música mudava. Já na transposição digital, o andamento é conservado, pois a transposição trabalha em conjunto com outro recurso denominado *time correction* ou *time stretching* (correção de tempo), que ajusta a duração para que a música continue como no original.

Por outro lado, o *time stretching* pode ser utilizado para modificar o tempo de duração de um trecho ou de uma música inteira. Para que a afinação não mude ao se alterar o andamento, os *plug-ins* apresentam a opção de conservar a tonalidade.

> Transpor material gravado nem sempre produz bons resultados. Após afinar, é comum notar-se *glitches* (ruídos com batimentos constantes), além de que pode ocorrer degradação da qualidade do som original. Por isso, ainda é mais seguro gravar os instrumentos (via áudio) somente quando a tonalidade da música estiver definida.

Pitch Correction

Correção automática da afinação. O *Auto-Tune* foi produzido, originalmente, pela empresa Antares Audio Technologies. Trabalha de forma similar ao item anterior, contudo utiliza algoritmos muito mais eficientes e apresenta, ainda, recursos extras. Na realidade, o *Auto-Tune* vem sendo muito utilizado para corrigir as desafinações dos cantores. E, devido ao seu sucesso, os corretores de afinação das mais variadas empresas acabaram sendo apelidados de *auto-tune*.

A correção pode ser automática ou manual. Na automática, o *plug-in* ajusta as notas imprecisas, para a afinação perfeita mais próxima, segundo o sistema temperado tradicional (no qual cada nota possui uma afinação fixa predeterminada). Já a manual exige que as imperfeições sejam editadas através do mouse arrastando-se a nota a ser afinada, para cima ou para baixo.

Além da afinação, o corretor pode ajustar ainda: o timbre da vogal, a localização das notas no tempo (corrigindo erros de ritmo), a dinâmica e a profundidade do vibrato (inclusive através da roda de *modulation* de um teclado físico). Além disso, pode ser usado em graduações mais exageradas gerando um efeito de *Vocoder* (que robotiza a voz sutilmente).

O último software lançado pela Antares é o Auto-Tune Live, o qual possibilita afinação automática e efeito de robotização em tempo real, ou seja, em shows ao vivo.

O Melodyne (Celemony) é outro corretor muito eficiente que atua, inclusive, em material polifônico. Isso significa que uma nota desafinada pode ser ajustada mesmo que faça parte de um acorde de piano, violão, coral etc. Além disso, permite acrescentar ou excluir notas em qualquer evento de áudio polifônico.

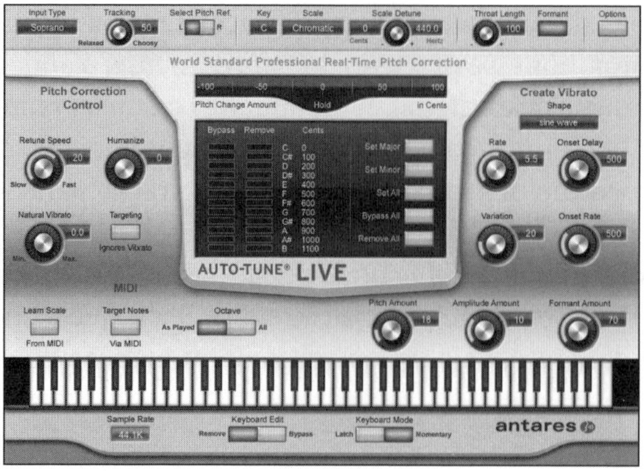

O corretor de afinação automático Auto Tune Live

Compression

Compressão. Restringe o alcance de dinâmica geral, eliminando os picos de áudio. Muito utilizada na bateria, no baixo e na voz, proporciona um resultado sonoro com mais *punch*.

Noise Gate

O cancelador de ruído atenua ou elimina o áudio que estiver abaixo de um nível predeterminado (*threshold*). Uma das formas de se eliminar o chiado (*hiss*) de uma gravação é ajustar o *threshold* do *noise gate* para uma graduação um pouco acima do nível do chiado.

Hum Removal, DeHiss, DeClick, DeNoise

Removedor de ruído de rede, chiado, estalo e de ruídos diversos. São *plug-ins* (ou recursos proprietários dos softwares) que possibilitam eliminar todos os tipos de sinais estranhos à música: *hums*, chiados de fita, *clicks*, *plocks*, trastejadas, barulhos de palheta de guitarra ou de virada de partitura, tosse, estalos de disco de vinil etc. Na prática, observa-se que esses recursos operam verdadeiros milagres em um áudio com problemas.

O *hum removal* (removedor de ruído de rede de 60Hz) é um recurso de benefício inestimável. É improvável que exista um estúdio completamente livre do ruído de rede, mesmo utilizando todas as técnicas corretas de condução de fiação elétrica, separação de corrente da iluminação e filtros especiais. Uma boa gravação de guitarra (que depende de captadores magnéticos e amplificadores a válvula), por exemplo, é muito suscetível à indução de ruído de rede. Utilizando o removedor de *hum* digital é possível atenuá-lo ou mesmo eliminá-lo completamente. Mais detalhes sobre esses *plug-ins* encontram-se na seção LP e Fita para

CD no qual os mesmos são amplamente utilizados. Veja o tópico Aprimorando o áudio (pág. 271).

Reverb

A reverberação é um efeito que simula a execução de um instrumento ou de voz em um ambiente naturalmente reflexivo. Quando se conecta, por exemplo, um teclado com programa de órgão de igreja diretamente no *mixer*, o som fica seco, já que as reflexões do ambiente (paredes, teto e chão da igreja) não estão sendo captadas e registradas. Essas reflexões, somadas ao som do instrumento, é o que proporciona a característica peculiar.

Por muitos anos foram utilizados vários dispositivos de reverberação, incluindo câmeras reflexivas, sistemas com molas e aparelhos de *rack* analógicos. Em seguida, foram introduzidos os aparelhos digitais e mais recentemente o próprio computador realiza as funções de reverberação por intermédio de software.

Diversos fabricantes produzem *plug-ins* de *reverb* nas suas diversas modalidades: *bright hall* (salão brilhante), *concert hall* (sala de concerto), *medium hall* (salão médio), *medium room* (sala média), *small room* (sala pequena), *large room* (sala grande), *warm ambience* (ambiência fechada, "morna"), *live ambience* (ambiência aberta, viva) etc. Cada uma possui características distintas em termos de ataque, duração, grau de mistura com o som do instrumento e qualidade tímbrica.

Convolution Reverb

Além dos *plug-ins* de reverberação há, ainda, os de *convolution reverb* (reverberação por amostragem) que utilizam *impulse files* (arquivos de impulso em WAV ou no formato proprietário do software reverberador) para reproduzir os ambientes acústicos de diversas salas de concerto, igrejas, estádios etc. Por intermédio do *convolution reverb*, o sinal gravado adquire as características reflexivas desses locais. Por exemplo: um violão gravado em um *home studio* pode passar a ter a ambiência do Carnegie Hall. Esse tipo de *reverb* possibilita, ainda, que se gradue o volume da fonte sonora e do efeito, a equalização do retorno do efeito, balanço no panorâmico, tempo de entrada e de saída do *reverber* etc. Alguns fabricantes dessa modalidade de *plug-in* incluem na instalação as fotos dos locais nos quais foram capturadas as características acústicas para posterior criação dos respectivos arquivos de impulso.

Pre-amp e *Amp Simulators*

Existem diversos *plug-ins* que simulam pré-amplificadores e amplificadores valvulados ou transistorizados. Através desse recurso é possível alcançar sonoridades semelhantes às proporcionadas pelos periféricos originais de pedais, *rack*, *stand-alone* ou dos amplificadores físicos. Os *pre-amps* e *amp simulators* podem ser específicos para pré-amplificação de um sinal de áudio como, por exemplo, de uma voz solo ou, também para adição de diversos efeitos simultâneos nos instrumentos musicais (*plug-ins* "tudo em um"). Os simuladores que disponibilizam vários efeitos são mais utilizados para a gravação de guitarra e de baixo.

A vantagem de se utilizar efeitos *plug-ins*, em vez de pedais, *racks* e amplificadores convencionais, reside na possibilidade de inserção dos mesmos em uma pista de áudio do software gravador sem que os efeitos sejam efetivamente registrados com o instrumento. Dessa forma, pode-se modificar a regulagem do pré -amplificador ou do efeito na fase de mixagem. Após o instrumento estar gravado, é possível combinar vários tipos de *pre-amps* com simuladores de renomados amplificadores, modelos de caixas de som, alto-falantes com sistemas giratórios (caixa Leslie), posicionamentos de microfones, moduladores, reverberadores, equalizadores etc. O simulador da categoria "tudo em um" mais utilizado é o Guitar Rig (Native Instruments).

O simulador de efeitos e amplificadores Guitar Rig

Time Delay

Muitos efeitos são baseados na variação da duração, no posicionamento e na repetição do sinal original: *echo, flanging, chorusing, delay, psycho-acoustic stereo, panning* etc. Para serem percebidos é necessário que a fonte geradora do sinal também seja ouvida, ou seja, deve-se graduar o sinal gerador com o sinal do retorno do efeito.

Em relação ao eco, se o gerador não for ouvido, a repetição acaba se tornando a fonte (atrasada). Logo, é necessário que o gerador esteja sempre realimentando o processador do efeito. Conforme o som da repetição se aproxima do gerador, a característica do efeito tende para o *chorus* (com sua típica defasagem).

> Existe uma variedade imensa de efeitos digitais do tipo *delay* disponibilizados nos softwares de áudio e em forma de *plug-in*, proporcionando qualidade surpreendente, o que faz com que técnicos e músicos utilizem-nos em excesso. O mais sensato a fazer é estudá-los caso a caso e identificar em quais situações e com que graduações devem ser utilizados.

DeEsser

Redutor de "esses". São redutores da faixa de frequência específica da sibilância da voz. Sibilância é o som áspero provocado pela emissão das consoantes S, X e Z, as quais possuem dinâmicas naturais muito acentuadas na faixa entre 5 e 8kHz. Os *plug-ins DeEssers* atenuam, justamente, o material áspero compreendido nessa região.

> Algumas técnicas de microfonação devem ser adotadas para evitar a captação da acentuação exagerada das sílabas contendo essas consoantes. Por exemplo: a cápsula do microfone não deve ser direcionada diretamente para a boca do cantor e o microfone deve ser posicionado a uma distância de, no mínimo, 30cm.

Protocolos e conexões digitais

Novos protocolos são constantemente adotados para troca de dados de áudio e de sincronização entre os diversos equipamentos digitais (veja o Capítulo 11). A transferência das informações e do *clock* (pulso de sincronização) entre os equipamentos digitais de gravação é realizada através de diferentes tipos de interfaces, conectores e cabos adotados pelos diversos fabricantes. Por isso, muitas vezes ocorrem incompatibilidades entre os aparelhos, as quais, geralmente, podem ser eliminadas através da interseção de conversores de formatos disponibilizados em placas ou em módulos. Dessa forma, observa-se que, direta ou indiretamente, a grande maioria dos equipamentos digitais (DAWs dedicados ou de computador, *mixers*, gravadores digitais de fita etc.) pode se sincronizar e trocar pistas gravadas, através dos protocolos e conectores descritos a seguir. Até os sistemas de gravação analógica e os de gravação digital em fita podem ser perfeitamente integrados aos *setups* dos estúdios mais modernos.

Como não há uma padronização para a conectividade entre equipamentos digitais, alguns fabricantes passaram a incluir os formatos mais utilizados, de forma que seu produto não ficasse isolado. Por isso, atualmente, os aparelhos digitais para áudio disponibilizam, no mínimo, três formatos: USB, S/PDIF e AES/EBU. Já que o protocolo SATA não é utilizado para conectar equipamentos de áudio, o mesmo encontra-se descrito, somente, no tópico *Hard Disks* (pág. 135).

S/PDIF

Projetado para utilização doméstica e profissional pela Sony e Philips (*Sony/ Philips Digital Interface*). É, comumente, disponibilizado nos gravadores DAT, interfaces de áudio e equipamentos de *home theaters* de alta fidelidade. Transporta áudio de 2 até 7.1 canais. Utiliza conector tipo RCA e cabos comuns, sendo recomendados os de baixa impedância. Os aparelhos mais sofisticados disponibilizam, também, conectores Toslink para cabo de fibra ótica. Já o S/PFIF2 é uma versão mais utilizada em equipamentos de estúdios profissionais. Nesse caso, os dados e o *clock* são transmitidos por vias separadas, eliminando problemas de intermodulações nas altas frequências.

AES/EBU

Protocolo de transmissão de áudio digital em dois canais, adotado pela *Audio Engineering Society e European Broadcast Union* para aplicações profissionais. A conexão pode ser feita por intermédio de conector do tipo XLR balanceado de três pinos, em que o pino 1 é o terra e o 2 e 3 transportam o sinal via cabo de microfone ou de fibra ótica.

USB

A conexão *Universal Syncronous Bus*, introduzida em 1996 pela Digital Equipment Corporation, IBM, Intel, Microsoft e NEC, tornou-se padrão em todos os computadores e em vários equipamentos de produção musical, assim como em câmeras, impressoras, HDs, videogames etc. Inclusive, muitos dispositivos móveis e *tablets* proporcionam conectividade USB através da porta *Mini USB* ou de conversores específicos.

A conectividade USB vem sendo adicionada há alguns anos, também, nos teclados, embora estes ainda conservem as de MIDI. Esse padrão, o qual substituiu as portas paralelas e seriais convencionais, possibilita, inclusive, a condução da alimentação elétrica para os dispositivos conectados eliminando, dessa forma, os carregadores (alimentadores) de força.

Os conectores e *plugs* USB possuem várias dimensões: *Standard*, *Mini*, *Micro* e *On-the-Go* (mini e micro juntos). O modelo utilizado nos equipamentos profissionais de música é o *Standard* e os padrões de velocidade atuais são o *High Speed* (USB 2.0, 480Mbit/s) e o *SuperSpeed* (3.0, 5Gbit/s atualmente em expansão para 3.1, 10Gbit/s). O conector USB 2.0 possui quatro pinos e o USB 3.0, nove pios. Já o USB 3.0 com alimentação possui 11 pinos.

Qualquer equipamento que só possua portas MIDI pode ser acoplado à porta USB do computador através do cabo conversor MIDI para USB (veja HD USB na pág. 139).

Firewire

Firewire ou IEEE-1394 é uma interface serial de alta velocidade desenvolvida pela Apple no final dos anos 1980 e disponibilizada em diversos dos seus modelos de computadores. Atualmente, está sendo substituída pela nova interface Thunderbolt, desenvolvida pela Intel. O Firewire também foi adotado por alguns fabricantes de *laptops* PC ou ainda de *desktops* (através de placa adaptadora de PCI para Firewire). Essa tecnologia suporta até 63 periféricos conectados e os cabos transportam alimentação elétrica. Consequentemente, diversos periféricos passam a dispensar alimentadores de força (como na USB).

Os modos mais utilizados da interface Firewire são S400 e S800 os quais proporcionam taxas de transferência, respectivamente, de 400Mbit/s e 800Mbit/s. O Firewire 400 utiliza conector alfa de seis pinos. Já o 800 usa conector beta de nove pinos. A especificação Firewire 1394b suporta até 3.2Gbit/s e o projeto IEE P1394d suportará 6.4Gbit/s (veja HD Firewire na pág. 139).

Thunderbolt

Protocolo de conexão desenvolvido pela Intel e adotado, primeiramente, pela Apple no MacBook Pro, para transferência de dados em altíssima velocidade entre o computador e diversos periféricos. Foi introduzido em 2009, ainda com o nome código Light Peak e, em 2011 passou a ser oficialmente denominado Thunderbolt.

Utiliza o mesmo conector de 20 pinos desenvolvido pela Apple, conhecido como MDP (*Mini Display Port*). O Thunderbolt agrega as tecnologias de transmissão seriais PCIe (*PCI Express*) e DP (*Display Port*) juntamente com alimentação elétrica, em um único cabo ótico. Cada porta suporta até seis periféricos ligados através de um *hub* ou em cadeia. Sua velocidade nominal é de 10Gbit/s sendo, por isso considerado o concorrente do USB 3. Contudo, essa tecnologia deve alcançar até 100Gbit/s futuramente (veja HD Thunderbolt na pág. 138).

TDIF

Protocolo próprio da Tascam (*Tascam Digital Interconnect Format*), utilizado nos gravadores multicanais digitais da série DA. Utiliza conector D-Sub de 25 pinos para a comunicação e transferência para outros equipamentos que também interpretem o TDIF, como o *mixer* digital 02R96 (Yamaha).

SuperClock / Avid Sync HD

O SuperClock é um formato proprietário de transferência da Digidesign/Avid que opera na taxa de 256 vezes em relação ao *worldclock* utilizando conectores BNC. Como muitos estúdios eram baseados no software ProTools TDM e nas interfaces da Digidesign, vários fabricantes de equipamentos e conversores universais passaram a produzir interfaces para estabelecer conectividade e compatibilidade entre esses produtos. No ProTools HD, a Digidesign modificou a forma como o *clock* é distribuído através do sistema de gravação. Agora, utiliza o protocolo Avid Sync HD que opera em até 192kHz.

MADI

Multichannel Audio Digital Interface (interface de troca de múltiplos canais). É um padrão de transmissão digital proposto pela Sony, Mitsubishi, Neve e Solid State Logic e definido pela AES (*Audio Engineering Society*). Utilizado em equipamentos de alto nível de sofisticação, pode transferir até 64 canais de áudio digital. Reduzindo o número de canais, pode operar na taxa de até 192kHz em 24bits. É utilizado em gravadores digitais multicanais e *mixers* automatizados por intermédio de cabo coaxial ou ótico. Até três interfaces podem ser combinadas no PC ou no Mac para se configurar uma estação de trabalho de 192 *Ins* e *Outs*.

Visão frontal e traseira da interface RME para conectar equipamentos MADI

REAC

Roland Ethernet Audio Communication é uma tecnologia que proporciona baixa latência e transferência de áudio digital multicanal de 24bit/96kHz sem compressão. Possibilita, também, a transferência de dados de MIDI e de controles. REAC é baseado no protocolo *Fast Ethernet* e transmite informações através de cabo de rede do tipo *Cat5* e proporcionando até 40 canais de gravação. Em sistemas complexos multicanais, é recomendado utilizar o *REAC Digital Snake* (multicabo que permite transferência a longas distâncias sem perdas ou interferências). Para acoplar um equipamento que utiliza REAC a periféricos MADI, é necessário inserir um conversor S-MADI.

mLAN

Music Local Area Network (rede local musical) é uma plataforma da Yamaha que permite conectar os equipamentos de MIDI e de áudio de um estúdio através de um único cabo utilizando alta taxa de transferência. Esse item é detalhado em Plataforma mLAN (pág. 247).

HDMI

High Definition Multimedia Interface (interface de multimídia de alta definição). Trata-se de uma interface que atua integralmente no campo digital conduzindo dados sem compressão de áudio e de vídeo. Seu conector possui 19 pinos.

O HDMI é a interface de comunicação utilizada atualmente em diversos aparelhos, tais como: placa de vídeo de computador, *home theater*, leitor de DVD / *Blu-Ray* (disco ótico de alta definição), videogame, amplificadores de áudio, TV etc. Transfere dados de áudio digital em até 8 canais. Além da alta definição de vídeo e de áudio, o HDMI reduz imensamente o número de cabos e conectores até então necessários para estabelecer as ligações entre os diversos aparelhos de áudio e vídeo. No entanto, essa tecnologia não é utilizada no nível de estúdios de gravação, ficando restrita aos equipamentos de *home theaters* e de multimídia.

ADAT Sync

Embora o gravador ADAT tenha sido substituído pelos sistemas de DAW, alguns estúdios ainda o utilizam. O ADAT, pioneiro da categoria MDM - *Digital Modular Multitrack* (gravador digital multicanal modular), utiliza um protocolo próprio (*Synchronization Interface*) para acoplar diversas unidades em cadeia. O conector de *sync* (tipo D-Sub9 com nove pinos) pode ser endereçado para diversos equipamentos ou conversores que trabalhem com esse formato. Para acoplar ADATs a um controle remoto BRC, o conector utilizado é do tipo BNC.

O ADAT proporciona transferência do áudio das pistas através da tecnologia *Sample-Accurate Sync* (sincronização precisa por amostragem), em que todo o alinhamento das mesmas é calculado *sample* a *sample*. A saída da interface ótica digital (*Optical Digital Interface*) transporta até oito pistas através do cabo de fibra ótica (*lightpipe cable*) para conectividade entre ADATs ou aparelhos externos.

Gravação digital para fita

Embora seja raramente utilizada atualmente, essa modalidade de gravação não poderia deixar de ser mencionada devido à sua importância histórica no processo de desenvolvimento da tecnologia da gravação digital.

Os primeiros gravadores digitais utilizavam fitas para arquivar os dados convertidos pelo circuito A/D (analógico para digital). Eram tanto multicanais modulares (MDM - *Modular Digital Multitrack*) do tipo ADAT quanto estéreo, no caso dos DATs (muito utilizados para mixagem antes do advento da gravação para HD).

Por volta de 1988, a música registrada começava a mudar de mídia. O LP, gradativamente, cedia espaço para o CD. E isso acarretava mudanças drásticas no processo de criação da fita *master* mixada. Na época, mixar diretamente para um gravador digital estéreo era muito dispendioso. Nem os grandes estúdios possuíam o equipamento necessário. Assim, surgiram alguns profissionais que se deslocavam entre os estúdios para registrar digitalmente o resultado da *mix* e criar, assim, a *master* digital. Apareciam sempre munidos de um conversor PCM e um gravador de fita VHS.

Até meados da década de 1990, essa tecnologia foi muito utilizada, passando, gradativamente, para gravadores de vídeo, tais como o Beta e o U-Matic (Sony).

Posteriormente surgiram os gravadores que utilizavam fita DAT (*Digital Audio Tape*). Inicialmente adotavam, unicamente, a resolução de 16bits e a *sample rate* de 48kHz (para coibir cópias e duplicações). Contudo, logo em seguida, passaram a disponibilizar o padrão de CD (16bit/44.1kHz). Esses gravadores foram produzidos, a princípio, para substituir os gravadores cassete mas não obtiveram sucesso perante o público. Contudo, tornaram-se o padrão para criação da *master*. Alguns gravadores DAT passaram a usar tecnologia de 24bit/48kHz como o DA-45HR (Tascam). Atualmente, existem diversos gravadores digitais compactos que substituíram a fita por *chips* para armazenar áudio digitalizado com resolução máxima, inclusive, sem compressão. Estes são os preferidos para registrar entrevistas, palestras, aulas e ensaios de banda. Ainda na década de 1980 foram introduzidos os gravadores de oito canais MDM (*Modular Digital Multitrack*), como o ADAT (Alesis), utilizando fita S-VHS e o DA-88 (Tascam) baseado em fita de vídeo Hi-8. Ambos gravam em oito pistas e eram modulares, ou seja, podiam ser acoplados a outros gravadores idênticos, daí a denominação *Modular Digital Multitrack*. Proporcionavam som com qualidade de CD e dispensavam o uso de alinhamento e de redutores de ruído. Como trabalhavam com fita, qualquer defeito no revestimento desta podia causar erros na gravação e na reprodução (como nos gravadores analógicos). Para sincronizar os modelos mais antigos de ADAT com um sequenciador ou computador era necessário gravar o sinal de *sync* em um dos seus canais. Posteriormente, alguns modelos destinaram uma pequena faixa da fita para gravação do sinal de *sync* e passaram a permitir controle através de um computador com softwares específicos. Dessa forma, ADATs, DAs e DAWs passaram a trabalhar completamente integrados e sincronizados na ordem de cada *sample*, através da tecnologia *Sample-Accurate Synchronization* e da inserção de conversores universais de *rack*.

Outro modelo muito utilizado foi o gravador *MiniDisc*. Esse formato foi projetado e produzido como uma alternativa para substituir o gravador cassete logo após o insucesso (no nível de consumo caseiro) do gravador DAT e do *Digital Compact Cassete* (DCC). Era utilizado para gravação em dois canais, embora existissem *MiniDiscs* multipista, como o MD8 (Yamaha). A aceitação desse tipo de gravador foi reduzida, talvez, devido à controvérsia relacionada ao fato da compressão utilizada causar diferenças no som gravado. O MD ainda é encontrado em alguns estúdios de emissoras de rádio. Já nos estúdios de gravação, o DAT foi o preferido durante muitos anos até ser substituído pelo computador.

CAPÍTULO 6

Produção Musical no Computador

Até este capítulo foram detalhados diversos equipamentos e recursos disponíveis da música informatizada: instrumentos, tecnologia MIDI, sequenciadores e gravadores de áudio. Essas são as ferramentas que auxiliam o músico a atingir um objetivo maior: compor, arranjar, orquestrar e registrar a criação. Aqui, será descrito o passo a passo de suas utilizações. Qualquer dúvida em relação aos termos técnicos pode ser esclarecida nos Capítulos 3, 4 e 5.

Independente da finalidade (CD, DVD, vídeo, cinema, multimídia ou Internet), os procedimentos para composição, sequenciamento, arranjo, gravação de áudio e orquestração com auxílio do computador são basicamente os mesmos e, como poderá ser constatado, a utilização de equipamentos MIDI, assim como a de gravadores digitais facilita imensamente a realização dessas tarefas.

O sequenciador pode ser em forma de *workstation* ou de computador. Este último, inclusive, abre novas perspectivas nos processos de composição, arranjo e orquestração, já que permite uma visualização muito ampla de todos os recursos.

Antes do advento de MIDI, os compositores e arranjadores só podiam testar suas criações chamando diversos músicos para gravá-las em máquinas analógicas multicanais de custo elevado ou em gravadores multipista baseados em fita cassete (baratos, mas de recursos reduzidos). Como a música gravada em fita não permitia a manipulação de trechos, a troca de instrumentos e a reordenação das partes, era necessário convocar os músicos novamente sempre que se necessitava refazer algo. Uma das vantagens de compor e arranjar pelo processo analógico é que o criador obrigatoriamente precisa ter na mente as sonoridades, os alcances e os resultados das variadas combinações de instrumentos. Assim, cria-se um dicionário interno de possibilidades que está sempre em constante expansão. O músico depende, apenas, da própria memória auditiva para acessar a sua biblioteca de recursos. Por outro lado, o computador possibilita criar e experimentar combinações jamais imaginadas.

Para criar música com o computador é importante que todo o *setup* esteja funcionando perfeitamente. Os *patches* dos instrumentos físicos ou virtuais a serem utilizados na base e nas "coberturas" das músicas devem estar bem programados. Assim, é possível compor e experimentar novas ideias instantaneamente. Não há nada mais antiprodutivo do que parar o processo de criação constantemente para reprogramar instrumentos, refazer conexões de MIDI ou baixar *patches* via *Sys-Ex*.

Composição

Compor é o ato de criar a melodia, a harmonia e o ritmo. A composição pode ser iniciada por qualquer um desses três elementos isoladamente ou por todos simultaneamente. Não existe uma regra ou forma padronizada para compor. Depende unicamente de como o compositor está acostumado a trabalhar, sendo que, mesmo assim, seu ponto de partida pode mudar a qualquer momento.

Muitas vezes, o próprio som de um instrumento inspira uma nova ideia ou mesmo uma música inteira. O ato de compor não é nada mais do que deixar a mente vagar pelo universo das notas, acordes, ritmos e sons. A inspiração consiste, em suma, na busca, na combinação e no agregamento de ideias que no momento do processo sofrem, ainda, a interferência do estado emocional do criador. Com o tempo e a experiência, o compositor passa a imprimir sua personalidade, ou seja, sua forma peculiar de exteriorizar combinações para determinadas finalidades que pode ser uma música encomendada por um intérprete, uma trilha sonora tensa para uma cena de vídeo, uma melodia alegre, um contracanto triste, um *groove* para música eletrônica etc.

Utilizando um sequenciador, atualmente, mesmo o iniciante na música pode atingir bons resultados, pois não é mais necessário ter uma ideia clara ou preconcebida do que se deseja criar. Uma nova forma de compor surge: o próprio computador ajuda a experimentar e a combinar ideias. Se a música será boa ou não dependerá do grau de conhecimento musical, empenho, adaptação e prática nessa nova forma de criar. Muitos começam pela batida de bateria, quando já sabem qual o ritmo de partida. Essa forma proporciona muita agilidade, pois os softwares conjugados (MIDI e áudio) disponibilizam diversos *loops* sequenciados ou gravados que se aplicam perfeitamente para iniciar uma composição. Nesse caso, é aconselhável refazê-los ou incrementá-los posteriormente para que fiquem peculiares e interajam perfeitamente com as acentuações e dinâmicas da música.

Se a finalidade é compor para a abertura de uma minissérie de suspense para televisão, por exemplo, primeiramente é necessário absorver o "clima" típico desse tipo de produção. Para tal, é recomendável conversar com o diretor e assistir aos trechos do vídeo. Se for um novo CD, procura-se manter uma linha coerente de estilo entre as composições, criando-se uma lista de execução das ideias das músicas.

Tipos de composição

Há dois tipos básicos de composição: livre e encomendada. No primeiro caso, o criador não tem uma meta definida para aplicação de sua arte. Trata-se de um trabalho muito prazeroso, no qual não há preocupação com questões mercadológicas, financeiras ou idealistas. Apenas se faz música. É o estado mais puro e natural do criador. Às vezes, acorda-se com a composição inteira na mente, bastando ir para o sequenciador ou gravador e registrá-la para posterior arranjo e orquestração. Um dia, essa música poderá ser utilizada, mas isso não é o que realmente importa.

No segundo caso, estando inspirado ou não, deve-se atender a um pedido urgente de um produtor de CD, jingle, vídeo ou multimídia. É justamente nessa situação que o sequenciador se mostra uma ferramenta poderosa, facilitando o processo de iniciar uma composição que deverá estar pronta, arranjada e finalizada em curto espaço de tempo. Mesmo não se tendo um ponto de partida predefinido, consegue-se atingir o objetivo. O sequenciador é o laboratório onde se combinam frases, ritmos, partes etc. Quando se fecha uma primeira parte que seja, a música já está prestes a ser resolvida.

> Uma das técnicas que utilizo é criar bancos de ideias no sequenciador, arquivados por categorias. São registros de melodias ou partes isoladas, podendo ou não ter as bases já arranjadas. O objetivo não é o de compor músicas fechadas, mas o de aproveitar ao máximo os momentos de inspiração. Dessa forma, quando surge um pedido urgente, muitos "pontos de partida" já estão disponíveis.

Em qualquer caso, sequenciar por partes agiliza o trabalho de compor, sendo que, após estar com todas as ideias sequenciadas, é recomendável refazer tudo, dessa vez executando com interpretação e precisão para evitar edições robotizadas, como será visto adiante.

Na música comercial com letra, o mais importante é o refrão, que sintetiza a parte mais comunicativa da melodia e, geralmente, representa o ápice da mensagem. É através da melodia ou da letra do refrão que o público se lembra da música. Assim, muitos compositores iniciam exatamente sequenciando o refrão para depois construir as outras partes.

De fato, é possível criar uma música de cinco minutos, com toda a ideia da melodia e da base em apenas uma hora. Pode-se fechar a concepção de um jingle de 30 segundos em apenas 15 minutos. Mas isso não significa que a música será boa. Há músicos que se referem ao seu trabalho pela medida de tempo gasto e não pela qualidade.

O processo de criação simultâneo ao sequenciamento, de certa forma, provocou um efeito negativo irreparável: como contratantes tomaram conhecimento de que uma música pode ser concebida e gravada em muito pouco tempo, os orçamentos para as produções caíram e muitos passaram a não discernir mais o que é ou não uma boa ideia ou uma interpretação razoável.

A seguir são apresentados os passos necessários para sequenciar, arranjar e orquestrar com o computador. A nomenclatura adotada é a mais padronizada possível. Logo, não será difícil identificá-la nos diferentes softwares. A ordem desses procedimentos pode ser modificada para a forma que o usuário melhor se adaptar.

> Se você ainda não é um compositor experiente, tenha em mente que compor não é difícil: basta relaxar e deixar as notas e respectivas divisões rítmicas fluírem (embora se deva treinar também a composição sob pressão, que produz resultados surpreendentes). Trata-se de uma atividade que requer exercício diário e prática como qualquer outra. O princípio básico da composição é a improvisação. Na verdade, uma composição nada mais é do que uma improvisação organizada.

Sequenciamento

A ferramenta que oferece imensurável contribuição para registrar ideias de uma composição é o sequenciador. Ele é o substituto do papel de música pautado e do lápis.

O sequenciamento consiste em executar a parte de cada instrumento MIDI para pistas separadas do sequenciador enquanto o mesmo está no modo de *Rec* (registrar, gravar). Ao colocar o sequenciador no modo *Play* (tocar), este toca os instrumentos automaticamente.

Conforme novas execuções são entradas (sequenciadas), é necessário salvar as informações no HD de forma que a melodia, o ritmo e a orquestração sejam guardados.

> Os sequenciadores, atualmente, fazem parte do pacote de DAW (*Digital Audio Workstation*). Sequenciamento é um dos recursos dos softwares DAW, como Cubase, Logic, ProTools, Sonar, Nuendo etc. os quais proporcionam gravação de áudio e sequenciamento MIDI. Nesta publicação, sequenciamento é tratado separadamente de gravação em virtude de que os dois processos apresentam características completamente diferentes. No entanto, sempre que for mencionado "sequenciador" subentende-se software sequenciador/gravador de áudio.

Antes de colocar o sequenciador no modo *Rec* é necessário ajustar diversas funções e tomar algumas precauções, como apresentado a seguir em forma de passo a passo.

Andamento

Também denominado tempo em alguns sequenciadores. No software, ajuste o andamento para um tempo confortável e próximo ao que você imagina que seja o ideal. Por hora não precisa ser o andamento definitivo. É mais criativo do ponto de vista musical diminuir o andamento para sequenciar passagens difíceis do que utilizar o recurso de *step entry* (entrada de notas e ritmos passo a passo, roboticamente).

Metrônomo

Regule o som do metrônomo interno do sequenciador para um volume confortável. Os instrumentos ideais para metrônomo são o *rim-shot* (aro de caixa) e o *hi-hat* (contra-tempo). Selecione o *MIDI Note* correspondente (disponível na janela do metrônomo). Alguns softwares permitem que se dobre o número de batimentos por compasso, o que ajuda a não atravessar nos andamentos lentos. Além do metrônomo de MIDI, vários softwares disponibilizam, também, o de áudio com som de *rim-shot*.

Nomes dos instrumentos

Insira um *soft synth* (sintetizador ou *sample-player* virtual) no projeto. No lado esquerdo do sequenciador, campo *Names/Track 1*, escreva o nome e a função do instrumento inserido, como, por exemplo: Flauta – Melodia Guia.
No instrumento virtual, selecione o programa de flauta. Se o instrumento inserido for multitimbral, selecione em qual canal de MIDI ele responderá.

Não é necessário sequenciar com execução perfeita nessa pista, pois ela servirá apenas como guia para a composição. Posteriormente, quando a música estiver mais adiantada, pode-se refazer a guia ou chamar um músico para executar a melodia com instrumento acústico.

Testes

Antes de começar a tocar, faça um teste para ver se o transmissor está enviando mensagens para o computador e se o sequenciador está recebendo-as. Geralmente, os softwares possuem um monitor de atividade de MIDI ou *leds* que mostram se as informações estão entrando. Utilize o transmissor com a função *Local Off* (para não ouvir notas dobradas) e habilite o *MIDI Thru* do sequenciador para todos os canais de MIDI.

Para realizar um teste rápido, regule o transmissor para enviar no canal de MIDI 1 e ajuste a pista 1 do sequenciador para o canal 1, com o programa 1. Toque o teclado. Você deverá ouvir o que está executando e, se o *soft synth* for General MIDI (GM), o som será de piano acústico.

Coloque o sequenciador em *Rec* e toque algumas notas. Pare o sequenciador; coloque para tocar e você deverá ouvir as notas que executou. Se o sequenciador não estiver registrando nada, algo está errado: conexões precárias; o transmissor está regulado para enviar em um canal de MIDI diferente do selecionado na pista do sequenciador; o sequenciador não está configurado para registrar todos os canais de MIDI ou está com o *Auto* (*Thru* automático) desligado; a pista está configurada para gravar áudio em vez de MIDI; se o receptor é multitimbral, seus canais de MIDI não estão habilitados etc.

Crie um arquivo padrão que sirva para fazer os testes e, ao mesmo tempo, esteja com as configurações de canais e de instrumentos em que tudo funcione perfeitamente.

Entrada de dados

Para sequenciar, tecle "R" ou clique no *Menu / Record*. Aguarde o metrônomo soar por dois compassos para assimilar o andamento. Toque a melodia seguindo os batimentos do metrônomo. Quanto mais estiver atravessado em relação ao metrônomo, mais consertos serão necessários posteriormente. Se já tiver uma ideia preconcebida da melodia, procure executá-la ligeiramente "robotizada" para que seja uma guia sólida e necessite de pouca quantização. Ouça o resultado.

Se o ritmo registrado ficar muito irregular aplique um pouco de quantização no material sequenciado. Como estamos tratando somente de uma guia para dar a partida, não é necessário extrema perfeição, contudo, sua precisão contribuirá com o processo de criação e entrada dos demais instrumentos.

Refazendo

Se não gostou da ideia ou da execução apague notas, trechos ou a pista inteira marcando a região desejada e teclando *delete* (apagar). Sequencie novamente.

Um procedimento que agiliza a criação é deixar sempre duas pistas reservadas para cada canal de MIDI ou a função *Track Layers* (camadas da pista) habilitada. Isso facilita o processo de emendas de execuções e elimina a necessidade de fazer *punch in/punch out* (entrada/saída forçada) que é um processo mais lento. Alguns softwares disponibilizam o recurso de *slip editing* (edição de erros) que funciona escondendo-se uma parte do *clip* dragando-se com o mouse. Assim, trechos ou notas indesejadas são escondidos e param de soar. Por cima da parte escondida pode-se sequenciar novamente, com a execução correta.

Limpezas

Para eliminar os esbarrões, clique na pista sequenciada com o mouse e selecione *Edit/Piano Roll*. Surgirá uma janela mostrando graficamente, pequenas barras simbolizando as notas sequenciadas. Quando aparecerem duas notas coladas com ligeira diferença de localização, isso é sinal de que ali existe um intervalo de semitom que, provavelmente, represente um esbarrão (salvo casos de apogiaturas propositais).

Coloque o trecho para tocar para que não apague uma nota por engano. Clique com o mouse sobre a nota errada e tecle *Del*. É fácil identificar a nota indesejada, pois seu *velocity* será mais baixo do que a da nota correta. Ainda dentro do visor de *piano roll*, clicando-se com o mouse na nota, aparecerá uma janela mostrando resultados que podem ser alterados: *velocity*, *pitch*, *duration* (duração) e *MIDI Channel*.

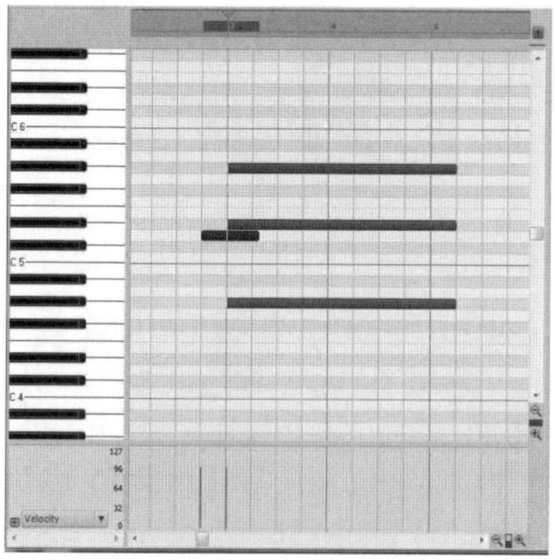

Nota de pouca duração esbarrando

Criação da base

Uma forma gratificante de compor com o computador é sequenciar uma bateria básica no canal de MIDI 10 (ou usar um *loop*) e, em seguida, entrar com os acordes de piano. A vantagem de ter um piano já na base antes de registrar a melodia é que esse instrumento proporciona uma sonoridade "cheia" que inspira a criação da melodia. Para dar mais ideia da harmonia como um todo, o baixo também ajuda.

Normalmente, ao se criar uma música do princípio, sequencia-se a ideia da bateria em alguns compassos, copia-se esse padrão para 80 compassos ou habilita-se o *looping* dessa pista para que fique repetindo automaticamente. Executa-se o piano da Introdução e da Parte A. Nesse ponto, pode-se entrar a ideia da melodia em outro canal. Para dar mais noção do trecho e adicionar mais "peso" na base, sequencia-se o baixo. Agora, duas partes da música já estão com bateria, baixo, piano e, se desejar, com melodia guia.

Complementos

Após sequenciar a base, entra-se com os complementos e coberturas ainda utilizando somente MIDI: percussões, "camas" de *synth*, contracantos de cordas, ataques de naipe etc., como detalhado no item Orquestração (pág. 175). A cada novo enchimento é possível reparar que determinadas execuções da base precisam de mais ataque ou que é necessário inserir convenções. Nesse caso, basta voltar a sequenciar esses trechos.

Nesse ponto, as partes da música (Intro, A, B, C) já devem estar sequenciadas.

Por enquanto, não é recomendável gravar instrumentos via áudio. Ocorre que, como nesse ponto ainda não se tem a composição finalizada e o andamento não é o definitivo, não vale a pena gravar o áudio e depois ter de refazê-lo quando o arranjo estiver totalmente definido. Regravar áudio é muito mais trabalhoso do que refazer os sequenciamentos de MIDI. Faça todas as experiências no campo de MIDI e deixe para gravar os instrumentos acústicos e eletrônicos mais para o final do processo.

Arranjo

Refere-se ao aprimoramento da composição e inclui: definição do andamento ideal; tonalidade; forma (ordem das partes da música); correção de execuções; adição da introdução e solos; e, com o advento da informática, quantização.

Muitos músicos consideram que a combinação de timbres e a distribuição de instrumentos (orquestração) estão inclusos no processo do arranjo o que é, de certa forma, correto. Contudo, na produção informatizada, é preferível tratar arranjo e orquestração como tópicos separados.

Como MIDI permite uma gama imensa de combinações de instrumentos, o processo de combiná-los é mais similar à orquestração de música clássica do que ao arranjo de instrumentos utilizados em música *pop*. Em suma, na música digital, passou-se a utilizar o termo orquestração até mesmo para combinações simples e inserção de efeitos. As definições e propriedades técnicas dos recursos a seguir podem ser consultadas no Capítulo 3 e no item Recursos dos Sequenciadores (pág. 107).

Arranjar uma música no computador tornou-se relativamente fácil já que, mais uma vez, as possibilidades de experimentar até se alcançar o resultado ideal são imensas. Além disso, é possível criar várias versões diferentes de uma música, bastando salvá-las com nomes distintos.

Deve-se observar que alguns recursos de edição automática podem provocar resultados indesejáveis, pois a música estará sendo manipulada de forma robotizada. Quando uma edição automatizada modificar demais o espírito (*feeling*) da música, é preferível sequenciar novamente dentro dos novos parâmetros do arranjo.

Definindo o andamento

Enquanto só se tem a parte de MIDI sequenciada, é hora de definir o melhor andamento para a música. Experimente até chegar naquele que mais lhe convém, levando em consideração o estilo musical. Ao definir o andamento, eventualmente pode ocorrer que algumas execuções da fase anterior fiquem falsas, por isso é bom sequenciar em um andamento bem próximo ao do definitivo. Isso ocorre porque se um acompanhamento de piano for executado com andamento muito reduzido em relação ao real haverá uma tendência de exagerar a quantidade de notas e de divisões rítmicas, provocada pelo relaxamento natural quando se toca em tempo lento.

Consequentemente, ao se colocar a música em um andamento mais rápido, inevitavelmente, o acompanhamento soará saturado. Portanto, sequencie novamente no andamento real, pois, após treinar lentamente, você já estará com prática suficiente para tocar mais rápido.

É correto utilizar o recurso de diminuição do tempo para facilitar a criação e arranjo da música, mas não para sugerir a capacidade de executar passagens difíceis. É necessário evitar execuções falsas que sejam impossíveis de ser alcançadas naturalmente, a não ser de forma proposital para produzir efeitos especiais (cascatas de notas, arpejos espaciais etc.).

Tonalidade

A tonalidade da música pode ser modificada com o recurso de transposição disponível no *Menu / Edit / Transpose* ou no *Key*. Suponhamos que a música tenha sido sequenciada em uma tonalidade baixa para o cantor. Para transpor, basta marcar as pistas dos instrumentos que estão lidando com melodias e harmonias e passá-las para alguns semitons acima.

Novamente, é necessário ouvir a música inteira e checar se alguma nota está deixando de soar ou se a nova tonalidade produziu efeitos indesejáveis em relação à fidelidade dos instrumentos MIDI. Como já foi detalhado em Teclados e *Samplers* (pág. 34), a própria estrutura de funcionamento desses instrumentos faz com que os sons não sejam os mesmos nas suas diversas regiões. Por exemplo: ao sequenciar um baixo que responderá em um módulo *sampler*, a nota Dó tem um *looping* mais lento do que a Mi logo acima (se o *sampler* estiver utilizando o mesmo *sample*). Se você tiver sequenciado o baixo com algumas notas mais agudas, elas podem se tornar insuportáveis de ouvir na nova tonalidade.

Outro problema que raramente é levado em consideração é o fato de que, ao executarmos uma música em um determinado tom, a interpretação é relativa ao estado de espírito que essa tonalidade nos conduz. Em uma balada lenta, o tom de Mi menor, por exemplo, produz um *feeling* triste e pesado. Ao se abaixar a tonalidade, a música soará não só muito pesada, como também acabará abrangendo notas que nem existem no contrabaixo. As pistas da bateria não devem ser transpostas a não ser propositadamente. Já que as peças da bateria são sequenciadas por intermédio de notas (*MIDI Drum Notes*), ao transpor uma pista de bateria, essas notas serão modificadas e, consequentemente, soarão com peças erradas.

> É preferível definir a tonalidade final da música enquanto os instrumentos ainda estão no domínio de MIDI, já que a transposição de áudio ainda causa degradação da qualidade sonora.

Forma da música

Ao iniciar uma composição não é necessário preocupar-se com a forma da música, ou seja, o que repetir, para onde pular etc. Muito pelo contrário, simplesmente deixa-se novas ideias fluírem. Nesse estágio, racionalizar só prejudica. É necessário, apenas, criar blocos de partes da música no computador e, em seguida, conferir se a melodia, a harmonia e o ritmo são agradáveis e se atingem os objetivos do projeto.

Entrando na etapa do arranjo é que se define a ordem das partes da música, ou seja, sua forma. Nesse ponto, os softwares sequenciadores são muito eficientes e versáteis, proporcionando muita economia de tempo.

Basicamente, a música popular é dividida em partes (Introdução, A, B, C, Ponte, Solo e *Coda*) sendo que cada uma pode aparecer mais de uma vez na música (Intro2, A2, B2 etc.). Uma vez compostas as partes, atribui-se nomes por intermédio dos *markers* (marcadores) disponíveis no *Menu / View / Markers* e passa-se a experimentar repetições e saltos para outras posições da sequência. Para tal, basta copiar os blocos das partes e inseri-los onde desejar. Como em um quebra-cabeça, é possível montar toda a música.

> A utilização de *loops* e *patterns* é ideal, apenas, no nível de experimentação da fase de composição. Após ter aprovado a ordem da música, sequencie tudo novamente executando os instrumentos desde o princípio, com bastante dinâmica e interpretação. As músicas montadas nunca terão bons resultados se comparadas àquelas em que os instrumentos foram tocados desde o início. Essa regra só exclui a música eletrônica, *RAP*, *techno* e as produções para vídeo, televisão e jingles nas quais, comumente, a música tem de ser ajustada na última hora, no local da sonorização. Música é feita por humanos (mesmo que somente por um, tocando todos os instrumentos) e o músico nunca toca as partes reincidentes de maneiras idênticas. Obviamente, os próprios softwares disponibilizam diversos artifícios para desrobotizar músicas montadas, simulando diferentes interpretações, mas o resultado soa, igualmente, falso.

É possível que a primeira nota de uma parte copiada não soe no local onde foi colada. Isso se deve ao fato de que, geralmente, tocamos ligeiramente antes do tempo exato, embora essa defasagem não seja perceptível ao ouvido. Uma pequena quantização ou mesmo deslocamento dessas notas para o local certo, por intermédio do *piano roll*, resolve o problema.

Corrigindo e completando execuções

Após decidir a forma da música, pode-se retocar ou mesmo refazer os instrumentos da base que não estejam bem executados.

Em relação à bateria que havia sido registrada apenas como guia para a composição, deve-se sequenciá-la novamente com mais *feeling* e acrescentar as viradas entre as partes. No caso da bateria virtual, cada peça deve ser endereçada para uma pista separada do sequenciador. Dessa forma é possível aplicar efeitos em determinadas peças. Na bateria eletrônica física, as peças devem ser endereçadas para suas respectivas saídas independentes de áudio e cada saída deve ser conectada às entradas de um *mixer* ou de uma interface que possua várias entradas.

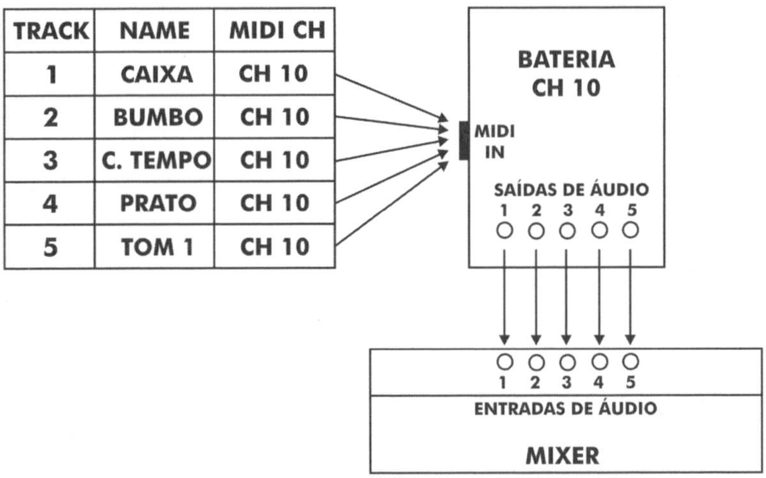

Endereçamento da bateria eletrônica física

Adicionando introdução e solos

Agora que as partes estão ordenadas e as execuções da base corrigidas, deve-se arranjar a introdução com 8 ou 16 compassos e acrescentar contracantos e solos que serão orquestrados posteriormente. Pode-se incrementar, também, a base, adicionando instrumentos com função de preenchimento harmônico (*pad*). Assim, temos a composição quase fechada que, no monitor, será aproximadamente como mostra a imagem a seguir (na qual já foram incluídas pistas de áudio a título de demonstração).

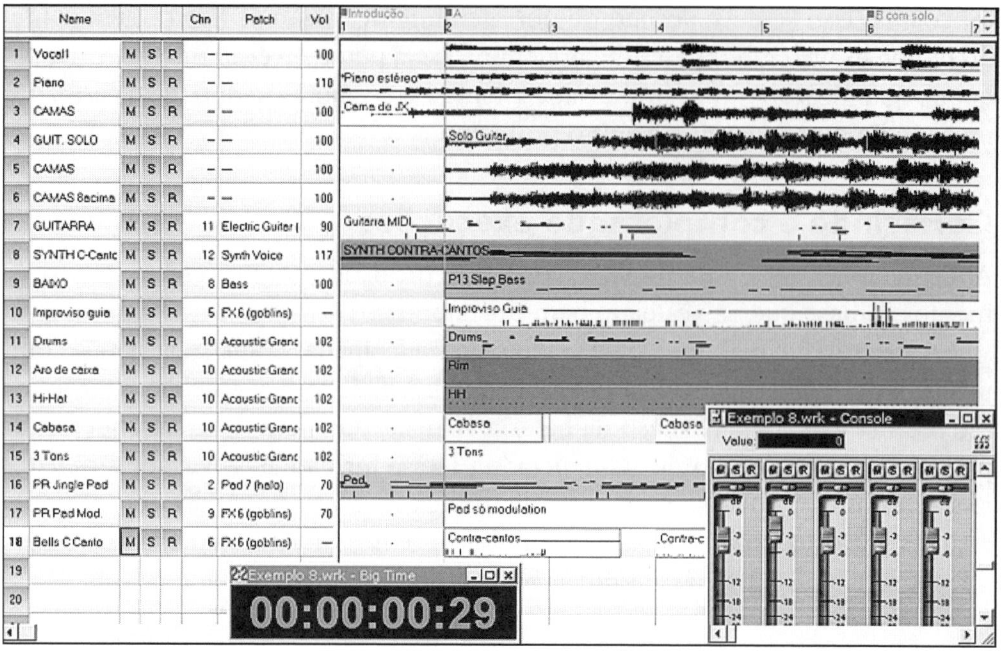

Tela principal do software de DAW mostrando a música quase finalizada

Quantização

A quantização (*Quantizing*) corrige os erros rítmicos de uma execução, mas deve ser utilizada somente quando muito necessário ou em determinados estilos de música eletrônica.

Quando a resolução de sequenciamento era muito baixa (48, 96, 192ppq), não havia outra saída senão quantizar. Mesmo que se tocasse com ritmo perfeito, o sequenciador não tinha a capacidade de registrar exatamente as nuanças rítmicas. Logo, para corrigir as discrepâncias, utilizava-se o *quantize*. Como resultado, a execução ficava muito mecanizada e logo foi introduzido um novo recurso que tratava de desalinhar as notas corrigidas, simulando uma execução humanizada (a qual, do ponto de vista musical, destruía mais ainda a execução): o *randomizing* (randomizador de execução).

Com a atual resolução de 1024ppq, a quantização mudou de papel e passou a ser evitada. Embora o *quantize* possibilite que músicos com menos recursos técnicos possam produzir seus trabalhos, deve ser usado com moderação. A quantização não remove todo o sentimento natural da música, já que não atua em um elemento importante, a dinâmica, mas, sem dúvida, a torna ritmicamente robotizada quando mal aplicada. Devem ser experimentadas pequenas porcentagens e acionar a sensibilidade (*sensitivity*), que pode ser graduada para determinados tipos de erro mais exagerados.

Em certos tipos de música, como a latina em geral e o jazz, o *quantize* deve ser evitado ou aplicado com muito cuidado. Justamente o que dá o molho peculiar do samba, salsa, bossa-nova, jazz etc., é a forma solta e "swingada" que os músicos tocam. Em relação à música clássica, não deve ser utilizado jamais. Muitos arquivos MIDI de música clássica disponíveis na Internet soam como "caixa de música" devido à quantização.

Passando instrumentos MIDI para áudio

Quando a música estiver com todos os instrumentos (teclados e módulos) físicos e virtuais sequenciados, as respectivas execuções podem ser passadas para áudio através do *Bounce*. Dessa forma, todo o material até aqui registrado poderá ser ouvido instantaneamente.

Após passar os instrumentos físicos para áudio torna-se, inclusive, dispensável ligá-los, pois seus geradores de som não serão mais requisitados para responder às mensagens de MIDI enviadas pelo computador. Por precaução é recomendável guardar as pistas de MIDI já que, futuramente, talvez haja a necessidade de se refazer uma ou outra execução. Para que as pistas de MIDI guardadas não fiquem tocando os instrumentos juntamente com as respectivas pistas em áudio aplica-se nelas um *Mute* (mudo) ou *Archive* (arquivar).

Instrumentos virtuais para áudio

O processo de conversão dos instrumentos virtuais para áudio é realizado pelo software conjugado internamente. Basta "solar" a pista de MIDI em que o instrumento foi sequenciado e clicar no comando *Bounce*.

O software endereça as informações de MIDI para a entrada do *soft synth* e envia o resultado já em áudio para uma nova pista. Se o software possuir o recurso de *Fast Bounce*, a conversão é feita quase que instantaneamente.

Teclados físicos para áudio

Essa conversão é muito diferente da anterior, já que o instrumento (teclado ou módulo) é físico: agora é necessário capturar o áudio do seu gerador de som. Essa operação requer que o instrumento seja gravado durante toda a execução da música em tempo real.

Primeiramente, as saídas L e R do instrumento devem ser conectadas em duas entradas da interface de áudio (L e R).

No software conjugado, cria-se uma pista de áudio estéreo com a entrada endereçada para as portas que estão recebendo o áudio do instrumento. Em seguida, é necessário armar essa pista para gravar e colocar o software para gravar. Assim, o software toca o instrumento externo via MIDI e, simultaneamente, grava o seu áudio como mostra a imagem a seguir.

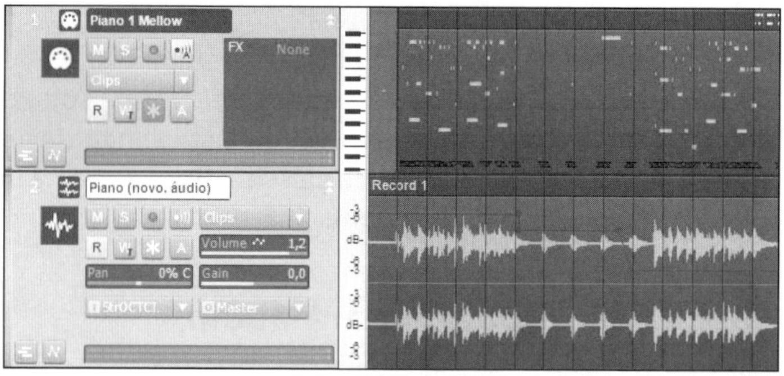

Pista de MIDI toca o teclado externo enquanto a de áudio grava seu som

Step Entry

Entrada de notas passo a passo. Todos os instrumentos existentes para dar entrada de notas foram descritos no Capítulo 2, e cada músico encontrará a forma mais adequada e agradável de sequenciar. No entanto, caso o usuário não saiba tocar nenhum instrumento, é possível sequenciar por intermédio do recurso de *step entry*, que permite entrar cada nota e atribuir-lhe uma figura rítmica utilizando mouse ou teclado do computador. Embora o resultado não possa ser considerado profissional, pois assemelha-se à caixa de música, o recurso funciona e proporciona, ainda, a possibilidade de se aprender sobre as funções do software.

Algorithmic Composers

Compositores algorítmicos são softwares capazes de criar trechos musicais a partir de ações do usuário, como: mover o cursor, selecionar ícones, pressionar teclas etc. Como resultado, o aplicativo gera sequências de notas, organiza orquestrações, efetua transposições etc. O usuário controla os padrões e parâmetros predefinidos que regulam a forma como a música será produzida. Na composição algorítmica, a composição básica é gerada através de uma série de regras estabelecidas nos softwares específicos em forma de algoritmos.

Alguns aplicativos funcionam apenas de forma randômica e os que são baseados em sequenciamento fazem uso do processo de randomização conjuntamente. O Band-in-a-box (PG Music), por exemplo, foi projetado para ser um acompanhador automático para o músico improvisar em cima. Suas sequências são baseadas em sequenciamentos de músicos reais tocando. O usuário entra com uma cadência harmônica e escolhe o tempo, ritmo, andamento, ordem da música e endereça os instrumentos para diferentes canais de MIDI de um módulo ou instrumento GM. O aplicativo se ocupa de executar o esquema montado pelo usuário e pode, ainda, executar automaticamente variações, inversões de acordes e linhas de baixo. Ligando a função de gravar, tudo o que o músico toca por cima da base é sequenciado. O resultado pode ser salvo, inclusive, como *MIDIFile* para ser editado em um software sequenciador.

Gravação de áudio

Os instrumentos acústicos ou eletrônicos que fazem parte da base (piano, violão, percussão, guitarra, órgão etc.) podem ser gravados logo após o arranjo (no qual foram definidos tempo e tonalidade). Como é mais prático fazer experiências no campo de MIDI do que no de áudio, é vantajoso deixar para gravar somente nessa etapa. Embora os softwares possuam recursos para mudar a tonalidade sem mudar o andamento (e vice-versa) no campo de áudio, é recomendável evitar esse tipo de edição, já que alguns produzem erros nessa operação.

Alguns instrumentos que foram sequenciados como guia podem ser agora substituídos pelos correspondentes acústicos. Para tal, basta ouvir a guia e repeti-la no instrumento real. A gravação da voz e do vocal, assim como a dos solos definitivos, deve ser feita mais adiante, após a orquestração.

Para gravar áudio nos softwares conjugados, primeiramente é necessário verificar se a fonte sonora está devidamente conectada ao *mixer* físico e se este está enviando sinal para a entrada de gravação da interface de áudio.

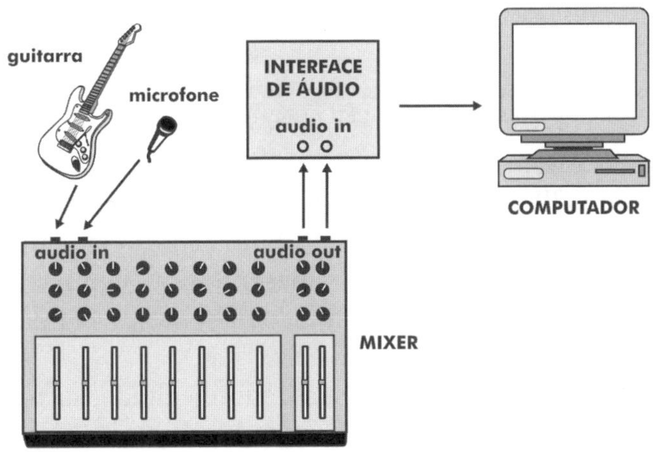

Endereçamento básico para gravar no computador usando um mixer físico

Por outro lado, quando se utiliza interfaces mais complexas que possuem algumas entradas de linha e de microfone, torna-se possível gravar instrumentos e microfones aplicados diretamente nas respectivas entradas de áudio, ou seja, o *mixer* físico é dispensável. Se a interface não possuir entradas específicas para microfones pode-se agregar ao *setup* um pré-amplificador para captar e amplificar o sinal do microfone antes de entregar para a interface de áudio (veja *Setup 5* na pág. 255).

A opção de aplicar efeitos de *rack* antes ou depois da gravação depende do tipo de instrumento e da finalidade da produção. Por exemplo: para se gravar uma guitarra *heavy metal* comprimida é necessário que esta esteja ligada em um amplificador valvulado e que o som deste esteja sendo captado por microfones conectados em um *mixer* físico em uma interface de áudio. O compressor é aplicado no *insert* do *mixer* ou da interface e misturado com o som da guitarra que está sendo registrada juntamente com o efeito. Já o saxofone, quando captado com microfone de alta qualidade, pode ser gravado diretamente e equalizado posteriormente.

Com o advento dos *plug-ins* de efeitos (equalizador, reverberador, compressor, eco etc.) a técnica de aplicar efeitos mudou drasticamente. Agora, acopla-se o *plug-in* desejado durante a gravação. Já que o efeito em *plug-in* é apenas acoplado, em vez de gravado conjuntamente, o material original permanece intacto. Na fase de mixagem é que se trabalha o efeito de forma definitiva.

Para monitorar o nível do sinal que entra na interface usa-se o VU do *Audio Meter* (medidor de áudio) disponibilizado nos aplicativos. Ajusta-se a resolução e a *sample rate* que, para finalidades profissionais, deve ser, no mínimo, 16bit/44.1kHz. Escolhe-se uma pista vazia de áudio para gravar; nomeia-se o instrumento no campo *Name;* seleciona-se a porta a ser utilizada (no caso, a que estiver conectada à entrada de áudio da placa digitalizadora). Em seguida, arma-se para gravar e clica-se no botão de *Rec* do controle de transporte do software e executa-se o instrumento.

A execução é monitorada visualmente pela forma de onda do material sonoro na área de gravação do software. Antes ou após a gravação pode-se regular o *pan* e volume do áudio. Mesmo antes de gravar, é possível acoplar *plug-ins* de efeitos no campo *Effects* ou *FX* da pista selecionada. Dessa forma, é possível executar o instrumento e monitorá-lo já com os devidos efeitos em tempo real. Para se copiar trechos para outras pistas ou para outra posição dentro da mesma pista, primeiramente é necessário "quebrar" o material gravado em partes, por intermédio do recurso de *split* (dividir).

Todo material gravado pode ser visualizado e editado no próprio software conjugado. A partir daí, é possível utilizar todos os recursos nele disponíveis, como *fade*, *effects*, *normalize*, *compressors*, *plug-ins* etc.

Quando se grava para HD, o software gera arquivos correspondentes aos *takes*. Diversos arquivos WAV (PC) ou AIFF (Mac) são alocados no disco e no diretório configurado como local de arquivamento de áudio do projeto. Quando se trata de um DAW dedicado, os arquivos gerados são alocados no seu próprio sistema de HD e não no disco do computador.

> Para apagar arquivos que não são mais usados nas músicas utilizam-se aplicativos de limpeza fornecidos pelo próprio software gravador. É totalmente desaconselhável apagá-los pelo *file manager* (gerenciador de arquivos) do sistema operacional, sob o risco de perder algum material que ainda esteja sendo usado em uma música.

Inserindo *loops* e arquivos de áudio

Milhões de *loops* de áudio encontram-se disponíveis para serem inseridos nos projetos. Inclusive, os próprios softwares de DAW já os disponibilizam na instalação. Além disso, existem diversas empresas que vendem *loops* até por encomenda. Para inserir um *loop* em uma pista de áudio, primeiramente é necessário localizar em qual diretório do HD este se encontra. Em seguida, basta arrastá-lo com o mouse e largá-lo no ponto desejado da música.

Os *loops* que não se ajustarem ao andamento e à tonalidade da música devem ser editados no construtor ou no editor de *loops* que são disponibilizados pelos softwares de DAW. Caso o editor não resolva, a única solução é buscar novos *loops* que tenham sido produzidos no andamento e na tonalidade próximos à da música em questão.

Arquivos de áudio gravados por intermédio de qualquer aplicativo podem ser perfeitamente utilizados em uma sequência como ponto de partida ou mesmo como mais um instrumento de um arranjo. Nesse último caso, deve-se cuidar para que o andamento da gravação seja o mesmo que o da sequência de destino, evitando-se assim a aplicação de *time stretch*. O transporte do arquivo entre diferentes computadores pode ser feito via rede, *e-mail*, CD-R, *pendrive*, DVD-R etc. Dessa forma é possível um músico gravar o seu instrumento em qualquer país e, posteriormente, enviar o arquivo para ser inserido em um projeto através do *File / Import Audio* (importar arquivo de áudio). Esse arquivo WAV ou AIFF passa a ser um novo clipe de áudio do projeto e pode ser editado e processado através de efeitos

Orquestração

Orquestração é a arte de combinar instrumentos musicais. Orquestrar com os recursos de MIDI e da gravação de áudio digital é, basicamente, similar ao processo convencional, ou seja, as combinações que funcionam em orquestração acústica também são aplicadas na informatizada, e as regras básicas de alcance e de regiões dos instrumentos devem ser observadas para que a instrumentação não fique falsa ou saturada.

O que muda é a forma de se acessar todas as possibilidades. Em uma orquestração convencional de instrumentos acústicos, o orquestrador deve ter todos os sons e timbres dos instrumentos na sua própria memória para serem acessados e aplicados a qualquer momento. A experiência faz com que ele escolha um ou outro instrumento para criar combinações nas diferentes partes da música. Ao escrever a partitura, ele visualiza os blocos de notas no sentido vertical e ouve o resultado internamente, pois raramente há uma orquestra para testes.

Na orquestração informatizada, o processo é mais experimental, além de que os sons eletrônicos induzem a novas perspectivas e, consequentemente, a diferentes projeções no espaço do panorâmico. É necessário que o orquestrador informatizado saiba adequar a introdução dos instrumentos eletrônicos aos conceitos da orquestração para que alcance bons resultados.

Com o computador, as mudanças de combinações podem ser feitas e testadas em segundos, apenas trocando os programas dos instrumentos MIDI. Se, em um contracanto, o trombone está soando pesado demais, muda-se para trompa, por exemplo. Se as notas que o trombone tocava eram muito graves, na trompa soará falso. No entanto, basta marcar o trecho e transpor uma oitava acima. Se tiver descaracterizado a distribuição das notas do naipe, sequencia-se novamente com outra disposição ou editam-se as barras de notas diretamente no *piano roll*. Se desejar trabalhar de forma mais musical, é possível mudar as notas com o mouse, no visor de partituras (*staff view*).

Também na orquestração, o processo de sequenciamento MIDI é muito amigável, pois possibilita montar a distribuição final, como em um quebra-cabeça, ou entrar todos os instrumentos previamente arranjados na grade (partitura completa de orquestra). Este último caso exige conhecimento de leitura musical e de orquestração se a grade tiver sido escrita por outro arranjador/orquestrador.

É preferível iniciar o estágio da orquestração quando já se tem os canais de áudio da base gravados, pois sua própria sonoridade contribui para a escolha ideal dos programas definitivos dos instrumentos MIDI. A voz, o vocal e os instrumentos solistas devem ser gravados após a orquestração, já que a interpretação pode ser melhor quando se tem todo o conteúdo da base sequenciada e gravada como apoio.

Embora o termo usado para a combinação dos instrumentos seja "orquestração", isso não significa que somente sons de orquestra possam ser incluídos. Essa denominação é, inclusive, utilizada para a combinação de instrumentos de base que podem ser acústicos ou eletrônicos. Nessa fase, entram também os efeitos (*reverb*, *echo* etc.) que podem ser aplicados utilizando-se os periféricos externos ou *plug-ins* disponíveis no sistema. Segue o passo a passo para orquestrar com o microcomputador.

Organizando os programas do *setup*

A organização e o controle dos sons do *setup* são os requisitos principais do orquestrador informatizado. Antes de começar a orquestrar, é necessário conhecer os principais programas disponíveis e memorizar suas características. Executa-se cada som dos instrumentos e anotam-se suas propriedades, a fim de simplificar as suas "chamadas".

Cada som de instrumento acústico ou eletrônico possui características singulares em termos de complexidade e fragilidade. Como já detalhado, cada tecnologia de teclado tem uma característica peculiar e os instrumentos disponíveis são singulares. Compare o som da trompa produzida por um teclado analógico com uma de *sample-player*. Os *samplers* e *sample-players* também diferem muito entre si, pois seus sons dependem da forma como foram gravados os instrumentos originais. Até os *samples* das baterias eletrônicas ou de *sample-players* são completamente diferentes uns dos outros. Logo, com tanta variedade, é necessário que sejam feitas anotações para que no momento da orquestração não se perca tempo. Com o trabalho diário, acaba-se memorizando os sons principais de cada instrumento do *setup* e, consequentemente, tornam-se desnecessárias consultas a manuais e a anotações.

Todos os programas podem ser organizados por categorias e arquivados no HD do computador por intermédio de softwares do tipo *librarian* ou por um sequenciador que forneça a opção de receber e enviar programas via *Sys-Ex* (veja *Sys-Ex View*, na pág. 120).

Execução característica

O músico informatizado deve escutar muitos CDs e observar como os músicos executam seus instrumentos de forma a produzir sequências com fidelidade. Não se executa o piano com técnica de órgão; o violão como guitarra etc.

Isso não significa que as execuções devam ser imitadas indiscriminadamente para produção de CDs que serão lançados no mercado. Nas grandes produções, é sempre recomendável chamar o próprio músico para gravar. Por exemplo: substituir instrumentos sinfônicos por teclados em produtos finais é inviável devido às discrepâncias de sonoridade e de técnica. Não há como comparar as nuanças de uma orquestra, em que músicos extraem o máximo de suas técnicas e exploram as sonoridades peculiares de seus instrumentos, com as de um músico informatizado, utilizando o melhor arsenal de *samplers virtuais* existente.

Também, o músico (real), quando executa seu instrumento, nunca percute duas notas da mesma forma. Essa é uma diferença crucial que faz com que o *sampler* soe falso, mesmo possuindo uma memória colossal que possibilite endereçar um *sample* para cada nota do teclado. Unindo essa limitação a uma execução equivocada em termos de regiões, dinâmicas e ornamentos tem-se algo muito distante da realidade.

Combinações

As possibilidades de combinações de instrumentos são infinitas e partem de três modalidades:

- Instrumentos puramente eletrônicos
- Instrumentos eletrônicos com acústicos
- Instrumentos exclusivamente acústicos

A combinação na última modalidade é amplamente detalhada em livros específicos de orquestração para formações sinfônicas e para *big-bands* de jazz e não se aplica à finalidade desta publicação. Como o enfoque deste livro é a música informatizada, as combinações abordadas a seguir são mais direcionadas para os casos primeiro e segundo.

A base conceitual da orquestração informatizada e das produções que proporcionam as combinações mais surpreendentes são, justamente, as que misturam instrumentos MIDI com acústicos ou eletrônicos. Esse é o atual panorama da produção musical informatizada: combinação de instrumentos sequenciados por um único profissional, com o áudio executado por diversos músicos.

O produtor deve sempre considerar a inclusão de músicos reais em qualquer projeto, principalmente para executar solos, pratos, contra-tempo, baixo "swingado" etc. Dependendo da finalidade, todo o material sequenciado servirá apenas como guia ou demonstração. É difícil aceitar que uma salsa, um blues, uma peça sinfônica ou uma bossa-nova somente sequenciados possam ser considerados um produto digno de ser lançado em um CD de carreira para ser vendido ao público.

Na instrumentação informatizada, as combinações são muito variadas já que, além dos instrumentos MIDI disponíveis de base (baixo, piano, guitarra e bateria) e dos sinfônicos sampleados (cordas, madeiras, metais e percussão), existe uma gama imensa de sons produzidos eletronicamente pelas diversas tecnologias.

Em relação aos instrumentos de base, podem ser experimentados muitos tipos de baixos (*acoustic*, *electric*, *fretless*, *slap*, *synth* etc.); pianos (*acoustic grand*, *bright acoustic*, *electric grand*, *honk-tonk*, *electric* etc.); guitarras (*acoustic*, *steel*, *electric jazz*, *muted*, *distortion guitar* etc.); e *kits* de baterias (jazz, rock, *techno*, *traditional* etc.). A escolha de uma ou outra modalidade depende do tipo de música e devem ser evitadas as discrepâncias. Por exemplo: se o estilo é bossa-nova ou jazz, obviamente que a bateria deve ser executada com um programa de jazz; o baixo pode ser *acoustic* ou *fretless*; o piano *acoustic*; e a guitarra jazz.

Ainda em torno dos instrumentos da base, é possível copiar todas as informações da pista do baixo, por exemplo, e colar em outra que esteja vazia. Endereça-se essa nova pista para um novo *synth virtual* e, no campo de programa seleciona-se outro baixo. Assim, o sequenciador toca dois baixos com as mesmas notas, só que o resultado é uma sonoridade muito mais encorpada.

Não existe regra para combinações de instrumentos de base. Deve-se apenas observar o estilo musical e usar o bom senso. Não se combina, por exemplo, o piano com órgão, aproveitando a execução de qualquer um dos dois instrumentos, pois, apesar de serem ambos de teclado, são tocados de forma diferente.

Uma das vantagens desse processo de combinação é a possibilidade de se criar sons realmente poderosos e "robustos". Muitas vezes, o tecladista perde muito tempo tentando achar ou criar um *patch* especial que pode ser facilmente alcançado com a superposição de dois ou mais programas tocando as mesmas informações, mas endereçados para canais distintos ou *synths* diversos. Pode-se ainda aplicar um pequeno *detune* (desafinação) na ordem de alguns centésimos ou acrescentar um pouco de LFO em um dos programas do sintetizador para que o resultado fique mais encorpado.

Para criar uma combinação, pode-se partir de um instrumento melódico já sequenciado na fase do arranjo. Um contracanto de flauta, que fora incluído para dar a ideia de uma futura orquestração, pode ser um ponto de partida. Pode-se mudar seu programa para violino, por exemplo. Se a região ficar falsa, basta transpor. Estando o violino soando agradável, copia-se essa execução para a pista logo abaixo e endereça-se para outro programa de violino. Assim, tem-se o violino1 e o violino2. Para criar um quarteto de cordas é necessário sequenciar, do princípio, as notas de cada instrumento da seção. O interessante de orquestrar com o computador é que não é absolutamente necessário ter todos os instrumentos escritos ou preconcebidos. Experimentando, chega-se a resultados surpreendentes e, quanto mais se pratica, menos tempo é exigido.

Um procedimento que proporciona bons resultados é o de sequenciar o piano base já pensando na orquestração. Como o piano é um instrumento disposto na horizontal e abrange uma faixa de frequências muito ampla, acaba sendo o preferido para orquestrar. Ao compor sequenciando o piano, a execução já pode sugerir algumas linhas de contracanto e ideias de orquestração. Usando o princípio do "caminho mais curto entre os acordes" já se cria um contracanto. Copia-se esse piano para outra pista (por segurança) e aplica-se o *mute* nele para que não soe. Volta-se à pista original e separam-se as notas que interessam para os contracantos por intermédio do *piano roll*. Salvam-se essas notas para outra pista; endereça-se para um canal distinto com um programa de *synth* analógico no qual a região dessas notas soe bem. Dessa forma, um contracanto foi criado aproveitando as notas mais agudas de uma execução de piano. O caminho das notas mais graves também cria um contracanto que pode ser endereçado para uma região de violoncelo.

Combinando cordas e sopros

Já que MIDI permite experimentar orquestrações de forma ágil e gratificante, há uma tendência de se aceitar certas combinações sem que se testem as várias possibilidades. Um orquestrador, mesmo muito experiente, não aceita a primeira combinação que lhe vem à mente.

As combinações de cordas e sopros em MIDI devem ser tratadas com cuidado especial, pois o imenso número de programas e de vozes polifônicas disponíveis nos teclados, módulos e instrumentos virtuais pode induzir o arranjador ao exagero. Os timbres dos programas escolhidos não devem "brigar" e não pode existir saturação do número de vozes e de instrumentos na mesma faixa de frequência.

Copiar um bloco de cordas e dobrar a mesma execução com sopros para criar uma grande "cama" pode ser desastroso em termos de sonoridade, além de revelar certa falta de criatividade do orquestrador informatizado.

O arranjo e a orquestração ideais dependem do estilo e da finalidade da produção, mas, com certeza, um trabalho bem realizado pode transformar uma música pobre em obra-prima. Por outro lado, com a disponibilidade de tantos sons dos equipamentos multitimbrais que possuem, inclusive, efeitos embutidos, há uma grande possibilidade de a orquestração vir a destruir a beleza original de uma boa melodia.

Os programas que responderão à orquestração das cordas e sopros devem ser distribuídos para módulos de diferentes tecnologias. Isso ajuda a "amaciar" o resultado final. Por exemplo: sempre que possível, é recomendável misturar os sopros de *sampler* com os de instrumentos analógicos e, na mixagem, graduar o nível do primeiro um pouco acima do segundo.

Deve-se evitar a utilização de *patches* que possuam todos os instrumentos do naipe (*brass*, *strings*). É sempre preferível distribuir as execuções de cada instrumento de sopro de um naipe para canais distintos atingindo seus respectivos instrumentos (*trumpet 1*, *trumpet 2*, sax alto, sax tenor e trombone). Em princípio, os *patches* de *brass* impressionam, pois se assemelham a uma "massa" sonora a partir da execução de uma simples nota, mas só se aplicam para convenções e ataques rápidos e jamais para a função de harmonização.

Deve-se sempre criar arranjos de cordas e sopros eletrônicos que exerçam diferentes funções: as cordas harmonizam e tecem contracantos com a melodia principal, e os sopros auxiliam na marcação das convenções, atuando de forma rítmica. Eventualmente podem juntar-se, mas o programa de sopro tem de ser trocado para um tipo que se encorpe com as cordas.

> Escute CDs variados de Stravinsky, Beethoven, Michel Legrand, Quincy Jones, John Williams, Henry Mancini e Earth, Wind & Fire, entre outros. É impossível um orquestrador informatizado produzir bons trabalhos se não estiver familiarizado com a orquestração convencional.

Faixas de frequência

Um dos princípios da orquestração a ser observado é que os sons concorrem entre si dentro do espectro de áudio. Logo, todo cuidado deve ser tomado para que os programas dos instrumentos sejam executados em áreas distintas do espectro. As faixas básicas são: grave, média e aguda e, justamente seus preenchimentos e balanceamentos corretos é que contribuem para o sucesso de uma orquestração. Por exemplo: se uma flauta e um trompete são tocados com a mesma nota simultaneamente, o trompete será mais audível. Mas se a flauta for transposta uma oitava acima, passará a ser mais perceptível.

Além da questão de regiões, os sons possuem harmônicos que, quando combinados com outros sons, podem perder a nitidez. Na música eletrônica informatizada é muito fácil sobrecarregar algumas regiões do espectro de áudio se os *patches* forem tocados em regiões idênticas, sobrepostos indiscriminadamente.

> A sobrecarga de determinadas faixas de frequência, principalmente da grave e da média, provocam efeitos desagradáveis. Um piano tocando juntamente com um violão acústico na mesma região pode soar mal se não forem distribuídos corretamente no estéreo. Preferencialmente, a execução de um deve complementar a do outro. Como os sons agudos possuem, naturalmente, características mais "magras" e menos duração, suportam mais instrumentação. Apesar disso, é preferível que os instrumentos trabalhem em intervalos ou em contraponto.

A figura da **Relação do Piano com os Demais Instrumentos** é a referência mais utilizada para orquestração, tanto acústica quanto informatizada (veja a pág. 35).

Timbre

É o que caracteriza um som, distinguindo-o dos demais. Quando uma nota é tocada no piano, por exemplo, ouve-se o som da frequência fundamental e dos demais harmônicos produzidos a partir desta. Essa soma, juntamente com as características da caixa de ressonância do instrumento, é que proporciona seu timbre peculiar.

Na característica tímbrica estão incluídas, ainda, as propriedades de envelope (*attack*, *sustain*, *decay*). Todos esses elementos combinados fazem com que o som tenha propriedades singulares: "magro", "encorpado", "brilhante", "obscuro", "percussivo", "explosivo", "aveludado", "anasalado" etc. E baseado nessas características, o arranjador escolhe um ou outro instrumento para um determinado momento da orquestração.

Dinâmica de volume

É a dinâmica resultante das variações de amplitude na execução de um instrumento. O controle de dinâmica de volume em uma orquestração ajuda a criar um sentido de movimento na música. Nas partituras, a dinâmica de volume é representada pelo *pianissimo*, *forte*, *sforzando* etc. e, tanto na música popular quanto na clássica, as variações devem ser gradativas (excluindo-se algumas situações nas quais se deseja, propositadamente, causar impacto).

Essas variações conduzem o ouvinte por um caminho dinâmico, onde ele se sente fazendo parte da música. Em trilha para cinema, por exemplo, essas diferenças podem ser mais bruscas, pois devem acompanhar a ação do momento: um *pianissimo* pode explodir em um *fortissimo* bruscamente, levando o assistente a um clímax emocional.

Dinâmica de arranjo

No arranjo e na orquestração, crescer a dinâmica não significa apenas aumentar o volume dos instrumentos. Há diversos recursos mais criativos. Desenvolver contracantos ascendentes e usar naipes com blocos de ataques súbitos são dois métodos que alcançam o mesmo objetivo.

A música deve ser progressiva para atrair e prender a atenção do ouvinte. Um improvisador de jazz, por exemplo, quase sempre começa seu solo executando algumas notas longas na região média do instrumento, em intervalos próximos passando, gradativamente, para ritmos mais extenuantes na região mais aguda, executando notas e escalas mais densas, até chegar ao apogeu, quando a banda corresponde com intervenções rítmicas e harmônicas de maior impulso.

O princípio da orquestração deve seguir, de certa forma, essa mesma dinâmica, em intensidade idêntica ou menor, dependendo do estilo da música.

Como já foi dito, um músico nunca toca as repetições das partes da música da mesma maneira e isso se aplica em relação à orquestração: após copiar uma parte para um ponto mais avançado da música, esse novo trecho deve mudar de sonoridade. É necessário buscar diferentes combinações de instrumentos, acrescentar mais vozes, modificar a intensidade etc. Essas mudanças contribuem com a dinâmica geral da música. Um arranjo ou orquestração sem nuanças de intensidade e sem engrandecimento do conteúdo acrescenta muito pouco à composição.

Distribuindo as vozes na orquestração

O orquestrador deve distribuir os sons de forma que mantenham certo equilíbrio dentro do espectro de áudio. E esse conceito está intrinsecamente ligado ao tipo de execução das passagens musicais. Em um trecho no qual vários instrumentos executam rapidamente muitas notas sucessivas deve-se dar preferência às combinações de timbres que tenham menos harmônicos e ataques mais rápidos. Já em um bloco harmônico contendo notas prolongadas, pode-se utilizar sons mais carregados de harmônicos.

Basicamente, uma regra deve ser seguida também na música informatizada: em um bloco harmônico é necessário distribuir as notas nas Posições Abertas quando desejar usar sons "cheios". A harmonia em Posição Fechada se aplica mais para os sons "magros".

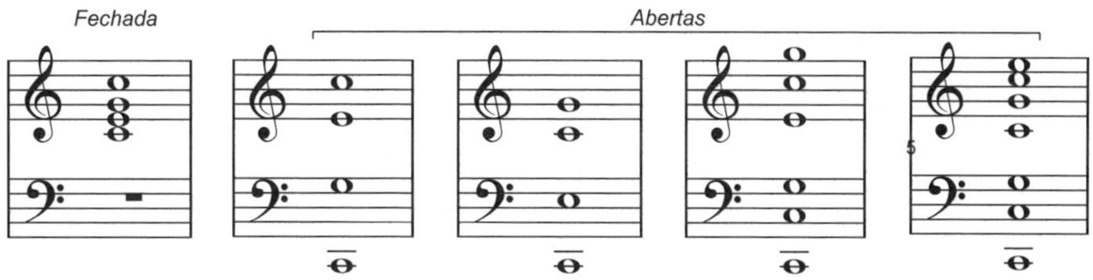

Na região aguda, o perigo de saturar a sonoridade é menor. Logo, pode-se fazer combinações mais audaciosas, misturando-se *patches* dobrados em intervalos, em contraponto etc., mas com o cuidado de endereçá-los para módulos ou *synths* virtuais multitimbrais de diferentes tecnologias.

> As cordas com função de contracanto devem ser tocadas nota por nota, em pistas separadas, sem quantização e, de preferência, atingindo *samples* diferentes. Já as "camas" de cordas podem ser sequenciadas, executando-se acordes em uma única pista e dobradas com um instrumento analógico. Experimente harmonizar nas posições aberta e fechada. Adote o que oferecer o resultado mais agradável. Force para que as dobras fiquem com a execução ligeiramente defasada (*time shift*), pois dois músicos reais de uma mesma categoria de instrumento tocando simultaneamente nunca percutem as notas exatamente ao mesmo tempo. Na mixagem, cuide para que os instrumentos da orquestração estejam bem dosados em termos de volume e posicionados no panorâmico como detalhado no tópico Mixagem estéreo (pág. 192).

Editando durações

Copiar material de uma pista, colar em outra e endereçar para instrumentos de diferentes categorias pode resultar em terminações indesejáveis, provocadas pelas variadas características de envelope de cada som. Os programas de violino têm um *sustain* programado para simular o do instrumento acústico. Já os programas de trompete têm pouquíssimo *sustain*. Ao sequenciar passagens lentas com som de violino, tiramos a mão do teclado entre as notas e deixamos soar seus prolongamentos. Ao passar esse tipo de execução para o trompete, o mesmo soará praticamente em *staccato*, ou seja, sem nenhuma sustentação. Duas providências podem resolver o problema: sequencia-se novamente, simulando a execução característica do trompete pressionando a nota durante o tempo necessário ou utiliza-se o recurso de edição de duração disponível no *Menu / Edit / Length*. Se a duração das notas for curta, acrescenta-se uma porcentagem que atuará em todas automaticamente.

Em casos isolados, em que é necessário prolongar ou encurtar a duração de algumas notas, pode-se editar diretamente no *piano roll* utilizando o mouse ou entradas numéricas.

Inserindo *Program Changes*

Após escolher os sons definitivos, inclui-se o número do *program change* em cada pista do sequenciador e na lista de eventos. No caso de se produzir a sequência em um equipamento GM e tocá-la em outro, esse procedimento assegura que em qualquer software os programas dos instrumentos serão os corretos.

Quando um instrumento de uma pista precisar mudar de programa para atingir outro som, simplesmente pressiona-se o botão de programa do teclado *master* enquanto o sequenciador está em *Rec*. O sequenciador "lê" e registra o comando de *program change*. O resultado dessa entrada pode ser visto no editor numérico do *Menu / Edit / Event List*. Se, por acaso, o orquestrador resolver que em uma determinada pista o instrumento deve mudar, basta recorrer à mesma lista de eventos e informar a mensagem de *program change* no mesmo canal de MIDI por intermédio de números.

Adicionando efeitos

Esta etapa pode ser considerada como pertinente ao arranjo/orquestração ou à produção final para CD ou outras finalidades. O efeito é, também, parte atuante da orquestração pelo simples fato de que ele pode modificar profundamente as características dos instrumentos em termos de timbre, envelope e posicionamento no estéreo.

É importante que os efeitos sejam testados nessa fase para que se tenha uma ideia de como a orquestração está funcionando. Por exemplo: um naipe de metais executando ataques, aparentemente está com volume exagerado. Ao se aplicar um *reverb* tipo *room*, automaticamente seu som se encaixa mais na base sem que o volume seja alterado. Às vezes, regula-se o *pan* de um instrumento solista para a esquerda e, consequentemente, fica uma lacuna no lado direito. Ao aplicar um efeito tipo *chorus* ou *slap echo*, direcionando sua resposta para o lado direito, compensa-se o desbalanceamento enquanto, simultaneamente, cria-se uma dobra. Além disso, alguns efeitos foram programados de fábrica, misturando equalização internamente, tais como *warm reverb* (reverberação "quente") ou *bright reverb* (reverberação brilhante) e, quando aplicados em um instrumento, a soma provoca mudanças na característica final da sonoridade. Há ainda os efeitos que atuam na forma de envelope (*gate*, *reverse gate* etc.) em que um som pode ter seu ataque ou sustentação completamente modificados.

Como a maioria dos teclados, *synths* virtuais e módulos multitimbrais já disponibiliza *patches* nos quais os efeitos são parte dos próprios programas é importante que sejam editados os parâmetros internos dos efeitos nessa fase, de forma a evitar surpresas na mixagem. Esse é o momento, também, de testar a aplicação dos diversos efeitos do software sequenciador/áudio, dos *plug-ins* e dos externos de *rack* nos instrumentos gravados via áudio.

Aplicar efeitos, mesmo que provisoriamente na fase de orquestração, faz com que nos habituemos com a sonoridade geral da música enquanto trabalhamos nos seus detalhes. Além disso, os próprios efeitos ajudam a ampliar as possibilidades de combinações.

Após concluir essas etapas grave a voz, os vocais e os instrumentos solistas. Assim, a pré-produção estará concluída. No próximo capítulo entraremos na fase de Produção do CD, que inclui: mixagem, masterização e geração do CD.

O orquestrador virtual

Essa categoria de profissional surgiu a partir do aprimoramento dos gravadores de CD, dos *modems* e da conexão a cabo. Através desses meios, é possível enviar dados de músicas inacabadas para qualquer profissional trabalhar na conclusão do arranjo e da orquestração (ou mesmo em todas as etapas até que os CDs estejam prontos para distribuição).

Quando há áudio em alta resolução envolvido é melhor utilizar um serviço de transferência de arquivos "pesados" da Internet. Para finalidades profissionais, não se deve comprimir áudio para MP3, pois o resultado compromete a qualidade. Os compressores tipo ZIP também não atuam em arquivos de áudio em taxas consideráveis.

Já uma produção de informações sequenciadas em MIDI pode perfeitamente ser enviada até por *e-mail*, pois os arquivos são pequenos. O arranjador/orquestrador virtual cuidará para que a música seja completada e finalizada utilizando todo o seu equipamento e conhecimento.

Antes de enviar as bases e ideias sequenciadas para outro profissional dar continuidade, salve-as no formato *MIDIFile*, de forma que possam ser abertas em qualquer software. Se desejar enviar em áudio, não há problema: qualquer plataforma executa arquivos WAV, AIFF e OMF (*Open Media Framework*). Não converta o áudio para baixa resolução (exceto no caso de ser apenas demo), pois não poderá ser revertido para a original.

Outro campo de atuação do orquestrador virtual é o da criação de demos: muitos compositores e arranjadores costumam encomendar sequenciamentos para que possam avaliar quais ideias funcionarão posteriormente com os instrumentos reais. Em alguns casos, a própria demo pode servir para captar patrocínio ou ensaiar músicos. O orquestrador virtual recebe as partituras, *MIDIFiles* ou esboços gravados em MP3 e, em seguida, sequencia todos os instrumentos, mixa e envia o resultado de volta em CD ou pela Internet.

É importante que se esclareça que o resultado não poderá ser utilizado como produto final, mas apenas como demonstração, principalmente se houver instrumentos sinfônicos envolvidos (além da questão ética, a qualidade sonora da imitação sempre deixa a desejar).

Quando o sequenciamento for para uma trilha sonora ou peça de teatro originalmente concebida para orquestra eletrônica, ou mesmo quando for claramente anunciada como uma produção mista, a própria demo pode ser melhorada posteriormente e se tornar o produto final. Nesse caso, use o máximo de combinações: cordas *synth* com *sampler*; naipes analógicos com FM; harpas eletrônicas com sinos LA; acústicos com eletrônicos etc. Se o compositor fizer questão do som de alguns instrumentos sinfônicos sequencie algumas guias e chame músicos reais para gravar ou dobrar.

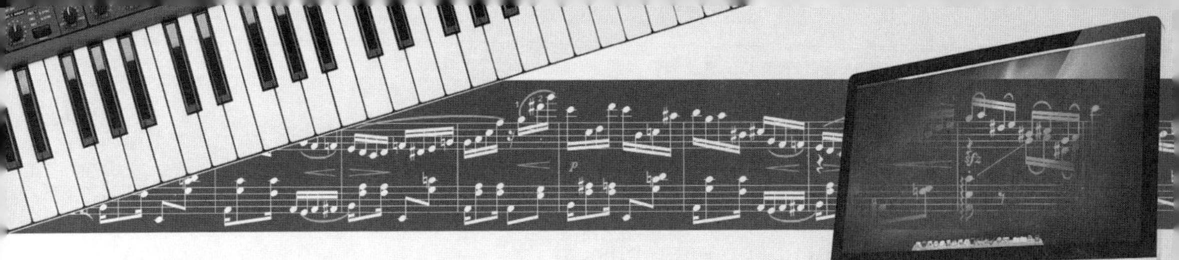

CAPÍTULO 7

Produção de CD, SACD e DVD-A

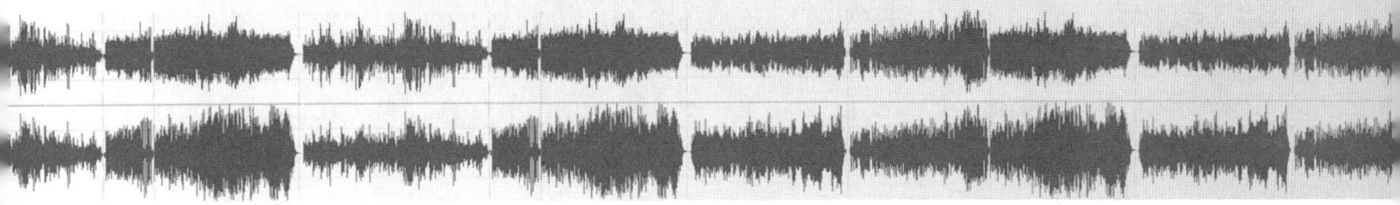

Neste capítulo são descritas as etapas compreendidas na produção de CD (*Compact Disk*), SACD (*Super Audio Compact Disk*) e DVD-A (*Digital Versatile Disk-Audio*): escolha da mídia de mixagem, checagem dos endereçamentos dos equipamentos, mixagem através de *mixers* diversos (analógicos e digitais), adição correta de efeitos, masterização, duplicação, distribuição independente ou por gravadora etc.

Tendo o computador como ferramenta principal, esses estágios podem ser efetuados por músicos, artistas, produtores e técnicos profissionais ou, até mesmo, por iniciantes. A produção de CDs destina-se, basicamente, a duas finalidades: submeter repertório e interpretação a uma gravadora (CD demo) ou distribuir a música para o público consumidor por intermédio de venda direta, de gravadora ou de distribuidora (CD de qualidade máxima a ser comercializado).

Nos últimos anos foram feitas algumas tentativas de troca da mídia CD pelo SACD e DVD-A que suportam taxas de resolução muito superiores às do CD. Tanto o SACD quanto o DVD-A proporcionam uma forma mais prazerosa de ouvir música, em virtude de possibilitarem diferentes posicionamentos dos instrumentos em vários campos além do estéreo e por possuírem altíssima fidelidade. Contudo, essas mídias não chegaram a ser adotadas pelo público consumidor ficando restritas aos audiófilos. Por hora, o formato mais utilizado ainda é o CD. Por isso, neste capítulo o enfoque principal é para a finalização de projetos nessa mídia.

A mídia CD

O *Compact Disk* (disco compacto), lançado pela Philips e Sony no início dos anos 1980, é uma mídia *read only* (somente de leitura) muito eficiente para guardar informações de áudio, já que permite tocar até 80 minutos de música estéreo sem compressão, com uma taxa de 16bit/44.1kHz em um disco com as dimensões de 12cm de diâmetro x 1,2mm a 1,5mm de espessura. Sua capacidade total varia entre 650MB (CD de dados que pode ser usado para música) e 740MB (CD de dados mais recomendado para música).

O CD é uma mídia ótica em vez de magnética: as informações são codificadas no lado gravável do disco por intermédio de um feixe de laser que dissolve as partículas da superfície criando cavidades microscópicas. Para reproduzir a gravação, o laser lê a superfície do CD e identifica as partes cavadas e não cavadas (*pits* e *lands*) as quais são traduzidas em linguagem binária compreendida pelos computadores e microprocessadores internos dos tocadores. O CD é gravado através da tecnologia PCM (*Pulse Code Modulation*). A sua execução permite uma resposta de frequência até 22kHz com alcance dinâmico limitado a, aproximadamente, 96dB.

Na reprodução, as faixas podem ser executadas de várias maneiras: do início, pré-selecionadas ou aleatoriamente. Além disso, em um CD podem estar contidas as informações do padrão ID3 que registram texto do título, nome da música, gênero, autor, comentários etc. Para tal, é necessário entrar esses dados no software masterizador. A mídia CD suporta, ainda, o formato HDCD (*High Definition Compatible Digital*) que vem a ser um CD de alta definição, desenvolvido no final dos anos 1980, o qual proporciona maior nuança de dinâmica em função do processo de codificação/decodificação que utiliza a resolução de 20bit.

CD demo

Mesmo em plena era da venda direta de MP3 e do cartão de *download*, não se deve menosprezar o poder da distribuição e da divulgação de uma gravadora *major*.

No CD demo, o acabamento não necessita ser tão sofisticado quanto em um CD de carreira, pois a meta é apenas submeter composições e interpretações a uma gravadora ou, ainda, captar patrocínio para um projeto independente. O que importa nesse caso é a qualidade da música, da letra e da interpretação. Ao ouvir um CD demo, nenhum profissional da gravadora ou da empresa patrocinadora analisará se o bumbo está sem grave ou se há ruído de ar-condicionado. A qualidade a ser julgada é a artístico/musical: a voz do cantor, as letras das canções, a *performance* do músico solista, a comunicabilidade da banda etc.

Caso a gravadora goste do trabalho e decida investir, fornecerá um produtor, estúdio de gravação, arranjador e demais profissionais que efetuarão as gravações, mixagem, masterização etc. O departamento comercial cuidará para que o artista alcance sucesso de forma a garantir retorno de investimento e, principalmente, lucro. No caso da captação de patrocínio, após o trabalho ser analisado e aprovado, a verba é liberada para o artista iniciar o projeto por conta própria ou por intermédio de um produtor contratado.

Utilizando os recursos de MIDI e da gravação digital é possível gravar uma demo de qualidade excelente a um custo, razoavelmente, baixo. Inclusive, muitas partes podem ser aproveitadas no futuro CD real. Os músicos são os que têm maiores condições de produzir suas próprias demos e até mesmo seus CDs reais já que, geralmente, possuem os conhecimentos musical e técnico, além do equipamento necessário. Os cantores e solistas que não dispuserem desses requisitos poderão contratar um músico que tenha um *home studio* para produzir sua demo.

A produção do CD demo segue, basicamente, as mesmas etapas do CD real (com menor rigor de excelência) logo, os procedimentos que se seguem são aplicáveis aos dois casos. Assim, passemos à etapa seguinte, da qual podem ser extraídos os tópicos relevantes para a produção de uma demo.

CD comercializável

O CD independente ou de gravadora exige todo o cuidado necessário às grandes produções musicais, de forma que o resultado seja adequado para a comercialização e a apreciação do público e da crítica.

Até a década de 1980, o disco independente recebia um tratamento muito precário. Os estúdios de gravação, de masterização e as fábricas não consideravam os esforços dos artistas independentes que dispunham de recursos limitados. Tanto gravadoras multinacionais quanto artistas independentes tinham, praticamente, as mesmas previsões de despesas na área de produção. Consequentemente, para viabilizar um projeto independente a própria música tinha de ser sacrificada: menor quantidade de músicos, arranjadores e estúdios mais baratos, mixagem de dez músicas no tempo de duas etc. O mesmo ocorria na fase da pós-produção: fotografias amadoras, capas e encartes mal projetados, impressão gráfica de baixa qualidade etc.

Em meados da década de 1980, tecladistas passaram a ser mais requisitados como um recurso para incrementar a qualidade sonora (eliminando vazamentos, ruídos e indutâncias) e, simultaneamente, minimizar custos. Era o início da Informática na Música e os equipamentos disponíveis eram dispendiosos, limitados e instáveis. Os teclados, módulos e estantes tinham de ser deslocados do estúdio caseiro para o de gravação externo. Uma vez alocado o equipamento, o contador de períodos começava a rolar. Cada saída de áudio dos instrumentos era endereçada para o *mixer*, de forma que a música sequenciada fosse passada para gravadores analógicos de fita. Alguns instrumentos não respondiam à execução da sequência, o que tornava necessário checar os cabos de MIDI e de áudio, um a um. Enquanto isso, o artista e o produtor consultavam nervosamente o relógio. O equipamento MIDI entrava em colapso; o sinal de sincronismo (FSK, na época) falhava. Após várias tentativas, conseguia-se imprimir todo o arranjo em MIDI para a fita multicanal. Após gravar os instrumentos acústicos, os vocais e a voz solista, mixava-se e a fita matriz de ¼" ia para o corte. Posteriormente, eram fabricados os LPs. Como raramente era permitido ao artista acompanhar o processo de masterização e corte, os finalizadores "mutilavam" os graves e deixavam as faixas com diferentes volumes.

A maioria dos discos independentes tinha uma estética e uma sonoridade precária inconfundível. Esse estigma servia como desculpa para as rádios, que não os executavam. Contudo, o importante é que os artistas independentes atingiam seus objetivos: entravam no mercado de shows e seus discos eram distribuídos mesmo que pessoalmente. É interessante observar que muitos críticos davam um desconto ao analisar esses trabalhos e, geralmente, teciam elogios e palavras de incentivo.

No início da década de 1990 ocorreu a transformação: o barateamento dos equipamentos, a introdução dos gravadores digitais de fita e a consolidação do computador como poderosa ferramenta musical possibilitou a gravação de CDs de qualidade surpreendente, produzidos em estúdios com espaço e equipamento bem reduzidos, independente de gravadoras. E assim tem sido até hoje: o quarto de um apartamento ou a garagem de uma casa podem, perfeitamente, ser transformados em estúdio, bastando preparar e isolar acusticamente uma pequena área que sirva de técnica, de forma que as reflexões sejam abrandadas e que o operador não ouça a fonte original dos instrumentos.

Como tudo é gravado no campo digital, não há diferença entre 16bit/44.1kHz produzido em um apartamento ou em um estúdio de gravadora *major*. O ponto crítico dos estúdios de pequeno e médio portes continua sendo a gravação dos instrumentos acústicos, já que não há recurso digital que recupere, por exemplo, uma voz gravada com microfones de segunda categoria. A captação e gravação da bateria, vocal, cordas e sopros exigem os mesmos critérios de excelência técnica que sempre foram adotados nas grandes produções. Também são necessários cuidados especiais para evitar ruído de rede e vazamentos dos sons externos e do ar-condicionado.

As produções ficaram mais baratas; a sonoridade do CD independente não se distingue mais daquela produzida por grandes gravadoras; os produtos estão mais equilibrados; o público consumidor não diferencia o que foi produzido com pouco ou muito recurso. Esse nivelamento faz com que todos sejam mais exigentes em relação à qualidade sonora do CD (independente ou não). Os próprios críticos não se importam mais com a procedência do trabalho que está analisando: tudo é CD. Todos os profissionais envolvidos na produção musical, apesar das inúmeras facilidades trazidas pela informática, agora, mais do que nunca, precisam buscar a perfeição no desenvolvimento e na finalização dos CDs, tornando-os compatíveis com as grandes produções. A cumplicidade do público e da crítica com o artista independente está agora em alguma gaveta, junto com fitas analógicas.

Passo a passo para a produção de CD

As fases iniciais da música informatizada pertinentes à pré-produção e à produção foram abordadas no Capítulo 6. A seguir serão detalhados os itens da pós-produção, quando todo o material é equalizado e mixado para, finalmente, o CD ser gerado e duplicado.

Conexões e endereçamentos

O primeiro procedimento antes de iniciar a mixagem é checar as conexões, observando se as saídas de áudio dos instrumentos MIDI externos estão devidamente conectadas ao *mixer* ou diretamente à entrada de áudio da interface. Na forma atual de mixar uma música, utilizando o computador como central, é preferível capturar o som dos teclados e dos módulos físicos e passá-los para pistas de áudio do software conjugado de forma que se tenham todos os instrumentos à disposição no próprio computador para serem equalizados e regulados em volume.

Deve-se também verificar se todos os instrumentos virtuais estão enviando seus áudios para o *mixer* virtual. Para tal, sola-se cada instrumento com seus respectivos efeitos *plug-ins* e observa-se se a resposta de áudio está fluindo sem problemas (*glitches*). Deve-se, preferencialmente, converter a execução MIDI dos instrumentos virtuais em áudio, via *bounce* ou *mix*. Nenhuma fonte sonora ou efeito do arranjo pode ficar de fora.

É necessário, também, ouvir as emendas e os cortes dos *clips* de áudio com atenção e conferir se não há algum estalo típico destes tipos de edição. Os efeitos de *noise gate* devem ser verificados um a um já que costumam esconder algumas notas se o *threshold* estiver mal ajustado. Durante a *mix* deve-se observar se todos os envelopes de automação estão atuando exatamente como foram programados. Um bom procedimento é solar cada pista que possui automação e ouvir se os controles estão respondendo corretamente.

No caso dos estúdios que ainda usam gravadores digitais ou analógicos de fita, o produtor deve anotar no *label*, o nome dos instrumentos e em que canais estes foram registrados. Se o gravador de fita for digital é possível passar suas pistas para o software conjugado de uma só vez, totalmente no campo digital. Para tal, é necessário que a interface de áudio possua entradas específicas para receber os áudios digitalizados e enviá-los para pistas do software conjugado. Caso seja analógico, cada pista do gravador deve ser endereçada para as entradas da interface de áudio. Essas são formas de se dispor de todos os instrumentos e vozes no computador para efetuar a mixagem através do *mixer* virtual do software ou de superfície de controle.

Somente após a mixagem é que as músicas são masterizadas para posterior queima do CD virgem, que servirá para duplicação em sistemas caseiros ou em fábricas. A seguir, é descrito o processo de mixagem e as diversas modalidades de *mixers*.

Mixagem estéreo

Na mixagem, os instrumentos gravados são definitivamente equalizados, graduados em volume através de envelopes e distribuídos no estéreo.

Nessa fase é necessário, também, escolher os melhores efeitos para cada instrumento e para as vozes. Para executar todas essas tarefas é necessário um *mixer* físico ou virtual. Vale lembrar que a equalização dos instrumentos MIDI físicos só é possível através de um *mixer* físico, a não ser que o áudio de cada um seja capturado e registrado no software gravador.

Várias sugestões e estratégias de mixagem, incluindo sincronização de gravadores com sequenciadores e instrumentos MIDI virtuais, são apresentadas nos itens Sincronização e *Time Codes* (pág. 241) e *Setups* Diversos (pág. 250).

O posicionamento dos monitores em relação ao técnico é extremamente importante para uma boa mixagem. Observando-se a colocação padronizada do triângulo equilátero com ângulo de 30º pode-se mixar em estéreo corretamente. A altura dos monitores deve ser de, aproximadamente, 1,50m levando-se em consideração que o técnico trabalha sentado.

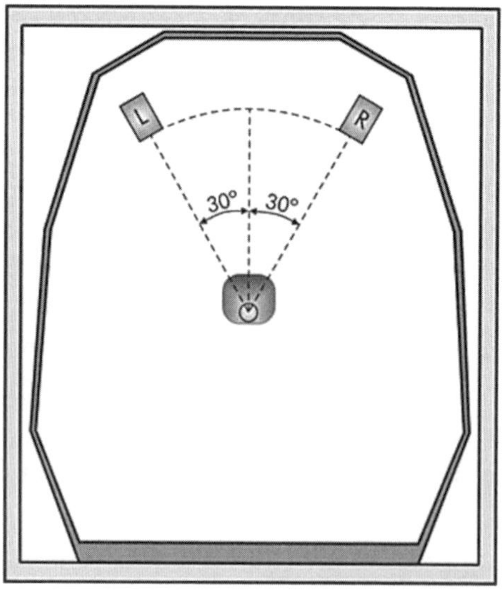

Posição correta dos monitores para mixagem estéreo

Os aspectos técnicos relacionados à mixagem (níveis, compressão, panorâmico, equalização, moldagem sonora, adição de efeitos etc.) podem ser pesquisados em livros específicos sobre o assunto. No que toca à mixagem, esta publicação enfoca os recursos e tipos de equipamentos disponíveis.

Mixers sem automação

Esse tipo de *mixer* é utilizado, em estúdio ou em show, para receber e processar diversas fontes sonoras simultaneamente. Estando todos os instrumentos conectados às entradas do *mixer*, estes podem ser equalizados e mixados para um sistema de gravação de dois canais através das saídas L e R de gravação. Dessa forma é possível registrar uma banda inteira diretamente para os dois canais de um *notebook* e utilizar essa *mix* para sonorizar um vídeo a ser postado no Youtube. O áudio gravado dessa forma é melhor do que o registrado pelos microfones das filmadoras.

Esse *mixer* analógico pode ser útil, também, para gravação multicanal de uma banda. Nesse caso é necessário que os *Direct Outs* (saídas diretas de cada canal) ou as *Auxiliar Sends* (saídas auxiliares) sejam endereçados para as entradas independentes de várias interfaces de áudio.

Nos *setups* de pequenos estúdios o *mixer* analógico pode ser usado para se conectar microfones (caso a interface de áudio não possua pré-amplificador para dar mais ganho e *phantom power* para alimentar os microfones a condensador).

Os *mixers* sem automação são os tradicionais que não suportam ser controlados por um sequenciador via MIDI (*Sys-Ex*) ou por um microprocessador interno. Os *faders* e botões do painel só podem ser movidos manualmente. Variam de média qualidade a altíssimo desempenho, podendo ter entre 8 e 64 canais. Os modelos mais aplicáveis em estúdios de médio porte possuem entre 16 e 24 canais; duas ou mais entradas e saídas auxiliares; grupos de 2, 4 ou 8 saídas independentes; conectores próprios para acoplamento de outro *mixer*. Alguns disponibilizam, ainda, duas entradas especiais que não se misturam com as demais. Essas entradas são projetadas para conectar a saída estéreo de uma interface de áudio ao *mixer* e são providenciais para gravar voz, assim como instrumentos, sem que ocorra realimentação.

Mixer Yamaha analógico sem automação

Nas suas formas originais, não possuem automação própria, ou seja, não há um dispositivo que registre, por exemplo, o movimento em seus *faders* (embora alguns modelos possam ser transformados em automatizados com a inclusão de hardwares específicos). Quando o *mixer* é "duro" (somente analógico), a mixagem é feita manipulando-se os botões em tempo real.

Quando esse *mixer* for usado para receber todos os instrumentos já gravados de um DAW, é recomendável utilizar os recursos de automação do próprio software (através dos comandos *Sys-Ex* de MIDI internos). Por intermédio desses comandos de automação pode-se superar as limitações do *mixer* "duro". Por outro lado, já que o *mixer* virtual é capaz de processar automaticamente todas as tarefas de mixagem de música já gravada, o *mixer* analógico passa a ter pouca utilidade.

Mixer virtual

Todos os DAWs disponibilizam um *mixer* virtual que disponibiliza muito mais recursos do que os *mixers* analógicos. O *mixer* virtual pode, inclusive, ser alocado em um monitor de vídeo separado. Dessa forma, o acesso visual aos dois ambientes de uma sessão de mixagem (área de gravação e console) é instantâneo.

Esse tipo de *mixer* pode ser operado manualmente ou de forma automatizada. Neste último caso é necessário que cada pista de áudio ou de MIDI contenha um envelope com as graduações preestabelecidas. E essas graduações podem ser entradas com o mouse ou, preferencialmente, através de botões de controle de um teclado MIDI ou de uma superfície de controle. Assim, é possível automatizar a dinâmica, o volume e a localização no panorâmico, por intermédio de parâmetros, como *velocity*, volume principal e *pan*, respectivamente. Uma vez reguladas, essas funções são salvas no HD e essa mixagem é chamada de volta sempre que se abre o projeto.

A única diferença entre *mixer* virtual de DAW e o *mixer* físico com automação (que usa microprocessador próprio) é que as regulagens ficam agregadas a um projeto no computador, ou seja, não ficam guardadas em um arquivo no dispositivo de armazenagem do *mixer* automatizado.

Primeiramente, essas regulagens eram feitas nos softwares sequenciadores por intermédio de números, editando-se na *event list*, ou mesmo manipulando-se o botão de *data entry* do teclado *master* enquanto o sequenciador estava em *Rec*. Posteriormente, os softwares passaram a permitir que essas modificações fossem feitas em ambiente gráfico, simulando o painel de um *mixer*. Assim, as pistas dos softwares com seus respectivos botões, *faders*, *pan*, *mute* etc., passaram a ser mostrados no monitor do computador e esses recursos tornaram-se controláveis via mouse e teclado de computador em tempo real.

Os *mixers* virtuais das DAWs permitem, ainda, que se configure qual a função desejada para cada botão. Dessa forma, os componentes do painel virtual podem ser endereçados para diversos *continuous controllers*, regulagem de tempo, mudanças de *velocity* etc. Ao mover um *fader* com o sequenciador em *Rec*, os movimentos são registrados. Quando a música é tocada, os controles automatizados passam a se mover por conta própria.

Mixer virtual da DAW ProTools

Superfícies de controle

As novidades introduzidas pelos *mixers* virtuais induziram alguns fabricantes a projetar superfícies de controle para pequenos, médios e grandes estúdios. São unidades separadas (*stand-alone*), consoles (no formato de *mixer*) ou ainda *tablets* que funcionam como controladores remotos que enviam e recebem mensagens de MIDI proporcionando controle sobre diversas funções do software de DAW. Por exemplo: ao se movimentar um *fader* na superfície de controle, o software reconhece a mensagem e altera o valor do volume da pista em questão automaticamente. Já que estes são apenas dispositivos que geram e interpretam mensagens, não apresentam entradas para instrumento ou microfone.

Possuem, em média, entre 8 e 16 *faders* motorizados que atuam como *data sliders* (controles deslizantes) além de botões rotativos e chaves de liga/desliga. A partir desses aparelhos é possível entrar mensagens de MIDI dispensando o mouse e o teclado do computador. Há ainda superfícies de controle híbridas que atuam também como *mixers*, a exemplo da Control 2802 (Focusrite) que provém 32 entradas e 8 *faders* motorizados.

O iPad, por exemplo, controla diversas DAWs através de *apps* específicos, tanto através de USB/MIDI quanto Wi-Fi. Após estabelecer a comunicação do iPad com a DAW via Wi-Fi, o técnico pode mixar mesmo estando afastado do computador. Além disso, as graduações são realizadas através de *touch screen* (toque na tela). Para tal, é necessário baixar o aplicativo Bonjour (Apple) e V-Control (Neyrinck). O passo a passo para instalação, testes e utilização desse complexo encontra-se descrito no site www.lucianoalves.com.br.

Superfície de controle Avid S6

Mixers com automação

Em seguida surgiram os *mixers* incorporando MIDI em sua estrutura de controle, sendo que alguns foram projetados para serem controlados exclusivamente de forma remota.

Os *mixers* aptos a responder às mensagens MIDI podem ser de estrutura analógica ou digital e o grau de automação varia muito entre os modelos. Há ainda hardwares que transformam alguns *mixers* "duros" em automatizados. A placa que contém os VCAs é instalada internamente e passa a possibilitar regulagens de volume, *pan* e *mute* por intermédio de software, usando mensagens de *control changes*. Essas funções são mostradas no monitor do computador.

Os consoles que proporcionam poucos recursos de automação são os mais encontrados em pequenos estúdios e respondem apenas à mensagem de *mute* e controle de volume. Os mais sofisticados permitem controlar mais parâmetros e são, ainda, projetados para capturar as posições dos botões como *snap shots* (instantâneos). Esses registros são arquivados como um número de programa que pode ser chamado via MIDI por um comando de *program change* sequenciado em qualquer pista da DAW.

Há, ainda, *mixers* com automação que trabalham conjuntamente com os virtuais de computador criando, assim, um ambiente de trabalho extremamente versátil. Esse sistema mais poderoso foi disponibilizado nos pacotes de DAW para estúdios de grande porte. Nesse caso, as regulagens feitas no software (via mouse) ou diretamente nos botões motorizados dos *mixers* e das superfícies de controle atuam nos diversos elementos envolvidos. Em alguns sistemas, ao se movimentar um *fader* no *mixer* automatizado externo, o do *mixer* virtual (do computador) move-se automaticamente (e vice-versa).

Mixer digital Yamaha CL Series

Aplicação de efeitos

Os variados tipos de produção musical dependem imensamente da adição de efeitos que podem melhorar ou mesmo moldar os sons gravados, além de possibilitar a emulação das reflexões de vários ambientes. Os efeitos mais comuns são: *reverb* (reverberação), *convolution reverb* (reverberação por amostragem), *echo* (eco), *compression* (compressão), *expansion* (expansão), *limiting* (limitação), *auto panning* (panorâmico automático), *chorusing* (dobra defasada), *de-essing* (redutor de "sss" da voz), *delay* (atraso de resposta), *fading* (som entrando e saindo gradualmente), *flanging* (defasagem rotativa), *gating* (cancela continuidade) e *pitch change* (mudança de afinação).

Os processadores de efeito podem ser de *rack*, *stand-alone*, pedais (mais usados para guitarra), proprietários dos softwares de áudio ou *plug-ins* fornecidos por vários fabricantes e programadores (veja *Plug-Ins* de áudio na pág. 147).

A aplicação dos efeitos pode ser efetuada em diversas etapas da produção como, por exemplo, na orquestração. Ao experimentar combinações de instrumentos é necessário que já se tenha uma ideia de quais efeitos emulam corretamente seus ambientes naturais: um órgão de igreja ou Hammond só soará com suas características plenas após a adição de *reverb*. Muitas vezes, o eco contribui com o próprio ritmo da base. No entanto, esse efeito requer um cuidado especial para que as repetições não fiquem defasadas ritmicamente em relação à música. O recurso que garante o perfeito sincronismo do eco com o andamento da música é o *Sync to Host BPM* (sincronizar com o andamento do software hospedeiro). Assim, o efeito passa a seguir o andamento. Essa opção encontra-se disponível na maioria dos *plug-ins* que produzem efeito de repetição.

A escolha e graduação dos efeitos devem contribuir para que o instrumento soe o mais natural possível. Na maioria das vezes, um mínimo de efeito é o suficiente. Um piano, por exemplo, demanda um *reverb* tipo *concert hall* de pouca duração, pois a sonoridade característica do piano é a do instrumento somado com as reflexões de uma sala de concerto bem preparada acusticamente. As graduações exageradas só devem ser aplicadas como efeito especial.

Em vez de inserir um *reverber* em cada pista de áudio que necessite efeito, é recomendável criar, no mínimo, um barramento contendo um *reverber* geral. Nessa configuração, os instrumentos são mandados para o efeito através do *Send* (enviar), que é criado em cada pista ao se inserir um *bus* (barramento).

Efeitos controlados via MIDI

Uma utilidade simples e direta de MIDI relacionada aos efeitos de *rack* é poder efetuar trocas dos seus programas a partir de um sequenciador. Basta que, em uma das pistas, seja digitado o número do programa desejado. É bom lembrar que essa pista e o aparelho devem estar com o mesmo canal de MIDI. Se necessitar fazer trocas durante a música, os números podem ser digitados na *event list* do software sequenciador.

Suponhamos que na Parte A da música se deseje aplicar um efeito tipo *room reverb* na caixa da bateria, mas, quando entrar no refrão, deverá passar para *gate*: na *event list* entra-se com os respectivos programas um pouco antes dos pontos de entrada e de mudança.

Como o efeito de *rack* possui *patches* compostos por até quatro efeitos somados, é necessário que a troca de programa seja efetuada ligeiramente antes do ponto desejado para que o aparelho tenha tempo de processar a chamada dos efeitos que compõem esse *patch*. Em alguns modelos, pode-se notar com facilidade o atraso na entrada de um efeito múltiplo.

Em um nível mais complexo de utilização de MIDI nos efeitos de *rack*, é possível controlar, via *Sys-Ex*, os parâmetros internos (tempo de atraso, profundidade, velocidade, equalização etc.) dos programas. A manipulação dessas mensagens é em tempo real e atua diretamente nos parâmetros do efeito enquanto a sequência toca. Além disso, um software *editor/librarian* pode ser utilizado para baixar um determinado banco de *patches* do aparelho para o computador. Assim é possível fazer edições dos parâmetros através do mouse em ambiente gráfico. Os programas modificados podem ser arquivados no HD e enviados de volta para o aparelho quando se desejar. Essa também é uma forma de fazer *backup* dos programas internos do efeito de *rack*.

Masterização

Após mixar as músicas do projeto, o próximo passo é masterizá-las para que fiquem uniformes. Após esse processo, o produto final já pode ser gerado (CD, SACD ou DVD-A).

Na fase da masterização cuida-se para que todas as músicas mantenham uma unidade em termos de dinâmica, volume geral e equalização. As faixas devem ter um equilíbrio sonoro para que não destoem entre si. Não pode haver, por exemplo, uma muito alta ou menos grave que as demais.

Até meados da década de 1990, a masterização era um processo um tanto misterioso, algo que somente especialistas eram capazes de executar. Os escassos softwares para masterização possuíam linguagens e interfaces nada amigáveis para músicos. Os periféricos de *rack* de maior qualidade, necessários para masterização (compressor, expansor, limitador, equalizador gráfico e paramétrico), eram caros e demandavam um certo grau de conhecimento técnico para serem operados corretamente. Os gravadores de CD confiáveis eram somente os externos ao computador e seus painéis apresentavam terminologias, controles e conectores até então inéditos: 44.1kHz / 48kHz, coaxial, *optical* (ótico), *start ID* (número de identificação do início), S/PDIF etc.

A partir de 1995, com a proliferação dos softwares de edição de áudio, dos *plug-ins* que substituem os hardwares, dos softwares DSP e com o barateamento dos gravadores de CD e dos periféricos de efeitos, a masterização tornou-se mais acessível a todos os usuários de computador. Juntamente com o lançamento dos gravadores de CD para computador e os softwares para multimídia, vieram os aplicativos de áudio que, inclusive, tratam a masterização com uma linguagem amigável e, às vezes, até supérflua. Atualmente, profissionais e amadores do áudio têm muitos meios à sua escolha. Cada qual opta pelo que mais convier às suas necessidades e metas.

Assim como consta no item Composição (pág. 160), também na masterização é possível que o leigo atinja bons resultados. Se este poderá ou não competir com profissionais do ramo, que estudam a matéria há muitos anos, é outra questão. Não se pode esperar que o computador indique por conta própria em que música o agudo está incomodando ou quantos decibéis deverão ser acrescidos na faixa de graves para que o CD fique com mais "peso".

Transferindo para o computador

A mídia que chega da mixagem para a masterização pode ser HD USB; CD de música (arquivos CDA); CDR ou DVD com arquivos de áudio (WAV, AIF). Ao receber um trabalho para masterizar, o primeiro passo é copiar as faixas para um diretório do computador. No caso das fitas analógicas deve-se, primeiramente, digitalizá-las e criar os respectivos arquivos de cada faixa.

Antes de carregar os arquivos no software de masterização, torna-se necessário regular suas taxas de resolução e de *sample rate* para 16bit/44.1kHz em estéreo. Caso os arquivos estejam em outra taxa como, por exemplo, 24bit/96kHz é necessário convertê-los. Outro ajuste importante é o do tempo a ser inserido entre as faixas. Por padrão são atribuídos dois segundos entre cada música. Em seguida, escolhe-se a forma de transferência, que pode ser de uma faixa isolada ou de todas consecutivamente.

Os arquivos do projeto passam a ser mostrados no masterizador por intermédio de gráficos de formas de onda de cada música carregada.

Nessa etapa, estamos caminhando para a preparação do primeiro CD (matriz), no qual reduções e *Codecs* (compactadores) de áudio não são permitidos. Artifícios de compactação só são empregados para multimídia, animação, Internet e algumas finalidades de DVD.

Outra atividade muito comum dos estúdios de masterização é a recuperação e a remasterização de áudios contidos em mídias antigas (fitas analógicas, digitais DAT, VHS, LPs etc). Portanto, o equipamento deve estar preparado para operar com todos os formatos possíveis.

Caso a mixagem tenha sido feita em fita DAT, primeiramente é necessário verificar se as saídas de áudio do aparelho estão endereçadas corretamente para o computador: a saída digital do DAT entra no S/PDIF ou AES/EBU da interface do computador. Se for uma fita analógica, a saída estéreo do gravador é conectada à entrada analógica de áudio da interface. Normalmente, os conversores integrados nas interfaces profissionais são de boa qualidade, mas pode-se optar por vários periféricos de *rack* que proporcionam qualidade excepcional, como os produzidos pelas empresas Eventide, Apogee, Studer, Nagra, Crane Song e Joemeek, entre outras.

Softwares para masterização de CD

Muitos softwares específicos para masterização encontram-se no mercado. Porém, já que os pacotes de DAW, tais como o Sonic Solutions, ProTools, Logic e Sonar oferecem todos os recursos para gravação, edição, masterização e "queima" de CD, geralmente os profissionais optam por masterizar com esses sistemas integrados.

Duas boas opções de softwares exclusivamente masterizadores são: CD Architect (Sony) e o Ozone 5 (iZotope). Nesses softwares, os trechos das músicas podem ser ouvidos e comparados através de uma interface extremamente amigável, além de possuírem dezenas de *plug-ins* para corrigir os problemas da *mix* e realçar as músicas.

Em todos os casos, os recursos podem ser imensamente expandidos por intermédio dos *plug-ins* instalados no sistema. Nas gravações digitais que estiverem soando "frias" é possível aplicar *plug-ins* que simulem gravação em fita. Mesmo os softwares voltados para multimídia podem executar funções complexas, enquanto conservam a simplicidade da interface com o usuário.

Os aplicativos masterizadores possibilitam editar e manipular o áudio de forma gráfica e, comumente, apresentam o recurso de "queima" de CD. Além disso, mostram ordenadamente as músicas extraídas da *mix*.

Ordenando as músicas

Apesar de estarmos ainda na etapa de masterização e não da "queima" do CD, é uma boa medida dispor as músicas na ordem definitiva. Caso as músicas tenham sido carregadas desordenadamente, basta arrastá-las com o mouse para as devidas posições. Após reposicioná-las é necessário verificar se os espaços de dois segundos não foram alterados inadvertidamente.

Muito embora a ordem possa ser modificada a qualquer momento antes de se queimar o CD, é imprescindível trabalhar nas edições dos níveis, equalizações e *fades* já na ordem final. Isso ajuda a criar uma unidade sonora para o trabalho.

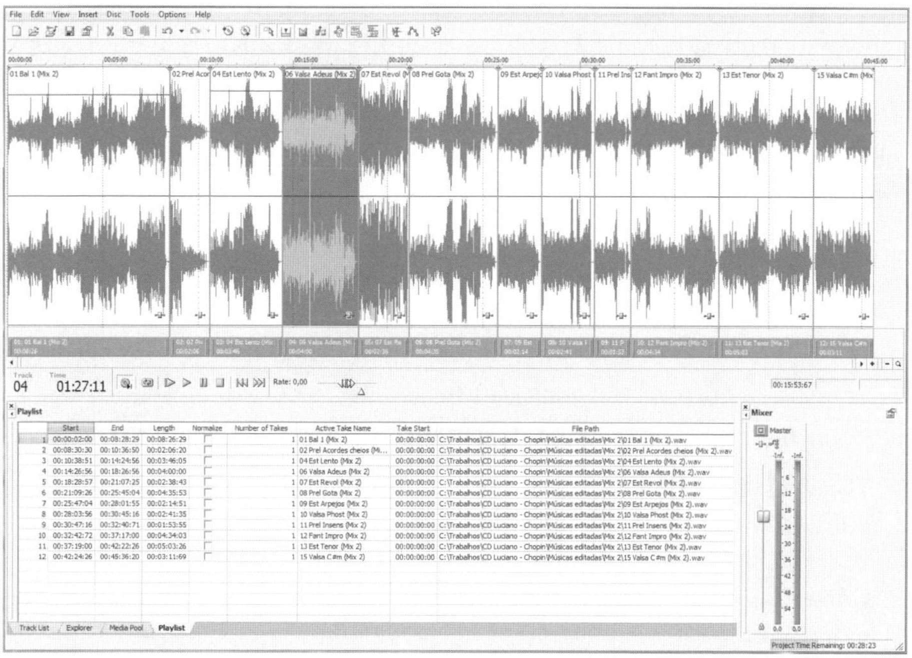

Formas de onda e ordenação das faixas no CD Architect (Sony)

Criando unidade entre as faixas

Como as músicas são mixadas em dias e, eventualmente, em estúdios diferentes, é comum estarem desalinhadas em termos de níveis gerais e equalizações.

Nessa etapa é que se pode verificar o potencial dos inúmeros recursos dos softwares masterizadores. Primeiramente, é necessário ouvir todas as faixas na ordem definitiva e fazer anotações de todas as discrepâncias que precisam ser consertadas. Por exemplo: na faixa 1, o *fade out* está muito lento e a parte B está um pouco baixa; a faixa 2 apresenta um ruído de 60Hz muito forte; a faixa 3 está muito aguda e a parte C tem um ruído de virada de partitura; na faixa 4, o baixo e o bumbo estão com pressão exagerada, o VU está quase clipando etc.

Essas marcas podem ser entradas com referência no TAC (tempo relativo ou absoluto) da música caso o técnico não identifique os trechos de forma musical. Por outro lado, pode-se ainda entrar com *markers* diretamente no software masterizador.

Em seguida, começa a maratona de edições: nivelar, reequalizar, comprimir, aplicar *plug-ins* removedores de ruídos, editar *fade-ins/fade-outs,* limpar início e fim das músicas, aplicar *audio exciters* (incrementadores de áudio), comparar com os CDs de referência etc.

Essas operações devem ser feitas sem alterar o volume da monitoração. É um trabalho árduo, que exige conhecimento, paciência, isolamento e, principalmente, atenção (o profissional masterizador, geralmente, alcança os melhores resultados quando o artista não está presente).

Os recursos para masterização estão disponíveis nos softwares através de ícones ou de menus de edição com nomenclatura e função similares ao que segue adiante:

- ***Equalizer*** – equalizador. Iguala as características de graves, médios e agudos das faixas, podendo ser gráfico ou paramétrico.
- ***Compressor*** – compressor. Para uniformizar os volumes no decorrer das músicas e entre as mesmas, diminuindo os picos de áudio.
- ***Limiter*** – limitador. Aumenta a média de nível geral, limitando os picos.
- ***De-Noising*** – redutor de ruídos. Elimina ruídos de rede e barulhos estranhos às músicas.

Se você está lançando um CD independente, procure masterizar com técnicos conceituados, mesmo que o custo seja um pouco mais elevado. Tente combinar o preço por faixa e não por tempo. A masterização não faz milagres em trabalhos mal gravados, contudo, pode ajudar a "encorpar" e a "brilhar" a sonoridade, promovendo o CD a um nível de qualidade que possa competir com os mais bem produzidos do mercado. Por outro lado, uma gravação e uma mixagem bem cuidadas podem ser destruídas por um masterizador iniciante.

Masterização de compilações

Compilações são CDs de música produzidos a partir de diversas fontes já finalizadas (CD, fita mixada ou mesmo LP) criando, assim, coletâneas. A compilação é, sem dúvida, uma fonte de renda segura das gravadoras e editoras que têm em seus acervos milhares de sucessos compostos e gravados por renomados artistas. Em vez de produzir um CD com músicas inéditas, que demanda despesa (estúdio, arranjador, músicos, arregimentador, locação de instrumentos, produtor, copista, fotógrafo, artista gráfico, revisor, promoção e divulgação), a produtora simplesmente agrega várias músicas de sucesso em um novo CD. O custo de produção é mínimo e o lucro é garantido.

Assim nasceu a ideia das compilações. Agora, com as facilidades proporcionadas pela informática, o custo do CD compilado caiu mais ainda. Basta fazer uma pré-seleção de músicas, buscar fontes de onde extraí-las, providenciar o pagamento dos direitos autorais, enviar para a masterização, duplicar e distribuir. E, infelizmente, os resultados que podemos constatar são: a proliferação de coletâneas no mercado (algumas produzidas sem um mínimo de cuidado na masterização) e a notória redução dos lançamentos de novos artistas e de trabalhos inéditos.

Para produzir compilações que necessitam de edição, os procedimentos, técnicas e cuidados são idênticos aos do tópico anterior. A diferença básica é que agora entram faixas provenientes de LPs de vinil (pois nem sempre a fita mixada original ainda está disponível na gravadora). Logo, a saída de áudio do *pick-up* (toca-disco) deve estar conectada à entrada de *phono* de um amplificador ou a um *mixer*, observando-se as características da curva de equalização da RIAA (*Recording Industry Association of America*). A saída desse intermediário é conectada à entrada analógica da interface de áudio.

Com o acréscimo da fonte sonora LP, outros recursos dos softwares masterizadores devem ser pesquisados. Já que a própria matéria-prima do LP é passível de acrescentar barulhos estranhos à música (fricção da agulha, estalos provocados por arranhões, sujeiras e empenamento), é necessário um conhecimento específico dos removedores de ruídos que fazem parte dos softwares masterizadores ou podem ser instalados em forma de *plug-ins* de *click* e *pop removers* (removedores de ruídos e estalos). A especialização nesse campo gerou, inclusive, uma nova atividade dentro da informática na música e, consequentemente, surgiram os peritos em restauração de LPs. Veja LP e Fita para CD na pág. 257.

Compilações a partir de CDs

Caso se queira simplesmente copiar para uso próprio algumas músicas de diferentes CDs juntando-as em um único (sem a necessidade de melhoramentos e edições), utiliza-se um software de criação de CD do tipo Nero. É importante lembrar que CDs compilados não podem ser comercializados sem as devidas autorizações das gravadoras, editoras e compositores. Para criar compilações em MP3, o procedimento é idêntico.

Insere-se cada CD fonte no tocador e copia-se as faixas desejadas para um diretório do HD. Em seguida abre-se as faixas em um software masterizador e aplica-se os recursos descritos no item Criando unidade entre as faixas (pág. 202). Após o trabalho estar ordenado, queima-se o novo CD. Por precaução, é necessário ouvi-lo com a máxima atenção para ter certeza de que não houve falhas. Muitas vezes, os inícios das músicas estão corretos, mas ocorrem problemas no meio de algumas faixas.

Para criar pacotes de músicas em MP3 é necessário converter cada faixa para este formato. Os próprios masterizadores oferecem conversão para os formatos comprimidos mais utilizados. Para passar os arquivos para o tocador de MP3 basta conectá-lo na USB do computador e transferir as músicas para uma de suas listas internas.

Para criar compilações rapidamente basta transferir as músicas dos diversos CDs para um diretório do computador e depois passá-las para o novo CD através de um software queimador. Nesse software sempre é disponibilizada a opção *Normalize* para equilibrar o volume das faixas. No entanto, o resultado não é profissional. Na realidade, é desastroso já que a dinâmica das músicas é muito modificada.

> Para aqueles que desejam trabalhar com compilação e gravação de CD, é recomendável ter um tocador e um gravador separados no computador. Isso evita as constantes trocas entre CDs fontes e CDs virgens, e proporciona uma forma rápida de testar os CDs gravados (ouvindo-os no tocador). É desaconselhável usar o gravador apenas para ouvir música, já que se trata de um aparelho mais sensível.

> É mais seguro queimar o primeiro CD em velocidades reduzidas (16x, 24x) sem ocupar todo o seu espaço. Observe se nenhuma faixa está clipando (saturando o nível em 0dB ou mais). Erros ocorrem no CD quando há distorção em qualquer ponto do áudio. Como resultado, pode-se notar ruídos digitais aleatórios, trechos em *looping* e o CD pode não funcionar em alguns tocadores.

Criação do CD

O termo CD *master* (matriz) é utilizado para designar o primeiro CD no qual são impressas as músicas provenientes de aplicativos masterizadores. Como a maioria dos tocadores de CD de computador permite a extração de faixas digitalmente para posterior duplicação, agora qualquer CD queimado após a ordenação de músicas é um CD matriz.

Contudo, essa facilidade de se criar CDs só se tornou realidade a partir da segunda metade da década de 1990. Antes, todo o processo de masterização e de corte só era possível em fábricas especializadas, a um custo bem elevado, o que inviabilizava pequenas tiragens e prejudicava pequenos produtores e artistas, que precisavam de poucas cópias para distribuição e divulgação.

A solução surgiu com o desenvolvimento do CDR – *Compact Disk Recordable* (disco compacto gravável), uma tecnologia de disco ótico do tipo *write-once* (grava uma vez). Um CDR pode ser executado em qualquer tocador de CD que esteja apto a trabalhar dentro dos padrões definidos. Com a proliferação dos gravadores de CD para computador ou, ainda, dos gravadores/duplicadores dedicados, abriu-se um novo mercado onde a fabricação e a comercialização saíram do domínio exclusivo das companhias discográficas. Qualquer artista pode gerar seu CD e duplicá-lo por conta própria em pequenas tiragens.

Dependendo do formato, os CDs podem, ainda, conter diversos ingredientes (multimídia, imagens, textos, videoclipes) para as mais variadas finalidades: cartão de apresentação digital, *backup* de dados, locuções de comerciais, biblioteca de sons sampleados, coleção de FXs, enciclopédia etc. Os gravadores codificam informações digitais em um disco CDR seguindo dois padrões:

- ***Orange Book*** – os dados são codificados em sessões separadas, ou seja, é possível acrescentar mais informações quando se desejar. Uma vez gerado por esse método, o CD não pode ser rodado em qualquer tocador já que não contém o TOC (*Table of Contents*) codificado juntamente com os dados.

- ***Red Book*** – é o padrão para CD de música. Permite que um CD gravado em qualquer gravador seja executado em diferentes tocadores. Esse método já inclui um arquivo TOC (tabela codificada no início de cada disco). Nela, estão incluídas informações de indexação dos números das faixas, tempo de início e duração destas. Cada faixa pode incluir o título da música, dados do autor, do intérprete, de *copyright* e comentários. Esses pequenos textos são mostrados nos *displays* dos tocadores de CD e dos *media players* quando estes são compatíveis com o padrão ID3.

Para a criação do primeiro CD é necessário que a mídia (matéria-prima) seja de boa qualidade. Um CDR de boa marca custa até sete vezes mais do que um de proveniência desconhecida, contudo, essa despesa compensa. Também, certas marcas proporcionam melhor desempenho em determinados gravadores. Para assegurar a boa qualidade das matrizes é necessário adquirir mídias CDR de várias marcas e testá-las no gravador do computador.

Duplicação e distribuição do CD

Após masterizar as faixas e queimar o primeiro CD, o trabalho poderá ser duplicado e distribuído por uma gravadora ou por conta própria (independente). Aqui não se trata da demo, mas do CD real, completamente finalizado.

Distribuição por gravadora

Faz-se algumas cópias do CD que serão enviadas para a análise de algumas gravadoras. Caso uma companhia decida lançá-lo, automaticamente assumirá o registro dos ISRCs (*International Standard Recording Code* – código de gravação padrão internacional) das faixas, a fabricação em grande escala, o lançamento, a divulgação e a distribuição.

Esse acordo ainda é comum atualmente: o artista arca com as despesas da produção até a finalização da matriz, enquanto a gravadora cuida desde o projeto da capa até a colocação dos CDs nas lojas. Nesse caso, o artista tem a possibilidade de negociar um *royalty* (direito de exploração) maior do que os 10% de praxe, já que a gravadora não investiu tempo e recursos na produção musical. Esse acordo possibilita que o artista tenha total liberdade de criação/produção e se envolva apenas com as atividades relevantes à própria criação artística. A gravadora, por sua vez, utiliza sua infraestrutura para que tenha retorno do investimento. Bom negócio para ambas as partes, principalmente quando o artista é o próprio compositor já que, além do *royalty* recebido pela vendagem, poderá ter outras rendas provenientes dos direitos autorais.

Distribuição independente

Pode ser efetuada de duas formas: em CDs ou em arquivos de música. Os CDs podem ser vendidos para as lojas físicas ou virtuais e para os consumidores após os shows. Nesse processo é também necessário enviar os CDs para clientes cadastrados e buscar novos consumidores através de divulgação no próprio site e nas redes sociais. As redes devem ser utilizadas nos formatos Perfil e *Fan Page*.

CD sem videoclipe simplesmente não funciona mais. O público consumidor sempre deseja assistir a vídeos do artista no qual está interessado. Portanto, a campanha de lançamento do CD deve, automaticamente, ter suporte de vídeos no Youtube.

Atualmente, existem diversos serviços de distribuição e de venda de música que podem ser nos seguintes formatos: CD inteiro, cartão de *download*, faixa individual e *playlist*. Essas companhias concentradoras são responsáveis pelo envio do projeto do CD para diversos pontos de venda, tais como: iTunes, Amazon, Rhapsody, LastFM, eMusic etc.

Por isso, o computador é uma ferramenta importante na atividade diária do artista. Além de atuar como central de produção musical, transforma uma pequena sala em um eficiente escritório. Mas, sem dúvida, um dos veículos mais utilizados para venda direta de CDs é o próprio show. De fato, o público já se acostumou a comprar CDs logo após assistir ao artista.

A distribuição de música através da Internet utiliza a tecnologia de compressão MP3. Esse formato possui qualidade razoável e dispensa a mídia CD. O detalhamento para produção de arquivos comprimidos encontra-se no item Formatos de música na Internet (pág. 234).

Outra forma de distribuir CDs é por intermédio de companhias distribuidoras. Em alguns casos, a distribuidora faz parte de uma gravadora que também atua vendendo CDs, inclusive, de outras gravadoras. A porcentagem negociada com essas empresas é da ordem de 40% do preço de capa (custo para o consumidor). É importante mencionar que qualquer forma de distribuição por conta própria exige muita dedicação e um mínimo de infraestrutura para controle de estoque, contabilidade, reposição e pagamento de direitos autorais aos autores envolvidos. Em contrapartida, após deduzir as despesas, a receita gerada é integralmente do artista.

Para duplicar CDs, o próprio gravador de CD do computador pode ser usado. Coloca-se o CD matriz no gravador, abre-se o aplicativo de cópia e queima-se quantos CDs forem necessários. Um artifício que agiliza esse processo é gerar os novos CDs a partir dos arquivos que já estão residentes no HD. Pode-se, também, incrementar a "gravadora caseira" com duplicadores de CD que fazem 4, 8, 16 ou mais cópias simultaneamente.

Só é permitido comercializar duplicações de CDs após registrar os ISRCs das faixas e obter as autorizações dos produtores envolvidos. Além disso, é necessário efetuar os pagamentos dos direitos autorais aos autores inclusos no projeto.

SACD

O SACD (*Super Audio CD*) utiliza a mídia DVD e foi lançado pela Sony e Philips (criadores do CD) em 1999. Em pouco tempo diversos fabricantes de equipamentos tais como Marantz, Denon, Kenwood, Sharp etc., aderiram ao novo formato e passaram a produzir tocadores de SACD. No entanto, essa mídia não alcançou o sucesso esperado.

A tecnologia envolvida na sua criação é a DSD (*Direct Stream Audio*), na qual o sinal analógico é convertido para digital diretamente em 1bit, por intermédio de amostragens de 2,822MHz. Portanto, o SACD opera com taxa de amostragem 64 vezes maior do que a de CD (44,1 kHz) e 14,7 vezes maior que a taxa máxima permitida no DVD-Áudio (192 kHz).

A vantagem do SACD sob seu predecessor CD está na taxa de amostragens e na resolução de áudio suportada (24bit) que resulta em uma sonoridade muito cristalina. Além disso, as nuanças de dinâmica das músicas são mais perceptíveis já que o *dynamic range* (alcance dinâmico) é de 120dB.

Os formatos SACD suportam mixagens em estéreo ou em até seis canais de Surround 5.1, além de inserção de imagens, textos, proteção contra cópia e, inclusive, vídeo. A proteção anticópia funciona por intermédio de uma *water mark* (código "marca d'água") impressa na camada de base do disco. O código embutido na "marca d'água" é o que permite a autenticação entre cada disco e o tocador de SACD. Para ouvir esse tipo de disco, basta inseri-lo no tocador próprio.

Existem três tipos de SACDs: *Single Layer Disc* (disco de uma camada de alta densidade), *Dual Layer Disc* (duas camadas de alta densidade) e *Hybrid Disc* (uma camada de alta densidade e outra de CD comum para compatibilidade com tocadores de CD conforme as especificações do padrão *Red Book*).

O SACD simples de uma camada suporta até 4,7GB de informações, o que corresponde a aproximadamente 100 minutos de música estéreo (sem compressão), ou seja, seis vezes mais do que o CD. O de duas camadas pode guardar até 8,5GB.

Os SACDs de alta densidade podem ser reproduzidos somente nos tocadores específicos de SACD ou em modelos de DVD que também suportem SACD. Para que um SACD possa ser executado em um tocador de CD, é necessário que o mesmo tenha sido produzido no formato *Hybrid SACD*. Quando se insere um *Hybrid SACD* em um tocador de CD comum, a parte que se ouve é a da camada CD, sem os benefícios da alta resolução e da dinâmica do SACD.

O que permite a audição de uma camada CD é o processo de conversão SBM Direct (*Super Bit Mapping Direct*) que reduz a gravação DSD (*Direct Stream Digital*) diretamente para o padrão CD (16bit/44.1kHz). Já um CD normal pode ser ouvido em tocadores de SACD.

Os títulos em SACD disponíveis variam de música clássica a rock e custam até o triplo do preço de um CD, contudo, há uma tendência de barateamento gradativo.

Para autoração de SACD pode-se utilizar *plug-ins* desenvolvidos para o ProTools, Logic Pro etc. ou softwares específicos, tais como: Sonoma Multitrack Recorder Editor (Super Audio Center), Pyramix System (Merging Technologies) e DSD Editor (Sony).

Os softwares Nero e DeepBurner possibilitam queimar SACD no nível caseiro. No entanto, é recomendável encaminhar o projeto SACD para finalização em estúdios profissionais. Neste caso, é necessário separar e organizar todas as pistas em arquivos distintos e enviá-los para o estúdio.

DVD-A

O *Digital Versatile Disk-Audio*, lançado em 2000, é o concorrente do SACD e proporciona audição de música em altíssima qualidade. Altas taxas de *sample rate* e de resolução em bits (96kHz até 192kHz em 24bit) produzem sonoridade cristalina assim como nuanças de dinâmica elevadas, muito próximas da própria execução analógica da fonte sonora. Taxas menores podem ser igualmente reconhecidas, contudo, a qualidade final é sacrificada. Assim como o SACD, não obteve plena aceitação do público.

A mídia utilizada na criação de DVD-A é o DVD. Para produção de DVD-A é necessário que, tanto o software quanto o hardware reconheçam e gerem arquivos em altas resoluções. Para masterização e autoração de DVD-A podem ser citados os aplicativos One Click DVD (Sonic Solutions) e DiscWelder (Minnetonka Audio), entre outros. Esses softwares trabalham com taxas até 192kHz, além de editarem e montarem as seis trilhas de Surround 5.1, características do DVD-A de qualidade máxima.

A padronização do formato DVD-A está a cargo da associação *Work Group 4* (Grupo de Trabalho 4) que convencionou o formato PCM Surround para produção de DVD de áudio. As taxas adotadas são: 24bits até 96kHz para os monitores da esquerda, centro e direita (L, C, R); e até 48kHz para o de subgrave (LFE) e os de Surround esquerdo (Ls) e direito (Rs). A gravação e a mixagem opcional em estéreo podem ser realizadas na taxa de até 24bit/192kHz, o que proporciona um alcance de frequência que vai de 0 a 96kHz com alcance dinâmico de 144dB.

O padrão utilizado para compressão de dados, na taxa aproximada de 2:1, é o MLP - *Meridian Lossless Processing* (processamento Meridian sem diminuição da qualidade). Na compressão MLP, os dados são "empacotados" sem perdas. Na decodificação, cada bit é fielmente restaurado. Já o esquema de compressão utilizado pelo Dolby Digital e DTS - *Digital Theater System* (sistema digital que simula sonorização de cinema) em produções de DVD-V, removem conteúdos do áudio considerados imperceptíveis. Por intermédio do MLP, um DVD-A simples pode guardar aproximadamente duas horas de áudio tanto em seis canais na taxa de 24bit/96kHz quanto em dois na taxa de 24bit/192kHz.

Já que a finalidade do DVD-A é disponibilizar áudio de qualidade, a maior parte do disco é destinada para ele. Logo, em um DVD-A não podem haver clipes ou vídeos que demandem muito espaço, ou seja, apenas fotos, menus, textos, *slide shows* e imagens estáticas que sejam mostradas durante a execução das faixas.

O DVD-A suporta os mesmos formatos de áudio multicanal usado no DVD-V. Logo, ambos podem executar áudio de alta resolução gravado nos formatos Dolby Digital e DTS. No entanto, já que o DVD-A é produzido através da tecnologia PCM nas mais altas resoluções, o resultado sonoro é superior ao do áudio de um DVD-V. Para que um DVD-A mantenha compatibilidade com DVD-V é necessário incluir no disco o mesmo áudio codificado em Dolby Digital e DTS. Um tocador específico de DVD-A simplesmente não "enxergará" a porção codificada nos padrões de DVD-V. Já um tocador de DVD-V só tocará o áudio produzido em seus padrões e descartará a parcela em PCM.

Apesar de existirem softwares que possibilitam queimar SACD e DVD-A no nível caseiro (Nero, DeepBurner, DVD-A Author etc.) é mais garantido e seguro encaminhar o projeto para finalização em renomados estúdios profissionais que possuem softwares e equipamentos específicos para masterização e gravação das mídias SACD e DVD-A. Para tal, é necessário organizar todos os arquivos correspondentes à cada pista Surround de cada música, como descrito a seguir.

Mixagem Surround

A mixagem Surround não se aplica apenas nos projetos em que o áudio é coadjuvante do vídeo. Muito pelo contrário, existem diversos títulos em áudio, desde música clássica ao rock, disponíveis em SACD e DVD-A nos quais essa modalidade é empregada com todo seu potencial. A pureza do som, assim como a sua distribuição em seis canais (ou mais) não é mais exclusividade do cinema ou do DVD-V.

O termo Surround refere-se às diversas técnicas de posicionamento do áudio em relação ao ouvinte. Enquanto o som estéreo é limitado às posições esquerda e direita, o padrão Surround permite posicionar o sinal em qualquer ponto em torno do ouvinte. O som em Surround pode ser produzido em vários formatos e codificações, que vão desde 5.1 até 10.2, dependendo da aplicação final do áudio: SACD, DVD-A, DVD-V, TV digital ou sala de cinema. O formato mais comum é o 5.1, que consiste em cinco canais *full-range* (faixa plena de frequência) e um de *subwoofer* (subgrave) destinado para o LFE – *Low Frequency Effects* (efeitos de baixa frequência). O número 1 após o ponto refere-se exatamente ao *subwoofer*.

Os cinco canais são distribuídos pelas caixas L (esquerda), C (centro) e R (direita), posicionadas em frente ao ouvinte enquanto que a LS (*Left Surround*) e a RS (*Right Surround*) ficam atrás. O canal LFE pode ser direcionado para os alto-falantes principais ou para o *subwoofer* que, preferencialmente, deve ficar no chão, abaixo da caixa C. Os efeitos graves de explosões, batidas e terremoto, assim como os instrumentos musicais de baixas frequências, podem ser direcionados para esse canal que inicia em 25Hz estendendo-se, aproximadamente, até 120Hz. O canal do centro é mais utilizado para voz solista, melodias principais, instrumentos de condução rítmica e, no caso de filme, para locuções.

Equipamentos específicos de mixagem 5.1 variam consideravelmente em preço e qualidade. Para finalidades profissionais, logicamente, o custo do sistema é mais elevado. No entanto, é possível produzir e executar mixagens 5.1 de ótima qualidade a custos moderados. Os próprios softwares Sonar, Cubase e ProTools incorporam essa modalidade de mixagem. Há, também, softwares arquitetados especificamente para produções em Surround, como o Media Producer Suite (Dolby) que é um pacote para aplicações profissionais para Mac, o qual provém todos os *codecs* utilizados na masterização de DVD-A e DVD-V. Esse pacote proporciona codificação e decodificação multicanal dos formatos MLP, Dolby Digital, Dolby Digital Plus e Dolby TrueHD por intermédio de três softwares: Dolby Media Encoder, Dolby Media Decoder e Dolby Media Tools.

Um dos aspectos importantes da mixagem Surround é a possibilidade do panorâmico ser distribuído em trajetórias circulares, semicirculares e diagonais. E os movimentos para posicionar os elementos musicais podem ser feitos através de um *joystick* embora o mouse também possa servir. O *joystick* normalmente já vem incluído nos *mixers* e nas superfícies de controle para Surround. Caso não se disponha de um equipamento com *joystick* incorporado, pode-se adquiri-lo separadamente e acoplá-lo ao computador. Para que o software conjugado o reconheça é necessário configurá-lo através do menu de opções, selecionando o item *Controll Surfaces* (ou similar). Além de facilitar a "movimentação" do áudio, os botões do *joystick* podem acionar diversas funções do transporte do software. O panorâmico Surround acionado por mouse, *joystick* ou superfície de controle também pode ser automatizado através de envelopes, como ocorre na mixagem estéreo.

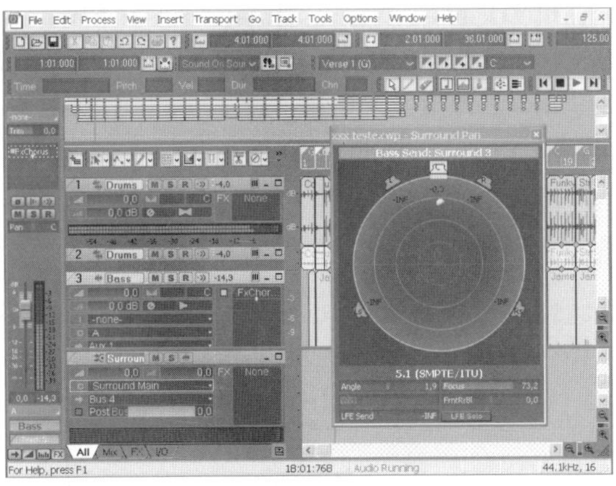

Regulador de panorâmico Surround 5.1

Os softwares conjugados e os *mixers* digitais provêm a organização do Surround 5.1 enviando os sinais de áudio para as seis caixas em três formas básicas, sendo que a primeira é a mais utilizada em DVD-A:

- 5.1 SMPTE/ITU, na ordem L, R, C, LFE, Ls, Rs
- 5.1 *Music Alternative*, na ordem L, R, Ls, Rs, C, LFE
- *Film Alternative*, na ordem L, C, R, Ls, Rs, LFE

Para iniciar uma mixagem em 5.1 no software conjugado é necessário inserir um barramento (*bus*) Surround no projeto, de forma que cada pista de áudio passe a operar nesse modo e a mostrar os seis canais de saída. Cada canal de Surround deve ser endereçado para uma saída específica da interface de áudio e, cada saída da interface necessita estar conectada a uma entrada do *receiver*/amplificador. Essa interligação é feita através dos conectores analógicos ou, preferencialmente, dos digitais de forma que os canais de Surround atinjam as respectivas caixas de som.

No *mixer* virtual do software conjugado é possível controlar o volume de cada canal do 5.1, assim como gerenciar o endereçamento dos graves (*bass management*). Para tal, o *driver* da interface de áudio deve, igualmente, suportar no mínimo seis canais e disponibilizar, também, o gerenciamento de graves. O gerenciador analisa os sinais provenientes dos canais principais, assim como do LFE, e endereça para o *subwoofer* as frequências abaixo de uma faixa determinada pelo usuário (geralmente abaixo de 100Hz para os efeitos graves e explosivos). No caso de aplicações musicais, o *subwoofer* é utilizado para instrumentos, tais como: contrabaixo, baixo de sintetizador e bumbo.

Os softwares disponibilizam também, a opção de *downmixing* (redução) que consiste em converter uma mixagem Surround para estéreo. Esse recurso é primordial para o caso de se executar o disco em um tocador que não suporte Surround. O *downmixing* possibilita a análise de como soará um projeto quando reproduzido em somente dois canais, assim como confirmar que, na mixagem Surround (para aplicações musicais), nenhum elemento sonoro está desequilibrado em volume. A mixagem Surround pode ser também realizada com extrema eficácia em *mixers* físicos digitais.

Monitoração Surround

Em produções caseiras (de menor nível de exigência), as placas multimídia ou mesmo o componente de áudio integrado nas placas-mãe dos computadores (com seis saídas) são capazes de decodificar o 5.1 do Dolby Digital (no padrão DVD-V).

Normalmente, as interfaces multimídia possuem diversos *jacks* coloridos que correspondem à entrada de microfone, de linha e à saída estéreo. Se todos os *jacks* forem utilizados simultaneamente, a interface passa a desempenhar a função de 5.1. A partir daí, os cabos devem ser conectados em um amplificador 5.1 e este, às suas seis caixas. Essa é uma conexão que utiliza as saídas analógicas da interface, o que acarreta em introdução de chiado e perda de qualidade dos agudos, embora isto seja, normalmente, imperceptível.

Para produções profissionais, é necessário adquirir equipamentos de codificação, decodificação, amplificação e monitoração sofisticados, incluindo caixas ativas (amplificadas ou biamplificadas) de renomados fabricantes, tais como: Genelec, Tannoy, Dynaudio e JBL, entre outros. Alguns modelos de *subwoofers* disponibilizam, inclusive, *bass management* próprio. Deve-se, também, optar por interfaces que possuam excelentes conversores A/D para gravação e que disponibilizem software com painel de controle próprio para a administração das saídas e do LFE. É muito importante que a interface de áudio possua conectores digitais (ótico ou coaxial) para que a saída do sinal seja transmitida para o sistema de amplificação e de monitoração no campo digital.

Na mixagem 5.1, é recomendável que o posicionamento dos monitores em relação ao técnico, siga as especificações do padrão ITU (*International Telecommunication Union*). As caixas frontais L e R são posicionadas como na mixagem estéreo, formando um triângulo equilátero com ângulo de 30°. A caixa C fica no centro, com a mesma distância que as L e R. As caixas traseiras de Surround (LS e RS) ficam com afastamentos idênticos às frontais, mas devem formar um ângulo de 110°.

Com o técnico trabalhando sentado, a altura dos monitores deve ser de, aproximadamente, 1,50m. Opcionalmente, as traseiras podem ficar, aproximadamente, 30cm acima das demais. O *subwoofer* deve ficar no chão, logo abaixo ou um pouco distanciado da caixa C.

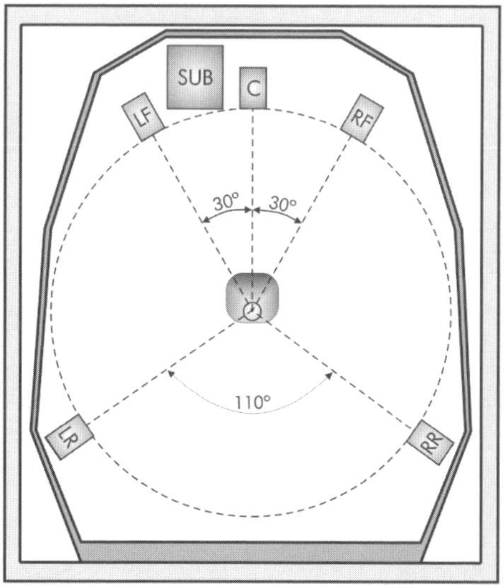

Disposição das caixas para mixagem Surround 5.1

Após queimar a mídia DVD, o resultado da mixagem pode ser verificado em tocadores sofisticados de estúdios profissionais, assim como em *stand-alones* do tipo *home theater* compatíveis com a decodificação de Dolby Surround e DTS.

CAPÍTULO 8

Produção para Jingles, DVD-V, Cinema e TV

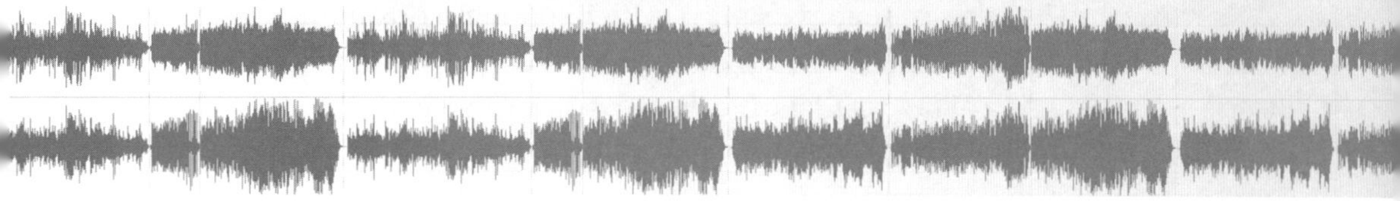

Os princípios da produção musical para jingles, chamadas, vinhetas, minisséries e novelas, assim como vídeos institucionais ou curta/média/longa-metragens para cinema são, basicamente, similares aos de produção para CD. Todos os recursos descritos em Sequenciadores (pág. 103) e Gravação (pág. 124) podem ser utilizados. Também aqui, a tecnologia *Random-Access Memory* é totalmente aplicável, principalmente considerando-se que a palavra mais usada nesses tipos de produções é: agilidade.

Basicamente, o que diferencia a criação e a pré-produção para mídias visuais em relação à de CD é que o tempo das composições passará a ser comandado pelas cenas e o arranjo deverá acompanhar os movimentos musicalmente. Nesse tipo de produção, entram os efeitos especiais (FXs) e os ruídos de sonoplastia (*Foley*) que podem, igualmente, ser moldados no computador. As mídias usadas para arquivar todo o material sonoro e musical são: CD-R, DVD-R, *pendrive*, HD, cartões de memória etc. O editor do filme tratará da junção do som com a mídia visual.

Particularmente, a produção musical para filme (cinema ou DVD) exige alguns cuidados extras com a sonorização, arranjo e orquestração que devem ser complexos e “carregados”. A distribuição dos instrumentos e dos FXs no panorâmico necessita ser projetada tendo em mente o posicionamento da plateia, de forma que a mesma se sinta participante das cenas.

Já que, geralmente, o equipamento de sonorização dos cinemas é projetado para funcionar em volumes consideráveis e responder (decodificar) o sistema Dolby Surround, é necessário que, na trilha musical, sejam explorados todos os recursos musicais e técnicos proporcionadores de impacto e emoção. Por exemplo: a região grave do espectro e as posições dos elementos sonoros devem ser tratadas com certo exagero. Além da preocupação com a dramaticidade da música e do “peso” dos FXs, há um fator crucial que contribui com o êxito da trilha sonora: a mixagem. Para facilitar essa etapa, algumas *workstations*, tais como as da Sonic Solutions e da DigiDesign/Avid já integram Surround. Inclusive a superfície de controle da DigiDesign disponibiliza uma central de edição (*Edit Pack*) que apresenta dois *joysticks* motorizados para "rodar" um elemento sonoro através das diversas caixas do sistema de amplificação. Pode-se, também, utilizar na mixagem, periféricos físicos de *rack* ou *plug-ins* virtuais com codificador de Surround. Esses artifícios são aplicados, também, na produção de DVD que segue as mesmas normas de sonoridade e de composição cronometrada como em cinema.

Com vista ao mercado de sonorização para mídias visuais, algumas empresas passaram a lançar, em regime de licenciamento, trilhas musicais em CDs do tipo *music library* (biblioteca de músicas). Nesse caso, as cenas são acopladas à música posteriormente.

O CD *Brazil Today* – Luciano Alves (Sonoton Records, SAS 204) é um exemplo desse tipo de CD. Contém 41 trilhas inéditas licenciáveis para comerciais, vídeo e cinema, e foi integralmente gravado no Brasil em 1998, utilizando as técnicas de sequenciamento e de sincronização com máquinas digitais de fita, descritos nesta publicação. Os instrumentos acústicos foram gravados em máquinas digitais de fita e os FXs adicionados por intermédio de *samplers* e gravação de áudio em HD. Ainda no Brasil foi feita uma mixagem para servir de guia dos planos de panorâmico, níveis dos instrumentos e entrada dos efeitos e dos FXs. O trabalho foi todo remixado no Intersound Studio de Munique (Alemanha) em Dolby Surround 5.1, tendo como base de consulta a pré-mixagem. O resultado é um CD de sonoridade cristalina que contém uma distribuição de instrumentos e de efeitos que proporciona a sensação de estar participando da própria música. Os trabalhos codificados em Surround podem, também, utilizar a opção de compatibilidade com estéreo para que sejam executados em qualquer tocador de CD comum.

Composição para mídias visuais

No processo de composição para mídias visuais, a música é baseada na sincronização com as cenas. A ação é a guia. Começa-se a compor a partir de uma conversa com o diretor ou de um roteiro fornecido pela produção. Mesmo no caso de um jingle ou *spot* (chamada) exclusivamente para rádio (em que não há imagem), a música deve contribuir para que o ouvinte seja conduzido a vivenciar determinadas sensações e emoções, dentro de um cenário imaginário que o criador da campanha publicitária idealizou para o produto. Novamente, o sequenciador se mostra uma ferramenta crucial para a elaboração da composição, do arranjo e da orquestração. Com ele, é possível compor por partes até atingir o objetivo, que é o de dramatizar cenas.

Após receber um DVD contendo o filme é necessário inseri-lo no software sequenciador/gravador (DAW). Geralmente, os sistemas de DAW importam rapidamente os variados formatos que chegam da produtora do filme (MOV, AVI, WMV, MPEG etc.). Contudo, é sempre recomendável ter um software conversor, já que os formatos possuem diversas variações (*codecs* peculiares). Diversos conversores encontram-se disponíveis para baixar da Internet: Any Video, Total Video Converter etc. Geralmente, esses conversores deterioram a resolução do filme original. No entanto, isso não chega a ser um problema, pois, por enquanto, o vídeo servirá apenas como guia. Posteriormente, todo o material sonoro será acoplado ao filme original em alta resolução.

Acoplando com as cenas

Estando o filme já inserido em um projeto vazio, a primeira providência é criar marcadores na linha de tempo (régua de tempo) do software. No local de início de cada música anota-se: "Tema triste", "Trilha da briga", "Música do personagem tal" etc. Também convém anotar as mudanças de clima que devem ter arranjos e orquestrações especiais: "Clima tenso", "Dramatizar mais", "Música explode" etc.

Enquanto se cria os marcadores, pode-se conversar com o diretor e recolher instruções que contribuirão com a própria inspiração no momento de começar a compor os temas. Se, por acaso, em um desses momentos surgir uma ideia musical, insere-se rapidamente um *soft synth* e registra-se pelo menos uma guia para ser trabalhada posteriormente.

> Crie padrões que contenham os instrumentos virtuais e os endereçamentos de gravação de instrumentos físicos que você costuma utilizar. Dessa forma, ao receber um vídeo para musicar, basta inseri-lo em um dos padrões.

Então é hora de começar a compor e a registrar as ideias: coloca-se o software no *frame* exato em que uma cena se inicia; prepara-se o sequenciador/gravador para sequenciar ou gravar; clica-se no *Rec*; toca-se no teclado musical acompanhando a dinâmica das cenas exibidas em uma janela da tela ou da TV que estiver acoplada. Os princípios da composição com o computador podem ser consultados no item Produção Musical no Computador (pág. 159).

Dinamização

O computador é a ferramenta que atua como central nas diversas fases da produção para televisão, cinema e propaganda. As facilidades proporcionadas por essa tecnologia na criação musical, inserção de FXs, sonoplastia, gravação de locuções e mixagem dos ingredientes são imensuráveis. Entre as inúmeras vantagens da utilização do computador nessas produções, podemos citar: diminuição do tempo necessário para a sonorização, agilização da busca de sons e dos trechos de música residentes no HD, precisão na inserção de eventos sonoros, facilidade em deslocar trilhas e locuções no tempo, possibilidade de variar o andamento e transposição sem que haja degradação sonora (no caso de sequenciamento), alteração (moderada) do tempo e da afinação no campo de áudio (*time stretch* e *pitch shift*).

O que proporciona agilidade na produção é a própria natureza dos equipamentos de gravação digital, que permite acessar os dados randomicamente. Atinge-se qualquer ponto da música e do vídeo instantaneamente. A sincronização do filme com o material sonoro é perfeita e transparente, já que ambos estão rodando na mesma fonte (memória e HD do computador).

> Quando os estúdios usavam gravadores de áudio analógicos de fita acoplados com máquinas de vídeo havia a necessidade de acrescentar complexos sistemas de sincronização para acionar os mecanismos de transporte das máquinas e para manter a estabilidade. Quando o vídeo era avançado, o gravador analógico *slave* caminhava junto, mas por ser muito lento para dar a partida e para correr a fita, era consumido muito tempo. Quem já trabalhou com sonorização no âmbito analógico sabe o quanto era demorado achar um determinado som que estava em uma das centenas de fitas de rolo do arquivo da emissora de televisão.

Produção

Em qualquer produção que envolva movimento, a duração da música e os tempos exatos das entradas de eventos sonoros (na casa dos *frames*) são de extrema importância. Contudo, como em vídeo nada é absoluto (pelo menos enquanto não é veiculado ou vai ao ar), comumente são necessárias modificações de última hora na trilha sonora. Suponhamos que um vídeo de um programa de televisão lhe seja entregue para ser musicado. Como você é experiente, não custa perguntar: "É a versão definitiva? Está todo editado? Ninguém vai inserir ou retirar nada?" No seu estúdio, você compõe e sequencia toda a trilha, com todos os tempos corretos, a música está acoplada perfeitamente com as cenas. No momento da sonorização na ilha de edição (acoplamento da música com o vídeo definitivo), um certo tema está passando do tempo. Você procura o diretor, que só agora lhe comunica que aquela cena romântica foi diminuída, pois estava muito "arrastada". E o programa vai ao ar em uma hora!

Pelo processo antigo, utilizando-se fitas analógicas, a única solução para "arranjos de última hora" era "mutilar" a composição de forma que se encaixasse no novo tempo. Agora, utilizando o computador, basta aplicar um *time fitting* no software sequenciador com a nova duração da cena. Se a música ficou muito rápida e o som dos instrumentos gravados via áudio está se comportando estranhamente, em poucos minutos pode-se cortar uma repetição, diminuir a introdução e jogar com a música como em um quebra-cabeça, de forma que os eventos de impacto não sejam desperdiçados. Com um pouco mais de tempo pode-se editar o próprio *time fitting*, que permite criar mapas de tempo na sequência para que os eventos sonoros atinjam as cenas do vídeo.

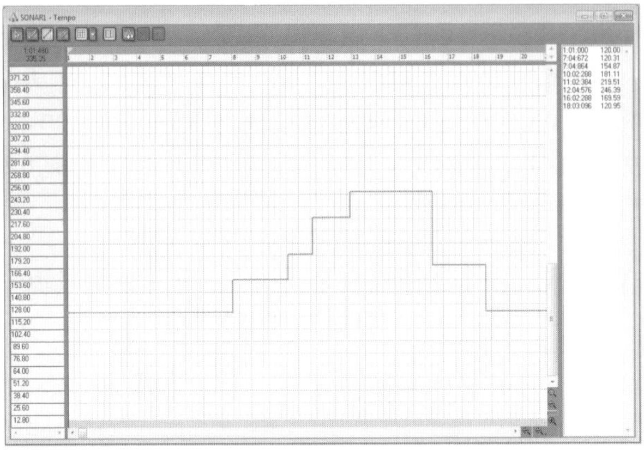

Mapa de tempo dos softwares de DAW

Se for necessário mudar o tempo de uma determinada pista, o recurso indicado é o *time scalling* (escalonamento de tempo), que permite alterar o tempo relativo de parte ou totalidade de uma pista sem influir no mapa de tempo. Se houver problemas de duração das notas (que continuarão soando durante o tempo em que forem pressionadas durante o sequenciamento), modificam-se suas sustentações (*length*). Esses recursos que permitem alterar a duração são, também, providenciais para que se ajuste um jingle para 30 segundos exatos.

No início da década de 1990, arranjadores, músicos e sonoplastas que trabalhavam em trilhas para televisão, jingles e cinema sofreram uma significativa diminuição na demanda de trabalho. Até então, quando um diretor precisava de uma música para sonorizar uma cena, recorria ao maestro, aos músicos ou mesmo ao tecladista da própria companhia. Mas com a proliferação dos CDs de trilhas sonoras, muitos desses profissionais foram dispensados. Fecha-se uma frente, abre-se outra: os músicos passaram a trabalhar em estúdios pequenos ou médios, justamente na produção desses CDs. Esse produto não é vendido em lojas, mas licenciado ou baixado do iTunes para utilização em qualquer cena de vídeo, cinema ou, ainda, em *spots* e assinaturas de rádio e de televisão. Nenhuma empresa tem a exclusividade sobre as músicas, logo, podem ser veiculadas em vários programas de emissoras diferentes. A forma de remuneração do compositor também mudou: antes, ao passar a música para o vídeo, seu trabalho estava concluído e ele recebia o cachê. Agora, ele é remunerado por intermédio da gravadora/produtora das trilhas, que repassa a fração correspondente sempre que a música é usada, seguindo a planilha de veiculação fornecida pelos usuários licenciados.

Vídeo digital

Atualmente, a criação de música para vídeo é totalmente realizada no campo digital. A produção de vídeo digital evoluiu consideravelmente em função do incremento da velocidade dos microprocessadores, da capacidade dos HDs e da expansão da memória interna. Por outro lado, a resolução padrão de vídeo também foi expandida para 1920 x 1080 pixels. Isso significa maior demanda dos componentes citados e do próprio processador. Portanto, as produções passaram a exigir CPUs de 64bit e placa de vídeo com, no mínimo, 1028MB de memória.

Os filmes digitalizados em AVI, JPEG ou MOV são exibidos pelos DAWs em uma janela separada ou mesmo em uma TV externa acoplada. No campo digital, vídeo consome memória e espaço em disco em grau mais elevado do que áudio, mesmo fazendo uso do compressor MPEG (*Motion Picture Experts Group*).

Produzir música no mesmo computador em que está rodando o vídeo abre uma nova perspectiva em termos de criação, agilidade e precisão. Nos estúdios de produção musical para mídias visuais, os softwares preferidos são os DAWs (sequenciadores/gravadores), tais como o ProTools, Sonar, Cubase e Nuendo, entre outros. Esses softwares importam e executam vídeo em AVI, MOV, MPEG etc, em janelas de vídeo, facilitando o processo de composição, arranjo e gravação da trilha sonora, além da inclusão de *Foley*. Já que não são softwares desenvolvidos para produção final de vídeo, é necessário enviar os arquivos das trilhas (estéreo ou 5.1) para o produtor do vídeo. Este importará esses arquivos para um software de autoração de vídeo profissional.

Alguns softwares de produção de vídeo digital que acoplam música em MIDI e em áudio utilizados em ilhas de edição são: Final Cut (Apple), Premiere (Adobe), Vegas Movie Studio (Sony). Esses softwares mantêm compatibilidade com diversos aplicativos criadores e manipuladores de elementos multimídia e viabilizam o *upload* de vídeo diretamente para o Youtube.

Vídeo frame a frame no DAW Sonar

Os softwares tocadores de vídeo (contendo a música embutida) podem ser os que já se encontram instalados nos computadores para executar multimídia e música: Media Player (Windows), QuickTime (Apple) e Real Media (Linux).

DVD-V

O DVD (*Digital Versatile Disk*) é a mídia final mais utilizada para distribuição de vídeo digital. Foi lançado em meados da década de 1990, mas somente a partir de 1999 passou a ser amplamente utilizado. O DVD possui as mesmas dimensões que o disco de CD (12cm de diâmetro x 1,2mm a 1,5mm de espessura) e pode ser nos formatos DVD-Vídeo, DVD-ROM, DVD-Áudio, DVD-R (gravável) e DVD-RW (regravável).

No universo do DVD, os fabricantes adotaram diferentes padrões, o que durante muitos anos prejudicou os próprios consumidores, já que determinados discos de DVD só podiam ser executados nos tocadores aptos a reconhecer o padrão em que foram produzidos. Por isso, o DVD+RW (*DVD Plus Rewritable*) proposto pela união da HP, Sony, RCA, Yamaha, Philips, Mitsubishi, Ricoh e Dell, entre outros, tornou-se o mais adotado.

Um disco gravado em DVD+RW mantém compatibilidade com a maioria dos tocadores de mesa ou de computador. Além disso, esse padrão permite gravar, reproduzir e editar vídeo e dados de forma randômica, em vez de contínua como nos demais, o que proporciona muita agilidade mesmo em produções caseiras.

Algumas vantagens do DVD são: arquivamento desde 4,5GB (disco *Single Sided Single Layered* – um lado, uma camada) até 18GB (*Double Sided Dual Layered* – dois lados, duas camadas) de dados; 8x8 pistas de áudio digital tornando disponíveis locuções em diversos idiomas e pistas separadas de Surround; até oito horas de vídeo (dependendo do formato do disco); sistema eficaz de proteção contra cópias. Na autoração de DVD-V são utilizados sistemas idênticos aos da produção para cinema e TV digital: Dolby Digital e DTS, que operam em Surround 5.1.

Dolby Digital é o nome técnico do sistema de codificação do áudio digital multicanal que utiliza o padrão AC-3 mais comumente denominado Dolby 5.1. O DTS é um processo de codificação/decodificação que também proporciona seis canais de áudio sendo considerado de qualidade superior. No padrão DTS, o áudio proporciona um sentido de terceira dimensão mais real, além de ser mais cristalino e possuir graves mais definidos. Por outro lado, ocupa mais espaço em disco e demanda mais processamento do que o AC-3. Para diminuir a demanda da CPU pode-se utilizar um decodificador dedicado de hardware.

O espaço do DVD é imensamente maior que o do CD, contudo, em uma produção de vídeo contendo música (DVD-V), a porção a ela destinada não é de igual proporção, em função de que o próprio vídeo digital, apesar de comprimido, é um grande consumidor de espaço. Os tocadores de DVD mantêm compatibilidade com o CD de áudio e alguns executam também o SACD, podendo ser encontrados nos seguintes formatos:

- **Aparelho dedicado** – módulo separado (de mesa), conectado à televisão.
- ***DVD Home Theater*** – também em módulo separado, mas já incorporando o sistema de amplificação com seis caixas acústicas.
- **Equipamento de som com DVD** – sistema de som doméstico com rádio, tocador de MP3, karaokê/videokê, amplificador, duas caixas de som para reproduzir mídias em estéreo e caixas adicionais para o sistema Surround 5.1.
- **Aparelho de televisão com DVD** – televisão com tocador de DVD embutido.
- **DVD portátil** – no formato aproximado de um computador portátil do tipo *laptop*. Possui o tocador, monitor de vídeo e dois alto-falantes.
- **Periférico (*drive*)** – instalado na porta SATA do computador ou externo via porta USB.

Em relação ao vídeo pode-se notar uma mudança drástica de mídias: da mesma forma que o LP deu lugar ao CD, o VHS foi substituído pelo DVD. E, atualmente, o DVD está, gradativamente, sendo substituído pelo VoD (*Video on Demand* – vídeo sob demanda).

O interesse das gravadoras em lançar seus artistas em DVD deve-se ao sucesso do formato de música MP3: como a distribuição ilegal do MP3 é sempre uma ameaça à vendagem de CDs das gravadoras, estas passaram a investir em produtos mais atraentes e versáteis numa tentativa de manter os lucros provenientes do mercado consumidor de música.

Ao produzir música para DVD-V é necessário adotar as taxas de resolução e de *sample rate* padrões para esse tipo de mídia: 24bit/96kHz até 192kHz.

Existem diversos aplicativos para autoração de DVD-V que rodam no PC e no Mac. As imagens gravadas em uma filmadora digital podem ser transferidas para o microcomputador e serem organizadas, editadas e sonorizadas. Contudo, o áudio em muitas câmeras é prejudicado por *codecs* de compressão. Além disso, muitas câmeras amadoras e semiprofissionais utilizam um compressor embutido que destrói a dinâmica da fonte sonora. Portanto, torna-se necessário refazer todo o áudio em estúdio de gravação para, posteriormente, acoplar com as cenas. Somente as câmeras profissionais que possuem entradas para microfones com regulagem de ganho podem ser utilizadas em projetos nos quais se pretende aproveitar o áudio original.

Além de exibir o filme dentro de uma janela de vídeo, os softwares conjugados podem ser acoplados a um equipamento de vídeo profissional externo via porta Firewire. Para tal, é necessário acessar o menu de opções de exibição de vídeo do software e regulá-lo para atingir o monitor externo. Caso ocorram desajustes de sincronização entre o filme executado externamente e a música tocada pelo software, é necessário atrasar a execução do áudio através do recurso *offset* (deslocamento).

No caso de enviar a trilha musical para um estúdio externo de mídia visual digital, prepare os arquivos de som de forma que possam ser acoplados com as cenas sem problemas. Para tal, examine, com antecedência, qual é o tipo de equipamento Surround do estúdio. Como os equipamentos de acoplamento da música com o vídeo utilizam formatos digitais, os arquivos de música devem ser enviados sempre em alta resolução, com separação dos canais de Surround.

Blu-Ray

É uma mídia ótica que possui as mesmas dimensões do CD e do DVD (12cm de diâmetro x 1,2mm de espessura) utilizada para áudio e vídeo de alta definição ou, ainda, para dados de alta densidade.

Proporciona capacidade de 25GB (uma camada) e 50GB (duas camadas) e suporta até quatro horas de filme *Full HD* (*Full High Definition* - alta definição em 1920 x 1080 pixels com proporção 16:9). Foi criado pela Sony, Pionner e Philips.

A partir de 2012, o *Blu-Ray* incorporou a tecnologia 3D. Dessa forma, o disco suporta três horas de vídeo *Full HD* no formato de 1080p3D. Para executar os discos em 3D, o tocador deve ser compatível com essa tecnologia.

CAPÍTULO 9

Produção para Multimídia

Multimídia é a reunião de diferentes tipos de mídia e engloba: informática, televisão, CD-ROM, gráficos, animações, vídeo, clipes, música, locuções, narrações, sonoplastia, textos, hipertextos, apresentações etc. Desde que surgiu, no início da década de 1990, a multimídia vem estabelecendo novos rumos na comunicação, educação, entretenimento, negócios e difusão da informação.

Multimídia é, no conceito e na prática, muito “flutuante” e, para que um projeto seja desfrutado, o computador ou aparelho deve estar configurado de acordo com as especificações mínimas exigidas de sistema operacional, hardware e software. Para que o telespectador assista a um programa de televisão, ele necessita apenas de uma televisão. Para desfrutar de uma apresentação multimídia, não basta ter somente o computador, como será detalhado.

Composição, arranjo e orquestração de música para multimídia englobam um dos muitos mercados do músico e produtor informatizado. Quando um trabalho for requisitado, todos os itens integrantes (música, locução e sonoplastia) devem ser enviados em CDR, DVD-R ou pela Internet e, ao produzir música MIDI, deve-se observar atentamente os cuidados especiais descritos em *MIDIFile* (pág. 95).

Composição para multimídia

A composição para multimídia envolve alguns procedimentos idênticos à composição para CD e mídia visual. A diferença básica reside no fato do músico/produtor não dispor de meios para prever exatamente em que equipamento seu trabalho será reproduzido e, consequentemente, necessita tomar certas precauções na finalização da música. Caso contrário, nada poderá assegurar que seu trabalho soará em qualquer computador com a mesma qualidade idealizada. O mesmo se aplica ao criador da parte visual, que deve observar as limitações dos vários computadores em termos de número de cores, resolução de monitor, fontes etc.

Também é necessário considerar a maior novidade introduzida por essa tecnologia: a interatividade. Em outras mídias visuais, o indivíduo apenas assiste. Já em multimídia, o usuário participa da apresentação, podendo mudar a ordem das cenas ou escolher qual informação deseja consultar. Em termos musicais, isso induz a uma nova forma de compor, baseada em pequenas trilhas e em curtos sons sonoplásticos. Em alguns casos, a criação de versões diferenciadas das trilhas é necessária, para proporcionar ao usuário a opção de escolher qual será utilizada como fundo musical.

CD-ROM

O CD-ROM (*Compact Disc-Read Only Memory*) é idêntico ao CD de música e pode conter qualquer informação digital. Suporta, normalmente, 650MB de informações, roda em qualquer tocador de CD de computador e nele podem estar contidas músicas em diversos formatos, além de imagens gráficas, clipes gravados via câmera, cenas animadas, biografias, enciclopédias e cartões de apresentação virtuais. Por isso tornou-se a mídia mais utilizada para apresentações multimídia.

O aplicativo que estiver rodando a apresentação lê o conteúdo do CD-ROM e o disponibiliza para o computador. Caso contenha imagens, estas serão projetadas no monitor. Se tiver músicas em MIDI, serão tocadas através dos instrumentos virtuais do sistema; se foram gravadas via áudio, tocarão pela saída analógica estéreo da placa ou do componente de áudio do computador que deverá estar conectado às caixas de som multimídia. As entradas de áudio, visíveis na parte traseira do computador, devem ser usadas para microfone, instrumento musical ou para receber o sinal de áudio da saída estéreo de um *mixer* físico.

Dependendo do tipo da produção, as músicas e os efeitos sonoros devem estar totalmente sincronizados com as cenas (clipes e animações). Por outro lado, alguns projetos não necessitam de precisão, já que a música presta-se apenas como fundo de uma imagem estática ou de um texto.

Já que, geralmente, a apresentação finalizada é distribuída em CD-ROM para ser rodada em diversos computadores, nada garante que a música soará bem em todos os sistemas, principalmente se for em MIDI, em vez de áudio. Se os instrumentos MIDI do computador em que a apresentação for rodada forem de má qualidade, a música será sacrificada. A razão pela qual a música em MIDI ainda é muito utilizada, mesmo sendo tão dependente do hardware final, é porque os arquivos MIDI são muito menores do que os de áudio. Em um projeto em CD-ROM carregado de imagens, locuções e animações em alta resolução, os 650MB passam a ser insuficientes para disponibilizar música em áudio.

Deve-se projetar o arranjo de acordo com a finalidade. É necessário levar em consideração as limitações dos equipamentos multimídia do mercado. De nada adianta elaborar um arranjo complexo na filosofia de CD ou de cinema que, no final, será executado em instrumentos MIDI precários.

Projetos multimídia

Os projetos multimídia são desenvolvidos para várias finalidades e cada um possui suas características musicais particulares. Sempre que possível é melhor disponibilizar as trilhas musicais em formato de áudio (WAV, AIFF, MP3) em uma resolução que garanta fidelidade em relação ao que foi concebido. Outra possibilidade é incluir o próprio arquivo de CD de música. Tanto no formato de áudio como no de arquivo de CD de música, as composições devem ser, preferencialmente, inéditas. Não é possível utilizar CDs protegidos sem o prévio pagamento ou liberação dos direitos autorais.

Já que todo material sonoro gravado via áudio ocupa muito espaço e é mais "pesado" para rodar, dependendo do projeto, é necessário aplicar conversões para reduzir o tamanho dos arquivos, sendo recomendável guardar os originais de alta resolução para o caso de ter de refazer a conversão. As taxas mais altas de *sample rate* oferecem maior qualidade, sendo preferível economizar na resolução em bits ou na opção estéreo/mono. Por exemplo: as locuções não precisam ser gravadas em estéreo, assim como a sonoplastia, geralmente, é aceitável em 8 e 16bits. A *sample rate* de 11 ou 22kHz deve ser evitada, pois produz som de baixa qualidade para os padrões atuais.

Consulte a **Tabela das Resoluções para Gravação** (pág. 137) que mostra a relação entre as várias resoluções em função do número de bytes por minuto gerados pelos softwares de gravação e de conversão de áudio para diversas aplicações.

As taxas superiores em estéreo são as adotadas pelos músicos e produtores musicais. Do outro lado, há o diretor da apresentação que, obrigatoriamente, necessita administrar todo o conteúdo do CD-ROM. Afinal, neste tópico, não estamos tratando de CD de música, mas de trilhas para multimídia. Logo, a produção musical será submetida a critérios que também podem contribuir para a degradação do material sonoro gravado via áudio, pois os produtores de multimídia em CD-ROM costumam adequar o som às especificações de CD-I (*Compact Disc-Interative* – disco compacto interativo) em que os dados são codificados para formatos básicos ADPCM (*Adaptive Delta Code Modulation*) ou outros *Codecs* nos quais as resoluções caem consideravelmente.

No caso de utilizar músicas MIDI é necessário lembrar que elas são muito dependentes do hardware do computador de destino. Como regra básica, ao criar uma sequência para qualquer uma das finalidades a seguir torna-se sempre necessário entrar o volume e a troca de programa em cada pista da sequência para que o nível e os instrumentos do arranjo sejam reproduzidos corretamente (salvo as produções em que o usuário interage na música criando novas mixagens e combinações de instrumentos, como ocorre em alguns softwares de karaokê).

Multimídia em CD de música

São CDs de música que iniciam com uma apresentação da biografia ou videoclipe do artista ensaiando, compondo e divulgando dados de sua carreira. A música de fundo criada para essas introduções deve ser neutra para não chamar atenção em demasia. As canções realmente relevantes ainda estão por vir em formato de CD de música. Obviamente, esses CDs contendo dois formatos executarão a música normalmente em qualquer tocador de CD (embora, às vezes, eles percam a contagem das faixas) e só mostrarão a introdução quando forem tocados em computador. Esse tipo de mídia é adotado por algumas gravadoras como mais uma forma de promover seus artistas, sendo que, com a chegada do DVD, essa modalidade foi quase totalmente abandonada.

Educação

Os CD-ROMs educativos proporcionam novos métodos de aprendizado, complementando ou substituindo os livros convencionais. As enciclopédias em CD -ROM possibilitam consultas rápidas de forma agradável e podem armazenar o conteúdo de muitas publicações (além de incluir imagens, clipes de vídeo, hipertexto etc.). Os simuladores de voo que se iniciaram como jogos, são atualmente muito sofisticados e, inclusive, utilizados para treinamento de pilotos. Nesse tipo de produto, a música precisa apenas pontuar os eventos e não disputar a atenção do usuário que está concentrado nas mensagens escritas e narradas. Já os que ensinam idiomas podem ser mais repletos de vinhetas e pequenas trilhas que darão "colorido" aos textos, imagens e clipes para que o aluno aprenda de forma descontraída.

Negócios

O treinamento de funcionários em tarefas básicas ou especializadas passou a ser mais eficiente e, ao mesmo tempo, econômico. O mostruário de novos produtos ou as instruções de uso podem ser incluídas em apresentações multimídia e o usuário passa a pesquisar por intermédio dos menus de opções, tocando diretamente no monitor. A música tem função de pontuação.

Mapas

Mapas de museus, lojas de departamentos, zoológicos ou feiras podem ser disponibilizados em quiosques com computador em que o público acessa todas as localizações tocando no monitor, lendo e ouvindo instruções. São mais utilizados os sons curtos que chamam a atenção para mudanças de local, embora um fundo musical também possa ser incluído para criar uma atmosfera de exploração dos ambientes.

Jogos

Este é o campo da multimídia que alcançou maior sucesso de vendas. No início, utilizavam trilhas produzidas apenas para placas MIDI com instrumentos FM, proporcionando o som característico do videogame. Atualmente, os arranjos são mais densos, podendo chegar até a 32 vozes e soam mais "profissionais", pois os instrumentos FM foram substituídos pelos sons em PCM. O tipo de música é bem característico: trilhas de suspense, de conquista ou derrota; sons sonoplásticos de tiros, bombas, aviões, carros de corrida etc.

Cartão de apresentação

Pode-se criar um cartão animado contendo biografia, fotos e, principalmente, pequenas amostras das atividades do indivíduo ou da empresa. Nesse tipo de produto, a abertura já deve conter uma pequena trilha de otimismo e de impacto. As páginas da apresentação podem ser entremeadas com pequenas vinhetas de passagem ou variações do tema principal.

Dicionário de tradução

Este produto costuma ter uma abertura musical simples. Sua finalidade é traduzir palavras de um idioma para outro. Logo, o conteúdo sonoro é 99% de amostras das pronúncias corretas. São milhares de pequenos arquivos de áudio comprimidos e em mono para não ocupar espaço do CD-ROM desnecessariamente.

Karaokê

Os softwares de karaokê que emulam o videokê (karaokê de TV) dão um verdadeiro show em muitas festas e reuniões. Executam músicas em MIDI, em KAR ou em formatos proprietários e permitem que o usuário cante a letra que é mostrada no monitor enquanto ouve os instrumentos do arranjo de base. Existem no mercado, inclusive, microfones karaokê nos quais se insere um *chip* contendo pacotes de músicas. Funcionam, também, como uma rádio compacta: a voz e a base são transmitidas para aparelhos receptores de rádio que estejam sintonizados na mesma frequência do transmissor do microfone.

Já que os softwares oferecem centenas de pacotes de músicas, sem dúvida, o karaokê tornou-se mais um campo de atuação para o músico informatizado. Nesse tipo de produção é importante simplificar o arranjo. Geralmente, os softwares de karaokê permitem balancear os volumes dos instrumentos separadamente e anular a melodia guia quando o cantor já aprendeu a música. Existem muitos softwares para karaokê de computador. O mais popular é o VanBasco's Karaoke.

As aplicações de multimídia podem ser desenvolvidas para diversas plataformas. Em seguida, são detalhadas as mais utilizadas.

Multimídia no PC

Para se produzir e assistir a apresentações multimídia no PC, as especificações mínimas publicadas pela Microsoft, as quais definem o conceito de MPC Level 3 (*Multimedia Personal Computer* - multimídia no computador pessoal), devem ser levadas em consideração.

A primeira especificação, publicada em 1991, já exigia tocador de CD-ROM, monitor VGA, placa que reproduzisse música em MIDI e em áudio, gravação e execução de som em PCM a 8bits com *sample rate* entre 11kHz e 22kHz, entradas de microfone e de auxiliar. Os instrumentos MIDI deveriam responder de forma multitimbral a, no mínimo, 11 vozes através de geradores FM que deveriam ser acessados através de conectores MIDI. A disposição dos instrumentos MIDI e as peças da bateria deveriam estar dentro dos padrões de GM (*General MIDI*).

As especificações de MPC desencadearam grandes mudanças: os PCs deixaram de ser mudos e a produção de música informatizada ficou mais ao alcance dos leigos. Até então, o máximo que se ouvia em um computador eram os bips através do alto-falante interno. Os instrumentos MIDI residiam apenas em teclados e módulos profissionais.

Embora as especificações de MPC ficassem muito abaixo do mínimo necessário para se produzir música e áudio no nível profissional, já traziam benefícios, como: a introdução de instrumentos MIDI atuando internamente no computador e a criação de um ponto de referência a partir do qual fabricantes e programadores pudessem projetar equipamentos e softwares mais sofisticados e, principalmente, padronizados.

Atualmente, quem comanda a execução de música, jogos e vídeo no PC é o *DirectX* - coleção de APIs (*Application Programming Interface* - interface de programação de aplicativos) que lidam com as tarefas referentes à multimídia no sistema operacional Windows.

Os antigos *drivers* MME (*Multimedia Extension*) e WDM (*Windows Driver Model*) ainda são fornecidos pelo Windows para que haja compatibilidade com aplicativos multimídia que não demandam acuidade de execução. Esses *drivers* produzem muita latência (atraso). Por isso, para produção e execução de CD, DVD e jogos com muito áudio em alta resolução, o *driver* indicado é o ASIO (Steinberg). E para utilizar o *driver* ASIO com segurança é necessário ter, no computador, uma interface de áudio que o suporte. Esse *driver* proporciona latência abaixo de 8ms, ou seja, o atraso é imperceptível.

Pode-se, ainda, baixar da Internet os *drivers* ASIO4All e WASAPI que se propõem a diminuir a latência das interfaces fabricadas para atuar com o MME e o WDM. O WASAPI é o *driver* para multimídia fornecido pela Microsoft desde o lançamento do Windows Vista. Esses *drivers* devem ser testados, já que não garantem a solução do problema original de latência no Windows. Como já dito, o único *driver* totalmente confiável é o ASIO.

Atualmente, os instrumentos MIDI são virtuais em *wavetable* (*samples*), fornecidos pela Microsoft. No campo do áudio, os PCs suportam perfeitamente resoluções até 24bit/192kHz em 5.1 para execução de diversas mídias. Os arquivos de vídeo *full-motion* (movimento pleno em 30 *frames*) com resolução de 1920 x 1080 pixels já são suportados.

O software padrão para executar multimídia no PC é o Media Player.

Multimídia no Mac

Áudio e vídeo têm feito parte da estrutura do Mac desde o início. Os primeiros Macs já apresentavam um *chip* próprio para essa finalidade, dispensando o uso de *drivers* especiais. Para lidar com áudio, de forma ainda limitada, a Apple adicionou o *Sound Manager* (gerenciador de som) ainda na época do Mac Classic.

Para romper as limitações impostas pelo *Sound Manager* original, os fabricantes de hardwares mais sofisticados passaram a seguir convenções próprias para lidar com gravação de áudio em 16bits, automação de equipamentos e processamento de efeitos os quais necessitavam de maior capacidade de comunicação. Assim, algumas empresas lançaram softwares que trabalhavam com seus hardwares próprios, sendo que logo passaram a ser intercambiáveis. Por exemplo: os softwares ProTools (Digidesign) e o Logic Audio (ainda da empresa Emagic) usavam a mesma arquitetura DAE (*Digidesign Audio Engine*).

Com introdução do sistema operacional OS X, o Sound Manager foi substituído pelo *Core Audio* – atual plataforma para desenvolvimento de aplicativos multimídia dos computadores, *mobiles* e *tablets* da Apple que suporta múltiplos canais de áudio em 24bits com diversas taxas de *sample rate* e baixa latência. Já o *Core MIDI* é o responsável pela integração dos softwares com os hardwares que lidam com MIDI. Portanto, o *Core Audio* e o *Core MIDI* são o alicerce da música e do áudio tanto no OS X quanto no iOS. Por intermédio dessas plataformas, os softwares de apresentação multimídia acessam e controlam os elementos de música.

Por sua vez, o QuickTime é o software tocador de mídias oficial do OS X. As tarefas de multimídia, tais como rodar vídeo ou animação, executar MIDI e sons gravados, fazem parte da própria operação de "executar arquivos multimídia" ativados pelo QuickTime que possibilita o acoplamento direto dos aplicativos com os hardwares de multimídia.

Originalmente, o QuickTime permitia operar em apenas dois canais: vídeo e som, mas, em curto espaço de tempo incorporou MIDI em mais um canal. Devido ao fato de sua arquitetura possuir fundamentos sólidos que proporcionam segurança ao usuário, os computadores da Apple dominaram o mercado da música informatizada por muitos anos (sendo até hoje os preferidos para gravação de áudio e produção musical nos estúdios de grande porte). Tanto no PC quanto no Mac, para produzir música em MIDI, os instrumentos e as peças da bateria devem ser sequenciados segundo o padrão de GM (*General MIDI*).

Softwares para criação de multimídia

Para se criar uma apresentação é necessário um software específico que permita entrar com os elementos visuais (imagens, animação quadro a quadro e textos) e, simultaneamente, executar os *MIDIFiles* e os arquivos de áudio digital, sincronizados com esses eventos.

Vários aplicativos são encontrados para as mais diversas plataformas. Além disso, é possível encomendar aos programadores, softwares específicos para apresentações que não necessitem utilizar todos os elementos da multimídia (já que algumas precisam mostrar somente imagens e textos ou fotos com música de fundo). Os mais difundidos são o Adobe/Macromedia Director (Adobe) e o ToolBook (SumTotal Systems). Ambos acessam e executam instrumentos MIDI e arquivos de som.

A criação do projeto visual é feita por um profissional que atua similarmente ao produtor de vídeo, sendo que a ferramenta passa a ser o computador. Alguns criadores utilizam a música como base e outros preferem que a música seja composta de acordo com as imagens. Normalmente, o músico só participa da fase de pré-produção da apresentação (parte de vídeo ou animação) quando é requisitado para fornecer consultoria a respeito das possibilidades e limitações relacionadas à música no que toca ao arranjo e à orquestração.

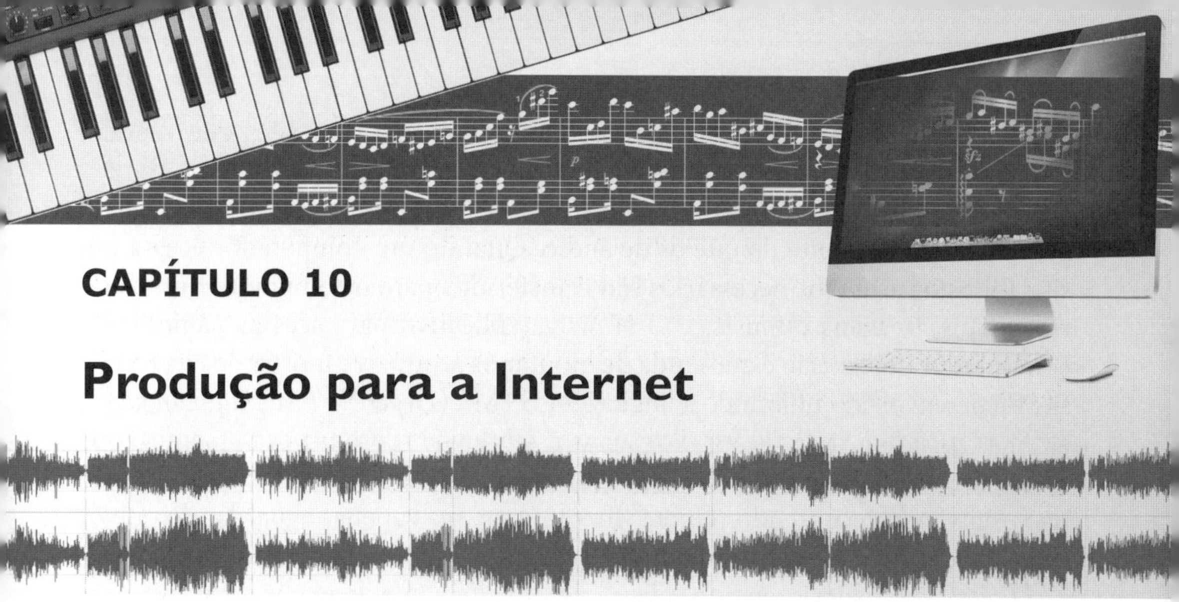

CAPÍTULO 10

Produção para a Internet

Este é mais um campo de atuação para os músicos informatizados. Trata-se de um mercado que está em constante renovação, no qual a música é um componente muito solicitado. O músico pode tanto prestar serviço para produtores e *webmasters* quanto veicular música em seu próprio site ou rede social. As produções para a Internet podem ser divididas em duas categorias:

- **Criação de música para sites e *blogs*** – um *webmaster* encomenda trilhas sonoras de fundo ou vinhetas. Nesse caso, os procedimentos da produção musical para Internet são semelhantes aos do CD-ROM (pág. 224). As trilhas para sites, assim como para CD-ROM, exigem cuidados em relação às limitações do tamanho dos arquivos e da compatibilidade com o equipamento de destino.
- **Disponibilizando música para *download*** – um artista, uma gravadora ou você mesmo necessitam criar um ambiente onde pequenas amostras de áudio podem ser ouvidas antes de o visitante comprar o CD ou as faixas separadas. Quando se trata de disponibilizar músicas inteiras em áudio, os procedimentos são idênticos aos da produção de CD (pág. 191).

Música para sites e *blogs*

Ao musicar páginas e *blogs* deve-se levar em consideração que a finalidade é criar um ambiente e promover a atratividade. Deve-se analisar o perfil do cliente como na criação de um jingle.

Qualquer pessoa ou empresa pode ter um site ou *blog* constituído de várias páginas, contendo o histórico e a demonstração das suas atividades. Para que o site não seja "mudo", as trilhas são encomendadas aos compositores e músicos.

Também podem ser utilizadas músicas disponibilizadas por sites que vendem arquivos de música, mas nesse caso, o projeto perde a originalidade.

Os arquivos MIDI são os mais aplicáveis nas aberturas de páginas, pois carregam mais rapidamente do que os de áudio. Quando um computador acessa um site, todos os arquivos necessários são transferidos para o computador do usuário (textos, imagens e música). O *browser* (aplicativo para acessar páginas) do computador do usuário é que cuida de montar os arquivos e mostrá-los na tela. O site foi desenvolvido utilizando a linguagem HTML (*Hyper Text Markup Language*) e CSS (*Cascading Style Sheets*). Por sua vez, o *browser* reproduz exatamente o que foi estabelecido, pois trabalha com as mesmas linguagens. Portanto, o usuário não está vendo o conteúdo remoto diretamente, mas apenas aguardando que os arquivos cheguem ao seu computador enquanto o *browser* remonta as páginas.

O que faz o usuário ouvir a música de um site é que, logo após o arquivo ser transferido para o seu computador, o *browser* aciona um aplicativo tocador de mídia local. Isso porque na página que foi automaticamente baixada há uma *tag* (marca) de HTML que instrui o *browser* do computador do usuário a procurar o arquivo de música e executá-lo via Media Player ou QuickTime. Se o arquivo de música da página for "pesado", o usuário terá de esperar até que seja totalmente transferido para o seu computador. Essa demora pode fazer com que o visitante passe para outro site mais veloz.

Como o *MIDIFile* é muito pequeno, pode ser transmitido rapidamente para o computador de quem está acessando a página da Internet. Essa é a razão pela qual são os mais recomendados para sonorização de páginas. Por outro lado, com a implantação da Internet a cabo, a música em áudio passou a ser mais viável, contanto que seja reduzida para MP3. O arquivo de áudio não depende da qualidade dos instrumentos MIDI residentes no computador do usuário e, por isso, os arranjos podem ser mais complexos como na produção para CD. Contudo, a música deve ser de curta duração e para prolongá-la deve-se usar o recurso de *loop* indefinido.

> Como todos os arquivos das páginas são transferidos para o computador do usuário, mais precisamente no diretório *cache* ou *Internet files*, qualquer um que lide com a linguagem HTML pode aproveitar tanto a estrutura das páginas quanto os arquivos a elas pertinentes, para construir novos sites. Isso é inevitável. Logo, para minimizar a probabilidade de uma composição ser reutilizada sem consentimento prévio, o *webmaster* (programador) da página deve incluir os dizeres de *copyright* correspondentes às obras e fornecer um caminho através do qual, possíveis interessados possam se comunicar para negociar as autorizações (geralmente um endereço de *e-mail*). Não é permitido utilizar músicas sem o consentimento do autor ou da editora representante dos seus direitos legais. Esse é um assunto que pode ser consultado em diversos livros sobre leis de direitos autorais em novas mídias.

Para incluir uma música MIDI em *homepages* ou *blogs*, o produtor musical utiliza um software sequenciador com o cuidado de salvá-la como *MIDIFile*. Os instrumentos devem, obrigatoriamente, corresponder às especificações de GM. Importante, também, é que os volumes e trocas de programa estejam incluídos na sequência para minimizar os problemas de fidelidade do arranjo, já que a música será executada em diversos computadores com as mais variadas fontes de instrumentos MIDI, como descrito em *MIDIFile* (pág. 95).

Em seguida, envia-se os arquivos para o *webmaster* por *e-mail*. Se você for o músico e o *webmaster*, deverá transmiti-los diretamente para o computador que hospeda o site, por intermédio de um aplicativo FTP (*File Transfer Protocol*) ou de um software de produção de sites que tenha o recurso de *upload to host* (subir para computador hospedeiro) a exemplo do Dreamweaver (Adobe).

O comando de HTML para executar música MIDI automaticamente quando uma página abre é: <bgsound src="título.mid" loop="x">, em que título é o nome do arquivo e x corresponde ao número de vezes que a música deve repetir.

Disponibilizando música para *download*

Existem milhões de músicas na Internet em inúmeros formatos. Música para todos os gostos. Muitas são produzidas e disponibilizadas para *download* pelas gravadoras através dos próprios sites ou de pontos de venda terceirizados. Contudo, o próprio músico pode produzir seus CDs e entrar diretamente no mercado, sem depender de gravadora.

> Suponhamos que você seja um cantor, músico ou compositor que está no ponto para iniciar sua carreira. As gravadoras não o contratam porque você ainda não faz muitos shows e você não faz shows porque sua música ainda não é conhecida. Para acelerar a ascensão de sua carreira, você decide criar sua página na Internet para divulgar e vender sua música. Estando o *layout*, textos e imagens devidamente diagramados, o próximo passo é inserir pequenos trechos demonstrativos das músicas tendo ao lado os respectivos arquivos inteiros para serem adicionados ao ambiente seguro de compra.

Para criar uma pequena demonstração extrai-se o refrão da música por intermédio de um software editor de áudio. Edita-se a entrada e a saída do trecho aplicando-se *fade-in* e *fade-out*, de forma que este inicie e acabe suavemente. A pequena amostra está preparada, mas ainda na resolução original de CD (16bit/44.1kHz, estéreo) e, consequentemente, ainda é "pesada" para transitar na Internet. É importante que a música possa ser baixada rapidamente para não desanimar os visitantes interessados.

No software editor de áudio salva-se a música como MP3 em 256kBaud (taxa que não sacrifica muito a qualidade). O tamanho do arquivo cai para pouco mais da metade. Para testar a velocidade de transmissão do arquivo envia-se a música para o sediador (*host*) e entra-se na página por intermédio de um *browser* como se fosse um visitante. Se ainda estiver demorando muito para carregar, o arquivo pode ser refeito em 128kBaud.

O comando de HTML para disponibilizar uma música para *download* em MP3 é: <a href="título.mp3">título oficial</a>, em que título é o nome do arquivo e título oficial corresponde ao nome da música.

O conversor de WAV ou AIFF para MP3 é fornecido como parte dos softwares específicos de edição de áudio. Além disso, existem vários aplicativos na Internet que convertem todos os formatos existentes de áudio e de vídeo. Atualmente, é uma boa opção disponibilizar, também, a música inteira em WAV ou AIFF para os visitantes que tiverem boa conexão a cabo.

Inegavelmente, o MP3 é o responsável pela revolução na forma de distribuir música e, inclusive, pela modificação de todo o esquema imposto pelas gravadoras há muitos anos. Esse formato proporciona qualidade próxima ao CD, que o torna o mais procurado na Internet no nível de consumo. Contudo, não é recomendado para aplicações profissionais que exijam alto nível de qualidade sonora.

A Internet é um excepcional veículo de divulgação do artista e de sua arte. Músicos, intérpretes e compositores experimentam, finalmente, um contato mais direto com o público. Um site bem estruturado e atrativo, contendo músicas avulsas, permite que o público escolha o que deseja consumir, em vez de comprar, muitas vezes, o que não quer. Comumente, adquire-se um CD que contém dez músicas, das quais somente algumas são interessantes.

Você não precisa ser um *expert* em informática para construir seu site contendo demonstrações e músicas para *download*. No entanto, caso não queira assumir essa empreitada, poderá utilizar serviços especializados tais como: iTunes, Amazon, Rhapsody, LastFM, eMusic etc.

Formatos de música na Internet

As diferentes plataformas e aplicativos de música utilizam e geram tipos singulares de arquivos que podem, ainda, ser compactados e convertidos para outros formatos. No campo do áudio, não existe padronização como no de MIDI. Assim, o que se observa na Internet é um número considerável de arquivos com variadas extensões. A seguir encontram-se listados os principais tipos de arquivos de música que circulam na Internet, com destaque para o MP3.

MP3

MPEG-1 Layer 3 ou MP3 é um formato de áudio comprimido na taxa de, aproximadamente, 11 vezes em relação ao arquivo original e proporciona qualidade quase de CD.

Há muita controvérsia a respeito da fidelidade dos arquivos MP3 em relação ao som original de um CD. De um lado, os mais exigentes, familiarizados com as características do som em seu estado de qualidade máxima e, do outro, os ouvintes de música satisfeitos com os resultados do arquivo comprimido. Uma coisa é certa: não é necessário ser um *expert* para perceber que a qualidade do CD original é superior à resultante em MP3. Isso pode ser constatado através de uma simples comparação utilizando-se fones de ouvido de boa qualidade. Por isso, MP3 não se aplica para propósitos profissionais de produção musical. Por exemplo, sonorizar um filme com MP3 é inviável. Por outro lado, não se pode negar que esse formato proporciona uma qualidade excepcional em se tratando de música apenas para ouvir em um tocador do tipo iPod (Apple). Um esquema de compressão capaz de provocar tanta discussão e de destruir as grandes gravadoras não pode ser considerado mais um formato passageiro.

As pesquisas sobre compressão de áudio foram inicialmente desenvolvidas para finalidades de telecomunicação, de forma que o maior número possível de chamadas pudesse trafegar simultaneamente. Os avanços alcançados só começaram a ser aplicados à transmissão de música a partir da expansão súbita da Internet, na década de 1990. Já que a linha telefônica possui largura de banda muito limitada, a compressão de áudio passou a ser crucial para que arquivos de música gravada pudessem transitar com mais agilidade. Muitas formas de compressões passaram a ser utilizadas para áudio na Internet, sendo que todas deterioravam demasiadamente a qualidade do material sonoro. Isto é, até o surgimento do formato MP3.

MP3 é uma abreviação de MPEG-1 Layer 3 e nasceu na indústria de vídeo/áudio digital (*Motion Picture Expert Group*) como uma solução para compressão de dados de vídeo e de áudio para aplicações na transmissão de televisão via satélite e DVD. Logo, o surgimento do MP3 não pode ser atribuído somente à pesquisa de compressão de áudio isoladamente.

Os predecessores do MP3 foram o MPEG-1 Layer 1 e o MPEG-1 Layer 2. Basicamente, o sistema de compressão de MP1 e MP2 funciona baseado em software, eliminando os componentes inaudíveis do áudio. Na codificação, as informações do áudio original são endereçadas para um *filter bank* (banco de filtragem) que divide o sinal em 32 bandas de frequência e, na decodificação, essas sub-bandas são agrupadas para que o mesmo seja reconstruído. Enquanto o sinal entra no *filter bank* é, também, direcionado para uma seção que analisa o seu conteúdo por intermédio de um transformador FFT (*Fast Fourier Transform*). Essa análise também é baseada em frequências, mas não se aplica na reconstrução do sinal. Sua finalidade é identificar e camuflar as baixas amplitudes que estiverem ocorrendo na região analisada. Um padrão psicoacústico predefinido é aplicado para determinar os efeitos causados por essa camuflagem (*psychoacoustic analysis*) e em que graduação os sons da região serão camuflados. O resultado da análise psicoacústica é aplicado no banco de filtragem de saída. Se o sinal de alguma banda for abaixo do nível de audição, automaticamente é descartado.

Em seguida, cada banda audível é quantizada individualmente. Analisando o nível de audibilidade das bandas, o codificador determina qual a menor resolução em bit que deverá aplicar. A combinação desses dois processos é que determina o *compression ratio* (grau de compressão).

Tanto o MP1 quanto o MP2 já proporcionavam boa qualidade final *versus* taxa de compressão e eficiente codificação em tempo real. A versão MP3 utiliza os princípios básicos das anteriores, mas com compressão e filtragem mais sofisticadas e eficientes e, também, a quantização é mais "inteligente" no que toca à determinação do nível de audibilidade de cada banda de frequência.

Em 1998 foi concluída a versão MPEG-4 e, desde o ano 2000, vem sendo, gradativamente, adotada como novo padrão, tendo sido incluída no tocador de mídia QuickTime em 2002. O formato MP4 é baseado no *codec* AAC (*Advanced Audio Coding*) que proporciona maior eficiência de compressão e qualidade de áudio em relação ao MP3. O arquivo de áudio que está substituindo o MP3 possui a extensão M4A em virtude de que o formato MPEG-4 foi projetado para agregar vídeo e áudio, embora possa conter somente áudio, sem a presença de vídeo. Assim, há uma tendência de se atribuir a extensão M4A aos arquivos puramente de áudio e MP4 aos de vídeo e áudio conjugados. Geralmente, os softwares tocam o áudio dos arquivos que possuam as duas extensões.

Existem na Internet vários serviços de trocas de arquivos MP3 entre usuários que estejam conectados. Para achá-los basta partir de qualquer site de busca e digitar MP3 no campo de procura. Uma lista infindável de postos de troca como de sites que repassam ou vendem MP3 será disponibilizada. Muitos arquivos são ilegais, ou seja, autores, intérpretes, gravadora e editora não recebem os direitos. Não há, até o presente momento, uma forma de controlar a distribuição ilegal, logo, o que pode conter o uso indevido é o bom senso dos usuários.

Ainda é motivo de controvérsia se as pessoas podem passar seus CDs para o formato MP3 e compilá-los para um novo CD que servirá para seu uso próprio ou para ouvir com os amigos. Esse processo era realizado através da mídia cassete o que, de certa forma, até impulsionava a venda dos LPs originais, uma vez que outros ouvintes podiam conhecer determinadas músicas e passar a gostar do trabalho, efetuando, futuramente, a compra do produto. O problema reside no fato de que alguns passaram a vender coletâneas de músicas em MP3 convertidas de CDs. Essa atitude é que causa danos a todos os envolvidos desde o processo de criação, trazendo lucro justamente para aquele que não cria, não produz e não investe nada.

O MP3 possibilita a consolidação de mercado de trabalho para muitos artistas já conhecidos e, principalmente, proporciona meios para entrada de novos talentos no mercado de shows e de venda de músicas próprias. Isso sem nenhuma dependência ou interferência das gravadoras. E o veículo que impulsiona esses benefícios é a Internet. De fato, MP3 e Internet estão diretamente ligados.

Existem várias formas de divulgar e vender músicas próprias: rádio Internet, sites de músicas em MP3, festivais e concursos em que os visitantes votam nos artistas prediletos, páginas pessoais e *blogs* incluindo músicas em MP3 etc.

O sucesso do MP3 concorreu para que diversas empresas passassem a produzir tocadores dedicados. São aparelhos com tamanho muito reduzido que utilizam fones de ouvido ou sistemas de amplificação e carregam os arquivos a partir do computador. Dessa forma, o MP3 sai do domínio da Internet e dos computadores pessoais e passa a ser tão utilizado quanto a extinta fita cassete.

WMA

Windows Media Audio é o formato lançado pela Microsoft para concorrer com o MP3 oferecendo em sua estrutura um sistema anticópia. A ameaçada indústria fonográfica, aliada à Microsoft, investiu na pesquisa desse formato que é mais atraente em termos de qualidade sonora enquanto proporciona maior taxa de compressão. O mais importante do ponto de vista da indústria fonográfica é que o WMA inclui um processo de inibição de distribuição gratuita. Dessa forma, as gravadoras podem garantir seus lucros, e os compositores e intérpretes podem receber seus direitos autorais. O resultado dos testes realizados pela ZDLLabs e National Software Testing Labs mostraram que esse arquivo possui qualidade quase de CD e pode ser comprimido em até 50% a mais que o MP3.

A segurança funciona por intermédio de chaves: ao comprimir um arquivo para WMF, junto é gerada uma chave (código) para ser enviada a um servidor de licenças. Por sua vez, o usuário deve ter a licença própria para ouvir essa música comprimida. O tocador de mídias do computador do usuário faz uma busca da licença no computador e, caso não a encontre, automaticamente se conecta ao servidor de licenças, onde ele poderá adquirir uma chave que permitirá que o arquivo seja rodado apenas em sua máquina. Na codificação do arquivo são incluídos dados que liberam ou inibem a cópia, a passagem para CD e a execução em tocadores portáteis.

Ao adquirir o direito de ouvir uma faixa ou um pacote de músicas por intermédio de chaves, os usuários estão gerando divisas, as quais deverão ser distribuídas para todos os envolvidos na produção.

WMA é um *Codec* estruturado para suportar desde 8kHz até 48kHz, podendo ser de 8bits a 16bits, mono ou estéreo. A taxa de transferência *streamer* (transmissão em sucessão direta quando conectado) mais utilizada é 192kBps. Quanto maior a taxa, mais se alcança a qualidade de CD e a codificação/decodificação é bem rápida.

Os aplicativos codificadores/decodificadores, como o Windows Media Encoder, podem ser encontrados na rede fazendo uma busca por WMA. O aplicativo que toca arquivos WMA no Windows é o Windows Media Player. As versões de tocadores de WMA para Mac podem ser baixadas diretamente do site da Microsoft. Diversos tocadores de MP3 também executam o formato WMA.

MID

Arquivo do padrão *MIDIFile*, adotado para troca de música sequenciada entre diversas plataformas e aplicativos. Não suporta áudio conjuntamente. É gerado pela maioria dos softwares sequenciadores e necessita de instrumentos MIDI físicos ou virtuais para serem reproduzidos. Os arquivos MIDI para a Internet e para multimídia devem observar estritamente o padrão GM (veja *MIDIFile* e *General MIDI*, nas págs. 95 e 98).

WAV

Arquivo de áudio original (descomprimido) da plataforma PC (IBM compatíveis) que utiliza tecnologia PCM (*Pulse Code Modulation*). Proporciona resoluções de 11kHz a 192kHz, de 8bits a 24bits, mono ou estéreo sendo que a resolução padrão de CD é de 16bit/44.1kHz e a de DVD é de 24bit/até 192kHz. O tamanho do WAV é limitado a 4GB, que corresponde a aproximadamente uma música de seis horas em qualidade CD.

Mesmo com a atual velocidade da transmissão de dados através de banda larga, os arquivos WAV não são utilizados em forma de *data stream*. Portanto, para se disponibilizar áudio para ser ouvido *online* (conectado) tanto em sites como em rádios Internet, é necessário utilizar os formatos comprimidos.

Há muitos anos os computadores Apple passaram a executar, também, os arquivos WAV.

AIFF

Audio Interchangeable File Format. É o padrão de áudio digital descomprimido da plataforma Apple. Assim como o WAV, é codificado em PCM, permite várias resoluções, *sample rates* e modo mono/estéreo. A maioria dos aplicativos que gera arquivos AIFF também salva ou exporta em WAV e vice-versa. O tocador oficial da Apple que executa esse formato é o QuickTime Player. A extensão desse formato pode ser tanto AIFF quanto AIF.

A partir do sistema operacional Mac OS X 10.4.9, a Apple passou a utilizar uma variação mais compacta do AIFF. Trata-se do arquivo AIFF-C, que é utilizado na sua loja de venda de músicas iTunes. No entanto, a extensão continua sendo AIFF.

W64

Wave64 é um formato de áudio arquitetado inicialmente pela Sonic Foundry/ Sony para ultrapassar o limite de 4GB imposto pelo arquivo de áudio WAV da Microsoft. Similar ao RIFF/WAV, utiliza tecnologia PCM e suporta diversas *sample rates* e profundidade de bits. Além disso, pode conter diversos canais além do L e R do estéreo.

AAC

O *Advanced Audio Coding* foi projetado pela união das empresas AT&T, Dolby, Sony e Nokia, entre outras, para ser o sucessor do MP3. Esse formato de áudio comprimido suporta até 48 canais de áudio e foi adotado como padrão de diversos dispositivos como iPhone, iPod, iPad, PlayStation, DS etc. Possui tamanho de arquivo similar ao MP3 com a vantagem de proporcionar maior qualidade.

Arquivos de música diversos

Ogg-Vorbis – formato de áudio comprimido projetado pela Xiph.Org Foundation. É muito popular entre os desenvolvedores de softwares de código aberto (*open source*). A sua extensão é OGG e possui tamanho mais reduzido do que o MP3, embora proporcione qualidade comparável ou melhor.

RA e RAM – arquivo de áudio comprimido *Real Audio* (Real Networks). Devido à sua alta taxa de compressão, esse formato foi muito utilizado para transmissão no início das rádios Internet. Antes do advento do MP3, esse formato foi, também, muito utilizado para disponibilizar pequenas demonstrações de música na rede. Diversos conversores de WAV e AIFF para RA encontram-se disponíveis para *download*. Sua qualidade é muito baixa para aplicações musicais profissionais.

PLJ – arquivo do formato PlayJ, desenvolvido pela EverAd (empresa criada para regulamentar a distribuição de mídias na Internet). Atualmente, não é muito utilizado, mas proporcionava compactação equivalente à do MP3, enquanto assegurava o pagamento de direitos aos envolvidos na produção da música.

AVI – arquivo comprimido de videoclipe do PC. Engloba vídeo e música.

ADPCM – padrões de compressão com resolução a partir de 4bit a 8bit/8kHz, mono ou estéreo.

SND – áudio da plataforma NeXT/Sun e da TrueSpeech.

TSP – utilizado em algumas rádios em tempo real da rede, proporciona baixa qualidade.

VMD – da Vocaltec (Iwave). Compacta áudio de modo que quatro minutos de música consomem apenas 1KB. Qualidade média em função da velocidade.

RMI – uma variação de MIDI que contém informações de bancos de sons.

VOC – arquivo de áudio proprietário da Creative Labs.

CAPÍTULO 11

Sincronização e *Time Codes*

A sincronização é um artifício que permite acoplar gravadores de áudio, vídeo e sequenciadores para que possam "caminhar" precisamente juntos na função de tocar ou de gravar. O artifício da sincronização por intermédio de *time codes* foi amplamente utilizado durante o período em que gravadores de áudio e de vídeo precisavam ser acoplados entre si e com o computador. Já que alguns estúdios conservam dispositivos analógicos para atender os clientes que ainda preferem esse tipo de equipamento, aqui são descritos os conceitos inerentes a essa tecnologia.

Para que duas ou mais máquinas rodem sincronizadas, é necessário que uma seja a guia (*master*) condutora das demais. Os aparelhos comandados obedecem às instruções do *master* quando estão aptos a reconhecer o sinal de sincronização (*time code*) por ele emitido.

O *master* pode ser comparado ao maestro de uma orquestra. Ele cuida para que as seções dos instrumentos executem sincronizadamente. Seguindo a batuta, os músicos sabem exatamente quando devem começar a tocar e como interpretar os andamentos. Se não houvesse o maestro, cada um interpretaria em tempos diferentes, da sua própria maneira.

Um gravador analógico de áudio ou de vídeo, por si próprio, não possui a propriedade de comandar um sequenciador. É necessário que se grave em uma fita o sinal de sincronização. Quando o gravador toca essa fita, passa a ser o *master*. Em um *setup* simples, no qual um gravador comanda um sequenciador, conecta-se a saída do canal onde foi gravado o sinal de *sync* a uma interface em que esteja acoplado o sequenciador, que passará a ser o comandado (*slave*). Ao dar o *Play* no *master*, o *slave* começa a "andar". Ao avançar a fita e dar o *Play* novamente, o *slave* para e aguarda para "ver" em que localização deverá recomeçar a tocar. Se o sinal de *sync* for do tipo SMPTE, a relação de localização é expressa em horas, minutos, segundos e frames.

Quando se trata de sincronizar, apenas, dois gravadores analógicos (áudio ou vídeo), o sinal de SMPTE precisa ser impresso nas duas fitas. Nesse caso, os gravadores necessitam estar conectados a um sincronizador especial que lê e compara os dois *time codes*. Essa modalidade é denominada *Chase-Locking Sync* (persegue e prende) devido ao fato de o sincronizador forçar o *slave* a perseguir o *master*, e "amarrar-se" ao seu código de tempo.

Para sincronizar gravadores do tipo MDM (digitais modulares) entre si, não é necessário nenhum sincronizador extra, já que se acoplam por intermédio de *Sample-Accurate Sync* (sincronização acurada *sample* a *sample*). Basta conectar a saída de *sync* de um à entrada do outro, como será detalhado mais adiante.

No exemplo seguinte, o *master* é a máquina de vídeo que envia sinal de SMPTE para diversos equipamentos que ficarão subjugados à sua guia de tempo. O computador, na função de sequenciador, executa os instrumentos MIDI do teclado musical simultaneamente aos acústicos registrados nos gravadores de fita.

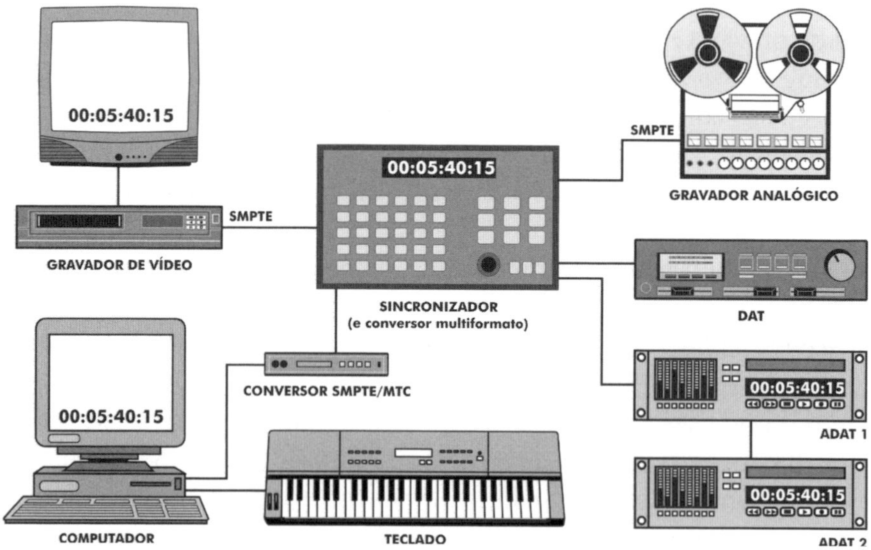

Diagrama de equipamento de áudio, MIDI e vídeo sincronizados

SMPTE

SMPTE (*Society of Motion Picture and Television Engineers*) é o *time code* mais utilizado para sincronizar gravadores de áudio, vídeo, filme e sequenciadores. O *time code* é impresso diretamente na fita do gravador que passa a conter informações relacionadas às localizações baseadas em tempo. Essas localizações individuais são chamadas de *frames*, que permitem monitorar a posição da fita em, aproximadamente, 1/30 de um segundo.

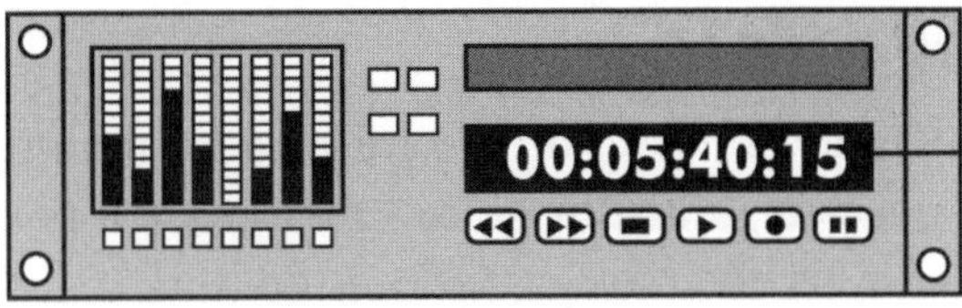

Display de SMPTE em um gravador dedicado

Existem quatro tipos de sinal de SMPTE e cada um lida com a sincronização de forma ligeiramente diferente. Esses formatos são acessados nos softwares que lidam com áudio ou MIDI por intermédio do *Menu / Sync Type* (ou similar). A opção da escolha de um ou outro formato depende da finalidade do projeto em que a música será veiculada. Quando não há vídeo envolvido, qualquer formato pode ser escolhido, sendo preferível o de 30fps.

Os dois primeiros tipos (*30 Non-Drop* e *30 Drop Frame*) derivam do sistema de vídeo NTSC (*National Television Standard Committee*) que contém 29,97 *frames* em cada segundo. Essa diferença é proveniente da mudança do sistema de televisão preto e branco para o colorido. O primeiro sistema adotava o padrão de 30fps, mas quando na década de 1950 passou-se para o sistema a cores, muitos problemas ocorriam justamente por causa dessa taxa. Logo, adotou-se o padrão de 29,97fps que na realidade é 29,97002617fps. Para não ter de lidar com frações, o SMPTE adota a numeração de 30 *frames* por segundo (30fps).

- ***Non-Drop-Frame*** – 30 *frames* por segundo são contados. Logo, um minuto na numeração de SMPTE é mais longo do que um minuto de vídeo. Essa diferença é a ordem de 0,1%, que corresponde a 60 milissegundos. Em uma hora de vídeo há um erro na contagem de SMPTE de 108 *frames*, ou seja, 3,6 segundos.
- ***Drop-Frame*** – 30fps são contados, sendo que esse tipo é autocorretivo. Ao início de cada minuto, o contador de SMPTE descarta os *frames* 00 e 01. Dessa forma, mantém uma relação mais estreita com o tempo real do vídeo. Mas, ao desconsiderar esses dois *frames* em cada segundo, no final de uma hora ocorre um erro de 12 *frames*. Para evitar esse acúmulo, a cada 10 minutos o contador passa a considerar os *frames* 00 e 01.
- **25 *Frames per Second*** – adotado pelo sistema europeu de televisão. A cada segundo são rodados 25 *frames* exatos, o que evita margens de erro.
- **24 *Frames per Second*** – padrão adotado em filme.

O sinal de SMPTE deve ser gravado em toda a extensão da fita (deixando-se um espaço no princípio e no final) e não deve passar por processadores ou *mixer*. Pode-se copiar o sinal de uma fita para outra, mas é recomendável gravar através do dispositivo gerador de SMPTE ou de um CD que contenha o sinal.

MIDI Time Code (MTC)

Desde que os sequenciadores passaram a ser utilizados em produções de áudio e de vídeo, tornou-se necessário dispor de um método que permitisse a sincronização segura destes com os diversos gravadores de fita.

Para que os sequenciadores pudessem operar em um ambiente de produção de forma segura e versátil foi desenvolvido o *MIDI Time Code* (MTC) que traduz SMPTE em mensagens MIDI. MTC é uma extensão das especificações de MIDI 1.0 alocada na parte das mensagens *System Common.*

Quando um sequenciador *slave* lê MTC, passa a acompanhar as ações do *master* por intermédio de pacotes de mensagens *Quarter Frame*, sendo capaz, inclusive, de ficar em sincronismo mesmo que haja algumas falhas na emissão de sinal. Contudo, não é possível dirigir a saída do sinal de SMPTE do gravador *master* diretamente para a entrada de MIDI da placa. Além dos conectores não combinarem, os pacotes dos dados de SMPTE não podem ser interpretados diretamente pela placa MIDI como os de SPP ou *Clocks*. É necessário um intermediário entre o SMPTE e o sequenciador: o conversor *SMPTE-to-MIDI*, que pode ser encontrado em forma de *rack*, caixas separadas ou, ainda, em determinadas placas MIDI. Atualmente, várias interfaces *stand-alone* de MIDI possuem o conversor (inclusive de vários formatos de sincronização digital) conjuntamente com entradas e saídas de MIDI.

Sample-Accurate Sync

Sincronização Precisa por Amostragem. Tecnologia que permite transferir pistas gravadas de áudio digital entre gravadores digitais de fita e softwares de áudio, com acurada sincronia. Todo o material transferido mantém perfeita relação de sincronismo por intermédio do alinhamento *sample* a *sample*. Essa forma de transferir pistas entre gravadores é imensamente mais precisa do que as convencionais. Por exemplo: em vez de transcrever as pistas de um ADAT para um computador, utilizando SMPTE para sincronizá-los é possível fazê-lo diretamente por intermédio do *Sample-Accurate Sync* via conector de *sync* do ADAT. Depois, de qualquer forma, o SMPTE pode retomar sua função de sincronizador dos demais equipamentos (se houver analógicos envolvidos).

Um dos primeiros gravadores a fazer uso do *Sample-Accurate Synchronization* foi o ADAT (Alesis), no qual vários canais gravados podiam ser transferidos para outros ADATs através de seus conectores, sem que ocorressem deslizes (*jitters*) de localização entre as pistas.

Esse mesmo princípio é adotado atualmente para transferência de pistas e informações (*samples*) entre diferentes gravadores de áudio, sistemas de DAW e de gravação para HD, sendo necessário que a interface digitalizadora de áudio reconheça *Sample-Accurate Sync*.

Na maioria dos gravadores digitais, a transferência de informações e do *clock* é feita através dos conectores S/PDIF e AES/EBU. Em algumas interfaces são encontrados, ainda, o S/PDIF2 (*Sony Digital Interface 2*) ou o SuperClock/Avid Sync HD (Digidesign/Avid).

Sincronizando MDMs

Nos gravadores digitais de fita da categoria MDM (*Modular Digital Multitracks*), a sincronização é feita através de *sync* proprietário (*Syncronization Interface*), que contém as informações do *clock* interno, baseado em cada *sample* da gravação.

Para sincronizar três ADATs, por exemplo, basta conectar um cabo próprio com conector de 9 pinos no *jack* de *sync out* do primeiro da cadeia até o *sync in* do segundo. Outro cabo sai do *sync out* do segundo para o *sync in* do terceiro.

Time Codes diversos

Até o desenvolvimento do MTC, vários *time codes* haviam sido implantados, inclusive, com o simples propósito de sincronizar baterias eletrônicas e sequenciadores dedicados.

Embora não sejam mais utilizados, vale mencioná-los até porque algumas bandas estão envolvidas com produção de música retrô:

- ***MIDI Sync*** – também denominado *Timing Clock*. É uma forma básica de sincronização que utiliza *MIDI Clocks* (comandos que são enviados pelo cabo de MIDI na taxa de 24 pulsos por semínima). Não permite variar o andamento da música enquanto o sequenciador está como *slave*.
- ***FSK*** (***Frequency Shifting Keying***) – foi muito utilizado em estúdios de áudio para sincronizar gravadores analógicos de fita. Posteriormente, passou a fazer parte dos estúdios MIDI, traduzindo *MIDI Clocks* por intermédio de um sinal característico, que possuía oscilação constante entre duas frequências. Uma versão mais avançada foi o *Smart FSK* no qual, além de *MIDI Clocks*, eram incluídos *Song Position Pointers* (SPP) na codificação do sinal. O andamento no sequenciador não podia ser alterado e o sinal não era padronizado entre os fabricantes de equipamentos.
- ***DTL (Direct Time Lock***) – padrão proposto pela empresa Mark of Unicorn/MOTU. Proporcionava sincronização com sinal de SMPTE por intermédio de protocolo próprio. Posteriormente, foi lançada a versão *DTL Enhanced*, específica para sincronizar o aplicativo Performer (MOTU) com a interface MIDI Time Piece.

Regulando a sincronização no software

A regulagem do tipo de sincronização é acessada, na maioria dos softwares, através do *Menu / Options / Sync*. Nessa seção é que o sequenciador é instruído a comandar ou a seguir sinal de *sync* e a lidar com os diferentes formatos de *time codes*.

- ***Internal Clock*** – *clock* interno. O software usa o *clock* do computador ou da placa de MIDI atuando como *master* controlando o tempo e o *start/stop*. Os demais equipamentos conectados ficam dependentes, funcionando como *slaves*. O aplicativo usa três classes de comandos de sincronização para comandar o transporte dos *slaves*: *start-stop-continue*; *clock*; *SPP*.
- ***MIDI Sync*** – sincronização de MIDI. Quando o *clock* do aplicativo está em *MIDI Sync*, ele passa a ser o *slave*, ficando dependente dos comandos de outro equipamento (sequenciador externo, bateria eletrônica etc.), que envie mensagens de *MIDI start*, *continue* e *SPP*.
- ***SMPTE/MTC*** – sincronização externa de SMPTE/MTC. O aplicativo fica sendo o *slave*, controlado pelo sinal previamente registrado em um gravador ou enviado por conversor externo. No software sequenciador pode-se optar por visualizar a posição da música por tempo ou por compasso.
- ***Audio Sync*** – sincronização interna de áudio. Como referência, o software gravador/sequenciador passa a usar o *timing* dos eventos de áudio registrados digitalmente, de forma semelhante como se estivesse seguindo informações de SMPTE/MTC. Nenhum sinal de sincronização é necessário para que os diversos elementos de MIDI e de áudio "caminhem" sincronizados entre si.

Acoplando equipamentos MMC

Embora possa trabalhar conjuntamente com MTC e SMPTE, o MMC (*MIDI Machine Control*) não é exatamente um *time code*. Trata-se de comandos que permitem controlar diversos equipamentos de estúdio de gravação a partir de softwares sequenciadores que possuam essa propriedade.

Através dos comandos MMC, um sequenciador pode controlar os transportes mecânicos de várias máquinas, como gravadores de áudio ou vídeo e de gravadores para HD, a partir do computador. Essa possibilidade promove uma nova filosofia de trabalho em estúdios de gravação, já que os equipamentos podem ser instalados fora do local da técnica. O transmissor de MMC envia mensagens registradas como eventos dentro de uma sequência a respeito de quando as máquinas conectadas devem executar funções como: *play*, *record*, *shuttle*, *search*, *punch* e *record enable* (armar para gravar).

Essa comunicação é feita de formas diferentes, dependendo da categoria em que os aparelhos MMC estão aptos a operar: *Open-Loop* (o computador transmite mensagens para as máquinas conectadas a um único cabo); *Quasi-Open-Loop* (os comandos trafegam em um cabo e os números de MTC em outro); *Closed-Loop* (o transmissor se comunica com os diversos aparelhos e esses enviam mensagens MTC de volta, em tempo real, reportando suas atividades e localizações na música). Algumas das propriedades do MMC implementadas nas especificações de MIDI são:

- **Controle** – para tocar, parar etc.
- **Comunicação** – enviar avisos de espera.
- ***Time Code*** – gerar ou receber controles.
- **Sincronização** – para *Chase* ou *Offset* (acoplar ou deslocar o início de uma execução).
- **Informações** – verificar qual tipo de *Time Code* está ativo.
- **Liga/desliga MTC** – instruir os *slaves* sobre quando acionar ou desconectar o MTC.
- **Comandos de eventos** – iniciar uma atividade em um determinado tempo.

Nem todos os aparelhos MMC disponíveis reconhecem ou enviam todos os comandos das especificações. Portanto, é necessário definir qual a utilização mais provável do equipamento e averiguar se está apto a executar as funções necessárias. Alguns dos equipamentos que disponibilizam MMC são: softwares sequenciadores para computador, *mixers* automatizados com microprocessador embutido, sincronizadores de transporte de máquinas e tocadores de CD.

Plataforma mLAN

mLAN – *Music Local Area Network* (rede local musical) é uma plataforma desenvolvida pela Yamaha a partir do início da década de 1990 para interligar os equipamentos de um estúdio de gravação através de um único cabo. Utilizando a rede musical de conexão local (mLAN), todos as informações digitais de MIDI e de áudio atingem seus objetivos (computador, gravador, máquina de vídeo, sequenciador, *mixer* etc.) de forma simplificada, veloz e segura.

Como observado, as conexões entre equipamentos de MIDI, de áudio e de sincronização demandam uma grande quantidade de fios e de conectores dos mais variados tipos. Os dados de MIDI necessitam de cabos específicos e ficam limitados a 16 canais. Os cabos e conectores para áudio, por sua vez, são diferentes dos de MIDI e só conduzem os sinais em um cabo por vez. Para transferência digital de dados e para sincronização entre diferentes máquinas de áudio são necessários, igualmente, diversos modelos de conectores e *plugs*. A quantidade e a variedade necessárias de cabos e conectores para a interconexão dos *setups* mais complexos inevitavelmente acarreta em problemas produzidos por mau contato, interferências e manutenção. A tecnologia mLAN vem sendo implementada como a alternativa perfeita para solucionar definitivamente esses problemas.

LAN (*Local Area Network*) é a sigla utilizada para uma rede de conexão de diversos computadores, podendo se estender a equipamentos digitais de áudio. Quando se liga diversos equipamentos em rede, cada ponto pode se comunicar com os demais. Um exemplo simples de rede é a "caseira" ou de pequena empresa na qual dois ou três computadores trocam dados entre si e acessam simultaneamente um *modem* conectado à Internet. Esse tipo de rede utiliza um único cabo ou transmissão *wireless* (sem cabo) que funciona perfeitamente para troca de dados de aplicativos residentes em HDs de diversos computadores. Contudo, para transmissão de áudio e de MIDI em tempo real, é necessário um protocolo com taxa de transferência imensamente mais veloz para que não haja interrupções na fluência de dados, ou seja, o Firewire.

Somente aparelhos que suportam mLAN ou aqueles aos quais se conectam interfaces mLAN podem ser interligados. Alguns periféricos necessitam da instalação da placa de expansão CD8-mLAN enquanto outros já são fabricados com suporte para mLAN, sendo necessário apenas que se instale uma interface de expansão mLAN8E para conectá-los à rede musical.

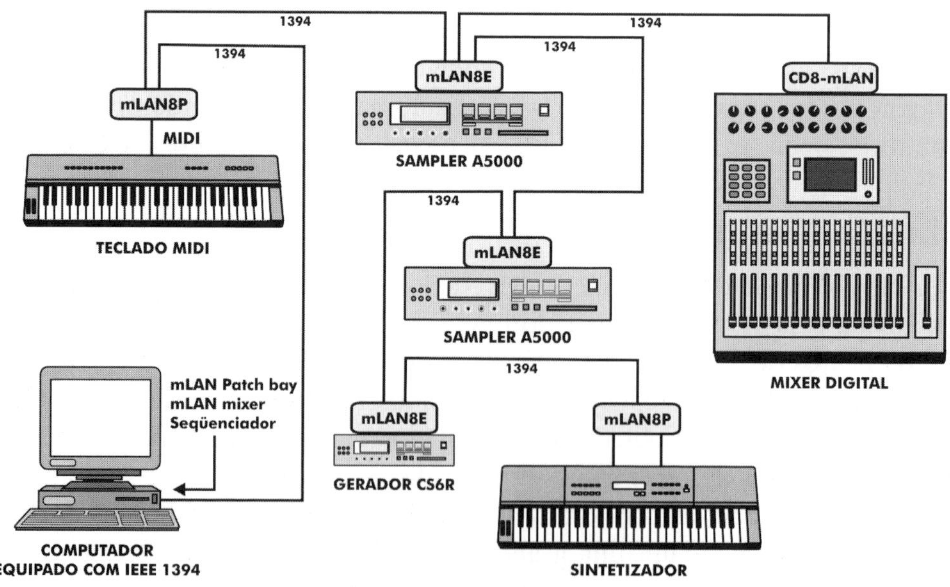

Diagrama de conexões mLAN

Para que um instrumento que não ofereça suporte a mLAN possa ser convertido e integrado à rede, o mesmo deve ser, primeiramente, conectado à interface mLAN8P (processadora de áudio e MIDI) que oferece oito canais de áudio digital e duas portas de MIDI. Em uma mLAN, os equipamentos podem ser ligados em qualquer ordem. Além disso, podem ser inseridos ou retirados da rede mesmo que estejam ligados. Entre um aparelho e outro (nó) a distância permitida é de até 4,5m.

Para conectar os equipamentos compatíveis com Firewire ao computador é necessário que este possua essa porta de comunicação. Os computadores da Apple já a incorporam, naturalmente, assim como diversas placas-mãe dos PCs. Aos computadores que não possuem Firewire, devem ser acopladas placas conversoras. Há muito, a Microsoft viabilizou a comunicação com periféricos Firewire em virtude da crescente demanda de altíssimo desempenho de transmissão de dados de áudio e de vídeo em tempo real.

Diversos fabricantes de equipamentos (DigiDesign, MOTU, Korg, Kurzweil, PreSonus etc.) passaram a investir na tecnologia mLAN, via Firewire. Um exemplo é a *workstation* Korg Triton Rack que possui *slot* para conexão mLAN. Antes de adquirir um equipamento que suporte mLAN, é necessário observar se este disponibiliza *drivers* para a plataforma Apple, PC ou ambas. Juntamente com os produtos mLAN da Yamaha, é fornecido o software que controla os endereçamentos e configurações da rede utilizando *driver* ASIO. Esse software funciona como um *patchbay* virtual que permite conectar, desconectar ou reconfigurar a disposição dos equipamentos acoplados sem a necessidade de mexer nos cabos. A *mLAN Expansion Board* (placa de expansão) e o mLAN8P *Audio/MIDI Processor* (processador de Áudio/MIDI) são acompanhados de software de mixagem de até 12 e 16 canais de áudio, respectivamente.

Para que haja total fluência em tempo real, o protocolo utilizado em uma rede m-LAN é o serial de alta velocidade e precisão Firewire (IEEE-1394), desenvolvido pela Apple em substituição ao padrão paralelo SCSI. A similaridade entre esses padrões reside no fato de que cada novo periférico introduzido passa a ser um nó. No caso da mLAN, a rede pode suportar até 63 nós por barramento.

A transferência de dados no padrão IEEE-1394 iniciou com 400Mbps (megabits por segundo). Isso significava que, aproximadamente, 100 canais de áudio digital e 4096 de MIDI podiam transitar em um único cabo. O padrão atual é o Firewire 800 (IEEE-1394b) que pode transmitir entre 1.6Gbps e 3.2Gbps (gigabits por segundo) que proporciona taxas de transferência elevadas e compete com o protocolo USB3. Veja Firewire (pág. 155).

CAPÍTULO 12

Setups diversos

Até meados da década de 1980, os estúdios de gravação contavam, apenas, com equipamentos de grande porte: gravadores analógicos multicanais, *racks* com efeitos analógicos ou digitais, *mixers* de 48 canais, piano de cauda, órgão Hammond, caixas acústicas imensas etc.

Em 1985 surgiram os equipamentos de médio porte: *mixers* do tipo *in line*, efeitos de *rack* digitais, *sampler* em substituição ao piano acústico, teclados MIDI para sequenciamento, caixas acústicas de tamanho médio.

A partir de 2000 efetivou-se a utilização quase que exclusiva dos equipamentos digitais para gravação: *mixers* digitais ou caixas *stand-alone* com pré-amplificadores de duas a oito entradas, *mixers* virtuais, computadores, superfícies de controle, *workstations*, módulos de conversores A/D com HDs próprios, caixas acústicas de pequeno porte ativas, sintetizadores e *samplers* virtuais, teclados *master* de quatro oitavas com até 16 botões, efeitos em *plug-in* etc.

Em 2010, praticamente não era mais possível encontrar estúdios com equipamentos analógicos, piano acústico, caixas de som no padrão Westlake. Todos os aparelhos foram miniaturizados: *notebooks*, microfones USB, teclados *master* de duas oitavas, efeitos de áudio instalados no telefone celular etc.

Em relação aos *setups* de teclados, houve uma mudança radical com o surgimento de MIDI e, posteriormente, de instrumentos virtuais. O tecladista agora pode se apresentar munido de, apenas, um ou dois teclados *master* e uma infindável quantidade de instrumentos virtuais instalados no *laptop* que abriga, inclusive, o *mixer* virtual.

Modalidades

As duas modalidades de *setups* (palco e estúdio) abrangem diversas configurações, já que as finalidades são muito variadas: produção de CD e DVD-A; produção de trilhas para CD-ROM, Internet, TV, vídeo, DVD, cinema; show ao vivo com teclados e banda; *live* de música eletrônica etc. Portanto, seria impossível listar todos os equipamentos, conexões e estratégias necessárias à construção dos *setups*. Assim, o que segue é uma descrição das situações mais encontradas no universo da produção musical, abrangendo dispositivos analógicos e digitais.

Setup I

Para show, tocando ao vivo. Contém um teclado *master* e um *laptop*. Com a proliferação dos instrumentos virtuais tornou-se possível construir um *setup* extremamente eficiente, de dimensões mínimas. Muitos tecladistas têm optado por essa configuração, que facilita imensamente o deslocamento e a montagem do equipamento. O *master* pode ter desde 49 até 88 teclas, dependendo do tipo de repertório e de programas a se utilizar no show. Para *performances* características de piano é recomendável utilizar um *master* de 88 teclas com pesos idênticos às do piano acústico. Teclados de 88 teclas proporcionam, também, a possibilidade de alocar diferentes *patches* espalhados por zonas. Caso o tecladista necessite tocar apenas "coberturas" de *synths*, "camas" de cordas ou de *pads* ou ataques de sopros, quatro oitavas (49 teclas) são suficientes.

Nesse *setup*, a saída MIDI ou USB do teclado *master* é conectada à entrada MIDI ou USB da interface externa ou do computador e, a interface é ligada ao computador via USB ou Firewire. O *master* pode executar instrumentos residentes no computador que tenham sido instalados com a opção *stand-alone* virtual. Contudo, essa não é a forma ideal já que para se trocar de um instrumento virtual para outro são necessários alguns cliques de mouse. Para que o *master* atinja diversos instrumentos virtuais, é necessário que se crie uma sequência vazia contendo todos os *soft synths* instalados com a opção DXi, VSTi ou Rewire. Após inserir os *synths* dentro da "música vazia" (um abaixo do outro), aponta-se com o cursor em uma determinada pista onde se encontra o *synth* que se deseja tocar através do *master*.

Caso deseje, é possível utilizar os botões de troca de programa do *master* para mudar os instrumentos MIDI do *synth* acionado pelo cursor. Cada *synth* pode responder aos movimentos dos botões do teclado *master*. Assim, é possível modificar diversos parâmetros dos programas dos *synths* em tempo real, tais como: filtragem, envelope, forma de onda, portamento etc.

Os *synths* virtuais respondem ao *velocity* do *master* em graduações diferentes. Os virtuais FM7 e o Pro-53 (Native Instruments), por exemplo, são mais sensíveis do que o MiniMoog V e o Moog Modular (Arturia), cujos originais analógicos nem respondiam à dinâmica de execução. Alguns *synths* permitem que se modifique a curva de resposta do *velocity*, internamente. Nesse caso, basta que as curvas sejam adequadas de forma que a maioria dos *synths* respondam uniformemente ao *velocity* do *master*. Diferentes curvas de sensibilidade ao toque podem ser também testadas no próprio *master*.

Alguns teclados *master* possuem interface de áudio embutida contendo entrada de microfone com pré-amp e *phantom power*, além de *jacks* para instrumentos (*line*). Utilizando um teclado desse tipo, dispensa-se a interface *stand-alone*. Quando se conecta esse *master* a um computador via Firewire ou USB, o áudio digitalizado pela interface do teclado, assim como os dados de MIDI, são transmitidos pelo cabo utilizado.

Setup 2

Para show, tocando ao vivo. Contém dois teclados *master*, vários *slaves* e um *MIDIPatcher*. Neste tipo de *setup*, típico para shows de música pop, é importante ter um *master* de 88 teclas com peso de piano e outro de 61 teclas leves de plástico. O primeiro é usado para sons dos vários tipos de piano (acústico, elétrico e eletrônico). O segundo é o ideal para execução de órgão, sopros, cordas e sintetizadores.

Ambos são ligados nas entradas de MIDI do *MIDIPatcher*. Por sua vez, as saídas do *MIDIPatcher* são conectadas às entradas de MIDI dos demais aparelhos da cadeia (*stand-alones*, sintetizadores de *rack* etc.) e, inclusive, nas entradas dos *masters*. Dessa forma, ambos os *masters* podem executar um ao outro e, também, todos os instrumentos conectados nas saídas do *MIDIPatcher*.

As saídas de áudio de todos os instrumentos devem ser ligadas a canais independentes de um *mixer* que deverá ficar ao lado do tecladista para que o mesmo possa mixar e acrescentar efeitos em tempo real durante o show.

O *MIDIPatcher* deve ser programado para trocar os *patches* de todos os instrumentos a cada parte das músicas. É, inclusive, possível trocar os programas da cadeia a partir de um dos *masters* (veja *MIDI Patchbay*, na pág. 92).

> Para acrescentar instrumentos virtuais a este *setup*, você deve conectar uma das saídas do *MIDIPatcher* à entrada de MIDI/USB de um *laptop*. O *master* pode tocar tanto instrumentos *stand-alone* virtuais quanto *synths* virtuais inseridos em diversas pistas de um software sequenciador. As saídas L e R da interface de áudio são ligadas em dois canais do *mixer* externo. Todos os *synths* podem ser executados a partir dos dois *masters*.

Setup 3

Apresentação de DJ, usando bases no computador. Show automatizado de música eletrônica. Contém um *laptop* com diversos instrumentos virtuais, um teclado de duas oitavas, uma superfície de controle e um *mixer* físico. Os instrumentos de todas as músicas devem estar sequenciados e/ou gravados via áudio em um *laptop*. A superfície de controle é conectada à entrada USB/MIDI do computador. As saídas de áudio do computador são ligadas em canais independentes de um *mixer* físico.

Ao clicar no *Play* do software de DAW ou de um específico de DJ (Logic Audio, Ableton Live etc.), a base começa a tocar. Em tempo real, controla-se os volumes, *mutes*, solos e *pans* dos instrumentos virtuais através dos botões da superfície de controle. Dessa forma é possível, por exemplo, abaixar ou mutar todos os instrumentos deixando apenas o bumbo soando. Ao se levantar os *fades* da superfície de controle, os outros instrumentos entram gradativamente.

Quanto mais instrumentos as músicas tiverem, maiores serão as possibilidades de mixá-los criando, assim, combinações inéditas. Enquanto um instrumento virtual é executado pelo sequenciador, é possível alterar, em tempo real, o seu ADSR, o *Cutoff* e o *Emphasis*, entre outros. Isso pode ser realizado através dos botões do teclado musical ou da superfície de controle. No teclado ainda é possível executar melodias ao vivo ou mesmo disparar *samples*, enquanto o *laptop* executa as bases. Assim, a apresentação fica mais performática.

Diversos aparelhos podem ser adicionados a este *setup* para que se tenha mais fontes sonoras para mixar: CDJ, iPod, iPad, toca-discos (*pick-up*), microfone USB etc. As saídas de áudio de cada dispositivo devem ser conectadas nas entradas de um *mixer* físico.

> Já que este *setup* é quase integralmente de música automatizada considere incluir, também, um sistema de iluminação que responda às trocas de cenas controladas pelo *laptop*. Em vez de usar uma mesa DMX, é possível utilizar um conversor de MIDI para DMX de forma que a iluminação responda aos eventos programados juntamente com cada música no software sequenciador.

Setup 4

Para gravação digital. Ambiente exclusivamente digital: DAW e *soft synths* instalados no computador *desktop* para criação de DVD-A ou CD. Aqui, temos uma estação de trabalho de áudio digital (que sequencia MIDI e grava áudio), em que os teclados foram substituídos por sintetizadores e *samplers* virtuais. O computador é o gravador, sequenciador, instrumento musical, *mixer*, masterizador e finalizador para DVD-Áudio com Dolby Surround 5.1 ou para CD estéreo.

Nesse caso, é desnecessária a preocupação com artifícios de sincronismo externo, já que o computador é o único aparelho e, como já foi descrito, a sincronização entre as pistas de áudio e as de MIDI em um DAW é realizada internamente. O problema pode vir a ser, exatamente, o próprio computador: para executar todas essas tarefas, é necessário que esteja configurado com bastante memória e HD com a máxima taxa de transferência possível.

Lidar com várias tarefas "pesadas" simultaneamente (gravar, tocar áudio de alta resolução, processar informações de MIDI, acionar os instrumentos MIDI dos *synths* virtuais, processar os *plug-ins* de efeitos etc.) não é para qualquer computador, principalmente, quando há um *sampler* virtual envolvido. Esse caso, especificamente, demanda alto desempenho de transmissão de dados do HD para a memória.

Para reduzir a demanda e economizar memória, alguns *samplers* funcionam inteligentemente: em vez de os instrumentos requisitados serem todos alocados de uma só vez, seus dados são transferidos gradualmente. Há uma tendência dos *samplers* inseridos como VSTi, DXi ou RTAS rodarem com mais eficiência do que os instalados através da tecnologia Rewire.

Uma das vantagens de se integrar sintetizadores e *samplers* virtuais ao software conjugado para responder sequências é que esses ficam disponíveis no *mixer* virtual, dispensando o externo. Se o desempenho geral do computador estiver sendo comprometido, é recomendável considerar a aquisição de mais memória. Diversos testes também devem ser feitos em relação ao tamanho de *buffer*, assim como à resolução em bits no qual o software está regulado para operar.

Caso seja necessário incrementar a instrumentação MIDI (orquestração) com instrumentos externos ao computador sem sair do campo digital, a solução é optar pela integração de equipamentos que utilizem protocolos digitais para transferência de seus próprios *samples* enquanto são tocados. Alguns teclados e módulos utilizam essa tecnologia de transferência. Tudo que se executa pode ser transferido por cabo de fibra ótica via *Digital Audio/Optical Out*. É possível, ainda, que as informações sejam transferidas por AES/EBU ou S/PDIF utilizando-se um conversor AI-1. Nesse processo, o áudio analógico das saídas estéreo não é utilizado. Tudo é transferido no campo digital.

A equalização e o processamento dos *plug-ins* de efeitos dos instrumentos gravados são realizados através dos recursos do software conjugado. Já os sintetizadores virtuais podem ser editados em termos de características timbrais, reprogramando-se suas propriedades de filtragem e ADSR de forma que sejam adequados aos arranjos e combinações. Os *synths* virtuais mais requintados, além de filtragem, aceitam, também, adição de efeitos de tempo MIDI ou, ainda, reverberação e eco produzidos via software.

Após regular a filtragem e aplicar *plug-ins* de efeitos, é recomendável passar todas as execuções MIDI para áudio via *bounce* ou *mix* do software conjugado (veja a pág. 171). Isso significa que todos os elementos da música podem ser graduados e balanceados totalmente no campo digital para posterior masterização e queima do CD ou do DVD-A. Este último permite que os instrumentos sejam endereçados para seis caixas (sistema 5.1) como detalhado em DVD-A (veja a pág. 209).

Setup 5

Para gravação. Estúdio sem *mixer* físico, baseado em pré-amplificadores *stand-alone*. A vantagem de se utilizar um *mixer* físico é que o mesmo disponibiliza inúmeros canais com pré-amplificadores, geralmente, de boa qualidade; entradas XLR balanceadas; saída direta de cada canal; diversas mandadas de efeitos; retornos de efeitos independentes dos canais; *phantom power* (alimentação elétrica para microfones a condensador); *faders* que facilitam a graduação dos volumes; equalizadores de várias bandas; *leds* ou VUs indicadores de volume; chaves de endereçamento etc.

No caso de gravar simultaneamente todos os instrumentos de uma banda, o *mixer* físico é indispensável quando a interface de áudio possui poucas entradas. Há que se considerar, também, que o *mixer* físico proporciona muita facilidade de operação já que todos os controles podem ser acessados instantaneamente. No caso do *mixer* físico digital, as vantagens aumentam em virtude de que aos benefícios já mencionados somam-se os da utilização de efeitos digitais internos e da automação própria.

Contudo, se um *home studio* foi projetado para gravações consecutivas em vez de simultâneas, o *mixer* físico é totalmente dispensável. Muitos projetos podem ser realizados com eficiência mesmo quando contamos com interfaces de apenas dois canais: os instrumentos são gravados consecutivamente e a bateria pode ser executada via MIDI, através de um *sampler* virtual ou, ainda, inserida através de *loops*. Para se gravar uma bateria captada por oito microfones, é necessário um *mixer* físico ou, simplesmente, uma interface de áudio que possua oito entradas com pré-amps e *phantom power* para os microfones a condensador. Pode-se também optar por utilizar interfaces que possuam apenas entradas de linha e, para alimentar, captar e amplificar os sinais dos microfones ou mesmo dos instrumentos, adiciona-se ao *setup* pré-amps *stand-alone* específicos. Dessa forma, elimina-se efetivamente a necessidade do *mixer* físico, já que os sinais podem ser trabalhados no *mixer* virtual da DAW onde são graduados os volumes, efeitos, equalizações, compressões etc.

As conexões com o pré-amp são bem simples: o microfone é conectado à entrada XLR do pré-amp, onde se ajusta o ganho do sinal. A saída do pré-amp é ligada à entrada de linha da interface de áudio via *plug* e cabo de guitarra. No *driver* (*mixer* ou painel de controle) da interface, ajusta-se o ganho do sinal que chega do pré-amp e, na pista do software gravador onde o instrumento será registrado, seleciona-se a entrada na qual o sinal foi endereçado.

Há no mercado diversos modelos de pré-amps produzidos pelas empresas Avalon, Focusrite, Korg, Universal Audio etc. Alguns, além de amplificar o sinal aplicado em sua entrada, proporcionam significativas melhorias na qualidade do som original. Pré-amplificadores valvulados ou transistorizados possuem características próprias e adicionam "coloridos" especiais ao som original.

Outra forma de capturar fontes sonoras dispensando o uso de *mixer* físico ou mesmo de pré-amps é através de microfones USB que podem ser conectados diretamente nas portas USB do computador. Existem diversas marcas e modelos disponíveis, no entanto, a maioria presta-se mais para gravações amadoras ou semiprofissionais. Portanto, pesquise qual microfone USB é mais recomendado para suas atividades no campo da gravação digital.

Setup 6

Para gravação digital/analógica. Utilizado em estúdios que conservam o gravador multicanal de fita. Possui sequenciador/gravador de áudio conjugado, gravador analógico de fita, teclados e *mixer* físico. O software conjugado fica como *slave*, lendo o sinal de *sync* SMPTE/MTC. Aqui, temos no computador tanto pistas contendo sequenciamentos MIDI quanto áudio gravado. A sincronização entre esses dois elementos é interna, ou seja, o próprio software cuida para que as pistas de MIDI fiquem em *sync* com as de áudio.

Os instrumentos gravados no computador podem ser equalizados, processados por *plug-ins* de efeitos, balanceados e mixados para dois canais utilizando os recursos do próprio software. Em seguida, os dois canais de áudio proveniente da interface digitalizadora são endereçados a um *mixer* físico analógico ou digital. Nesse *mixer*, os instrumentos MIDI externos e a redução do áudio serão mixados juntamente com os instrumentos provenientes do gravador analógico.

O resultado pode ser registrado no computador, no mesmo software que está sendo utilizado para tocar a redução ou em um software gravador de dois canais. Vale lembrar que as saídas de áudio dos teclados devem ser endereçadas para o *mixer* físico.

Por outro lado, todas as fontes sonoras podem ser mixadas no próprio *mixer* virtual do computador: os instrumentos acústicos do gravador analógico entram em um *mixer* físico, no qual são mixados para duas pistas do software conjugado. O SMPTE/MTC deve estar habilitado para que essas pistas fiquem em *sync* com as demais já preenchidas na gravação feita diretamente no computador (via áudio).

Os instrumentos MIDI externos passarão por um processo semelhante: suas saídas de áudio vão para o *mixer* físico, em que seus sons serão equalizados e mixados para mais duas pistas do software conjugado. Dessa forma, são disponibilizados em um único ambiente (computador) os instrumentos originalmente nele gravados, os que estavam no gravador analógico e os de MIDI externos que agora estão em forma de áudio. Para finalizar basta mixar todas as pistas no *mixer* vitual do software conjugado.

CAPÍTULO 13

LP e Fita para CD

A tecnologia dos computadores aplicada à música possibilita, também, a transcrição de LPs e de fitas para CDs, através da gravação em mídia ótica. Toda coleção de LPs e fitas pode ser passada para CD através de softwares específicos que lidam com áudio em dois canais. Mesmo os discos de vinil e as fitas mais problemáticas, contendo muitas sonoridades estranhas às músicas, podem ser recuperados e melhorados imensamente. Assim, tornou-se possível criar, de forma econômica, compilações de músicas provenientes dessas duas mídias, assim como conservar, para sempre, materiais sonoros importantes e raros.

O LP

O disco *Long Play* em 78rpm foi introduzido em 1886 e necessitava de um gramofone movido à manivela para ser reproduzido. A novidade, na época, causou um grande impacto e, gradativamente, a música gravada passou a ganhar espaço nobre nos lares. Devido ao sucesso, a indústria do disco progrediu rapidamente e passou a fabricar, a partir de 1949, os discos de vinil em 45 e 33 1/3rpm que eram tocados em vitrolas.

Gramofone e toca-discos

Na década de 1960, esses formatos passaram a ser reproduzidos nos sistemas *High-Fidelity* (*Hi-Fi* – alta fidelidade), com amplificação monofônica. Em meados da década de 1970, o LP de 33 1/3rpm foi adotado como padrão e passou a ser produzido em estéreo, dispondo de sofisticados toca-discos e aparelhos modulares com várias bandas de equalização para sua reprodução.

A capa do LP e o encarte possuem 31 x 31cm (espaço suficiente para disponibilizar arte de capa, biografia do artista, letras das músicas, ficha técnica etc.). Se, por um lado, o LP proporciona maior área para a criação da arte e inclusão de conteúdo informativo, por outro, acarreta o problema de acomodação das grandes coleções, de manutenção e de limpeza.

A fita cassete e de rolo

As fitas vieram solucionar o problema do espaço e de transportabilidade, mas mesmo as melhores fitas de cromo e os modernos toca-fitas analógicos acrescentam chiados e "achatam" a dinâmica do som original. A fita possibilitou a produção de compilações caseiras, mas, inevitavelmente, a qualidade era comprometida pela introdução de *hiss* (chiado), *flutter* (trêmulo), *wow* (variação de velocidade).

Ainda hoje, na era do CD, DVD-A, SACD e da produção em Dolby Surround 5.1 a 7.1, há muitos amantes do disco de vinil e das fitas. Alguns profissionais e audiófilos, inclusive, trilham o sentido inverso recorrendo a pequenas fábricas para produzir LPs em 45 e 33,33rpm a partir de gravações feitas originalmente para CDs e alguns álbuns ainda são lançados pelas gravadoras na mídia LP, principalmente com conteúdo de música eletrônica.

Contudo, os LPs deixaram de ser fabricados em grande escala tornando-se peças de colecionadores porque a tecnologia envolvida na gravação e na reprodução do CD proporciona muitas vantagens, tais como: qualidade sonora superior, maior durabilidade e maior capacidade (comporta, aproximadamente, seis músicas a mais do que o LP, ocupando 1/4 do seu espaço físico). Além disso, qualquer pessoa que possua um gravador de CDR pode produzir em casa suas coletâneas de músicas prediletas, inserindo narrações entre faixas e fundindo, se desejar, uma música na outra.

O LP proporciona uma sonoridade mais "quente", devido à própria limitação da faixa de dinâmica. Contudo, cada vez que a agulha passa no sulco do disco, há um desgaste natural da matéria-prima degradando, gradativamente, a sonoridade. Além disso, não pode ser exposto ao calor ou à umidade, pois empena e acumula fungos, além de ser passível de acúmulo de energia estática. O toca-discos é de difícil manutenção devido à escassez dos componentes de reposição (agulha, cápsula, eixo, polias, catracas etc.).

Já o CD não sofre contato físico ao ser executado, pois a leitura da superfície é efetuada por um feixe de laser. Além disso, proporciona maior fidelidade, reproduz toda a faixa de áudio perceptível ao ouvido humano (frequências de 20Hz a 20Khz, na taxa de amostragem de 44.1kHz). Também, suporta a diferença entre dinâmicas fracas e fortes na ordem de 90dB com resolução de 16bits e a tecnologia envolvida possibilita a cópia de qualquer música de várias fontes sonoras. Há tocadores de CD em vários tamanhos e formatos, logo, o CD pode ser ouvido no carro ou caminhando. A desvantagem do CD é possuir pouca área para arte de capa e encartes detalhados (12 x 12cm), além de facilitar a fabricação de cópias piratas.

Uma vez compreendido o processo de captação, arquivamento em HD, tratamento do áudio, ordenação das faixas e "queima" do CDR, qualquer pessoa poderá passar sua coleção de discos e fitas para CDs caso não deseje comprar os títulos relançados em CDs pelas gravadoras. Uma das etapas mais interessantes da transcrição é a da eliminação dos ruídos, utilizando-se softwares e *plug-ins* que operam verdadeiros milagres nas músicas digitalizadas. Mas antes de iniciar esses procedimentos é necessário saber identificar corretamente os problemas dos discos e das fitas para que sejam aplicados os corretores ideais. Os barulhos recebem diversas denominações:

- ***Click*** – estalo médio ou agudo.
- ***Pop*** – estalo grave.
- ***Crackle*** – chiado de superfície de LP.
- ***Crackle*** de máquina – ruído constante de máquina do toca-discos.
- ***Hum*** – ruído grave constante de rede elétrica (60Hz).
- **Zumbido** – ruído agudo constante de indutância ou falta de aterramento.
- ***Hiss*** – chiado agudo constante de fita.
- ***Scratch*** – arranhão na superfície do disco.
- ***White noise*** – ruído branco, carregado de harmônicos, faixas média e aguda.
- ***Pink noise*** – ruído rosa, carregado de harmônicos, faixa grave.
- ***Clip*** – saturação (distorção) na gravação digital.
- **Erro digital** – som produzido por erro de conversão digital ou falha na superfície do CD.

Para reparar todos esses tipos de ruídos, os softwares mais eficientes, os quais atuam também como *plug-ins*, são: Click And Crackle Removal e o Vinil Restauration (Sony/Sonic Foundry); Healing Brush Tool do Audition (Adobe); RX3 (Isotope).

Basicamente, passar o áudio para CD envolve as seguintes etapas:

- Conectar o equipamento de áudio ao computador.
- Ajustar o volume de gravação.
- Colocar o LP ou a fita para tocar enquanto um software específico grava o som para o computador.
- Visualizar a forma de onda da música na tela e ouvir o som, observando se não houve falhas de gravação.
- Separar e editar as faixas (cortar inícios e finais falsos das músicas digitalizadas).
- Ouvir o material editado e observar quais tipos de correções necessita.
- Aplicar *plug-ins* corretores de ruídos e equalizadores.
- Masterizar (equilibrar volumes e equalizações das faixas finalizadas).
- Ordenar as faixas.
- Passar ("queimar") as faixas já ordenadas para um CDR.

Equipamento

Para passar discos de vinil e fitas para CD é necessário que sejam construídos *setups* contendo os seguintes equipamentos e periféricos:

Toca-discos – com boa estabilidade de rotação e que, preferencialmente, possua regulagem de *pitch* (afinação, velocidade), além de ajuste do peso do braço. A agulha e a cápsula (componente no qual a agulha é encaixada) devem ser novas, de boa qualidade e proporcionar resposta entre 20Hz e 20kHz. Os toca-discos atuais trabalham, normalmente, nas rotações de 33 1/3 e 45rpm. Logo, para restaurar discos de 78rpm usando toca-discos atuais veja o tópico Passar LP de 78rpm para CD, na pág. 271.

Cabos e conectores – fios e *plugs* para conectar o toca-discos e o toca-fitas à placa de som e para ouvir o som digitalizado. Os *plugs* com revestimento dourado são os mais recomendados, pois evitam mau contato. Os cabos com malha densa e trançada são os ideais.

Tocador/gravador de fita – qualquer modelo que utilize fita cassete ou de rolo pode ser incluído no *setup*, contanto que mantenha a velocidade constante de reprodução. Gravadores com controle de *pitch*, motores estáveis e mecanismos duradouros são os ideais. Os tocadores portáteis devem ser evitados para extração de áudio.

Receiver – um amplificador caseiro, estéreo Hi-Fi, do tipo modular que possua saída do pré-amplificador, entrada de *Phono* (para o toca-discos) e de *Tape* (para o toca-fitas) é o mais recomendado. Caso o *receiver* não possua saída direta do pré-amplificador, é necessário adquirir um pré-amplificador dedicado, no padrão RIAA (*Recording Industry Association of America*), disponível em lojas de equipamentos de som. Este será o intermediário entre o toca-discos e a placa de som. Os aparelhos compactos 3 em 1, geralmente, não possuem entrada de *Phono* ou de *Tape* e, tampouco, a saída do pré-amplificador. Além disso, os fios provenientes da cápsula do toca-discos são ligados internamente, o que dificulta sua utilização para extração de áudio.

Computador – qualquer computador PC ou Mac pode realizar a tarefa. A capacidade necessária do HD dependerá do número de músicas que se deseja guardar simultaneamente: a compilação de um único LP ou fita estéreo contendo 10 músicas requer, aproximadamente, 500MB.

Placa de som – interface de áudio ou entrada de áudio do computador que digitalize som com a taxa de, no mínimo, 16bit/41.1kHz. Os melhores resultados são alcançados optando-se por placas semiprofissionais ou profissionais. Os mais exigentes devem optar por interfaces que possuam acurados circuitos AD/DA que possibilitam digitalizar o som em taxas superiores (24bit/44.1kHz até 24bit/192kHz). Essas taxas, embora sejam convertidas para 16bit/44.1kHz ao queimar o CD, proporcionam maior qualidade das amostragens de forma que os arquivos possam ser utilizados, inclusive, para queimar DVD-A.

Softwares – programas de computador para gravar e editar o áudio e, posteriormente, "queimar" o CDR. Existem programas que fazem essas três tarefas separadamente ou conjuntamente.

Gravador de CDR – qualquer gravador interno ou externo se aplica, já que a qualidade da gravação independe de velocidades elevadas.

> Os que desejarem utilizar equipamento "tudo em um" podem optar pelos digitalizadores de LP. Estes são semelhantes aos *pick-ups* convencionais, mas possuem componentes de digitalização e de queima de CD internos, como descrito mais adiante.

Disposição ideal do equipamento

Equipamentos de áudio e de informática são passíveis de problemas causados por induções eletromagnéticas entre os componentes elétricos. O toca-discos é um componente sensível que capta, inclusive, esbarrões na superfície onde está acomodado. A tela do computador pode produzir indutância e provocar ruídos que são percebidos aumentando-se o volume do monitor de áudio. A rede elétrica produz *hum* de 60Hz, facilmente perceptível logo após a gravação.

Logo, diversos cuidados são necessários para que se minimize o trabalho de eliminação de ruídos após a gravação. O toca-discos deve ser posicionado afastado do computador e de fontes magnéticas e não pode ser colocado em cima de caixas acústicas pois o som é realimentado através da sua cápsula. Além disso, a vibração das caixas faz com que a agulha pule entre os sulcos do disco. É indispensável que o toca-discos possua pés de borracha flutuantes (com molas). Deve-se sempre ligar o fio terra do toca-discos no chassi do amplificador ou do computador. O monitor do computador deve ser afastado de campos magnéticos, tais como caixas multimídia que possuem amplificação própria e alto-falantes com ímãs grandes. Os fios elétricos, extensões e filtros de linha não devem correr paralelamente aos de áudio já que a indutância nos cabos de áudio provoca zumbidos, além do ruído característico de 60Hz. É possível remover esses ruídos com filtros *plug-ins* após a digitalização da música, contudo, se a correção for mal aplicada, a música será sacrificada. Os botões de *dimmer* na iluminação do ambiente devem ser evitados, pois produzem zumbidos quando ligados.

A disposição ideal dos componentes é aquela na qual não se ouve ruídos estranhos à música. Deve-se levar em consideração que em uma sessão de transcrição para CD, é necessário trocar discos, colocar a agulha na faixa, acionar e parar toca-fitas, acessar os menus dos softwares, utilizar o mouse e o teclado do computador etc. Logo, os componentes devem estar ao alcance das mãos. Um console de trabalho em 90 graus é a solução mais prática.

Posicionamento ideal dos componentes

As caixas de som devem ser instaladas de forma que o campo do estéreo cubra a área de audição. Muitas gravações antigas possuem diferenças de níveis entre o lado esquerdo e o direito que podem ser corrigidas logo após a digitalização incrementando-se o volume do lado que estiver mais baixo. Para tal, é necessário que ambos os lados sejam igualmente audíveis, pois não é recomendável confiar apenas no VU do software gravador.

Plugs, conectores e conversores

Os componentes são interconectados através de diversos tipos de cabos, *plugs* e conectores. Primeiramente, é necessário identificar quais são os tipos de *jacks* disponíveis nos aparelhos e adquirir os cabos com as terminações correspondentes. Os tipos de cabos e *plugs* são os seguintes:

- **Cabo RCA para estéreo pequeno (P2)** – possui dois *plugs* RCA mono em uma terminação e um *plug* pequeno estéreo (P2) na outra. A extremidade do *plug* (*tip*) transmite o sinal do lado direito e a parte do meio (*ring*), o sinal do lado esquerdo. É usado para conectar a saída do pré-amplificador ou do toca-fitas à entrada de *Line In* da placa de som. Este é o único cabo extra, necessário para quem quer passar apenas de LP para CD.
- **Cabo RCA estéreo para RCA estéreo** – possui dois *plugs* RCA mono em uma ponta e dois RCA mono em outra. Os *plugs* relativos ao lado esquerdo (L) têm cor preta e os do direito (R), cor vermelha. São usados para conectar a saída do toca-fitas a um *receiver* caseiro. Caso a placa de som tenha entrada e saída digitais do tipo S/PDIF (coaxial) que usa conectores RCA, este cabo também pode ser usado para interconectar DATs e MDs ao computador (no campo digital). Nesse caso, um fio leva as informações do gravador digital de fita, enquanto o outro traz do computador até ele.
- **Cabo RCA mono para *plug* de guitarra mono (P10)** – possui um *plug* RCA em uma ponta e um de guitarra na outra. São necessários dois cabos para ligar em estéreo. Cada ponta leva o sinal de um lado do estéreo. Usado para conectar equipamentos com *jacks* RCA aos *mixers* ou aos *patchbays* de áudio que usam *jacks* de guitarra.
- **P10 mono para P10 mono** – possui *plugs* de guitarra mono em ambas as extremidades. São necessários dois cabos desse tipo para conectar as saídas estéreo dos *mixers* e dos *patchbays* que possuem *jacks* P10, às entradas L e R das placas profissionais.
- **Cabo redutor, *plug* estéreo grande para estéreo pequeno (P2)** – possui um *plug* estéreo grande em uma ponta e P2. Para ligar a saída de fone de ouvido de um amplificador ao *Line In* da placa. Esse é um recurso que deve ser evitado, pois o sinal entregue no *jack* do fone de ouvido é muito forte.

Quando já se dispõe de diversos cabos, mas os *plugs* não coincidem com os *jacks* ou se os tamanhos dos cabos não alcançam as entradas e saídas dos aparelhos que estão mais afastados, é necessário adquirir os seguintes conversores: fêmea RCA para fêmea RCA, fêmea RCA para P10, fêmea de guitarra para macho RCA, fêmea estéreo pequena para *plug* estéreo grande, extensão *plug* pequeno estéreo para duas fêmeas mono RCA.

Os cabos devem ser conectados corretamente em relação aos lados do estéreo. O *plug* do lado direito possui cor vermelha e o do esquerdo, cor preta. Nos aparelhos, o *plug* vermelho entra no *jack* vermelho ou marcado com R. A troca dos lados não prejudica a qualidade do sinal em si, mas inverte a disposição original dos instrumentos do arranjo musical. Por exemplo, se uma música foi mixada com o contra-tempo de bateria do lado esquerdo, é porque o produtor quis que o ouvinte se sentisse na posição do baterista.

No Brasil, atualmente, as tomadas possuem o pino do meio, mas isso não significa que este esteja devidamente conectado à terra (aterrado). Logo, os aparelhos ficam mais suscetíveis ao ruído de rede (60Hz). Em uma casa, é recomendável chamar um técnico para instalar um fio terra real de modo que as tomadas macho de três pinos dos aparelhos possam ser devidamente utilizadas. No caso de só dispor de tomadas fêmea de dois polos, o técnico deverá identificar as polaridades e marcar o sinal de + para o positivo. O mesmo deverá ser feito em relação às tomadas macho de dois pinos que deverão ser introduzidas combinando com as marcas + das fêmeas. Caso essa operação não possa ser realizada e o equipamento de áudio esteja produzindo ruído de rede elétrica, desligue tudo, inverta a posição das tomadas macho em 180° e insira-as novamente nas tomadas fêmea.

Fontes sonoras e conexões

As configurações e conexões dos equipamentos podem ser divididas em três categorias: caseira (equipamento compacto), semiprofissional (equipamento complexo analógico) e profissional (equipamento complexo analógico e digital). Cada modalidade proporciona um nível peculiar de qualidade final e de flexibilidade nas operações.

Equipamento compacto

Um toca-discos e um toca-fitas. Configuração utilizada simplesmente para passar LPs e fitas para CD aproveitando, inclusive, o equipamento de som estéreo caseiro. O toca-discos com cápsula magnética necessita passar por um pré-amplificador antes de ir para a placa de som. O pré-amplificador é um circuito que já está embutido nos *receivers*/amplificadores caseiros antigos que possuem rádio

AM-FM e entradas para *Phono*, *Tape*, *Aux*, *Video* etc. Esses aparelhos servem perfeitamente, contanto que possuam entrada de *Phono* para o toca-discos e saída direta do pré-amplificador (*Pre Out*, *Rec*, *Output* ou Saída). Primeiramente, conecta-se os *plugs* machos RCA que vêm do toca-discos, na entrada de *Phono* do *receiver*. Em seguida, usa-se um cabo RCA estéreo para *plug* pequeno estéreo, ligado da saída do pré para o *Line In* da entrada de som do computador.

Nos amplificadores caseiros antigos, os botões de volume, grave, agudo e panorâmico não interferem na saída direta do pré. Esses controles atuam apenas na monitoração da fonte sonora. Ao se aumentar o botão de volume no amplificador, o som que vai para as caixas do estéreo aumenta, mas o sinal que sai pela saída do pré não é alterado. Para aumentar o volume ou equalizar uma fonte sonora que sai pelo pré, é necessário regular essas funções no botão de volume do *mixer* do sistema operacional ou da interface de áudio e utilizar equalizadores dos programas editores de áudio, como será visto adiante.

Atualmente são fabricados toca-discos profissionais que possuem pré-amplificador embutido. Alguns modelos incluem, ainda, saída digital S/PDIF para transferência de dados para uma placa de som que trabalhe com esse protocolo.

Caso não se disponha de um toca-discos com saída digital ou um *receiver* com entrada de *Phono*, é necessário utilizar um pré-amplificador para toca-discos no padrão RIAA (disponível em lojas de eletrônica ou de equipamentos de som). A conexão do toca-discos com a placa de som passando pelo pré RIAA fica assim:

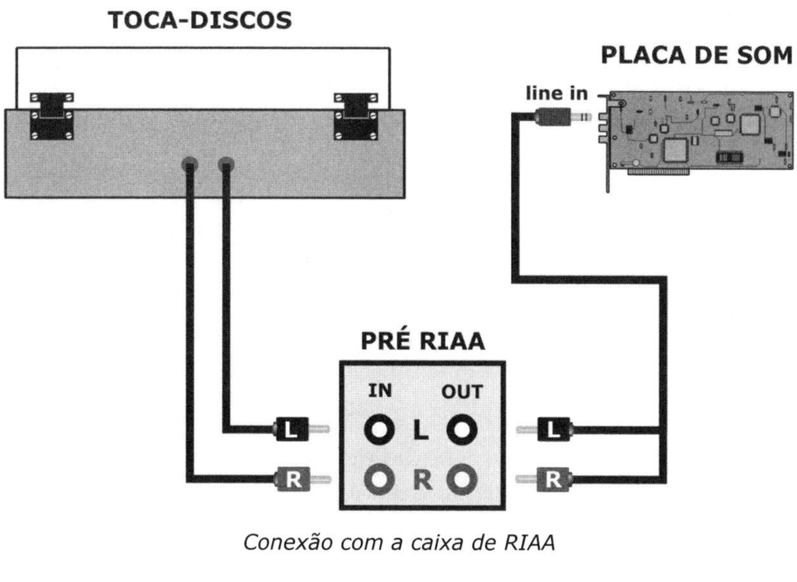

Conexão com a caixa de RIAA

O sinal entregue na saída do gravador/toca-fitas possui voltagem suficiente para entrar diretamente no *Line In* da placa de som. Nesse caso, o pré-amplificador é dispensável.

O cabo utilizado para ligar um toca-fitas ao *Line In* do computador é o RCA estéreo para *plug* pequeno estéreo (P12). Para conectá-lo em placas profissionais usa-se o RCA estéreo (dois monos) indo para dois *plugs* de guitarra já que a maioria das placas profissionais possuem *jacks* de guitarra. Em um sistema modular caseiro, a saída do toca-fitas deve entrar no conector de *Tape Play* ou *Tape In* (entrada de gravador de fita) do *receiver*. Nesse caso, conecta-se um par de RCA para RCA da saída esquerda e direita do toca-fitas às entradas RCAs L e R de *Tape Play* do amplificador. Em seguida, conecta-se a saída direta do pré-amplificador (*Pre Out*, *Rec*, *Output* ou Saída) ao *Line In* do computador ou da placa de som.

A vantagem de entrar com o toca-fitas no *receiver* no qual está ligado também o toca-discos é que fica mais fácil comutar entre uma e outra fonte sonora. Quando se desejar extrair o som de uma fita de rolo ou de vídeo VHS para CD basta ligá-los na entrada de *Tape Play* ou na de Auxiliar.

Para conectar, simultaneamente, um toca-discos e um toca-fitas à entrada *Line In* da placa, o *receiver* é muito funcional, pois atua como pré-amplificador e, ao mesmo tempo, comutador entre as fontes sonoras. Contudo, o *receiver* não chega a ser um *mixer*, já que não possui botões de balanço para graduar os volumes entre as fontes sonoras. Para misturar, balancear volumes e, inclusive, conectar mais aparelhos, simultaneamente, em um ambiente mais flexível, é necessário um *mixer*.

Equipamento complexo analógico

Dois toca-discos, um toca-fitas cassete e um de rolo. Configuração dos usuários que trabalham com vários componentes analógicos simultaneamente. Dispensa troca de cabeamento e permite misturar as fontes sonoras, alcançado resultados ideais em um ambiente versátil. Essa configuração é encontrada em estúdios caseiros e em equipamentos de DJs. Os itens toca-discos e toca-fitas já foram descritos no tópico anterior. A novidade aqui é a duplicação das fontes sonoras.

Para que possam ser conectados dois toca-discos, dois toca-fitas e um gravador de rolo é necessário um *mixer* que receba e misture seus sinais e os envie para a placa de som.

É recomendável evitar o uso de cabos Y, já que os sinais das fontes sonoras ficam divididos. Além disso, o botão de volume de saída de um aparelho interfere no que estiver dividindo o sinal. Logo, conclui-se que, para conectar diversos aparelhos, é necessário um *mixer*.

O *mixer* analógico pode ser do tipo de estúdio de gravação ou de DJ. A diferença básica entre esses dois tipos é que o primeiro é mais utilizado para gravação de instrumentos e de voz, já que possui muitos canais de entrada, diversos recursos de equalização e barramentos auxiliares para envio de efeitos. Além disso, apresenta várias saídas que podem ser endereçadas para gravadores multipista. Esse tipo de *mixer* pode ser utilizado para transcrição de fontes sonoras para CD e produz resultados excepcionais, mas seu custo é elevado. Já os *mixers* do tipo caseiro ou DJ, apresentam menos entradas, mas são feitos na medida para se trabalhar com toca-discos e toca-fitas já que possuem entradas duplicadas de *Phono e Line* (linha). Nesse caso, diversos cabos são ligados das saídas analógicas das fontes sonoras às entradas do *mixer* analógico. Nesse *setup*, o CD externo pode ser ligado na entrada USB do computador ou, se possível, na S-PDIF da interface de áudio.

Equipamentos analógicos e digitais

Dois toca-discos, dois toca-fitas, um tocador de CD externo, um gravador DAT, um MD e um *mixer* digital indo para uma placa de som que possua entradas analógicas e digitais. Configuração para trabalhar com vários componentes analógicos e digitais em um ambiente profissional. É encontrada em estúdios de áudio e de sonorização para TV e em *setups* de DJs. A novidade nesse *setup* é a introdução de fontes sonoras que operam, também, no campo digital.

As saídas digitais do DAT e do MD devem ser conectadas às entradas digitais do *mixer*. Já o CD pode ir para o *mixer* digital ou para a porta S-PDIF da interface. Os toca-discos e os toca-fitas devem entrar nas entradas analógicas do *mixer*. A saída digital do *mixer* vai para a entrada digital da interface e a saída analógica para a entrada analógica.

Em um ambiente com várias fontes mistas (analógicas e digitais), é necessário incluir um *mixer* que possua entradas para equipamento digital (S/PDIF e AES/EBU) e analógico. É desaconselhável ligar equipamentos digitais pelas suas saídas analógicas. Para transcrever as informações de um DAT para o computador pode-se ligar sua saída S/PDIF diretamente na entrada S/PDIF do *mixer* digital ou na da interface de áudio que possua essa entrada. Para que haja a transferência digital, os dois cabos de entrada e de saída devem estar simultaneamente conectados.

Um periférico essencial nessa configuração é o *patchbay* de áudio, o qual evita a necessidade de plugar e desplugar cabos a cada novo endereçamento de equipamentos (veja *Patchbay* de áudio na pág. 64).

Veja a seguir o diagrama das conexões de diversos equipamentos necessários em um estúdio de conversão de LPs e fitas para CD.

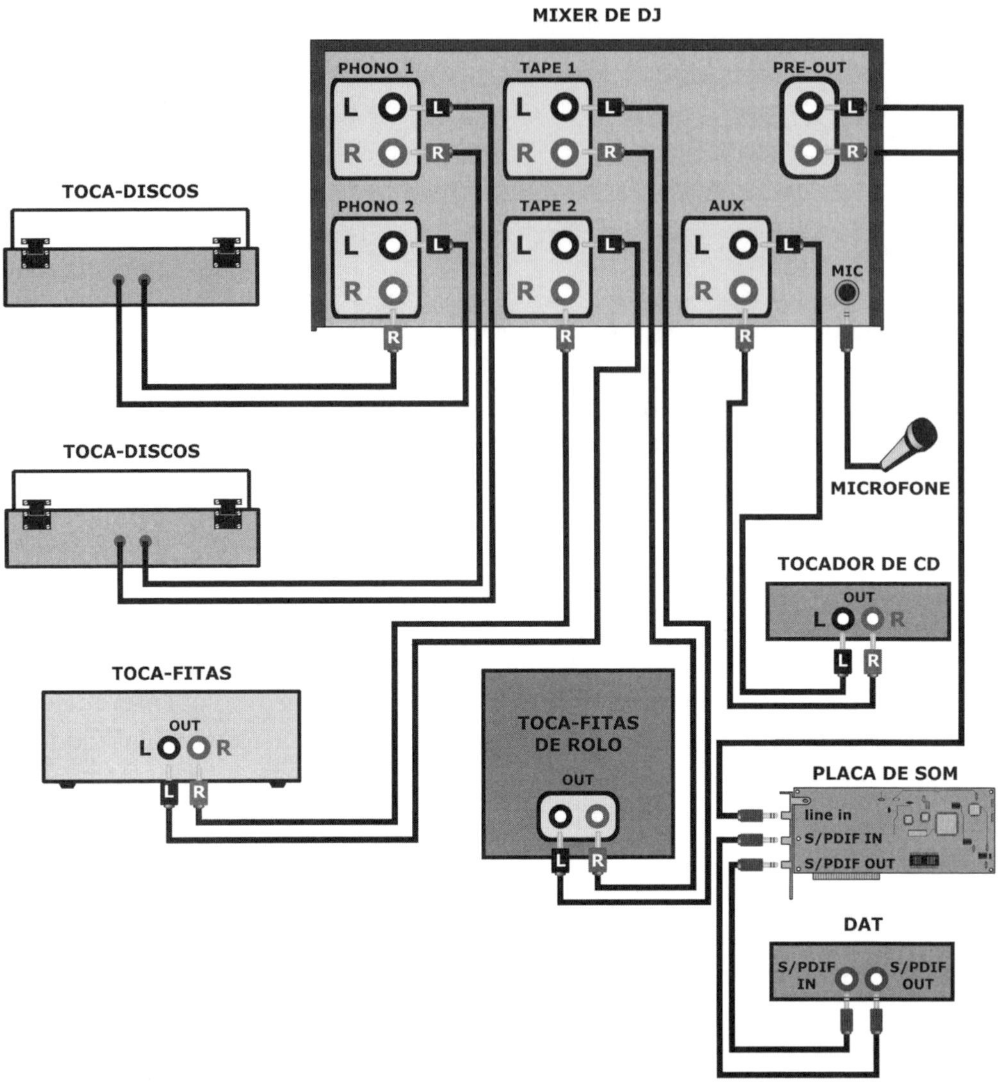

Diagrama de conexões de equipamentos digitais e analógicos

A entrada de *Mic* da interface ou do computador só deve ser usada para microfone. O *Audio Out* (saída de áudio) deve ser ligado em um sistema de amplificação. As caixas multimídia devem ser excluídas nas produções desse gênero. Para o tratamento dos ruídos é recomendável utilizar, também, um fone de ouvido de qualidade que isole completamente os barulhos externos.

Limpeza do LP e da fita

Antes de começar a digitalizar é necessário que os discos de vinil e as fitas estejam rendendo o máximo possível, para que as correções de ruídos via *plug-ins* sejam minimizadas posteriormente. Todos os tipos de sujeiras que se acumulam nos sulcos do vinil precisam ser removidos (poeira, fungos, oleosidade etc.). O mais recomendado é lavar o disco com água e sabão líquido neutro. Apenas as mãos devem ser usadas, já que panos e esponjas arranham a superfície do disco. Os líquidos "especiais" que prometem limpeza integral devem ser testados em discos menos importantes. A poeira que se acumula na agulha durante a execução do disco deve ser removida constantemente, pois a partir de certa quantidade, a mesma é espalhada novamente nos sulcos. Uma pequena escova de pelos, acoplada antes da agulha, pode ajudar a mantê-la limpa.

A única forma de limpar fitas é indiretamente, já que não se pode passar nada com as mãos em toda sua extensão. Logo, os componentes dos tocadores é que devem ser limpos com cotonete embebido em álcool. Fitas de limpeza que utilizam líquidos "especiais" devem ser testadas previamente. Um problema crítico que causa degradação do som é a magnetização das cabeças do gravador devido à própria fricção da fita. Logo, antes de iniciar uma sessão de cópias é necessário utilizar um desmagnetizador em movimentos curtos e circulares. É importante cuidar para que o desmagnetizador esteja afastado das fitas, enquanto ligado, para não desmagnetizá-las.

Softwares

Existe uma grande variedade de softwares para gravar, editar e ordenar músicas no computador e, posteriormente, passá-las para CD. Muitos são disponibilizados sem custo através da Internet. E o mais importante é que o resultado sonoro proporcionado pelos softwares grátis é, praticamente, idêntico aos mais caros. O que torna um software melhor do que outro é o seu *display* de funções e a velocidade na qual processa as informações. Outro diferencial importante é a qualidade dos *plug-ins* disponíveis para edição e recuperação do áudio. Nesse ponto, os programas profissionais apresentam mais opções.

Para passar LPs e fitas para CDs é necessário um programa ou um pacote de programas que execute as seguintes tarefas e que possuam os seguintes recursos:

- ***Recording*** – gravação. Começa a gravar ao se clicar no botão de *Rec*.
- ***Edit*** – edição. Corta os inícios e finais dispensáveis da música gravada; aplica *fade in* (crescendo) e *fade out* (decrescendo); corta trechos da música e cola-os em outros locais (*edit copy/paste*).
- ***Process, transform*** – processamento, transformação. Apresenta diversos *plug-ins* para eliminar ruídos (*de-click, de-noise, pop/click removers*) e para aprimorar os níveis das músicas por intermédio de incrementadores de volume, compressores e normalizadores, além de regular a equalização em inúmeras faixas de frequências selecionáveis.
- ***Plug-in list*** – lista de *plug-ins* disponíveis. Proporciona acesso aos efeitos e recursos dos *plug-ins* de áudio instalados no sistema.

- ***Format converter*** – conversor de formatos. Converte arquivos WAV, AIFF, MP3, WMA etc., assim como taxas e resoluções (24bit/96kHz, 16bit/44.1kHz, 16bit/48kHz etc.).
- ***CD List, CD Layout*** – listador de músicas. Ordena e cria *playlists* (listas de execução das músicas).
- ***CD Burner*** – queimador de CD. Grava as músicas ordenadas, para um CDR.

Nas plataformas PC e Mac, os softwares mais utilizados tanto para produções caseiras quanto profissionais são o Sound Forge (Sonic Foundry/Sony) e o Audition (Adobe).

Regulagem do *mixer* virtual

Antes de iniciar a digitalização da fonte sonora é necessário regular o *mixer* virtual do sistema operacional ou do software que acompanha a interface de áudio. Quando o computador possui uma placa simples utiliza-se o *mixer* do sistema operacional. Nas placas semipro ou profissionais, é necessário acessar os painéis de controle nos quais são disponibilizados todos os *faders* e botões para regulagem de ganho, volume de entrada e de saída.

Painel de controle da interface Octa-Capture (Roland)

O *mixer* virtual é o intermediário entre as fontes sonoras e o software de gravação. É nele que são marcados quais os componentes de som que se deseja ouvir e com que intensidade de sinal serão enviados para o software de gravação. O *mute* do item *Mic* (microfone) deve ser acionado para que o microfone interno do computador não vaze junto com a música que está sendo tocada. Uma vez regulado o volume para a audição, é necessário deixar o *mixer* preparado para gravar a qualquer momento através dos controles da seção de gravação marcando-se o item *Line In*.

Digitalização de vinil e de fita

O disco de vinil e a fita podem ser gravados para o computador em faixas separadas ou em lados inteiros. As vantagens de se digitalizar lados inteiros é que a gravação não precisa ser acionada a cada música e tanto as edições quanto as correções podem ser aplicadas em todas as faixas simultaneamente. Antes de queimar o CD, as respectivas faixas devem ser separadas.

Para gravar uma faixa separada carrega-se o software e clica-se para gravar. Nesse ponto, na maioria dos softwares, uma janela se abre inquirindo em qual resolução se deseja gravar. Regula-se o *sample rate* para 44.100Hz e o bit *depth* para 16bit, *stereo*.

Em seguida, clica-se no botão de *Record* e o VU começa a pulsar em um nível muito baixo. Para testar o nível de gravação coloca-se um trecho do LP para tocar e observa-se se o VU do software está modulando em torno de -6dB. Se estiver acima ou abaixo, aciona-se o *mixer* e regula-se o botão do *Line In* até que o nível fique entre -6 e 0dB. Assim, a gravação terá uma boa relação sinal-ruído, sem clipar. Após gravar é necessário salvar as faixas como WAV, MP3, WMA, AIF etc.

> O VU não pode ultrapassar o 0dB, pois na gravação digital, qualquer distorção é desastrosa e não há como consertar um trecho gravado distorcido editando seu volume. Por outro lado, se o VU ficar muito baixo, é porque o sinal entregue pelo *mixer* ao software de gravação não foi o suficiente e, assim, o ruído da própria eletrônica da placa sobressairá demais.

Para passar um LP de 78rpm para CD, apenas para registro, mesmo dispondo somente de um toca-discos de 33rpm, é necessário regular o *sample rate* em 18657Hz. Apesar de a música soar lenta, em uma tonalidade baixa, coloca-se o software para gravar. Ao terminar a gravação, converte-se o resultado para 44100Hz. A taxa de 18657Hz é escolhida porque 18657 ciclos multiplicados por 78 (rotação do disco), dividido por 33 (rotação do toca-disco) é igual a 44098 ciclos (quase a taxa do CD que é de 44100 ciclos). Esse processo possibilita digitalizar discos de 78rpm tocados em toca-discos de 33rpm através da entrada de *Phono* do aparelho caseiro, mas não corrige suas equalizações. Após digitalizá-los é necessário atenuar os graves e acentuar os agudos, já que os discos 78 não eram fabricados segundo o padrão RIAA. A melhor solução para a finalização é aplicar um *plug-in* Anti-RIAA.

Aprimorando o áudio

Após digitalizar as músicas de LP ou de fita, é necessário regular volumes, corrigir o equilíbrio do panorâmico, remover os ruídos, melhorar a equalização etc. Ao se digitalizar faixas em dias diferentes, as regulagens de volume variam de acordo com os últimos ajustes do *mixer* virtual. Também, o próprio volume das músicas varia entre os discos e, até entre as faixas de um LP que não foi, originalmente, bem masterizado. Portanto é necessário equilibrá-los para que haja uma uniformidade no CD que será criado. Diversos recursos para tratamento do áudio encontram-se descritos, de forma resumida, no item *Plug-ins* de áudio (pág. 147). Para complementar o aprendizado de todos os recursos para edição e aprimoramento do áudio, veja Recursos dos softwares de gravação (pág. 142) e Adicionando efeitos (pág. 184).

Volume

Geralmente, o volume é um recurso interno do software de áudio, acessível através do seu menu. Já a equalização que varia desde gráfica a paramétrica, pode ser realizada através de *plug-ins* do software ou de terceiros. Se a música estiver sem brilho, incrementa-se no equalizador a faixa dos agudos acima dos 5kHz. Se o baixo e o bumbo estiverem sem "peso" regula-se a faixa abaixo dos 100Hz.

Panorâmico

O panorâmico é o balanço entre o lado esquerdo e o direito do estéreo. Normalmente, não é necessário alterar esse equilíbrio após a digitalização, pois na mixagem do disco, o técnico cuidou para que os lados estivessem balanceados. Contudo, às vezes é necessário equilibrar o balanço dos discos do princípio da era estéreo. Nessa época, o conceito de distribuição dos instrumentos no panorâmico ainda estava sendo arquitetado. Uma das formas de equilibrar o *pan* é deslocando o botão deslizante do *Balance/Pan* no *mixer* do computador antes de digitalizar. Contudo, a maneira mais recomendável é compensando o volume do lado desequilibrado, após a gravação.

Removedor de *hum*

O *hum* é um ruído constante na frequência de 60Hz, que produz o som típico de "hummm". É causado pela precariedade da rede elétrica ou por problemas de aterramento e pode ser percebido facilmente após a gravação. Para minimizá-lo ou removê-lo é necessário selecionar um equalizador que possua um *preset* de *60Hz Hum Notch Filter*. O próprio usuário pode construir um *preset* removedor de *hum* selecionando, no equalizador, a faixa de 60Hz (incluindo, também, o harmônico de oitava de 120Hz).

Removedor de estalos

Os *clicks* e *pops* são estalos esporádicos causados por arranhões ou sujeiras presentes na superfície do disco de vinil. Os estalos são de fácil identificação visual, pois a onda do áudio apresenta na tela um pico súbito inconfundível. Existem ótimos removedores que procuram os pontos danificados e os recuperam automaticamente. Contudo, às vezes, torna-se necessário eliminar alguns *clicks* "manualmente". No caso dos discos com sérios problemas de estalos, a melhor solução é utilizar uma combinação de ambas as formas. Nos softwares, esse removedor é denominado *Glitch Finder/Remove* (ou similar).

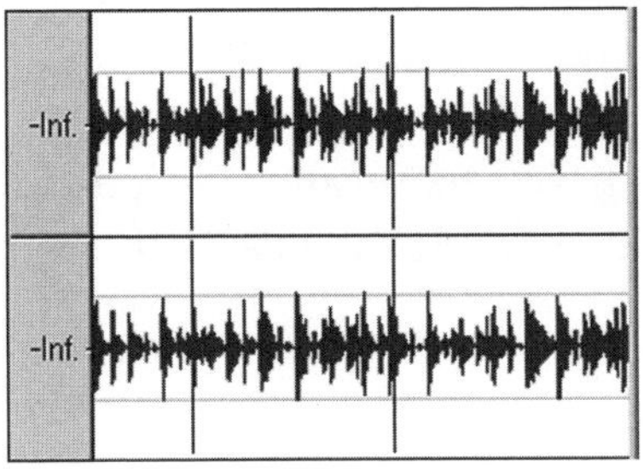

Representação de áudio mostrando dois picos de clicks

Removedor de chiado e de ruído constante

O chiado é um ruído constante de baixo a médio volume, na faixa dos agudos. É causado pelo atrito da agulha, desgaste do vinil e por incidência de ruídos provocados por grande quantidade de arranhões superficiais (que não acarretam em *clicks* ou *pops*). Já os ruídos constantes (de fundo) são causados por *hum*, pela máquina do toca-discos ou pela própria eletrônica do pré-amplificador e da placa digitalizadora. Os removedores desses problemas são comumente denominados *deNoise* e *deCrackling* e também podem ser aplicados para solucionar o *hiss* de fita. Esses recursos funcionam por intermédio da análise de pequenas amostras que contenham chiados em pontos da gravação no qual não há música tocando. Durante a análise, o removedor recolhe informações a respeito das frequências e das amplitudes dos ruídos constantes. Posteriormente, subtrai da música somente o resultado das informações obtidas.

Equalizando as faixas

Em suma, equalização refere-se à quantidade de graves, médios e agudos presentes no som de uma música. Esse item foi abordado resumidamente em *Equalization* (pág. 148). As graduações variam de acordo com vários aspectos: o que o produtor concebeu como sonoridade ideal, conforme o gênero musical; o gosto e o *know-how* do técnico de masterização da fita *master* que gerou o LP matriz; o processo utilizado no corte final do disco; a qualidade do equipamento onde o disco é reproduzido; as características do estúdio onde as músicas foram masterizadas e da sala onde serão ouvidas etc.

Logo, a equalização não é padronizada, nem poderia ser, já que cada gênero musical demanda uma graduação diferente de graves, médios e agudos. Para determinar qual é a equalização perfeita para um determinado tipo de música recorre-se aos discos e CDs de referência, produzidos de acordo com as características consideradas ideais pelos engenheiros e audiófilos.

Para equalizar corretamente uma música ouve-se, primeiramente, a referência e memoriza-se sua sonoridade. Logo em seguida, compara-se com a música no qual se está trabalhando. Toca-se a música a editar e, com os recursos dos equalizadores *plug-ins*, tenta-se aproximar sua equalização à da música de referência. Para finalidades profissionais é necessário que tanto o equipamento de áudio quanto a sala de audição sejam calibrados, de forma que a sonoridade do ambiente fique padronizada em relação às especificações ideias para audição de música.

Aplicando normalização

O *Normalizing* é um recurso que aumenta o volume geral do áudio até o nível máximo antes de saturar (clipar). Este tópico foi abordado de forma resumida na pág. 146. Atua como se o volume geral da música fosse aumentado, mas o próprio software calcula o nível máximo, de forma que os picos não excedam 0dB. É utilizado, normalmente, em compilações de várias faixas provenientes de diferentes LPs e fitas, de forma que seus volumes sejam regulados antes de distorcer. Isso não significa que os volumes das faixas ficarão equilibrados, já que as características tímbricas dos instrumentos influem no sentido de audibilidade. Dependendo do gênero musical, o uso do *Normalizing* requer cuidados especiais. Por exemplo: para criar um CD de música clássica, é preferível regular o nível de gravação no *mixer* do sistema operacional até perto do máximo (respeitando a dinâmica natural entre as músicas) do que, posteriormente, aplicar *Normalizing* nas faixas digitalizadas. Já em uma compilação de rock ou de música eletrônica, quanto mais "pressão", melhor.

Aplicando compressão

Como visto na pág. 150, o recurso de *Compression* restringe o nível de dinâmica de um trecho ou da música inteira. Somente os picos a partir de um determinado nível, determinado pelo valor do *Threshold*, são diminuídos.

Logo, o compressor deve ser aplicado com moderação, pois modifica a dinâmica natural. Esse é um recurso mais usado em estúdio, nas fases de gravação da base e dos *playbacks* de música popular, para reduzir os picos do baixo, bateria, voz e vocal. Em relação à restauração de fitas, o compressor, assim como o normalizador, é de grande utilidade para igualar níveis de locuções registradas de forma precária, com muita variação de níveis.

Cortando trechos

Essa função é denominada *Trim/Crop Audio* na maioria dos softwares de áudio e se aplica para cortar informações localizadas fora de uma área selecionada, de forma prática. Para digitalizar uma música é necessário gravar um trecho um pouco antes do seu início, para que se tenha tempo de acionar o botão de *Rec* do software. Também, comumente, a gravação acaba entrando na música seguinte, pelo mesmo motivo. Logo, a música fica com a entrada e a terminação falsas. Para cortar essas porções indesejadas usa-se o recurso de *Trim/Crop*.

Esse recurso pode ser também utilizado para separar cada música de um arquivo longo proveniente da digitalização de um lado inteiro de LP ou de fita. Basta que se repita o processo para cada faixa e que se salve cada uma atribuindo novos nomes para os respectivos arquivos.

> Os *pops e clicks* resultantes do *Trim/Crop* podem ser solucionados com uma combinação de *DeClick* com Volume ou com *Fade In/Fade Out* de acordo com a necessidade. Por outro, os recursos dos *plug-ins* Healing Brush Tool do Audition (Adobe) e do RX3 (Isotope) proporcionam resultados excepcionais.

Aplicando *fade in/fade out*

O *Fade In* e o *Fade Out* são aplicados após eliminar as partes falsas da gravação. Para processar um *Fade In*, por exemplo, primeiramente é necessário selecionar a região no qual atuará dragando-se com o mouse do princípio da música até o local onde o nível deverá atingir o valor máximo.

Crossfade

O *Crossfade* (fusão) é usado para fundir o final de uma música no início de outra. O final da primeira abaixa (*fade out*), enquanto o princípio da segunda aumenta (*fade in*). É ideal para criar compilações para festas em que a música não pode parar ou para fundir locuções com efeitos sonoros e música de fundo.

Aplicando filtro de RIAA e Anti-RIAA

Vimos que e a cápsula magnética do toca-discos produz um sinal muito baixo; logo, necessita ser conectada na entrada de *Phono* do *receiver* ou em um pré-amplificador dedicado, do padrão RIAA. Além de amplificar o sinal, o pré proporciona uma curva de equalização específica de graves, médios e agudos a qual faz com que o LP soe agradável. Um teste rápido pode ser feito para compreender o padrão RIAA: conecta-se o cabo RCA, que sai do toca-discos, na entrada Auxiliar em vez de *Phono* do *receiver* caseiro. Coloca-se um disco atual para tocar e constata-se que o som, além de baixo, não possui grave e os médios e os agudos são exagerados, ou seja, a faixa abaixo de 500Hz é atenuada e a acima de 2120Hz é acentuada. Isso ocorre porque, na fábrica, o disco foi masterizado ("cortado") com os graves "achatados" para que os sulcos do vinil ficassem mais estreitos de forma que, no LP, coubessem mais músicas (tecnologia Microgroove, lançada em 1948). Por outro lado, conectando o toca-discos na entrada de *Phono* percebe-se que a mesma música ficou com a sonoridade ideal, já que essa entrada restabelece a sonoridade da música masterizada sem corte. O pré faz o processo inverso (Anti-RIAA) na etapa de reprodução, acentuando os graves e diminuindo os médios e agudos. A padronização utilizada até hoje foi estabelecida e adotada em 1960.

Logo, um disco produzido antes da adoção da curva de RIAA (anterior à década de 1960), executado através de um pré-amplificador RIAA, fica com a sonoridade errada, ou seja, o oposto da ideal: já que esse disco antigo não foi "cortado" com atenuação nos graves e incremento nos agudos e o pré está exercendo a sua função, o grave fica exageradamente amplificado e os agudos muito cortados. Portanto, para passar para CD os discos anteriores à adoção de RIAA, tocados através da entrada de *Phono*, é necessário cancelar essa equalização logo após a digitalização por intermédio de filtros Anti-RIAA que são disponibilizados por diversos *plug-ins* corretores.

Aprimorando o áudio de fita

As fitas estão livres de *clicks*, *pops* e trechos que pulam. Por outro lado, a maioria das fitas gravadas que eram vendidas em lojas ou produzidas em casa apresentavam problemas como: chiado, ruído branco de fundo, desafinação e trêmulo. Por isso, após a digitalização, é necessário tratar as faixas. Já as fitas DAT ou disquetes de MD, que são gravadas por processo digital, dispensam correções, pois por si próprias, não produzem chiados e ao serem passadas para o computador por intermédio da entrada S/PDIF a qualidade sonora não é alterada.

Os corretores necessários para aprimorar arquivos de áudio gravados de fitas analógicas são:

- ***Hiss Removal*** – removedor de chiado. Para minimizar os chiados, utilizam-se filtros que reduzem o nível a partir de uma frequência dada ou através de análise das características do chiado.
- ***Noise Reduction*** – redutor de ruído. Além do *hiss*, as fitas podem apresentar ruídos de fundo em uma faixa fixa de frequência (como o *hum* de 60Hz) e "chiadeiras" do tipo ruído branco, as quais ocorrem em gravações realizadas com fitas de má qualidade ou reaproveitadas. Para minimizar esses problemas, pode-se recorrer ao mesmo recurso utilizado pelo removedor de *Crackling* de vinil (já abordado). Esse redutor recolhe dados sobre o ruído e em seguida os subtrai da música.

- ***Noise Gate*** – corta ruído. Para limpar, automaticamente, os ruídos, chiados e barulhos ambientais de fitas gravadas precariamente. Funciona como um portão em que o ruído sozinho (sem música ou voz) não passa. Por exemplo, quando se grava uma narração ou um show ao vivo em condições e equipamentos precários, pode-se observar que, entre as frases, o chiado da fita e os ruídos ambientais sobressaem muito. Aplicando-se o *Noise Gate*, com o *Threshold* ajustado para um nível logo acima do nível do chiado, os ruídos são eliminados: o portão só deixa passar o sinal com conteúdo de áudio acima do *Threshold*. Esse sinal contém também o ruído, mas como há áudio presente, ele fica mais imperceptível. Em estúdio de gravação profissional, é utilizado para eliminar barulhos entre frases de guitarra, execuções de bateria, vazamentos de instrumentos etc.
- ***Wow, Flutter e Glitches*** – correção de *wow*, *flutter* e falhas. Estes três problemas são constantes nas fitas. O *wow* é o efeito indesejado que desafina a música, provocando um som de "uou-uou-uou" e ocorre quando a mecânica do gravador está instável ou a fita está sendo "engolida". O *ftutter* é um defeito no qual a música fica com trêmulo. Decorre de problemas mecânicos e de fitas rodando muito tensionadas. A falha (*glitch*) ocorre quando há um defeito de fabricação ou quando, por algum motivo, há uma interrupção súbita na gravação da fita. Estes dois últimos problemas podem ser solucionados copiando-se trechos idênticos que não apresentem problemas e colando-os nos locais defeituosos.

Separando faixas de lados inteiros

Após editar e aplicar corretores no arquivo gravado de um lado inteiro de LP ou de fita é necessário separar as músicas em arquivos distintos, antes de passá-los para um CD. A vantagem de se separar o arquivo grande em faixas pequenas é que cada faixa passa a ter seu próprio ID (número de identificação) de forma que o tocador de CD ache seus inícios instantaneamente.

Basicamente, para separar as faixas manualmente, seleciona-se cada uma (dragando do princípio ao final). Em seguida limpa-se os espaços e sonoridades indesejáveis e salva-se cada faixa com nomes de arquivos diferentes.

Os softwares masterizadores e editores que lidam com áudio estéreo oferecem, também, uma forma automática de separar faixas de lados inteiros digitalizados. Normalmente, efetuam a rotina de *Seach/Mark* (procura e marca) por conta própria. Esse processo é feito selecionando-se o áudio longo digitalizado e acionando-se este recurso. O software busca todas as interrupções que pareçam ser separações entre as músicas. Em seguida, automaticamente, salva cada trecho separado pelas marcas automáticas e atribui nomes de arquivos distintos para cada faixa.

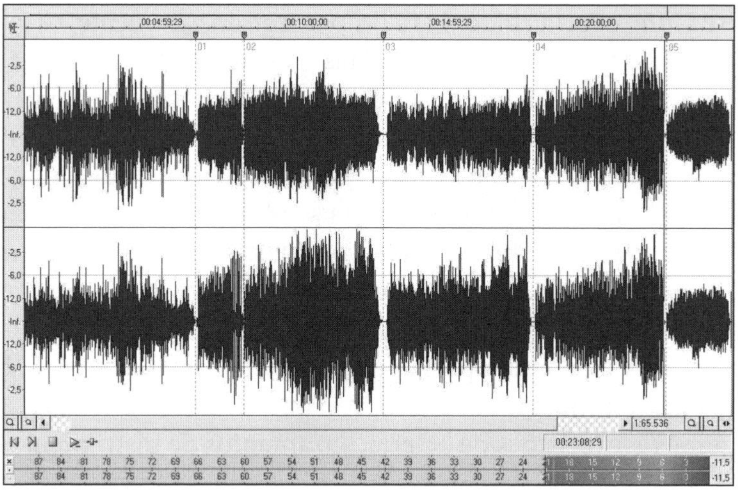

Lado inteiro com marcadores para separar as faixas

Ordenação das faixas

Antes de queimar o CD é necessário ouvir as músicas na ordem definitiva para checar se não há problemas. Essa é a última oportunidade de melhorar o equilíbrio entre as faixas. Se os nomes dos arquivos estiverem confusos, esse é o momento de renomeá-los.

Uma boa estratégia é escrever os números das faixas antes dos respectivos nomes como, por exemplo: 01Música x, 02Música y etc. Assim, é possível carregar a lista na ordem, em qualquer programa tocador. Se desejar, os arquivos podem ser salvos no formato MP3 ou WMA, entre outros. É importante, também, entrar o título, autor, gênero e comentários do padrão ID3 em cada faixa, ainda no software masterizador, para que essas informações sejam mostradas nos softwares e nos dispositivos móveis tocadores de mídia.

A última etapa é a queima do CDR, a qual é amplamente detalhada no item Criação do CD (pág. 204).

Digitalizador de LP

Atualmente encontram-se diversos *pick-ups* que convertem várias fontes sonoras diretamente para CD. Essa é a solução mais prática para passar LP e fita para CD. O digitalizador Ion LP/CD, por exemplo, executa as diversas rotações (33, 45, 78rpm) e produz ótimas digitalizações mesmo que não esteja acoplado a um computador.

Digitalizador de LP para CD

A maioria desses digitalizadores disponibiliza entradas e saídas RCA e uma porta USB para conectividade com um computador. Na entrada RCA é possível ligar qualquer dispositivo analógico (gravadores de rolo, toca-discos, toca-fitas cassete etc.) e passar a fonte para CD.

Através da porta USB é possível capturar todo o material armazenado na memória do digitalizador e tratá-lo através de um software editor de computador. Esses aparelhos também atuam como tocadores de LP e de CD convencionais.

CAPÍTULO 14

Notação Musical

Uma das atividades mais exploradas pelos músicos informatizados é a criação de partituras musicais. Através de um computador dotado ou não de interface de MIDI, é possível editorar todos os tipos de partitura para registro, ensaio e publicação de livros. Existem duas modalidades de software que se aplicam a essas finalidades:

- Software de sequenciamento com capacidade de notação musical.
- Software específico de notação que também possibilita sequenciamento.

Os softwares de sequenciamento são precários em relação à produção de partituras, pois não possuem recursos de boa qualidade para a editoração. Normalmente, são limitados a, aproximadamente, 24 pautas e oferecem algumas funções básicas não editáveis: sinais de expressão, de articulação, diagramas de acordes de violão, cifras, entrada de texto, transposição e adição de letra de música. As partituras geradas por essa categoria de software não possuem uma estética profissional, podendo ser úteis, apenas, para registro de músicas ou para ensaio. Devido à precariedade de recursos, inevitavelmente o músico sempre necessita escrever alguns complementos manualmente.

Já os softwares específicos para partitura são projetados de forma a atender a todas as exigências dos músicos, maestros e copistas que necessitam utilizar diariamente um infindável número de recursos para confecção de partituras profissionais. Existem vários aplicativos desse tipo e a diferença de qualidade entre eles é muito significativa. Basicamente, os dois softwares mais utilizados são o Finale (Make Music) e o Sybelius (Avid Technologies).

A primeira forma de anotar música, em tempos muito remotos, era por intermédio de verdadeiros hieróglifos. A partir do século III foi adotado o sistema de notação denominado "neumas", constituído de sinais que representavam um grupo de sons que seguiam o contorno melódico da voz. Essa forma foi utilizada até o século X, quando Hucbald, monge de Flandres, teve a ideia de anotar símbolos em uma pauta.

No século XI o monge Guido d'Arezzo fixou em quatro o número de linhas da pauta (até hoje mantido no canto gregoriano). No século XII nasceu a notação quadrada. E no fim do século XIV, com Filipe de Vitry, a notação vermelha, que foi substituída no século XV pela branca, proposta pelos teóricos Francon de Colônia e Walter Odington. Esse método, que foi aprimorado e fixado definitivamente no século XVIII, é muito parecido com a notação atual, a qual utiliza sete sinais de valores relativos, com suas respectivas pausas.

Independente da época ou forma e, apesar do advento da gravação, rádio, disco, CD, DVD etc., a notação musical sempre foi um método muito eficiente para registrar, ensinar, propagar e perpetuar a música. Escrever partituras requer o aprendizado de todos os símbolos musicais e também um árduo treino de caligrafia para que sejam facilmente legíveis à primeira vista. Essa é a base da profissão de copista (o especialista que transforma os manuscritos do arranjador ou do compositor em notação musical, utilizando papel, caneta, lápis e borracha).

A entrada da informática na confecção de partituras criou um novo paradigma: qualquer músico pode ser um copista. Ter boa caligrafia não é mais necessário, pois quem escreve é a impressora. Mas, por outro lado, há muito que estudar sobre os recursos do software, fontes, impressão e MIDI para que sejam produzidos trabalhos de qualidade com muita agilidade. Somente a partir da década de 1990 é que se tornou viável a utilização da informática para publicação de livros de música com resultados satisfatórios. As fontes de impressão e de tela foram aprimoradas de forma que profissionais passaram a imprimir em casa, sem depender de *bureau* (escritório de impressão). Há que se dar o devido crédito, também, ao aumento de resolução dos monitores e das impressoras que possibilitam visualizar e imprimir símbolos musicais sem distorções.

Os pontos críticos da notação musical são: a variedade de símbolos contendo curvas e, principalmente, as ligaduras, que até 1990 apareciam na tela e eram impressas muito serrilhadas (*aliasing*). Com as impressoras passando a imprimir entre 600 e 1200 pontos, e os aplicativos permitindo regulagem da espessura e da terminação de ligaduras, praticamente todas as editoras de livros adotaram essa nova forma de produção.

Recursos necessários para notação musical

Diversos profissionais utilizam softwares de notação para produzir seus trabalhos: tecladistas, instrumentistas, copistas, arranjadores, compositores etc. Cada qual tem sua forma singular de entrar dados para o computador: teclados, guitarra, voz, mouse e teclado do computador. Logo, o software ideal é aquele que disponibiliza ferramentas suficientes para que todas as modalidades de editores possam produzir partituras com qualidade. O software deve ser adaptável às mais variadas formas de trabalho.

Além da entrada de notas, é necessário que cifras, sinais de expressão, articulação, letra e textos sejam facilmente acessíveis e acopláveis às notas ou aos compassos. Dessa forma, quando uma nota ou compasso for movido de lugar na etapa da diagramação, seus componentes acompanham a mudança. O software deve possibilitar, ainda, que todos os elementos da notação sejam editáveis de acordo com as exigências de cada usuário: ponto de aumento, ligadura de nota (*tie*) ou de expressão (*slur*), articulações, sinais de expressão e dinâmica, posição de sílabas de uma letra, gráficos, cifras, claves de aviso, tipologia das notas etc.

Os softwares disponíveis para notação apresentam diversas formas de entrar dados e editar partituras, sendo que o Finale (Make Music) é o que mais atende a todas as necessidades dos usuários. Assim, aqui são apresentadas algumas funções primordiais para editoração baseadas nesse aplicativo que, inclusive, sincroniza-se com vídeo e toca a partitura através de *sampler* virtual.

Janela principal do Finale

Entrada de notas

Quando se escreve uma partitura à mão é necessário anotar as notas com seus respectivos ornamentos e dinâmicas seguidamente. A cada novo grupo de notas ou acordes anota-se também os respectivos ornamentos, ligaduras de expressão, símbolos de intensidade etc. Já na partitura computadorizada, o processo é diferente: para se alcançar o máximo de velocidade é preferível entrar todas as notas primeiramente e depois preencher suas articulações e dinâmicas. Ocorre que na troca entre as ferramentas de entrada de nota e as de ornamentos são perdidas algumas frações de segundo que, quando somadas ao final da produção de um livro, passam a significar um tempo considerável.

Dependendo da formação, da atividade e do equipamento do profissional, uma das seguintes formas (ou combinação destas) poderá ser explorada e adotada para que a produção das partituras seja agilizada e proporcione pouca margem de erro.

Speed Entry

Entrada rápida. É a forma mais rápida e segura quando se deseja entrar notas sem necessidade de muitas revisões. Utiliza-se um instrumento de teclado ou qualquer outro que possa ser conectado à entrada de MIDI, USB ou Firewire do computador. Esse recurso é muito eficiente para executar trabalhos complexos, repletos de acordes e contendo muitas páginas. Toca-se no instrumento o acorde ou a nota que se quer entrar e, simultaneamente, no teclado do computador, a tecla correspondente ao valor da figura rítmica (1 a 7).

Note Entry

Entrada nota a nota. Esse processo é lento, se comparado aos demais. Seleciona-se a ferramenta de *Speed Entry*, mas em vez de utilizar um teclado musical, entra-se cada nota por intermédio das teclas do computador. As figuras rítmicas são assinaladas através dos números de 1 a 7. É possível ainda posicionar o cursor com as setas ou com o mouse no local da nota que se quer entrar e digitar o número da figura. A dificuldade desse sistema é entrar com acordes complexos.

Simple Entry

Entrada simplificada. Alguns usuários desenvolveram profundamente essa técnica que proporciona margem de erro muito baixa, já que cada símbolo é checado enquanto é aplicado. É um dos métodos preferidos dos copistas profissionais que passaram da forma convencional (caneta ou decalque) para o informatizado e não tocam teclado. Clica-se com o mouse em uma figura rítmica do menu e insere-se diretamente na pauta.

HyperScribe

Superescriba (sequenciador). Entrada de partitura por intermédio de sequenciamento no próprio aplicativo de partitura. Nenhum software de partituras é um excelente sequenciador (e vice-versa). Mesmo assim é possível sequenciar uma execução no aplicativo de notação enquanto ele a converte em partitura. Esse processo não é tão automatizado quanto se desejaria. Nenhum software gera partituras precisas automaticamente. É sempre necessário editar o que ele "entendeu" da execução. Quanto mais imprecisões, mais edições serão necessárias. Por outro lado, se a música for executada roboticamente, o resultado é bem próximo da perfeição.

O *HyperScribe* é o sequenciador conjugado do Finale. Este, que já foi um sequenciador complicado, atualmente é muito simples. Primeiramente, deve-se configurar o tipo de metrônomo que guiará o sequenciamento. Em seguida, regula-se a contagem inicial. Depois, basta abrir a janela do *Playback Control* e clicar no botão *Record*. Para iniciar a contagem, aperta-se o pedal de *sustain* ou qualquer controlador que tiver sido configurado para essa finalidade. Quando o mostrador avança para o compasso seguinte, automaticamente são expostas as notas recém-sequenciadas.

Para ouvir o sequenciamento, clica-se em *Play*. Se desejar ouvir monitorando visualmente as notas, liga-se a função *Scrolling*, na qual um cursor é posicionado acima de cada nota registrada enquanto a partitura é mostrada, inclusive com virada automática de página.

Entrada via *MIDIFiles*

Os softwares de notação importam *MIDIFiles* sequenciados em qualquer aplicativo, mas uma música tocada imprecisamente se tornará uma partitura difícil de decifrar. É preferível editar as imperfeições no próprio sequenciador antes de enviar para o aplicativo de notação (limpar esbarrões, separar vozes, editar durações das figuras etc.).

Ao abrir a janela de importação, vários parâmetros podem ser ajustados: unidade de tempo/compasso, tonalidade, interpretação das quiálteras, quantização, expansão de durações, nível de dinâmica etc. Quando o *MIDIFile* possui várias pistas é necessário regular no software de notação de destino, em que ordem deverão ser dispostas as pautas em relação às pistas da sequência.

Entrada via *scanner*

O Smart Score (Musitek) é um aplicativo OCR (*Optical Character Recognition* – reconhecimento ótico de caracteres) que digitaliza partituras por intermédio de um *scanner* e transforma as notas em mensagens de MIDI. Posteriormente, cada pauta da partitura original pode ser endereçada para diferentes canais de MIDI. Através desse software, as notas da partitura mostrada na tela podem ser ouvidas.

Esse processo não é tão preciso, pois todas as informações capturadas pelo *scanner* são interpretadas como algum evento musical: uma simples sujeira no papel pode se tornar um ponto de aumento ou um *staccato*. Portanto, são necessárias edições de limpeza do arquivo gráfico antes de se configurar e endereçar as pautas para os canais de MIDI. Quando é necessário apenas capturar uma partitura para editá-la novamente, o Smart Score é muito eficiente.

Por outro lado, as partituras escaneadas podem ser importadas pelo Finale. Assim, é mais fácil fazer as operações de edição utilizando todos os recursos disponíveis de notação musical. Após rediagramar a partitura pode-se ouvi-la através dos instrumentos MIDI físicos ou virtuais, ou reimprimi-la com nova diagramação.

Entrada via microfone ou instrumento

Esse recurso, implementado no Finale 2001, possibilita que qualquer fonte sonora aplicada na entrada da placa de som seja convertida em notas. É necessário emitir ou tocar as notas com precisão de afinação e de ritmo, de forma que poucas edições sejam necessárias posteriormente.

Recursos diversos

Uma vez entradas as notas, a extensão da música já está definida e, nesse ponto, é necessário aplicar o primeiro espaçamento automático para desfazer as colisões dos diversos elementos (alterações, pontos de aumento etc.). Em seguida, utilizam-se os recursos descritos a seguir para dar continuidade à produção.

Entrada de letra

É possível escrever as sílabas da letra da música diretamente embaixo de cada nota ou digitá-la por inteiro (com hifens, espaços e ligaduras de sílabas) no quadro de entrada de letra corrida. Usando a segunda opção, posteriormente clica-se nas notas que receberão as sílabas em questão. É possível adicionar quantas linhas de letras e estilos de fonte forem necessários. Para evitar esbarrões são usados os recursos de espaçamentos automáticos que eliminam colisões entre os diversos elementos da partitura.

Entrada de texto

Título, *copyright* ou blocos de informações são criados e editados pelo *Text Tool* (ferramenta de texto). Para mudar a fonte ou características do texto, basta marcar o que se deseja modificar e efetuar a operação instantaneamente como em um processador de texto.

Entrada de cifras

É possível entrar as cifras escrevendo diretamente na partitura e o aplicativo acoplará, automaticamente, o símbolo equivalente. Outra forma é tocando os acordes no teclado musical e o aplicativo lança a cifra correspondente no local apontado.

Mesmo as cifras mais complexas são totalmente configuráveis, ou seja, pode-se criar qualquer tipo de sufixo com quantas alterações forem necessárias. Cada novo grupo de cifras criado pode ser salvo na "biblioteca" de acordes do próprio software de forma que elas possam ser utilizadas em outras partituras.

Para baixar as cifras completas para o Finale, no sistema brasileiro e no americano de cifragem, acesse o site www.lucianoalves.com.br e faça busca por Cifras para Finale.

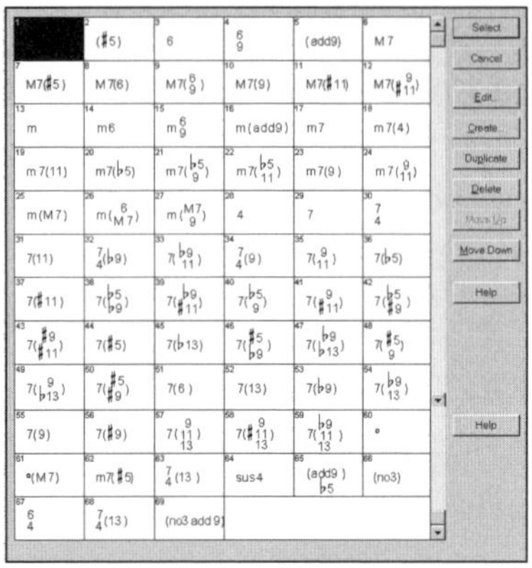

Conjunto de cifras construídas no Finale

Exportação de gráficos

Além da exportação de trechos selecionados ou partituras inteiras em PDF (*Portable Document Format* – formato transportável de documentos) ou em *PostScript* (linguagem de descrição de página da Adobe que gera arquivos PS e EPS), é possível ainda a criação e exportação de arquivos TIFF (PC) e PICT (Mac). Pequenos trechos ou páginas inteiras podem ser aplicados e visualizados em processadores de texto e de imagem que suportem esses formatos.

Para gerar arquivos PDF para impressão profissional é recomendável imprimir através do Acrobat Distiller (Adobe) observando as características exigidas pela gráfica, em vez de utilizar o comando *Print* do Finale. Para criar arquivos EPS (*Encapsulated Post Script*) é necessário que se tenha pelo menos um *driver* de impressora *PostScript* instalado no sistema. No caso de necessitar enviar arquivos EPS para impressão em gráfica deve-se, primeiramente, criá-los com o *driver* da impressora *PostScript* no qual o trabalho será impresso. É importante, também, que as fontes utilizadas nas partituras sejam incluídas na mídia a ser enviada para o *bureau* ou gráfica, por segurança. Já para impressões caseiras, basta clicar no *Print* e utilizar qualquer impressora laser ou *inkjet*.

Extração de partituras

Uma das propriedades de grande utilidade dos aplicativos de notação é a extração de partituras. Na extração, as partes individuais (cavadas) dos instrumentos de uma grade de orquestra são criadas quase que automaticamente, evitando que sejam escritas uma a uma. Todos os símbolos, repetições e tempos de espera são refletidos a partir da grade, bastando, apenas, edições finais na diagramação. Para facilitar o trabalho de finalização, cria-se um padrão para o qual serão enviadas as partes extraídas.

Espaçamento da notação

Um problema crítico das partituras é o espaçamento incorreto entre notas e demais símbolos musicais. Nenhum músico é capaz de ler à primeira vista ou mesmo em várias tentativas uma partitura mal espaçada. Editorar partitura não significa, apenas, dar entrada de notas, colocar o título e o nome dos autores. Muito pelo contrário, deve-se ter um cuidado especial no sentido de evitar colisões de cifras, notas, letras, símbolos e, principalmente, eliminar erros de espaçamento entre as pautas, sistemas e todos os eventos. Por exemplo: uma semínima não demanda o mesmo espaço na horizontal que um grupo de quatro semicolcheias. Logo, a largura dos compassos não pode ser a mesma.

> Para minimizar problemas de espaçamento entre elementos da partitura, opte por aplicativos que proporcionem espaçamentos automáticos baseados nas convenções adotadas pelos melhores editores. O espaçador deve calcular as distâncias precisamente, de forma a evitar quaisquer colisões. Nos softwares de notação, as diversas opções para corrigir espaçamentos encontram-se no *Menu / Music Spacing* ou *Menu / Align Space*.

Na imagem a seguir, algumas notas e a letra da música estão esbarrando. Inclusive, algumas ligaduras de notas estão ilegíveis.

Exemplo de espaçamento incorreto

Já no próximo exemplo, essas colisões foram corrigidas por intermédio do espaçamento automático.

Espaçamento corrigido

Ties

Ligadura de notas. No Finale, o controle sobre os *ties* e *slurs* é ilimitado. Pode-se regular as suas características de forma global ou particular. Ao clicar em um *tie*, abre-se mais um *handle* (puxador, marca de entrada de edição) que possibilita moldar seu arco, ponto de início e de final. Assim, é muito fácil limpar esbarrões de ligaduras quando se está trabalhando com várias vozes em uma única pauta.

Impressão

Cada marca ou modelo de impressora possui uma característica própria no que concerne à emissão de tinta, qualidade de impressão etc. Uma partitura nunca terá as mesmas características quando impressa em diferentes impressoras. Um problema muito comum é a diferença da espessura das linhas, que em certos modelos são ideais, mas em outros ficam muito finas ou muito espessas. Em raras situações, isso pode ser solucionado simplesmente utilizando-se recursos da impressora. Por isso, o software deve possibilitar que todos os itens (pautas, hastes, ligaduras, barras etc.) sejam configuráveis para uma impressão ideal.

Após configurar as espessuras dos diversos itens, é necessário fazer alguns testes para se conseguir bons resultados. Impressão em baixa resolução causa serrilhado nas ligaduras e conexões de figuras (*beaming*). Para se alcançar um bom nível de impressão é necessário regular o software *(driver)* da impressora para a resolução mais alta disponível. Os melhores resultados (no nível caseiro) são alcançados com as resoluções de 300dpi (*dots per inch*) ou 600dpi. Essa regulagem pode ser acessada no *Menu / Printer / Resolution / Low / Medium / High* ou similar. Para trabalhos profissionais é necessário que o papel seja de alta qualidade e deve-se ter o cuidado de mantê-lo guardado em local seco.

Se a impressão estiver manchada é porque a impressora está emitindo tinta além do necessário ou a umidade do ambiente está influindo nas características do próprio papel. No primeiro caso, basta diminuir a regulagem de emissão de tinta no *driver* de impressão (*Printers / Print Quality / Darkness* ou similar) e, no segundo, deve-se aquecer o papel colocando-o sob luz forte antes de acomodá-lo no estojo da impressora.

Para concluir este livro, que foi integralmente produzido através do uso intensivo da informática, disponibilizo um exemplo de partitura em alta resolução. A interpretação ideal dessa música é alcançada executando-se simplesmente o **Piano Acústico**.

PIPOCANDO

(Choro)

Luciano Alves

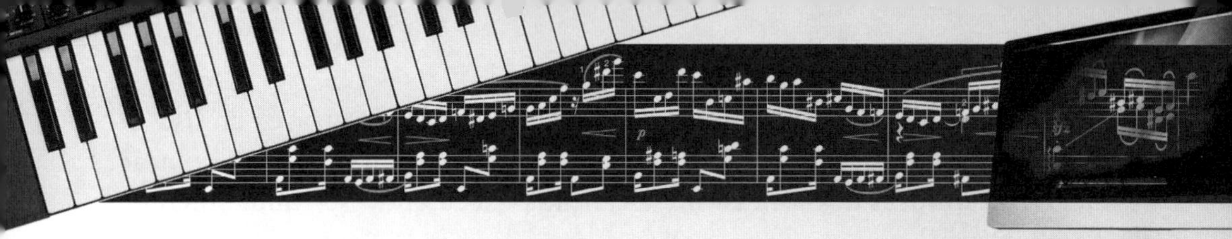

Termos Estrangeiros

A

Acoustic piano – piano acústico
AD/DA – conversores Analógico para Digital/Digital para Analógico
Adaptive Delta Code Modulation (ADPCM) – padrão de compressão de áudio (PC)
Add – adicionar
ADSR (attack, decay, sustain e *release)* – ataque, queda, sustentação e realização
Aftertouch – força de execução após o toque
Algorithmic composers – compositores algorítimicos, aplicativos
Algorithmic composition – composição algorítmica
Aliasing – distorção proveniente da digitalização; serrilhado (em notação)
All Controls to 0 – todos os controladores para zero
All Notes Off – desliga todas as notas
All Sound Off – desliga todos os sons
Amp simulator – simulador de amplificador
Analog brass – naipe de sopros com sonoridade analógica
Analog Subtractive Synthesis – síntese analógica subtrativa
Analog-to-Digital Converter (ADC) – conversor de analógico para digital
Apps – aplicativos
Archive – arquivar (uma pista no sequenciador)
Arpegiator – arpejador
ASIO – *Audio Streaming Input/Output* (*driver* de áudio)
Assign instruments – endereçamento de instrumentos
Audio – áudio
Audio editor – editor de áudio
Audio effects – efeitos de áudio
Audio-Frequency Bandwidth – faixa de frequência de áudio
Audio exciters – excitadores, incrementadores de áudio
Audio Interchanchable File Format (AIFF) – formato de arquivo intercambiável de áudio (Apple)
Audio meter – medidor de áudio
Audio view – visor do áudio
Auto – automático
Automation – automação
Auto panning – panorâmico automático
Auto-tune – correção automática de afinação
Auxiliar send – saída auxiliar

B

Backup – cópia de segurança
Balance – balanço
Bandwidth – largura de banda
Bank – banco de memória
Bank select – seleção do banco de memória (instrumentos)
Bass management – gerenciamento de graves (*Surround*)
Beaming – conexões de figuras musicais (em Notação)
Bias – polarização, nível elétrico de referência
Blog – página compacta, rápida (Internet)
Blu-Ray – disco ótico de alta definição
Booster – acentuador
Bounce – agregar ou mixar pistas dos sequenciadores/gravadores
Brass – naipe de sopros
Brass pad – programa de sopros do tipo "cama"
Breath controllers – controladores bocais de sopro
Bright hall – salão brilhante (reverberação)
Bright reverb – reverberação brilhante, aguda
Browser – aplicativo para pesquisar páginas na Internet
Buffer – armazenador temporário em RAM
Bulk data dumps – descarregar pacotes de informações
Bureau – escritório de impressão
Bus – barramento, via de acesso

C

Cache – seção de memória de alta velocidade
Capstan – eixo (garante velocidade constante da fita em gravadores)
Carrier – onda portadora (tecnologia FM)
CD cleaners – limpadores de CD
CD master – CD matriz
Central Processing Unit (CPU) – Unidade Central de Processamento
Channel – canal de MIDI (em sequenciadores)
Channel filter – filtro de canal (de MIDI)
Channel ID – canal de identificação
Channel Messages – mensagens de canal (MIDI)
Channel Mode Messages – mensagens de modo (de um canal de MIDI)
Channel Pressure – pressão por canal, *Aftertouch* mono
Chase – acoplar início de uma execução (sincronização)
Chase-Locking Sync – sincronização do tipo "persegue" e "prende"
Chips – circuito integrado baseado em silício
Chord analizer – analisador de acorde
Chorus – dobra (efeito)

Chorus type – do tipo dobra (efeito)
Chorusing – dobra (efeito)
Clean audio disk – limpar disco de áudio
Click – estalo (em gravação)
Click/Pop Remove – remover estalos (em aplicativo de áudio ou *plug-in*)
Click-track – metrônomo, guia
Clip selection – seleção por trecho (em sequenciadores)
Clipboard – armazenador temporário em RAM
Clipping – saturação
Clips – amostras de trechos de áudio gravado
Clock – circuito gerador de pulsos de sincronização
Closed-loop – acoplamento de máquinas de áudio e de vídeo (MMC)
Cloud storage – arquivamento na nuvem (servidor)
Coarse tuning – afinação grosseira (por semitons)
Codecs – compactadores de áudio/vídeo
COM – porta de comunicação
Compact Disc ReWritable (CDRW) – disco compacto regravável
Compact Disc-Interative (CD-I) – disco compacto interativo
Compact Disc-Read Only Memory (CD-ROM) – disco compacto apenas de leitura
Compact Disk (CD) – disco compacto
Compression – compressão
Compression ratio – grau de compressão
Concert hall – sala de concerto (reverberação)
Console – misturador, *mixer*
Continue – continuar
Continuous Controller – controlador contínuo (o mesmo que *Control Changes*)
Control box – caixa de controle
Control Changes – o mesmo que *Continuous Controller*
Control Voltage/Trigger – controle de voltagem/disparador
Control surface – superfície de controle
Controller – controlador (MIDI)
Controller ID Number – número de identificação do controlador
Controller value – graduação do controlador
Controllers view – visor dos controladores
Convolution reverber – reverberador por amostragem
Copy – copiar
Copyright – direito anticópia, proteção de direitos autorais
Cowbell – instrumento de percussão
Create – criar
Create new CD – criar novo CD
Crossfade – atenuação e incrementação cruzada (áudio)
Crosstalk – vazamento
Cue – aviso, dica
Cut – cortar

D

D/A – conversor digital para analógico
DAE (*Digidesign Audio Engine*) – engenharia de áudio da Digidesign
Data bytes – bytes de dados (8 bits)
Data entry – entrada de dados
Data slide – controle deslizante
Data sliders – botão deslizante para entrada de dados
Decibel (dB) – medida de amplitude (audibilidade) do som
DeClick – removedor de estalo
DeEsser – redutor de "sss" da voz
Default – valor básico predefinido
DeHiss – removedor de chiado
Delay – atraso (efeito de tempo)
Delete – apagar, "deletar"
DeNoise – removedor de ruído
Desktop – computador horizontal de mesa
Destructive/Nondestructive Editing – edição destrutiva/não destrutiva
Detune – desafinação
Device ID – número de identificação do aparelho
Digital audio synchronization – sincronização de áudio digital
Digital Audio Tape (DAT) – fita de áudio digital tipo DAT
Digital Audio Workstation (DAW) – estação de trabalho de áudio digital
Digital Compact Cassette (DCC) – gravador de fita compacto digital
Digital data stream – fluxo de pacotes de dados digitais
Digital Envelope Generator (DEG) – gerador de envelope digital (tecnologia FM)
Digital I/O – entrada/saída digital
Digital Signal Processing (DSP) – processamento digital de sinal (*plug-ins* DSP)
Digital Tape Recorder (DTR) – gravador digital de fita
Digital Theater System (DTS) – sistema digital de cinema
Digital Versatile Disc (DVD) – disco digital versátil
Digital-to-Analog Converter (DAC) – conversor de Digital para Analógico
Direct out – saídas diretas
Direct Time Lock (DTL) – uma modalidade de sincronização de equipamentos
DirectSound – tecnologia de alto desempenho na transferência de dados de som
DirectX – tecnologia que abriga e executa os *plug-ins* (Microsoft)
Disk drive – unidade de disco
Display – visor
Distortion – distorção
DMA – *Direct Memory Access* (canais de acesso direto à memória)
Dock – doca, conector
Dots per inch (dpi) – pontos por polegada (resolução)
Double-Precision Controllers – controladores de dupla precisão (controladores)
Download – baixar (de um aparelho para outro)

Downmixing – redução de canais *Surroud* para estéreo
Draw wave – desenho de forma de onda
Drive – unidade de disco
Driver – software que conecta dispositivos de entrada/saída ou periféricos
Drum modules – módulos de bateria eletrônica
Dual boot – inicialização dupla
Duration – duração
DXi – sigla de *DirectX instrument*
Dynamic range – alcance de dinâmica

E

Ebook (Electronic book) – livro eletrônico
Echo – eco (efeito de tempo com repetição)
Edit data – editar informações
Edit events – editar eventos
Edit meter – editar unidade de tempo/compasso
E-learning – sistema de aprendizado por computador
E-mail – correio eletrônico (Internet)
Emergency – emergência (botão ou ícone em sequenciadores)
Encapsulated Post Script (EPS) – arquivo de descrição de página (Adobe)
Encoding – codificação
End of Exclusive – final da mensagem exclusiva (*Sys-Ex*)
Envelope – envelope (ADSR) ou de pan, volume etc.
Envelope Generators (EGs) – geradores de envelope (ADSR)
Equalizer – equalizador
Equalizing – equalização
Event List – lista de eventos (sequenciadores)
Expansion – expansão
Expert – especialista, perito

F

Fade in – crescendo gradativamente
Fade out – diminuindo gradativamente
Fader – graduador (controle deslizante nos misturadores)
Fading – graduação de entrada e de saída (áudio)
Fast bounce – agregar ou mixar pistas e clipes rapidamente
Fast forward – avançar rápido
Fast Fourier Tansform (FFT) – transformador (análise de conteúdo em MP3)
Feedback – realimentação
Feeling – sentimento, emoção
File – arquivo
File manager – gerenciador de arquivos

File Transfer Protocol (FTP) – protocolo de transferência de arquivos (Internet)
Filter bank – banco de filtragem (em MP3)
Fine tuning – afinação acurada (1/8192 de um semitom)
Firewire – protocolo de comunicação, transmissão rápida
Fixtures – luminárias
Flash memory – memória instantânea (com *chip*)
Flutter – vibrato (efeito indesejável em gravadores)
Foot switch – pedal liga/desliga
Fortissimo – fortíssimo (dinâmica)
Frame – quadro (de filme)
Frequency Modulation (FM) – frequência modulada (tecnologia FM)
Frequency Shift Keying (FSK) – variação do padrão de frequência (sinal de *sync*)
Full HD (Full High Definition) – alta definição, 1920 x 1080px, proporção 16:9
Full-motion – movimento pleno (vídeo no computador)
Full range – faixa plena de frequências

G

Gain – ganho
Gate – corta a sustentação (efeito)
General MIDI (GM) – padrão de instrumentos MIDI
General MIDI System On/Off – liga e desliga *General MIDI*
Glissando – passagem entre duas notas, escorregando nas teclas do teclado.
Glitches – ruídos (com batimentos constantes)
GM – sigla de *General MIDI*
Groove – base repetida, condução rítmica
Groove clip – arquivo de áudio tipo ACID
GS Standard – padrão GS

H

Half pedal – meio pedal (de sustentação, prolongamento)
Handle – puxador, marca de entrada de edição (notação)
Hard disk (HD) – disco rígido
Hardware – maquinaria, componente, placa de computador
Hardware controllers – controladores de placas e periféricos
High Definition Multimedia Interface (HDMI) – interface multimídia de alta definição
Hi-hat – contratempo (bateria)
Hiss – chiado de fita
Hits – ataques rápidos (*sampler*)
Hold1 – controle de pedal de *sustain*
Homepage – página pessoal (Internet)
Home studio – estúdio caseiro

Home theater – cinema em casa
Host – hospedeiro
Host adapter – adaptador hospedeiro (HD SCSI)
Hub – concentrador, distribuidor de conexões
Hum – ruído de rede (60Hz)
Hum removal – removedor de 60Hz (ruído de rede)
Humanize – humanizar, "desrobotizar"
HyperScribe – super escriba (sequenciador em notação)

I

I/O – *Input/Output* (entrada/saída)
IDE – *Integrated Device Electronics* – uma das modalidades de disco rígido
Impulse files – arquivos de impulso dos *convolution reverbers*
Inches – polegadas
Inches per second (IPS) – polegadas por segundo
Initiator – iniciador (HD SCSI)
Insert – inserir, conector para inserir efeito
Insert/Audio File – inserir arquivo de áudio
Insert Video – inserir arquivo de vídeo
Intelligent composers – compositores inteligentes (aplicativo)
Internal clock – *clock* interno (sincronização de sequenciadores)
International MIDI Association – Associação Internacional de MIDI
IRQ – *Interrupt Request* – solicitação de interrupção ou atenção

J

Jack – conector de áudio
Jingle – comercial de rádio ou televisão
Joystick – pequeno bastão metálico que substitui os cursores

K

Key – tom ou tecla (música), tecla (instrumentos e teclado do computador)
Key bindings – atalho, ligação das funções de teclas do computador
Key pressure – pressão de teclado (*Aftertouch* polifônico)
Kit – conjunto de petrechos
Knobs – botões rotativos

L

Label – legenda, formulário de gravação, rótulo
Laptop – computador portátil de dimensões reduzidas
Large room – sala grande (reverberação)

Latency – latência, atraso
Layer – sobrepor
Layout – disposição
Least Significant Byte (LSB) – byte menos significativo
Led – luz indicadora
Left – esquerdo
Legato – ligado
Legato footswitch – pedal de *legato*
Length – duração
Lever – alavanca (de modulação)
Librarian – biblioteca de sons (aplicativo)
Light pen – caneta ótica
Light Pipe – protocolo de transmissão de dados original do ADAT
Lightpipe cable – cabo de fibra ótica
Limiter – limitador
Limiting – limitação
Live ambience – ambiência aberta, viva (reverberação)
Load audio – carregar, abrir áudio
Local control – controle local
Longitudinal Time Code (LTC) – código de tempo longitudinal (em SMPTE)
Loop – repetição
Loudness – audibilidade
Low Frequency Oscilator (LFO) – oscilador de baixa frequência
Lyric Meta Events – eventos extras de letra de música

M

Main page – página principal (aplicativos)
Main volume – volume principal (controlador 07)
Major – maior (gravadora de grande porte)
Markers – marcadores
Master – mestre (teclado ou aparelho que comanda)
Media Control Interface (Windows) – interface controladora de mídia do Windows
Media player – tocador de mídias (aplicativo)
Medium – efeito de reverberação de duração média
Medium hall – salão médio (reverberação)
Medium room – sala média (reverberação)
Memory stick – unidade, cartão de memória (com *chip*)
Menu – menu (lista de recursos dos aplicativos)
Menu bar – barra de menu
Merger – fusor
Meridian Lossless Processing (MLP) – processamendo Meridian sem perda de qualidade
Meta-Events – eventos extra (sequenciador)

Meter – medidor
Metronome – metrônomo
MIDI (Musical Instrument Digital Interface) – interface digital de instrumentos musicais
MIDI Clipboard – armazenador temporário de informações MIDI
MIDI devices – dispositivos, aparelhos de MIDI
MIDI drum pad – bloco, botão para transmissão de percussão
MIDI echo – passagem, eco de controle local de MIDI
MIDI effects – efeitos de MIDI
MIDIFile, Standard MIDIFile (SMF) – arquivo padrão de MIDI
MIDI filtering – filtragem de mensagens MIDI
MIDI in – entrada de MIDI (conector)
MIDI Machine/MIDI Show Controls (MMC) – controladora de equipamentos acoplados
MIDI Manager – gerenciador de MIDI (plataforma Apple)
MIDI Manufactures Association (MMA) – Associação dos Fabricantes de MIDI
MIDI mapping – mapeamento de mensagens MIDI
MIDI merger – fusor de MIDI
MIDI Note Number – número de nota de MIDI
MIDI out – saída de MIDI (conector)
MIDI patchbay – *patchbay* de MIDI, endereçador de MIDI
MIDI record filter – filtro de sequenciamento de mensagens MIDI
MIDI release velocity – dinâmica ao largar uma nota
MIDI sample dump – descarregamento de amostragens via MIDI
MIDI sync – um tipo de sincronização de MIDI
MIDI thru – conector de passagem direta de informações MIDI
MIDI thru box – caixas de passagem direta de MIDI
MIDI Time Code (MTC) – código de sincronização de MIDI (a partir de SMPTE)
MiniDisc (MD) – minigravador digital
Mixer – misturador
Mixer view – visor do misturador (aplicativos sequenciadores)
MME – sigla de *Multimedia Extension*, *driver* para multimídia (Microsoft)
Mobile – dispositivo móvel
Modeled Analog – modelagem analógica
Modular Digital Multitrack (MDM) – gravador digital multicanal modular
Modulation – modulação (vibrato)
Modulator – modulador (tecnologia FM)
Mono aftertouch – pressão após o toque de forma mono
Most Significant Byte (MSB) – byte mais significativo
Motherboard – placa-mãe
Moving head – cabeça giratória, dispositivo de iluminação de show
MP3, MP4 – arquivos de áudio comprimido
MTC Quarter Frame, MIDI Time Code – código de *sync* baseado em tempo
Multichannel Audio Digital Interface (MADI) – interface de troca de múltiplos canais

Multimedia Personal Computer (MPC) – padrão de multimídia no PC (tipo IBM)
Multisample – amostras múltiplas (*patch* contendo várias amostras)
Music library – CD de trilhas sonoras do tipo biblioteca de músicas
Music Local Area Network (mLAN) – rede local musical
Mute – mudo, desligado

N

Name – nome (atribuído em uma pista de sequenciador)
National Association of Music Merchants (NAMM) – Associação Nacional dos Comerciantes de Equipamentos Musicais
National Television Standard Committee (NTSC) – Comitê Nacional das Normas de Televisão
Noise gate – cancelador de ruído
Noise generator – gerador de ruídos (branco e rosa)
Non-Registered Parameters (NRPN) – parâmetros não registrados
Normalize – normalizador
Notebook – computador portátil
Note entry – entrada nota a nota (notação)
Note off velocity – o mesmo que *MIDI Release Velocity*
Note on – nota executada (mensagem de MIDI)
Null function – função de anular (o último RPN ou NRPN)

O

Off – desligado
Offset – deslocar (o início de uma execução)
On – ligado
On Board Data Processing – processamento de dados incorporado na placa
Online – conectado, ligado
Open – abrir, carregar arquivo
Open-loop – modo de transmissão em um único cabo (MDM)
Operators – operadores (tecnologia FM)
Optical – ótico
Optical Digital Interface – interface ótica digital
Optoisolator – isolante ótico (MIDI)

P

Pad – bloco ou botão (bateria eletrônica, som tipo “cama”– teclados)
Pads velocity sensitive – botões de bateria eletrônica com sensibilidade de toque
Palmtop – minicomputador
Pan – panorâmico

Panic button – pânico, botão de emergência (aparelhos MIDI)
Password – senha
Paste – colar
Patch – programa composto de um ou mais *tones*
Patch editor – editor de *patch* (aplicativo)
Patchbay – periférico endereçador
Patcher – endereçador
Pattern – padrão de batidas de bateria ou de base
PC (Personal Computer) – clone de computador IBM (nesta publicação)
PCM (Pulse Code Modulation) – padrão de gravação de áudio (*samplers* e computadores)
Peak holder – congelador de pico (nos VUs)
Pendrive – dispositivo de arquivamento via USB
Percussion key map – mapa de notas da percussão (*General MIDI*)
Personal computer – computador pessoal de pequeno porte
Phantom power – alimentação elétrica para microfones a condensador
Pianissimo – dinâmica de nível mais baixo
Piano Roll – rolo perfurado de pianola (um tipo de visor nos sequenciadores)
Pick-up – toca-discos
Pinch roller – rolo pressionador (em gravadores)
Pitch – afinação
Pitch bend – controlador mecânico de afinação
Pitch bend range – alcance do controlador de afinação
Pitch bend sensitivity – sensibilidade do controlador de afinação
Pitch change – mudança de afinação
Pitch control – controle de afinação (em gravadores)
Pitch correction – correção automática de afinação
Pitch shifter – graduador de afinação
Pitch-to-MIDI – conversor de afinação (nota) para MIDI
Play – tocar
Play back – dobra (gravação), tocar novamente (aparelhos)
Playlist – lista de músicas
Plug – plugue do tipo para guitarra
Plug-and-Play – tecnologia de conectividade entre computador e periféricos (conecte e use)
Plug-in – aplicativo auxiliar que se acopla a outros aplicativos
Poly Aftertouch – resposta polifônica após o toque, o mesmo que *Key Pressure*
Polyphonic Key Pressure – resposta polifônica após o toque
Pop – popular
Pop remover – removedor de estalos
Port – porta de comunicação
Portamento time – tempo de portamento
Post-Script – linguagem de descrição de página da Adobe (arquivos PS e EPS)

Pre-amp – pré-amplificador
Preset – parâmetro pré-programado em aplicativos e instrumentos
Pressure value – valor da pressão após o toque
Preview – pré-audição/visualização
Program Change – troca de programa
Program Change Map – mapa de troca de programa
Psychoacoustic analysis – análise do padrão psicoacústico (MP3)
Pulse Per Quarter Note (PPQN, PPQ) – pulsação (subdivisão) por semínima
Punch – ataque, presença
Punch In/Punch Out – entrada/saída forçada da função de gravar

Q

Quantize – quantização
Quasi-Open-Loop – um tipo de transmissão (MMC)

R

Rack – gabinete onde se monta aparelhos
Random-Access Memory (RAM) – acesso randômico à memória temporária
Randomizing – "randomizador" de execução
Read only – apenas lê
Real time – tempo real
Rec, record – gravar
Record area – área de gravação (sequenciadores e gravadores digitais)
Record enable – habilitar para gravar
Red Book – padrão para CD de áudio
Redo – refaz
Registered Parameters (RPN) – parâmetros registrados
Reset – reiniciar
Reset All Controlers – reinicia todos os controles para 0
Ressonance – ressonância
Return – retorno (efeitos e misturadores)
Reverb – reverberação
Reverb time – tempo de reverberação
Reverb type – tipo de reverberação
Reverse – reverso
Rewind – retroceder rapidamente
Rewire – protocolo de acoplamento de instrumentos virtuais com sequenciadores
Right – direito
Rim-shot – aro de caixa
Ringing – efeito de sintetizadores analógicos
Ringtone – som de chamada telefônica
ROM (Read-Only Memory) – memória não gravável, somente de leitura

Royalty – direitos de exploração
Running Status – estado corrente

S

Sample – amostra (de sons em PCM); uma amostra (gravação digital)
Sample Accurate Sync – sincronização *sample* a *sample*
Sample Dump – descarregamento de amostragens
Sample Dump Standard – padrão de descarregamento de amostragens
Sample Libraries – biblioteca de sons sampleados (aplicativo)
Sample rate – taxa de amostragem
Sample-accurate sync – sincronização precisa por amostragem (*sample* a *sample*)
Sample-players – tocador de amostras
Samplers – gravadores de amostragens
Save – salvar
Save as – salvar como
Sawtooth – forma de onda dente de serra
Scale velocity – escalonamento de intensidade
Scanner – digitalizador
Scroll bar – barra de rolamento (nos aplicativos)
Send – enviar
Sensitivity – sensibilidade
Serial Advanced Technology Attachment (SATA) – tecnologia avançada de conexão serial
Settings – configuração (geral dos aplicativos)
Setup – agrupamento de instrumentos de teclados e equipamentos de estúdio
Shaker – xequerê (percussão)
Shift – deslocamento
Short cut – atalho
Silence – silêncio
Simple entry – entrada simplificada (notação)
Sine – senoide (forma de onda)
Site – sítio, página na Internet
Slave – escravo, aparelho que responde
Slide – deslizar execução (eventos MIDI)
Slider – botão deslizante
Slide show – apresentação multimídia quadro a quadro (tipo *slide*)
Slip editing – edição escondendo erros de sequenciamento ou de gravação
Slot – conector interno de computador onde se insere placas
Slur – ligadura de expressão (notação)
Small Computer Systems Interface (SCSI) – interface de sistemas para computa dor de pequeno porte
Small room – sala pequena (reverberação)
Smartphone – dispositivo móvel com telefone

SMPTE Time Code – código de sincronismo da *Society of Motion Picture and Television Engineers*
Snap shots – instantâneos
Soft pedal – pedal *una corda*
Software – aplicativo
Software synth, soft synth – sintetizador virtual baseado em software
Solid State Drive (SSD) – unidade de estado sólido (armazenamento em *chips*)
Solo – solar (em sequenciadores e misturadores)
Song – música, canção
Songbook – livro, coletânea de músicas
Song ID Number – número de identificação da música
Song Position Pointer (SPP) – localizador de posição na música (sincronização)
Song Select – selecionador de música (sincronização)
Sound Manager – gerenciador de som (Apple)
Sound designer – profissional programador e editor de sonoridade
S/PDIF – Sony/Philips Digital Interface (protocolo de transmissão de áudio)
Speed entry – entrada rápida (notação)
Spinet – modelo do menor piano vertical
Splicer – adesivo
Split – dividir
Splited – dividido
Spliter – divisor
Spot – chamada de rádio
Square – forma de onda quadrada
Staff view – visor de partitura (sequenciador)
Stand-alone – caixa separada
Standard – padrão
Standard MIDIFile (SMF) – padrão de arquivo MIDI
Start – começar, iniciar
Start ID – número de identificação do início (CD)
Status byte – byte de *status* (estado, condição)
Step editor – editor passo a passo
Step entry – entrada de notas passo a passo
Stop – parar
Streamer – transmissão em sucessão direta estando conectado (Internet)
Strings – programa de cordas (violino, viola, violoncelo e contrabaixo)
Structure Adaptive Synthesis – estrutura de síntese adaptativa
Subtractive synthesis – síntese subtrativa
Subwoofer – subgrave
Super Audio Compact Disk (SACD) – disco compacto de áudio (alta resolução)
SuperClock – protocolo de transmissão de áudio da Digidesign
Sustain – sustentação, prolongamento
Sustain pedal – pedal de sustentação
Sustenuto pedal – pedal de *sustenuto* (teclados, piano)

Swing quantize – quantização “swingada”
Switch controllers – controladores de MIDI tipo liga/desliga
Sync – sincronismo
Synth – sintetizador
Sys-Ex Request – requerimento de *Sys-Ex*
Sys-Ex Status Header – estado do registro inicial de *Sys-Ex*
Sys-Ex view – visor do *System Exclusive*
System Common – mensagens de sistema comuns a todos os aparelhos
System Exclusive (Sys-Ex) – mensagens de MIDI exclusivas de cada fabricante
System Messages – mensagens de sistema (independentes do canal de MIDI)
System Real-Time – mensagens de sistema em tempo real

T

Table of Contents (TOC) – tabela de conteúdo (CDR)
Tablet – dispositivo móvel
Tag – instrução, comando (HTML, Internet)
Take – tomada, exemplar, amostra de áudio
Tape counter – contador de tempo da fita
Techno – estilo musical com batidas fixas e sonoridades *hi-tech*
Tempo – andamento
Tempo view – visor de mapeamento de tempo
Text Tool – ferramenta de texto (notação)
Threshold – limiar, começo
Tie – ligadura de nota (notação)
Time – tempo ou duração da música
Timebase – resolução básica (sequenciamento)
Time correction – correção de tempo
Time delay – duração das repetições (eco)
Time fitting – expansão do tempo de duração
Time ruller – régua de tempo dos sequenciadores/gravadores
Time scalling – escalonamento do tempo de duração
Time selection – seleção por duração (sequenciadores)
Time shifter – deslocador de execução no tempo
Time stretch – expansão/contração do tempo de duração
Timing – regulagem de tempo
Timing clock – regulagem de tempo por intermédio de pulsos de sincronização
Timing correction – correção de tempo
Tone – programa, um simples som produzido por um teclado ou módulo
Touch sensitive – sensível ao toque
Touch screen – toque na tela
Track – pista de um sequenciador ou de um gravador analógico
Track mute – desliga uma pista (sequenciadores e misturadores)
Track number – número da pista (sequenciadores)

Track source – fonte sonora da pista (MIDI ou áudio)
Track view – visão da pista (sequenciadores)
Track viewer – visor da pista (sequenciadores)
Track volume – volume inicial de uma pista (sequenciador)
Transport buttons – botões de transporte
Transpose – transposição
Tune request – requerimento de afinação
Tuning bank select – seleciona um banco de *presets* de afinação
Tuning program select – seleciona uma graduação de afinação guardada em RAM

U

Ultrabook – computador portátil com toque de tela
Undo – desfazer
Universal Asynchronous Receiver/Transmitter (UART) – *chip* Receptor/Transmissor Universal Assíncrono
Universal Synthesizer Interface (USI) – Interface Universal para Sintetizadores
Universal System Exclusive – *Sys-Ex* Universal
Update – atualização
Upgrade – atualização
USB (Universal Synchronous Bus) – porta/protocolo de comunicação
User Programable Patches – *patches* programáveis pelo usuário
Utilities – utilidades

V

Velocity – dinâmica
Videogame – jogo em dispositivo de vídeo
Video-in-a-window – janela de televisão no monitor do computador
View – vista, visor
Vintage – antigo, safras passadas (equipamento)
Virtual analog – analógico virtual (teclado)
VST (Virtual Studio Technology) – *plug-in* de áudio e de *synths* virtuais
VU – medidor de nível

W

Warm ambience – ambiência fechada, "morna" (reverberação)
Warm reverb – reverberação fechada, "quente"
WAV – arquivo padrão de áudio no PC
Wave oscilator – oscilador de onda digital (tecnologia FM)
Wave sequences – sequências de formas de onda (tecnologia VS)
Wave sequencing – sequenciamento de formas de ondas (tecnologia VS)
Wavetable – sons baseados em amostras

WDM (Windows Driver Model) – *driver* para áudio e multimídia
Webdesigner, Webmaster – programador de site da Internet
Wheel – roda de *pitch* ou de *modulation*
Wind transmiter – transmissor de sopro (sax MIDI)
World clock – sinal sincronizador de equipamentos
Workshop – curso ou aula prática
Workstation – estação de trabalho (sequenciadores com instrumentos MIDI)
Wow – variação cíclica que provoca mudanças na afinação (gravadores)
Write-Once – registra, escreve uma vez

X

XGM (General MIDI Extension) – extensão de *General MIDI* (padrão Yamaha)

Z

Zoom – ampliador visual

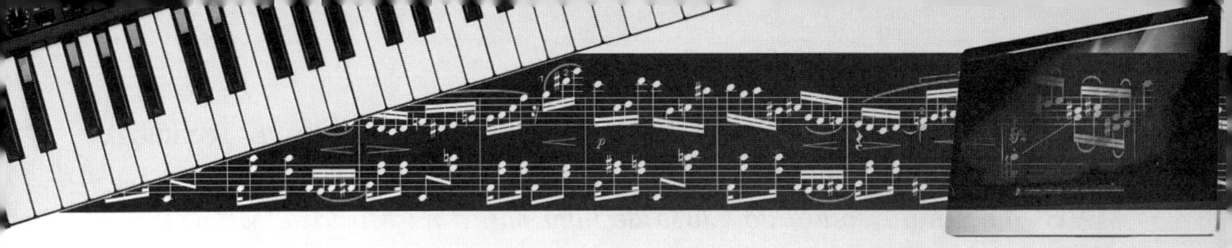

Bibliografia

ALVES, Luciano. *30 anos de MIDI.* Rio de Janeiro, Revista Música & Tecnologia, Nº 257, 2013.

ALVES, Luciano. Utilizando o *iPad nas DAWs.* Rio de Janeiro, Revista Música & Tecnologia, Nº 252, 2012.

ALVES, Luciano. *Análise do Sonar X3.* Rio de Janeiro, Revista Música & Tecnologia, Nº 269, 2014.

ALVES, Luciano. *Análise do Sonar X2.* Rio de Janeiro, Revista Música & Tecnologia, Nº 256, 2013.

ALVES, Luciano. *Análise do Sonar X1.* Rio de Janeiro, Revista Música & Tecnologia, Nº 233, 2011.

ALVES, Luciano. *Plug-ins Sonitus.* Rio de Janeiro, Revista Música & Tecnologia, Nº 231, 2010.

ALVES, Luciano. *Sinth Virtual Pentagon I.* Rio de Janeiro, Revista Música & Tecnologia, Nº 219, 2009.

ALVES, Luciano. *A História dos Teclados.* Rio de Janeiro, Revista Música & Tecnologia, Nº 45 e 46, 1994.

ALVES, Luciano. *Análise Audiowerk8 Home Studio Kit.* Rio de Janeiro, Revista Música & Tecnologia, Agosto de 1998.

ALVES, Luciano. *Análise Cakewalk Pro Audio.* Rio de Janeiro, Revista Música & Tecnologia, Nº 58, 1996.

ALVES, Luciano. *Análise do Cool Edit.* Rio de Janeiro, Revista BackStage, Dezembro de 2004.

ALVES, Luciano. *Análise Finale 3.7.* Rio de Janeiro, Revista Música & Tecnologia, Fevereiro de 1997.

ALVES, Luciano. *Análise Finale 2003.* Rio de Janeiro, Revista Música & Tecnologia, Abril de 1998.

Alves, Luciano. *Matéria MIDI Patcher.* Rio de Janeiro, Revista BackStage, Outubro de 2002.

ALVES, Luciano. *Análise MU-80.* Rio de Janeiro, Revista Música & Tecnologia, Agosto de 1995.

ALVES, Luciano. *Análise Piano Computadorizado Bösendorfer.* Rio de Janeiro, Caderno de Informática do jornal O Globo, Maio de 1991.

ALVES, Luciano. *Análise Sonar 4*. Rio de Janeiro, Revista Música & Tecnologia, Nº 159, Dezembro de 2004.

ALVES, Luciano. *Apostila do Curso de Informática na Música e MIDI*. Rio de Janeiro, 1997.

Alves, Luciano. *Matéria Instrumentos Virtuais x Latência*. Rio de Janeiro, Revista BackStage, Maio de 2004.

Alves, Luciano. *Matéria Quantizing*. Rio de Janeiro, Revista BackStage, Junho de 2004.

ALVES, Luciano. *Coluna Desvendando o Sonar*. Rio de Janeiro, Revista Música & Tecnologia, a partir de Junho de 2004.

ALVES, Luciano. *Dicionário de Acordes Para Piano e Teclados*. São Paulo, Irmãos Vitale Editores, 1996.

ALVES, Luciano. *Teoria Musical – Lições Essenciais*. São Paulo, Irmãos Vitale Editores, 2004.

APEL, Willi. *Harvard Dictionary of Music*. Massachusetts, Belknap/Harvard, 1944-1969.

BENNETT, Roy. *Instrumentos de Teclado – Cadernos de Música da Universidade de Cambridge*. Rio de Janeiro, Jorge Zahar Editor, 1989.

CASELLA, A. e MORTARI, V. *La Tecnica Dell'Orchestra Contemporanea*. Roma, G. Ricordi & C., 1950.

ANDERTON, Craig. *Home Recording for Musician*. Nova York, Amsco Publications, 1996.

CROMBIE, David. *The Synthesizer & Electronic Keyboard Handbook*. Londres, Dorling Kindersley Limited, 1985.

FINE, Larry. *The Piano Book*. Massachusetts, Bookside Press, 1994.

HALL LEONARD. *Pocket Music Dictionary*. Hall Leonard Publishing Corporation, 1993.

HUBER, David Miles. *Hard Disk Recording for Musicians*. Nova York, Amsco Publications, 1995.

KEYBOARD MAGAZINE. *Diversos artigos técnicos e de MIDI*. Califórnia, Miller Freeman, Inc., a partir de 1979.

LEHRMAN, Paul D. e TULLY, Tim. *MIDI for the Professional*. Nova York, Amsco Publications, 1993.

PENA, J. e ANGLÉS, H. *Diccionario de La Música*. Barcelona, Editorial Labor S. A., 1954.

PUBLISUONO s.r.l. *Annuario Musicale Strumenti, Amplificazione*. Roma, 1977/78.

RANDAL, Don Michael. *Harvard Concise Dictionary of Music*. Massachusetts, Belknap/Harvard, 1978.

WESTRUP, Jack e HARRISON, F. Ll. *Collins Encyclopedia of Music*. Grã-Bretanha, Chancellor Press, 1985.

YAMAHA Manual Library. *mLAN Guide Book*. Japan, Yamaha Corporation, 2000.